글로컬 시대
지방정부 외교와 **공공외교**

글로컬 시대 지방정부 외교와 공공외교
—전략적 소통과 지역 브랜딩의 방법과 사례

인 쇄 | 2024년 4월 23일
발 행 | 2024년 4월 30일

편저자 | 송기돈·문경연·박지연
발행인 | 부성옥
발행처 | 도서출판 오름
등록번호 | 제2-1548호 (1993. 5. 11)

주 소 | 서울특별시 중구 필동로 19 상가빌딩 4층
전 화 | (02) 585-9123 / 팩 스 | (02) 584-7952
E-mail | oruem9123@naver.com
ISBN   978-89-7778-526-7 93340

*본 도서는 외교부 한국국제교류재단의 'KF 공공외교 역량강화대학 지원사업'의 재정 지원으로
발행되었습니다. 본 도서의 일부 또는 전체 내용을 저작권자의 허락 없이 복사, 복제 및 전재함은
저작권법에 저촉됩니다.

글로컬 시대
지방정부 외교와
공공외교

전략적 소통과 지역 브랜딩의
방법과 사례

송기돈 · 문경연 · 박지연 편저

송기돈 손현주 강정석 윤석준 이상현 안상욱 고주현
이민규 이영호 한인택 문경연 신보람 하동현 문현미

PUBLIC DIPLOMACY

KOREA KF
FOUNDATION

책을 펴내며

　　외교부 산하 한국국제교류재단^{KF}은 2016년 「공공외교법」에 따라 공공외교의 공식 추진기관으로 지정된 후 대학·대학원 수준의 고등교육 기회를 마련할 목적으로 2018년 'KF 공공외교 역량강화 시범대학 지원사업'을 처음 시행하였다. 전북대학교는 수도권의 6개 대학과 함께 지방대학으로는 유일하게 선정되어, 다양한 비교과 프로그램은 물론 K-MOOC 온라인 공공외교 강의 자료를 개발하고, 학부와 대학원 교육과정에 각각 오프라인 정규강좌를 2개씩 운영해 왔다. 특히 대학원 과정에서는 '지방정부 공공외교론' 교과목을 운영해 왔는데, 이는 아마도 한국에서는 처음이자 유일한 사례가 아닌가 싶다. 또한 전북대학교는 전라북도의 공공외교 추진기관인 전북국제협력진흥원(구전라북도국제교류센터)과 실질적인 공공외교사업을, 그리

고 한국국제협력단KOICA 및 전라북도와 함께 전북국제개발협력센터
또는 전북대 자체의 국제개발협력원을 통해 보다 창의적으로 결합된
공공외교적 협업활동을 수행해 오고 있다.

전북대학교는 시범대학 사업의 지속가능성을 위한 첫 작업으로
2020년 8월 공공외교 개론서인 『공공외교: 이론과 사례』(도서출판 오
름)를 출간하였다. 이는 2019년 서울대에 이은 두 번째 저작으로 이
후 2020년 서강대, 경희대, 성신여대의 개론서와 2021년 이후 한국외
대의 관련 저술 및 번역서 출간으로 이어졌다. 이처럼 빠른 속도로
성장하고 있는 한국의 공공외교 연구 상황 속에서 전북대는 후속 작
업에 관한 논의 끝에 지방정부 외교와 공공외교에 관한 두 번째 저술
작업에 착수하였다. 이 주제는 국제학계에서는 2010년대 이후 활발
하게 다루어져 왔음에도, 특히 지방정부 공공외교에 관한 단행본 수
준의 저술은 거의 찾기 어려울 정도이며, 국내 또한 지방 외교를 제
외한 지방정부 공공외교에 관한 저술은 전무한 실정이다. 따라서 사
실상 최초의 시도라는 점에서 기대와 부담을 동시에 갖고 출발하였
으나, 전북대학교가 지방 소재 대학이라는 점에서 일종의 책임감과
사명의식으로 단행하게 된 측면도 있었다.

이 책은 크게 세 부분으로 구성되었다. 제1부는 지방정부의 외
교와 공공외교에 관한 개념적 이해와 이론을 다루는 3개의 장으로
이루어졌다. 제1장에서는 지방정부 외교와 공공외교에 관한 다양한

용어 및 개념을 정리하고 이들 간의 관계를 명확히 할 필요성과 후속 장(제2장, 제3장)과의 연계를 위해 국제커뮤니케이션 논리와 도시 브랜딩 중심의 이론적 논리를 제시한 후, 후속 연구의 한 방향으로서 공공외교와 지방정부 외교를 통합적으로 관찰할 수 있는 구도를 소개하였다. 제2장은 국제커뮤니케이션의 이론적 논리 속에서 현재 가장 활발히 논의되는 디지털 공공외교에 초점을 맞춰 외국과 한국의 일반적 현황과 전라북도의 사례를 통해 지방정부의 일반적 국제커뮤니케이션 전략을 모색하고 있다. 제3장은 브랜딩 마케팅의 총칭적 개념인 장소 브랜딩 중 지방정부의 대표적 장소 단위인 지역 브랜딩과 공공외교와의 관계를 검토한 후 정체성, 포지셔닝, 이미징, 브랜드 자산, 효과성으로 대표되는 단계별 브랜딩 전략을 제시하고 있다.

제2부는 수행주체별 지방정부의 외교 및 공공외교를 다루는 2개의 네트워크형과 5개의 개별 지방정부 사례들로 구성되었다. 제4장은 글로벌 수준의 대표적인 지방정부 네트워크인 세계지방정부연합UCLG의 도시 네트워크가 수행하는 도시외교와 공공외교를 다루고 있다. 제5장은 유럽 지역의 수준에서 지역통합의 중층적 거버넌스 네트워크인 유럽연합EU 중심의 제도화된 지방정부 외교와 공공외교를 소개하고 있다. 제6장은 가장 큰 단위의 지방정부로서, 독특한 지방 외교protodiplomacy가 공공외교와 체계적으로 결합되면서 중앙정부와의 갈등이 표출된 스페인 카탈루냐 자치주의 사례, 제7장은 글

로벌 대도시 유형으로서 미국 뉴욕시의 도시외교 및 공공외교를 위한 조직 체계와 글로벌 의제와 도시 의제의 결합형 접근 사례, 제8장은 벨기에의 독특한 자치구조 속에서 유럽 지역의 대표적인 글로벌 시티인 브뤼셀의 사례, 그리고 제9장과 제10장은 각각 한국의 대표적인 대도시형 광역자치단체인 서울특별시의 도시외교와 일반형 광역자치단체인 전라북도의 공공외교 사례를 선정하여 살펴보았다.

　제3부는 문제영역별 지방정부의 외교 및 공공외교 사례에 관한 5개 장으로 구성되었다. 제11장은 세계평화협력 영역에서 제주특별자치도의 세계평화의 섬 구상을 통한 높은 수준의 외교와 공공외교 사례, 제12장은 국제개발협력과 공공외교의 두 영역 간 스마트한 결합 가능성을 관찰할 수 있는 한국 지방정부의 사례, 제13장은 문화교류협력 영역에서 UNESCO와의 협업으로 진행되는 우즈베키스탄 사마르칸트를 중심으로 한 중앙아시아 지역의 도시외교 사례, 제14장은 국제 도시협력 분야에서 일본 요코하마시가 수행하고 있는 국제 수도협력 사례를 통해 도시들의 공통 문제에 대한 지방정부 간 도시외교 사례, 마지막으로 제15장은 국제 스포츠 분야에서 한국이 대표적으로 보여주고 있는 중앙·지방정부 결합형 공공외교의 관점에서 2018 평창동계올림픽 사례를 각각 다루고 있다.

　이 책에서는 기본적으로 '지방정부 외교'라는 용어에 대표성을 부여했으나, 지방정부 단위와 이들의 외교를 지칭하는 용어들이 다양함에 비추어 각 사례에 해당하는 지방정부의 특수성에 따라 여러 용어들이 혼용되고 있음을 이해해 주기 바란다. 또한 공공외교의 다중학문성을 고려하여 더 많은 학문분야별 이론적 경향들과 세계의 지역별로 특화된 지방정부들과 문제영역들을 보다 다양하고 균형적으로 소개하고 싶은 의도가 있었으나, 지면의 한계로 인해 더 이상 확장하지 못한 점은 너무도 큰 아쉬움으로 남는다.

이 책의 출간을 위해 재정적 지원을 해주신 한국국제교류재단과 관계자들께 우선 감사를 드리지 않을 수 없다. 또한 자신의 전문분야에 지방정부의 외교 또는 공공외교를 결합하여 집필에 참여하신 14명 전문가들의 노고에 특별히 감사의 뜻을 전하고 싶다. 그리고 주제 선정 및 집필진 구성 등 기획 단계에서 결정적 역할을 해주신 전북대 사업단의 전·현직 책임교수인 국제인문사회학부의 문경연 교수님과 신보람 교수님, 정치외교학과의 송기돈 교수와 함께 원고 감수에 수고하신 전북대 국제인문사회학부의 박지연 교수님과 장기간 행정적 지원에 헌신하신 박선민 조교와 김나은 학생연구원, 그리고 격려를 아끼지 않으신 전북대 국제인문사회학부와 정치외교학과의 재직 교수님들께도 감사한 마음이 크다. 마지막으로 녹록하지 않은 출판계 상황에도 불구하고 우리의 요청을 흔쾌히 수용하여 이 책의 출간을 가능케 해주신 도서출판 오름에도 진정어린 감사의 말씀을 드리고 싶다.

일부의 비판적 견해에도 불구하고, 글로벌 외교 공간에서 지방정부에게 부여될 지위나 역할은 정당성 및 효율성 차원에서 점차 인정받고 있는 추세이다. 지구 시민들은 각자의 국가 및 중앙정부만이 아닌, 한편으로는 전체로서의 지구사회뿐만 아니라 다른 한편으로는 지역·지방의 구성원으로서 가장 가까이 존재하는 지방정부와의 관계성이 일차적으로 존중되어야 하는 존재이기 때문이다. 미국 최초로 지방정부외교법을 발의했던 상·하원 의원들은 "시장과 주지사는 외교정책에 있어 아직 개봉되지 않은 자원"으로서 "도시·주가 모든 혁신적 정책이 개발되는 민주주의의 실험실"이라고 하였으며, 이 법으로 국무부에 최초로 신설된 지방외교특별대표 또한 "도시야말로 다양한 도전요인들에 대처할 수 있는 실험실로서 … (미국)외교의 미래를 결정할 것"으로 보았다. 이러한 경향을 반영하듯 유엔대학의 비교지역통합연구소UNU-CRIS와 오스트리아 빈외교아카데미Diplomatische Akademie Wien가 공동으로 설계한 현대외교 10개 특별강좌에는 초국적 외교supra-national diplomacy와 함께, '지방정부 외교sub-national diplomacy' 및 '공공외교public diplomacy'가 3년째 계속 운영되고 있다.

모쪼록 이 책을 통해 공공외교 연구자와 대학 학부생 및 대학원생들에게는 새로운 외교주체로서의 지방정부에 대한 보다 확장된 학문적 관심과 시야를, 지방정부의 대외관계 담당자들에게는 정책적·실무적 차원에서의 일차적인 길잡이로, 그리고 일반시민 대중들에계는 외교적 삶의 일상화를 통해 우리들의 외교를 위한 관심으로 전환할 수 있길 기대해 본다. 국가와 중앙정부 중심성으로 인해 꽉 채워지지 않은 외교의 공간을 지방정부의 주체성으로 재공간화해야만, 진정으로 전 지구적 외교 유비쿼터스화가 가능해질 수 있기 때문이다. 지구화와 지방화 간의 교차가 심화되면서, 우리 한국에서도 비수도권 대학의 혁신을 추동하기 위한 글로컬 대학 프로젝트를 가동하였다. 이 기회에 글로컬 시대정신과 실천역량에 적합하도록 지방정부의 외교 및 공공외교에 관한 혁신적인 교육 및 연구 프로그램들도 새롭게 관심받길 희망해 본다. 지방 없는 정치의 존재감이 없듯이 ("All politics is local"_전 미국 하원의장 Tip O'Neill), 외교도 이와 다르지 않으므로("All diplomacy is local"_전 세계무역기구 사무총장 Pascal Lamy), 지방의 외교적 비전을 글로벌 거버넌스에 지속적으로 투영하도록(세계지방정부연합 #Local4Action) 노력해야 할 것이다.

2024년 4월
편저자 대표 송기돈

차례

제2장 **국제커뮤니케이션 전략과 지방정부의 디지털 공공외교** | 77 손현주

제8장 **벨기에 브뤼셀의 도시외교와 공공외교** |297 고주현

1부
지방정부 외교 및 공공외교의
개념 이해와 이론

제1장

지방정부의 외교와 공공외교의 이해

송기돈 ● 전북대학교

[요약문]

　　외교에 있어 지방정부는 이론적·실제적으로도 그 존재감이 없었거나 경시되어 왔다. 그러나 지구화·지역화·지방화·도시화라는 구조적 변화와 국내외적 민주화·사회화 등으로 인해 구외교와 신외교 그리고 외교의 구조와 과정을 둘러싼 논의 속에서 지방정부의 외교와 공공외교라는 새로움이 관찰 대상으로 부상하였다. 지방정부는 외교의 새로운 행위주체이며 공공외교는 외교의 새로운 양식이라는 측면에서 의미가 크며, 지방정부 공공외교는 이 두 측면이 결합된 외교 영역이다.

　　지방정부의 외교와 공공외교를 이해하기 위해서는 지방정부 단위와 지방정부 외교 명칭의 다양성과 혼재성을 주목해야 한다. 이런 특수성을 전제로 국가 공공외교 개념을 통해 지방정부 공공외교의 개념을 추론한 후, 전략적 커뮤니케이션과 도시 브랜딩 중심의 공공외교의 전략적 원리를 소개하였다. 그리고 국가 간 차이를 고려하여 법률·정책 차원에서 대표적인 국가들의 동향을 소개하였다. 이런 논의를 기반으로 국가 외교 틀 내에서 지방정부 외교와 공공외교의 기능 간 연결 관계를 통해 이를 통합적으로 관찰할 수 있는 구도를 제시하는 것으로 결론을 대신하였다.

　　이 글은 지방정부의 외교와 공공외교의 구체적 방식과 사례보다는 지방정부만의 특수성과 한계를 극복하기 위한 기본적 논의에 한정하였다. 또한 국가정부 중심의 아이디어들을 주로 차용하여 관찰·추론하는 방식을 채택함으로써 향후 보다 지방정부 특화적인 관찰을 모색하기 위한 동기 유발에 초점을 맞췄다. 전반적인 국제관계 논의에 있어, 지방정부가 다른 비국가 행위자들에 비해 시기적으로도 뒤늦고 연구대상으로서도 취약했던 상황을 빨리 극복하는 것이 과제일 것이다.

신외교	비국가 외교	지방정부
지방정부 외교	지방정부 공공외교	전략적 커뮤니케이션
도시 브랜딩	지방정부 외교·공공외교 통합 구도	

I. 들어가며

국가 외교와 지방정부 외교는 스포츠 경기장에서 각각 눈에 띄는 주역(선수, 코치)과 몸집은 크나 눈에 띄지 않는 단역(고릴라=보조요원)으로 비유된다(Acuto 2013, 1~2; Amiri & Sevin 2020, 2).[1] 이에 비해 지방정부 공공외교는 더욱 잘 안 보이는 투명 고릴라일 수도 있다. 비국가 행위자이면서 동시에 정부성을 지닌 지방정부가 글로벌 거버넌스의 중요한 구성요소로서 세계정치의 역학에 영향을 미치는 존재임에도 관중들(분석가 또는 일반대중)은 그 존재를 잘 보지 못한다. 그들은 세계정치 게임에서 주권국가의 존재와 중앙정부 간 관계만을 관찰하도록 요구받아 다른 요소들이 지닌 적합성을 인지할 수 없거나

---

1 이 비유는 19세기 초 러시아 작가 크릴로프(Ivan Andreevich Krylov)의 '(박물관) 전시실의 코끼리(Elephant in the Room)'와 1998년 하버드대 행동심리 실험 '보이지 않는 고릴라(The Invisible Gorilla)'에서 연유한 부주의맹(inattention blindness) 또는 선택적 주의를 보여주는 사례임.

아니면 그럴 의도가 없기 때문일 수도 있다.

그러나 외교의 기원은 주권국가의 등장보다 훨씬 이전으로, 고대 이래 여러 정치적 실체들 사이에 관계짓기를 위한 초경계적 실행들이 진행돼 왔다. 심지어 당시 외교주체가 대체로 도시국가라는 점에서, 지방정부 외교의 적실성이 더 크다는 주장도 있다. 그러나 주권국가 등장 이후에도 지방정부가 19세기 중반 이후 공식적인 외교활동에 착수했고,[2] 20세기에는 국제적 네트워크까지를 포함하여 다양한 형태로 확산되었다. 학계에서는 1980년대 신연방주의의 경향으로 인해 체계화된 학문적 관심대상으로 부상하게 되었다.[3] 그 배경에는 세계화와 지역화·지방화·글로컬화·도시화 및 정보·커뮤니케이션 기술의 변화, 국제사회의 민주화·사회화 경향 등이 복합적으로 작용해 왔다.

지방정부의 대외적 관여가 증대된 배경 중 하나는 국제와 국내의 경계가 불분명해지면서 다양한 행위자들의 국제적 주체성이 가능해졌다는 점이고, 다른 하나는 국내사회의 다원화·복합화에 적응하기 위한 외교 시스템에 지방정부의 영향이 커졌다는 점이다. 이 과정에서 새로운 정부 행위자로서의 지방정부뿐만 아니라, 비정부 행위자에 속하는 일반대중 또한 외교 공간에 진입하는 공공외교 현상이 등장하는 등, 국가중심으로 이루어진 하나의 외교diplomacy가 다양한 외

---

2 지방정부의 공식대표가 외국에 파견된 최초의 사례는 1857년 영국에 파견된 호주 빅토리아주의 Hugh Childers임.

3 미국 연방주의연구소(CSF)를 대신해 옥스포드대 출판사가 1971년 창간한 『연방주의 저널Publius: The Journal of Federalism』에 1984년 캐나다·미국의 연방주의(Vol. 14 Issue 1)와 지방정부(주지사, 도시 등)의 국제문제 관여(Vol. 14 Issue 4)에 관한 논문들이 다수 발표된 것이 계기가 됨.

교들diplomacies로 혼종의 지형을 형성하게 되었다.

　　이 글은 새로운 행위자로서의 지방정부와 새로운 외교양식으로서의 공공외교가 중시되는 근거로서 '신외교'에서의 분절성과 외교의 변화된 '구조·과정'에 대한 관찰로 시작하고 있다. 다음으로는 지방정부 외교의 단위인 지역·지방의 다양성과 지방정부 외교 명칭의 혼재성을 통해 그 특수성을 살피고자 하였다. 지방정부 공공외교에 관한 이론화가 취약한 상황을 고려하여, 개념 논의와 함께 공공외교의 핵심 원리인 전략적 커뮤니케이션과 브랜딩 논의를 국가 차원의 논리에서 빌려왔다. 그리고 이와 관련된 주요 국가 사례를 통해 현재의 동향을 이해하고자 하였다. 그러나 이 글의 궁극적인 목적은 지방정부 외교와 국가 공공외교의 기능들 간 상호적 관계를 통해 지방정부 공공외교에 보다 체계적으로 접근할 수 있는 관찰 구도를 제시하는 데 있다.

　　이 글은 일반적으로 소개되는 지방정부의 외교와 공공외교의 추진 동기 및 방식, 강점과 취약점, 구체적 사례보다는 지역·지방의 특수성을 고려하여 이들이 수행하는 외교와 공공외교에 대한 본질적 개념 구도와 이를 보충하기 위한 기본적 논의에 한정하였다. 국제관계 논의에서 지방정부가 다른 비국가 행위자들에 비해 시기적으로도 뒤늦고 연구대상으로서도 취약했던 상황을 극복하는 것이 과제이기 때문이다.

Ⅱ. 외교에서의 지방정부와 공공외교

1. 신외교에서의 비국가 외교와 공공외교

노르웨이의 라이라Halvard Leira는 '외교diplomacy'라는 용어가 등장한 18세기 후반 프랑스 혁명 시기부터 현재까지 신외교new diplomacy에 관해 다양하게 연구해 온 대표적인 외교학자이다. 그에 의하면 신외교는 부정적 의미를 가진 혁명 이전의 구외교old diplomacy에 대한 반동으로 시작하여, 이후 18세기 후반(정치의 긍정적 확장으로서의 외교와 과학·무역·상업의 연계) → 19세기 후반(과학·무역·상업과 자유주의적 제국주의의 결합) → 20세기 초반(소련식 급진주의 외교, 윌슨식 공개외교) → 1960년대(국제기구·식민화·상호의존·기술변화·외교협약 등 다자주의화, 정보·문화·교육·선전·공공외교 등 외교업무의 성장) → 2000년대 이후(글로벌 거버넌스 중심의 다양한 추세들)로 새로움이 계속 확대되었다는 것이다(Leira 2018, 1350~1351).

2000년대 이후의 신외교는 글로벌 거버넌스라는 보다 큰 틀 속에서, 두 개의 중요한 추세를 보여주고 있다. 하나의 추세는 새로운 행위자·영역·제도들의 등장으로 인해 외교가 다원화되면서, 외교가 권한을 부여받은 주체들 간의 공식적인 상호작용이기보다 행위자·영역·제도 등을 가로질러 새로운 인식과 접근방법이 적용되어야 한다는 것이다. 다른 하나의 추세는, 신외교에 대한 관심을 증대시킨 추동 요인이 '공공외교public diplomacy' 및 '소프트파워'와 관련되어 왔다는 점이다. 신외교는 한편으로는 '외교가 무엇인가?'에 해당하는 것들이 확대된 것과 관련되며, 다른 한편으로는 국가보다는 일반 사람들(공중)을 대상으로 하는 공공외교가 소프트파워와 결합되면서 서로를 강화하는 요소로 작용하고 있다는 것이다(Leira 2018, 1351~1352).

신외교의 다양한 개념적 기반들 가운데, 최대 공약수는 국가 중심성의 감소이다. 신외교는 국가·중앙정부에 부여된 특권과는 상반되는 하나의 처방적 개념으로 등장하여, 국가들이 더 이상 배타적인 행위자가 아니라 여러 행위자들과의 상호작용에 연관되어 있다고 한다(Leira 2018, 1352). 이런 두 개의 추세는 외교 영역의 전반에 걸쳐 있는 중요한 문제들, 즉 국가·정부 행위자와 비국가·비정부 행위자, 외교 대상으로서의 국가·정부와 일반 공중, 전쟁·평화와 같은 전통적인 의제와 다양한 비전통 외교 의제, 하드파워와 소프트·스마트파워 등의 측면에서 외교의 구식 형태와 신식 형태가 어떻게 공존하고 서로를 강화하고 있는지를 보여주는 혼종성hybridity이라는 특성이 반복되고 있는 것이다.

2. 외교의 구조·과정에서의 지방정부 외교와 공공외교

영국의 외교학자인 호킹Brian Hocking은 특정 행위자가 자신이 처한 국제적 환경과의 관계를 관리하기 위해, 일정 범위의 제도화된 기법과 '구조'·규범·규칙들을 통해 정책 목표들을 조정하는 전략을 구사하여 이를 산출로 전환시키는 '과정' 중 외교정책과 외교가 상호 연결된 구성요소라는 인식에서 출발하고 있다(Hocking 2016, 67). 여기에서 '구조'와 관련해서는 '지방정부 외교'를, 그리고 '과정'과 관련해서는 '공공외교'를 핵심적으로 다루고 있다.

먼저, 외교의 '구조'는 국제정책의 성격과 이것이 처해 있는 국제·국내 환경으로서, 그 안에서의 변화 요인들이 외교에 대한 기존의 주요 가정들에 도전하는 문제와 관련된다. 특히 20세기 후반 이후 정부·비정부 행위자 모두의 역할이 네트워크적 방식으로 확대됨에 따라 협업의 필요성이 대두하였는데, 그 결과 국제적으로는 다자주의를 향한 압력과 시민사회로부터의 참여 요구에 직면하게 되었고, 국내적으로는 지구화라는 시스템적 변화가 국가의 외교 시스템 구조와 운영에 영향을 미침으로써 외교의 역할·기능에 분절화와 집중화를 야기시켰다는 것이다(Hocking 2016, 73~74).

여기에서 지방정부의 외교 행위자성actorness은 국내 차원에서 외교정책을 관리하기 위한 국가 외교 시스템의 '분절화' 추세와 관련된다. 분절화는 각국의 외교정책을 관리하는 주체와 방식의 분산화를 의미하며, 이런 현상은 중앙정부와 중앙정부 밖의 정부 부문(지방정부) 및 비정부 부문(시민사회)에서 동시적으로 발생해 왔다. 중앙정부 차원에서는 외교부 중심에서 정부 내 다른 부처들의 기능·권한·책임성이 강화되는 방향으로 시스템이 이동하고 있다. 중앙정부 밖에서는, 비중앙정부적이면서 국가하위적 실체로서의 '지방정부 외교subnational diplomacy'와 시민사회를 통한 '외교의 사회화'가 광범하게 이루어졌다는 것이다. 다른 한편으로 '집중화' 추세는 분절화에 따른 정책 관리의 분산과 조정의 부재에 대응하기 위해 정책결정을 집중화시키는 방향으로 범정부적 관리 구조를 강화하는 일인데, 이는 지방정부와는 무관하므로 생략하기로 한다.[4]

---

4 집중화 추세는 '외교'와 '개발' 간 연계처럼 의제영역에서도 나타남. 2007년 부시 정부의 「전략계획 2007~2012: 변환외교」와 2010년 오바마 정부의 「4개년 정책검토보고서(Quadrennial Diplomacy and Development Review(QDDR)」 모두 국제개발처(USAID)가 공동 발

다음으로 외교의 '과정Process'은 '외교정책'을 구성함에 있어 정책 수행의 도구로서의 '외교'를 매개로 투입 요소들을 산출로 전환시키는 과정을 의미한다. 그러나 의제(상위정치와 하위정치)와 의제가 형성되는 영역(국내와 국제)의 구분, 외교에 대한 사회적 권력의 영향, 정부와 비정부 행위자 모두를 포괄하는 네트워크적 연립 등으로 인해 외교정책이 지닌 통합적인 이미지가 약화되고 외교가 작동하는 지점들 또한 확대·변화하였다(Hocking 2016, 71, 73). 이 과정에서 공통적으로 강조되는 사실은 국제적·국내적 차원 모두에서 '공공외교'가 점차 중요해졌다는 점이다. 특히 사회적 권력의 논리는 국내외의 다양한 '공중publics'에게 영향을 미치려는 방향으로 외교의 전략적 방향이 설정되도록 작용하고 있다.

III. 지방정부의 단위 유형과 지방정부 외교

1. 지방정부 단위 유형의 다양성

국가하위 수준의 지역·지방은 법률적 지위와 실질적 권한 등에 따라 다양한 유형을 보이며, 국가마다 서로 다른 행정단위들로 구성되어 있다. 지방정부의 대표적인 영토적 단위로 간주되어 온 '지역region'은 국제·국내 수준 모두에서 사용되는 용어이다. 국제 수준에서는 국가보다 큰 다양한 지역을, 그리고 국내 수준에서는 '지방locality'이라는

행기관이었고, 2020년 영국 외교부(FCO: Foreign & Commonwealth Office)의 명칭 변경(FCDO: Foreign, Commonwealth & Development Office)도 이에 해당함.

〈그림 1-1〉 국가 수준의 지방정부의 구성 유형 및 하위 지방정부 단위

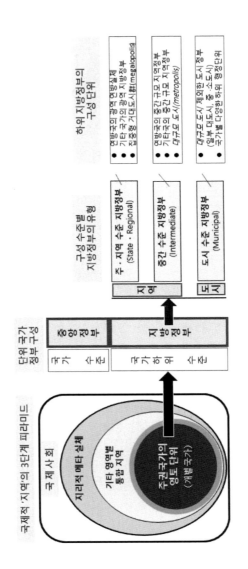

출처: Kuznetsov(2015)의 '지역의 3단계 피라미드'와 OECD·UCLG(2022)의 '지방정부의 3개 수준'을 중심으로 Criekemans(2007)의 '국가하위 행위자의 범위' 및 UCLG의 '도시의 3개 유형'을 참조하여, 일부 구성과 내용을 필자가 추가 또는 수정함.

지리적 공간을 지칭하기도 한다. 쿠즈넷소프Alexander S. Kuznetsov에 의하면, 〈그림 1-1〉의 맨 왼편에서처럼, 국제사회의 지역을 '지리적 메타 실체(대륙 등)', '지리적·역사적·경제적·언어적·문화적 차원 통합 지역(중동 등)', 그리고 '국가'라는 단위로 구분하였다(Kuznetsov, 2015, 21).

개별 국가 차원에서는, 중앙정부가 주권적 관리 주체가 되는 '국가 수준'과 지방정부 중심의 '국가하위 수준'으로 나눌 수 있다. 구성 수준별 3개 지방정부의 유형은 인구·면적 등을 기준으로 한 OECD·UCLG(2022, 28~30)의 유형론에서 빌려왔다. 이 글에서는 위의 2개 수준을 '지역'으로, 도시 수준을 '도시'로 범주화했다. 3개 수준별 지방정부의 대표적인 예시를 보면 다음과 같이 매우 다양하고 복잡하게 구성되어 있다(OECD·UCLG 2016, 64~274).[5]

■ 주·지역 수준 지방정부

연방국: 에티오피아[kilioch(자치주), astedader akababiwoch(특별자치시)], 나이지리아(주, 연방수도권), 호주(state, federal territory), 인도(state, union territory), 말레이시아(state), 러시아[공화국, 주, 자치주, 邊境주, 자치구(Moscow, St. Petersburg)], 오스트리아(State), 벨기에(region, community), 독일[land(주)], 아르헨티나[provincia(자치시: Buenos Aires)], 브라질·멕시코[estato(주), distrito federal(연방지역)], 캐나다(province, territory), 미국(state)

준연방국: 남아공(province), 스페인[comunidades autonomas(자치공동체)], 스위스[canton(주)]

---

5 세계지방정부연합(UCLG)은 지방정부를 '도시'로 통칭하여 대도시권(metropolitan areas: 인구 100만 명 이상의 지역·도시), 중간 규모 도시(intermediary cities: 5만~100만 명), 기타 지역·소도시·농촌지역(territories: 5만 이하)유형으로 구분함.

단방국: 모로코·세네갈(région), 중국(省), 인도네시아(provinsi), 일본 (縣), 몽골[aimag(주)], 뉴질랜드(regional council), 태국[province(시: Bangkok)], 베트남(city-province), 카자흐스탄[oblast(지역), 시(Almaty, Astana)], 튀르키예(특별지방행정구역, 대도시권), 우크라이나[oblast(자치공화국: Crimea), 시(Kiev, Sevastopol), 핀란드(Island province of Aland), 프랑스 (région), 이탈리아(regioni), 네덜란드(province), 노르웨이(fylker/county), 포르투갈[regiões autónomas(자치지역)], 스웨덴[landsting(광역지방의회)], 영국[Devolved Nations(북아일랜드, 스코틀랜드, 웨일스)]

■ 중간 수준 지방정부

연방국: 러시아(municipal district, city), 벨기에(province), 독일[kreis(군)], 미국(county), 에티오피아·나이지리아·남아공·호주·인도·말레이시 아·오스트리아·스위스·아르헨티나·브라질·캐나다(없음)

준연방국: 스페인(provincia)

단방국: 모로코(province), 세네갈(Départment), 중국(自治州 등), 몽골 [sum(郡), duureg(區)], 태국[municipality, town municipality(시: Pattaya)], 베트남(city, town), 카자흐스탄[rayon(지역단위 도시·지구)], 우크라이나 (다양한 district), 프랑스(départment), 이탈리아(province), 영국[county (주), Greater London Authority], 일본·뉴질랜드·핀란드·네덜란드·노 르웨이·포르투갈·스웨덴·이스라엘·요르단·튀르키예(없음)

■ 도시 수준 지방정부

종합: communities/neighborhood(몽골), village(필리핀), district(에티 오피아), sub-district municipality(태국), community(베트남), district

(카자흐스탄·영국), commune(프랑스), gemeinde(독일), metropolitan city(이탈리아), town/township(미국), borough(영국·미국), 기타 local government, municipality, county, regency 등 매우 다양함

전체적으로 3개 수준 모두로 구성된 국가들은 대륙별로 다양하게 분포되어 있으나, 미주 대륙에서는 미국을 제외하고 거의 찾아보기 어렵다.[6] 주·지역 및 중간 수준이 없이 도시 수준으로만 구성된 국가들은 대체로 단방형 국가들이다.[7] 이 기준에 따르면 한국의 경우 17개 광역자치단체(특별시, 광역시, 특별자치시, 특별자치도, 도)가 주·지역, 그리고 226개의 기초자치단체(시, 군, 구)가 도시 수준 지방정부에 속하며, 중간 수준의 지방정부는 없는 것으로 되어 있다. 그러나 분석의 기준·척도에 따라 다양한 유형론이 가능하며, 각 유형에 속하는 지방정부 사례도 차이가 있을 수 있다.[8]

2. 지방정부 외교의 개념과 명칭의 혼재성

지방정부 외교는 "지방정부가 자신의 법률적 권한에 따른 모든 대외

---

6 다른 대륙의 경우, 아프리카(차드, 말리, 모리셔스, 모로코, 세네갈, 토고), 아시아(중국, 캄보디아, 몽골, 필리핀, 태국, 베트남, 아제르바이잔, 카자흐스탄, 키르기스스탄), 유럽 (벨기에, 프랑스, 독일, 영국, 이탈리아, 스페인, 폴란드, 우크라이나) 등.
7 아프리카(케냐, 베냉, 기니, 기니비소, 탄자니아, 말라위, 카보베르데), 유럽(룩셈부르크, 아일랜드, 불가리아, 아이슬란드, 키프로스, 몬테네그로, 슬로베니아, 에스토니아, 라트비아, 리투아니아, 몰타), 중남미(코스타리카, 엘살바도르, 과테말라, 온두라스, 자메이카), 중동(이스라엘, 요르단, 팔레스타인) 등.
8 한 예로 영국의 경우 중간 수준으로 설정된 카운티와 런던광역시는 일반적으로는 주·지역 수준일 수 있는데, 스코틀랜드 등 분권형 실체와 대비해 그렇게 구분한 것으로 보임.

적 차원뿐만 아니라 사회경제적·문화적·정치적 쟁점들을 증진시킬 목적으로, 외국의 공적·사적 실체들과 상설적·임시적으로 형식적·비형식적 계약을 수립하는 방식으로 국제관계에 관여하는 일"(Cornago 2000, 13)이나, "지방정부가 자신과 자신의 이익을 대표할 목적으로 국제정치적 무대에서 행위자들에게 관여하는 수단으로서의 제도와 과정"(Van der Pluijm 2007, 11)으로 정의된다. 또한 보다 엄격하게 지방정부와 타국의 지방정부(또는 국외 정부 행위자들) 간에 대표성을 지닌 주체들의 외교적 교섭과 같은 공식적인 상호작용으로 규정될 수도 있다.

지방정부 외교와 국가 외교의 관계는 서로 다른 대표성을 갖고 자율성을 유지하려는 과정에서 협력 또는 갈등 관계를 잠재적으로 내포하고 있다. 지방정부 외교와 공공외교의 관계는, 전자가 국외의 정치적 실체들을 대상으로 하는 반면, 후자는 국외의 공중을 대상으로 하는 점에서 차이가 있다. 그러나 지방정부 외교를 통해 도출된 정책이 수행되는 현장에서는, 지역주민들과 접촉되어 사실상 두 유형의 외교양식이 상당히 중첩되어 있다. 또한 지방정부 외교는 또 다른 비국가 행위자들의 외교와 국가 외교의 중도적 위치에서 촉진자의 기능을 수행할 수 있는 특성도 있다.

지방정부의 수준과 이에 따른 단위가 다양함에 따라 지방정부의 외교를 지칭하는 명칭 또한 다양하게 혼재되어 있다. 이는 중앙정부와의 상호관계를 설정하는 법률적 배경과 지방정부의 위상, 양자 간의 정책 협조성 여부뿐만 아니라 학자들의 인식·선호·준거에 따라 다양한 용어들이 사용되고 있다. 먼저, 국내 외교 거버넌스 속에서 중앙정부와 비교하여 지방정부가 지닌 위상·속성 또는 추구 목적

등에 초점을 맞춘 용어들은 다음과 같다.

■ **paradiplomacy(동반·동행·평행·양립·준 외교): 영국의 버틀러** Rohan Butler(1961) → **캐나다의 솔다토스**Panayotis Soldatos(1984) 버틀러가 "정부의 외교정책과 보충 또는 경쟁 관계에 있는 개인 외교와 평행외교parallel diplomacy"에서 처음으로 제시했음. 이로써 이후 일반화된 용어인 paradiplomacy의 접두사 para-가 parallel을 의미하는 것으로 통용되었으며, 이런 점에서 패러다임paradigm의 접두사 para-처럼 전후, 좌우, 상하 등 포괄적인 위상을 지칭하는 것과는 다소 차이가 있음. 이는 18~20세기 유럽의 비공식적 비밀외교를 지칭한 것으로, 중앙정부와의 동반관계에서 지방정부가 수행하는 외교를 의미하는 오늘날과는 차이가 있음. 그러나 국가정부와 지방정부 간에 양립하기 어려운 이해관계와 갈등적 요소를 암묵적으로 전제하고 있다는 비판적 의견이 있음. 스페인의 코르나고Noé Cornago와 프랑스의 파켕Stéphance Paquin 등은 이 용어가 비중앙정부 행위자들을 외교 공간으로 진입하도록 유인하는 데 의미가 있다고 함.

■ **micro-diplomacy(미시외교): 체코계 미국인 듀첵**Ivo Duchaeck(1984) 비교적 초기에 등장한 이 용어는 중앙정부 중심의 국가 외교를 macro-diplomacy(거시외교)로 지칭한 것과 대조적인 차원에서 나온 것임. 듀첵Ivo Duchaeck은 paradiplomacy의 한 유형으로서 global micro-diplomacy(세계 미시외교)를, 후에는 protodiplomacy(원형외교)라는 용어도 제시한 바 있음. 그러나 이 용어는 국가정부와 지방정부 간에 외교의 규모·수준 등 형식상의 차이를

넘어, 지방정부 외교가 상대적으로 열등하다는 질적 차이를 전제한다는 점에서 적실성이 약하다는 비판이 있었음. 듀첵은 후에 솔다토스의 견해에 동감하여 paradiplomacy 용어가 이 분야의 학문적 논의에서 확산되는 데 기여함.

■ constituent diplomacy(구성외교): 미국의 킨케이드John Kincaid(1990) 본래 민주적 연방국의 광역 단위 정부에 초점을 맞췄으나, 2000년대 이후 준연방국, 분권형 단방국, 비민주적 연방국(러시아 등) 및 단방국의 지방정부, 국가정부 내 부처, 시민단체, 기업, NGOs, 국가 없는 민족·인종집단에 이르기까지 한 국가를 '구성'하는 거의 모든 단위로 확대되었음. sub-national diplomacy(국가하위 외교) 및 다른 용어들을 동시에 사용하고 있는 캐나다의 미헬만Hans J. Michelmann조차 이 용어가 paradiplomacy보다 선호되고 있다고 하였음. 킨케이드는 국가 외교가 담당하는 상위정치에 대해 지방정부의 활동이 열등적·부수적·보충적이라는 함의를 피하기 위해 보다 중립적인 용어를 의도했던 것임.

■ multi-layered diplomacy(다층외교): 영국의 호킹Brian Hocking(1993) 외교가 한 국가 내의 다양한 행위자들로 인한 분절적 과정이 아닌, 행위자들 각각의 다양한 이해관계를 포괄하여 이들이 국내외적으로 서로 연결된 시스템으로서 접근해야 한다는 시각을 반영하는 용어임. 호킹은 국가의 하위 수준을 의미한다는 이유로 para- 또는 sub-와 같은 접두어가 붙은 용어들을 선호하지 않았으며, 보다 본질적으로는 국가와 지방정부 간에 정책적 갈등 요소가 존재하며, 서로 양립할 수 없는 이익을 암묵적으로 전제하고 있기 때문이라고 함.

글로컬 시대 지방정부 외교와 공공외교

■ **sub-state(또는 sub-national) diplomacy(국가하위적 외교): 벨기에의 크리크만스**David Criekemans**(2010) 외**

2010년 이전부터 광범하게 사용된 용어로서, 국가보다 하위 수준의 다양한 지방정부의 외교를 의미함. 본래 연방국·준연방국의 광역 정부를 주요 대상으로 하였으나, 현재는 모든 유형의 지방정부를 포섭하고 있음. 네덜란드에서 발행되는 대표적 외교학 술지『헤이그 외교저널*The Hague Journal of Diplomacy*』도 이 용어를 공식화하였음. 네덜란드의 멜리센Jan Melissen과 함께 크리크만스는 paradiplomacy보다 이 용어를 선호하는 이유를, sub-state diplomacy(국가하위 외교)와 state diplomacy(국가 외교)의 주요 차이점이 외교의 내용보다는 외교의 규모 및 법률적 환경을 다루고 있기 때문이라고 함. 그러나 킨케이드는 이 용어가 연방국이 아닌 준연방국·단방국 지방정부들에 국한하여 적절하다고 함.

■ **federated state diplomacy(연방국 지방정부 외교): 벨기에의 반 덴 브랜디**Luc Van den Brande**(2010) 등**

이 용어는 광역 지방정부들 가운데 법률적·실제적 권한 및 능력이 상대적으로 제도화된 연방국 지방정부의 경우에 사용됨. 그러나 연방국들마다 차이가 있으나, 특히 벨기에의 경우엔 sub-state diplomacy의 하위 개념으로 이 용어가 적합하지 않다는 견해도 있음. 그 이유는 주 정부가 자체의 필요한 능력이 있을 경우 국외에서의 활동에 거의 완전한 권한을 갖는 것으로 규정하고 있기 때문임. 이런 조건 하에서는 중앙정부와 지방정부의 정책 수준이 거의 동등하기 때문에, 국가보다 하위 수준을 의미하는 용어들(예: sub-state 또는 infra-state)이 아닌 이 용어가 더 적합하다는 것임.

■ **protodiplomacy**(原形·原 외교, 주창외교)[9]: **체코의 듀첵**(1986), **미국의 데어 데리안**James Der Derian(1987)

최초 사용자가 명확하지는 않으나, 1980년대 중반 듀첵의 저술에서 microdiplomacy 및 paradiplomacy와 함께 제시되었음. 당시 "지방정부가 자신의 분리주의적 메시지를 외국과의 경제적·사회적·문화적 연관 관계에 접목시키려는 구상·활동"으로서 paradiplomacy를 보충하는 개념으로 규정함.[10] 현재는 일정 영토에 기반한 지방정부가 자신의 독립국가적 지위에 대한 국제적 인정을 받을 목적으로 전개하는 외교로서, 중앙정부와 지방정부 간의 정치적 긴장감을 크게 강화시키는 경향이 있음. 이의 대표적인 사례로는 퀘벡(캐나다), 플랑드르(벨기에), 카탈루냐(스페인), 타타르스탄(러시아), 스코틀랜드(영국) 등임.[11] 그러나 이

---

9 접두어인 proto-의 어원은 데어 데리안을 제외하고 거의 찾기 어려움. 번역어의 경우, 인류학 등에서 '국가 없는 민족집단'인 'proto-nations'를 '原(形)민족'으로 번역하고 있거나, 한자문화권(중국·일본)에서 이와 유사한 번역어가 있음을 고려한 것임.

10 Der Derian은 계보학적 역사 관점에서 외교 유형을 mytho-diplomacy(신화외교) → proto-diplomacy(원형외교) → diplomacy(외교) → anti-diplomacy(反외교) → neo-diplomacy(신외교) → techno-diplomacy(기술외교)와 같이 시기별로 제시하였음. 그러나 여기의 proto-diplomacy는 르네상스 초기 최초의 세속적 행위자인 이탈리아 도시국가들 간 외교로서, 오늘날의 개념과는 차이가 있음. 또한 techno-diplomacy를 국가와 비국가 행위자들 간 외교라 하여, 이것이 paradiplomacy의 다른 한 형식이라고 보았음(Der Derian 1987, 202~203).

11 '사실상(de facto) 국가' 또는 '準국가(quasi-states)'에 해당하는 몰도바의 트란스니스트리아(Transnistria), 조지아의 압하지야(Abkhazia)와 남오세티야(South Ossetia), 아르메니아-아제르바이잔의 나고르노카라바흐(Nagorno-Karabakh), 소말리아의 푼틀란드(Puntland)와 소말릴란드(Somaliland) 등의 외교활동도 protodiplomacy의 관점에서 접근하는 경향이 있음.

들 지방정부들 간에도 추구 목적이나 강도에 차이가 있어, paradiplomacy와 protodiplomacy의 중간에 과도기적 성격의 '정체성 외교identity diplomacy'를 설정한 경우도 있음.12

다음으로는 국가(중앙정부) 대비 특성이 아닌 지리적 위상이나 규모 등 형태를 기준으로 한 단순한 외교행정 단위로서의 지방정부 외교를 지칭하는 경우이다.

■ **regional sub-state diplomacy(광역 지방정부 외교): 다수 학자들**
지방정부들 가운데 도시(광역대도시권을 제외)와 이보다 하위 수준의 행정단위들을 제외한 대규모의 광역 지방정부가 수행하는 외교를 의미함. 여기에는 연방국 및 기타 모든 국가의 지역 단위 정부들의 외교가 해당함. 지방정부 외교의 초기 연구는 거의 이 수준에서 연구되어 온 특징이 있으며, 이 가운데 주로 연방국에 초점을 맞춘 federated state diplomacy가 주류를 이루었음.

■ **city diplomacy(도시외교): 다수 학자들**
대도시를 포함한 거의 모든 규모의 도시가 수행하는 외교를 지칭함. 여기에서 '도시'는 광역의 '지역'을 제외한 미시적 행정 단위들을 거의 모두 지칭함. 그러나 도시 간 차이가 다양하여, 대도시(권)의 외교를 일반적으로 지칭하는 경우(예: metrropolis

---

12 ① paradplomacy(단순한 대외적 기능), ② identity diplomacy(퀘벡·플랑드르·카탈루냐 처럼 paradiplomacy에 강력한 민족 정체성을 부가한 경우), ③ protodiplomacy(퀘벡·카탈루냐처럼 정체성을 넘어 분리주의적 독립 추구)로 구분될 수 있음(Paquin 2018, 5~6).

diplomacy, megalopolis diplomacy)와, 이에 비해 지리적 규모나 물리적 조건이 다소 미약해도 국제화 역량과 지구적 영향력이 우수한 경우(예: global/world city diplomacy) 등 특화된 도시외교의 명칭들이 사용되고 있음. 또한 농촌지역과 구분할 경우에는 또 다른 의미의 도시외교(예: urbal diplomacy)라는 용어가 사용되기도 함.

국제학계에서 사용 빈도가 가장 많은 용어는 paradiplomacy와 sub-state(또는 sub-national) diplomacy이다. 또한 '지방정부'와 외교'의 결합이 부적절하다는 비판을 의식하여 보다 중립적인 의미로 '지방정부 대외관계sub-national foreign relations'(Michelmann 2009 등)나 '비중앙정부 대외정책foreign policy of non-central governments'(Aldecoa & Keating 1999 등)과 같은 용어들도 사용되고 있다.

IV. 지방정부 공공외교의 개념과 전략

1. 지방정부 공공외교의 개념 이해

지방정부 공공외교의 개념 정의는 처음부터 독자적으로 제시되지 않았다. 중앙정부를 주체로 한 국가 차원에서 정의되어 온 경향과 함께 다른 비국가 행위자에 비해서도 비중앙정부인 지방정부의 존재감은 거의 없을 정도였다. 따라서 기존의 국가중심적 개념 정의들에 목적, 대상, 과정, 방식 등이 거의 포함되어 있으므로 '주체'만 지방정부로

글로컬 시대 지방정부 외교와 공공외교

대체하면 추론적인 개념화가 가능하다. 대다수 개념 정의들은 현재까지도 다음과 같이 중앙정부로 대표되는 국가중심적 정의들이다.

"자국의 정책 및 행동을 증진시킬 목적으로 다른 (국가)사회의 공중들과의 관계를 창출·유지시키려는 노력"(Melissen & Wang 2019, 1)

국가·중앙정부 외의 다른 비국가·비정부 행위자들을 포함시킨 경우는, 초기의 극히 일부 정의를 제외하고는 다양한 행위자들을 중시하는 '신공공외교' 경향에 맞추어 나온 것들이 대다수이다.

"정부와 사적 집단 및 개인들이 타국의 외교정책 결정(내용)에 영향력을 행사하는 것과 같은 방식으로, 외국의 대중 및 정부의 태도나 의견들에 영향을 미치려는 수단들"(USC-CPD: Gullion 1965)

"국가와 비국가 행위자 및 조직들이 외국의 시민들에게 영향을 미침으로써, 외국 정부의 정책에 영향을 미칠 목적으로 사용하는 커뮤니케이션 과정"(Gilboa 2016, 1298)

비국가 행위자들을 보다 포괄하여 기술한 정의들도 존재한다. 국가가 법률적·실질적으로 행위자성을 인정하거나, 지방정부가 실제 국제적 행위를 수행하고 있는 경우에 지방정부가 공공외교의 주체가 될 수 있다고 해석된다. 특히 후자의 경우엔 일정 조건 하에서 지방정부의 국제법적 인격이 인정될 수 있음을 참고할 필요가 있다.[13]

---

13 근대국제법은 지방정부와 관련된 유형으로 공동주권(condominium)과 국가 위임기관들,

"국가 및 국가가 인정한 행위자들이 자국의 외교정책 목표를 달성하는 데 도움이 될 것이라는 기대로 타국의 비국가 집단들을 대상으로 전개하는 커뮤니케이션 활동"(Sevin 2017, 37)

"국제행위자들이 자신이 희망하는 정책목표를 지원할 목적으로 외국의 청중을 이해하고 그들에게 정보를 제공하며 영향을 미치려는 노력으로서 외국 시민·집단들에 대한 관여"(Pamment 2018, 1563~4)

미국의 그레고리Bruce Gregory는 주체로서의 지방정부뿐만 아니라 공공외교의 목적과 방식에 있어서도 간결하지만 균형적인 내용으로 정의하고 있다. 비국가 행위자들의 공공외교 이론가인 스페인의 라포르테Teresa La Porte는, 이 정의를 연구의 출발점이나 준거로 삼는 데 적합하다고 했다.14

"국가, 국가들의 연합, 국가하위(sub-state) 행위자 및 비국가 행위자들이 자신의 이익과 가치를 증진시킬 목적으로 (자신들의) 문화·태도·행태를 이해시키고, (목표 대중들과의) 관계를 구축하고 관리하며, (그들의) 사고에 대해 영향을 미쳐 행동을 동원하기 위해 사용하는 도구"(Gregory 2011, 353)

특별한 유형으로는 민족해방운동 등에 국제법적 법인격을 부여하고 있음(Brownlie 2008, 58~65).

14 라 포르테는 비국가 행위자들의 주체성에 대한 논란과 관련하여, 이들을 주체가 아닌 대상으로 전제하고, 이들이 가진 정당성·효율성을 근거로 비국가 행위자들의 공공외교 개념틀을 시도하였음(La Porte 2012, 443~444).

글로컬 시대 지방정부 외교와 공공외교

지방정부 공공외교의 개념을 지방정부 차원에서 정의한 사례로
는 스페인 카탈루냐 자치공동체의 공공외교위원회DIPLOCAT가 「공공
외교 전략계획 2019-2022」에서 제시한 것이 대표적이다.

> "한 국가의 기관과 공적·사적 행위자들이, 기회의 창출, 연결의 형
> 성, 상호 신뢰의 강화를 목적으로 여타 세계와의 계속적인 대화를 수
> 행함에 있어, 관념·문화·자산·가치를 확산시키기 위해 국외의 공중
> 들과 소통하는 과정"(DIPLOCAT 2019, 4)

　　지방정부 공공외교 개념은 〈그림 1-2〉의 위쪽 중앙정부 모형을
통해 다른 유사 개념들과의 비교를 통해 보다 정확하게 이해할 수
있다. 두 국가의 중앙정부-중앙정부 관계는 '국가 간 전통외교', 민간
주체인 공중들 간의 관계는 '시민·민간 외교', 그리고 한 국가의 정부
와 타국 공중과의 관계가 '공공외교'이다. 같은 국가 내에서 중앙정부
와 자국 공중과의 관계는 외교의 대내적 민주화 추세(예: 외교에 대한
국민의 공감과 지지 획득)로 인해 등장한 '공공문제public affairs'의 영역이
나, 공공외교 학계에서는 공공외교의 '국내적 차원domestic dimension' 또
는 '국내 공공외교domestic public diplomacy'로 불린다.

　　이에 비추어 아래쪽의 지방정부 외교 지형을 보면, 특정 국가의
지방정부 간 공식적 관계는 '지방정부 외교', 공중(지방 시민) 간 관계
는 '시민·민간 외교', 그리고 지방정부와 타국 지방정부의 공중과의
관계가 곧 '지방정부 공공외교'이다. 그러나 실제로는 공공외교의 대
상이 타국 지방정부 외에 타국 중앙정부, 국제기구, 지역기구, 타국
내 사적 집단 등으로 확대될 수 있고, 이에 따라 공중도 이들 각각의

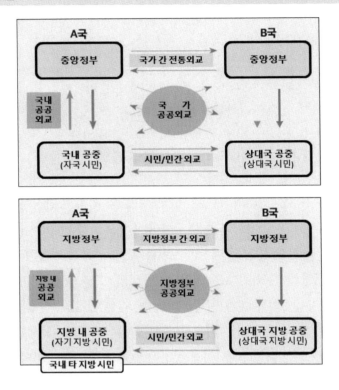

대상에 속한 일반 대중도 가능해진다. 또한 자기 지역 내의 공중뿐만
아니라 자국 내 다른 지방 시민, 그리고 제3의 혼성적 공중인 디아스
포라에 해당하는 자기 지역에 거주하는 외국인 또는 타국에 거주하
는 출향민도 포함될 수 있다.[15]

---

15 이 경우 용어는 별도로 없어, 중앙정부 모델에 비추어 '지방 내 공공외교'라고 했음.

2. 지방정부 공공외교와 전략적 커뮤니케이션

공공외교가 규범적 정당성을 떠나 실질적인 신뢰성·효과성을 발휘하기 위해서는, 국가정부에 비해 제약·한계가 큰 지방정부로서는 보다 체계적이고 전략적인 설계가 요구된다. 그러나 공공외교를 위한 이론적·실제적 전략이 거의 국가중심적으로 기획되어 온 경향을 고려하여, 국가정부 중심으로 논의되어 온 공공외교와 '전략적 커뮤니케이션strategic communication'의 관계로부터 출발할 필요가 있다.

공공외교의 '외교'적 차원과 '공공(즉 공중)'적 차원의 문제는 공공외교를 이해하기 위한 일차적 관점이다. 전자는 국가 간 '외교'와는 구별되며, 후자는 타국의 정부가 아닌 공중을 대상으로 한다. '전략적 커뮤니케이션'은 공공외교의 목표 정향에 적합하도록 효과적인 산출을 위해 작동하는 실질적인 '외교적' 방식이다. 즉 공공외교가 일차적으로 국외의 '공중'을 핵심 대상으로 하므로, 이들과의 커뮤니케이션 방식을 전략적으로 고려하여 의도했던 공중관계public relations'를 구축하는 일이 필수적인 관건이 된다. 따라서 공공외교 관점에서는 전략적 커뮤니케이션의 과정에서 작동하는 다양한 요소들을 적합하게 결합시키는 일이 중요하다(Löffelholz et al 2020, 444~445).

세빈Efe Sevin은 공공외교의 실질적 정책적 효과와 관련하여 거의 처음이자 유일하게 전체적인 인과적 메커니즘을 제시하고 있다. 그의 구도에서 국가정부를 지방정부로 대체하여 〈그림 1-3〉을 설명하면 다음과 같다. 공공외교를 수행하는 지방정부가 소프트파워 자원에 기반한 공공외교 프로젝트를 통해 외국의 공중에 관여·소통하고, 이를 통해 외국 공중의 여론 형성, 관계역학, 공중토론이라는 또 다

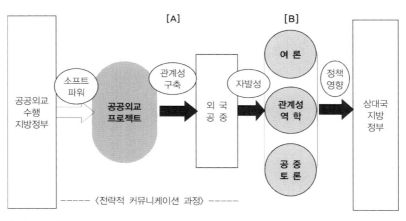

〈그림 1-3〉 공공외교와 외교정책 간 인과적 메커니즘

출처: Sevin(2017, 8, 180)을 참고하여 구성한 간략한 구도임. 본래 '국가'로 되어 있는 수행주체와
대상을 '지방정부'로 대체하고, '관계구축' 및 '자발성'을 수정함.

른 관여 방식을 통해 이들이 자신의 지방정부 외교정책에 영향을 미
칠 수 있는 정책적 환경을 조성한다는 것이다. 여기에서 [A] 외국 공
중에의 관여·소통이 바로 전략적 커뮤니케이션 과정에 해당한다.

먼저 그림에서 [A]는 공공외교의 1단계로서, 수행주체가 다양한
커뮤니케이션 활동을 통해 외국 공중과의 관계를 구축하는 단계이
다. 여기에는 일반적으로 다음과 같은 7개의 공공외교 요소들이 동
원된다(Cull, 2019). 즉 공공외교의 성공을 위한 선행적·기반적 기술
로서의 '경청', 자국의 정책·관념·이익을 외국 공중의 마음속에 증
진시킬 목적의 '주창·옹호', 우호적인 설득 요소로서의 '문화외교',
공공외교의 영혼에 해당하는 '교류외교', 미디어를 통한 공중 관여방
식으로서의 '국제방송', 브랜드 마케팅 개념을 국가에 적용한 '국가
브랜딩', 그리고 다중 행위자들 간 협업적 메커니즘으로서 새롭게 부

글로컬 시대 지방정부 외교와 공공외교

상하는 패러다임인 '파트너십'이다.

　더욱 중요한 것은, 이들 요소를 활용하여 전략적으로 커뮤니케이션을 실천하기 위한 논리를 선택하는 일로서, 자하르나R. S. Zaharna의 3개 논리가 의미 있는 지침이 될 수 있다. 먼저 '개체 차원'의 논리는 공공외교의 주체가 주도하는 주창성을 강조하며, '관계성 차원'의 논리는 타자와의 접촉점을 찾아 그들의 관점을 수용하여 정서적 연결성과 상호 공존을 위한 유대적 관계를 강조하고, 전체성 차원의 논리는 개체와 관계성 차원의 논리를 결합시켜 커뮤니케이션의 전체적 지형을 창출하려는 것이다(Zaharna 2020a, 99-103). 즉 일차적으로는 개체로서의 지방정부 차원에서 위 7개의 요소들을 기반으로, 이를 외국 공중들과의 상호적 관계성으로 발전시키고, 궁극적으로는 세계에 관한 맥락적 지식과 민감성, 공적·사적 파트너십, 타자와의 적응과 제휴, 상호 협력적 정향을 통해 국가·비국가·공중 간 관계까지 결합시켜 최종적으로는 완전한 연결성을 모색하는 전체성 논리로 귀결되어야 한다는 것이다.

　자하르나는 후속 저술(Zaharna 2022b)을 통해 3개 논리를 범인간적pan-human 커뮤니케이션이라는 경계 확장자boundary spanner의 관점에서 지구문제에 대한 공동의 협업을 강조하고 있다. 이를 위해 개체 차원에서는 아리스토텔레스의 '설득' 개념을 통해 소통하려는 주체가 타자의 마음을 얻기 위해 스토리텔링을 통한 말의 힘power of speech을, 관계성 차원에서는 고대 아마르나 외교Amarna diplomacy 16의 형제

---

16 이집트에서 발견된 아마르나 외교 자료는 기원전 15세기 경 중·근동 지역의 외교양식으로서, 체계적인 외교 시스템과 타자에 대한 존중 등 주체들 간 상호적 관계성을 보여주는 바람직한 사례로 여겨짐.

적 유대감을 통해 감정이입을 통한 감정의 힘power of emotion을, 마지막으로 전체성 차원에서는 서로 연결된 우주 원(圓)을 근간으로 분리될 수 없는 전체적 조화를 위해 놀이play를 통한 협업을 강조하는 공시성의 힘power of synchrony으로 집약하고 있다(3개 논리별로 각각 Zaharna 2022b, 71~76, 82~101, 102~128). 지방정부 공공외교도 현 단계의 자기중심적 개체 차원과 외국 공중과의 관계 구축이라는 관계성 차원을 넘어, 궁극적으로는 이를 기반으로 한 전체성 차원에서 지구문제에 대응하는 협업의 방향으로 공진해야 할 것이다.

〈그림 1-3〉에서 [B]는 공공외교의 2단계로서, [A] 단계에서 구축된 외국 공중과의 관계성을 활용하여, 공공외교의 대상인 외국 공중이 주체가 되는 행동 과정이다. 이 점에서 세빈은 〈표 1-1〉과 같이 3개의 연결성 통로와 이들 각각에 2개씩의 영향력 요소를 구성하여 설명하고 있다. 이들은 공공외교의 궁극적 목표인 대상국의 지방정부

〈표 1-1〉 공공외교와 외교정책의 연결성 통로와 영향력 요소

연결성 통로	영향력 요소	의 미
여 론	매 력	공공외교 수행국가에 대한 외국 공중의 호의적 견해 조성
	신뢰 구축	수행국가의 동기에 대한 외국 공중의 신뢰 구축
관계성 역학	사회화	수행국가와 표적국가 사회 간 상호 친밀성 조성
	직접적 영향	표적국가의 개인들(엘리트, 정책결정자 등)과의 관계구축·유지를 통해, 표적국가의 외교정책에 대한 영향력 행사
공중 토론	의제 설정	공공외교 관련 토론 의제·쟁점·우선순위의 설정이 지닌 영향력
	프레이밍 (틀짓기)	공공외교 관련 토론에 있어 인식·사고와 전략적 접근방식 등 일체의 틀짓기가 토론의 과정·내용에 미치는 영향

출처: Sevin(2017, 61~64)의 표와 내용을 정리한 것임.

또는 국가의 정책에 영향을 미칠 수 있는 요소들인데,17 이 과정에도 수행주체의 관여 활동이 개입될 수도 있으나 매우 제한적일 수 있다.

3. 지방정부 공공외교와 도시 브랜딩

'브랜드brand'는 어떤 상품·서비스·(기업)조직 등이 자체의 명칭·정체성·평판과 어우러져 인지되는 형상인 데 비해, '브랜딩branding'은 평판의 구축·관리를 위해 명칭 및 정체성을 설계·기획·소통하는 과정이다(Anholt 2007, 4). 기업의 상품 마케팅 차원에서 도입된 이 개념이 국가·지역·도시에 적용될 경우, 각각 '국가 브랜드(딩)', '지역 브랜드(딩)' 또는 '도시 브랜드(딩)'으로 불리어진다. 브랜딩은 긍정적 이미지·평판을 위해 다양한 은유를 통한 상품성 만들기 작업으로서, 그 본질은 브랜드가 존재하는 장소, 즉 일차적으로는 국가·지역·도시의 물리적 공간과 수용자들의 마음 공간noosphere이라는 비물리적 공간까지를 포괄하는 '장소 브랜딩place branding'이란 개념으로 확대된다(Cull 2019, 121~122 재정리).

그러나 '국가'는 브랜드 이미지를 갖고는 있으나, 통합적 정체성이 불명확하고 일반화하기 어려워 상품·서비스·기업과는 달리 브랜딩하기 어려운 특성이 있다(Anholt 2007, 4~5). 이에 비해 '도시'는 자체의 상품·서비스가 어느 정도 명성을 갖고 있을 뿐만 아니라 지

---

17 외국 공중이 주체가 되는 다른 방식으로 "인지(자국의 존재감) → 관심(정보 따라잡기) → 지식(전문지식 습득) → 주창(수행국 입장·이익 지원) → 행동(정부 간 외교에서의 정책적 행동화)"과 같은 공공외교의 커뮤니케이션 피라미드도 있음(McClellan 2004).

방정부의 조직이 정치적이 아닌 전문기술적인 특징이 있어 상대적으로 브랜딩이 수월하다. 또한 도시의 이미지에는 정치성이 강하게 반영되어 있지 않아, 외부자들은 정치적 관점이 아닌 삶의 실용적인 관점에서 도시를 인지하는 경향이 있다(Anholt 2007, 59~62). 다른 한편 도시의 문화가 전체로서의 국가의 문화와 쉽게 구별되지 않는 특성도 있어, 국가의 강점을 도시에 반영해 공공외교에 활용할 수도 있다. 한편 '지역'은 국가와 도시의 중간 위치에서 양자의 장·단점을 반영하여 자신의 공공외교적 활동을 신축적으로 기획·수행할 수 있는 강점도 있다.

공공외교 관점에서는 국가 브랜딩을 경청·주창·문화외교·교류외교·국제방송·파트너십과 함께 공공외교를 구성하는 하나의 전략적 요소로 간주한다. 더욱 중요한 점은 국가 브랜드에 관한 공동담론을 주도했던 영국의 안홀트Simon Anholt가, 국가 브랜드의 지표들[18]을 통한 국가 평판이 〈그림 1-3〉 [A]의 '커뮤니케이션'이 아닌 [B]의 '정책'에 의해 변경될 수 있다고 한 점이다. 따라서 공공외교는 시장원리의 피드백에 의한 효율적인 브랜드 관리를 통해 정책 작성을 위한 권고의 기능을 수행할 수 있다(Anholt 2007, 14). 그러나 실제로 국가 브랜딩 구축이 해당 국가가 의도적으로 주도하는 일방향성을 갖고 있어, 쌍방향 및 네트워킹을 강조하는 신공공외교보다는 전통 공공외교에 상대적으로 가까운 것이 현실이다.

따라서 지방정부 공공외교에서도 일차적으로는 도시 브랜딩과

---

18 안홀트-입소스의 국가 브랜드 지수는 수출품, 거버넌스, 문화·유산, 사람, 관광, 투자·이민임. 참고로 2004년 개발된 한국생산성본부(KPC)의 국가브랜드경쟁력지수(NBCI) 6개는 지각된 마케팅활동, 브랜드 인지도, 이미지, 관계구축, 구매의도, 충성도임.

<참고 1-1>　**안홀트-입소스의 도시의 브랜드 이미지 측정을 위한 정체성 요소들**

도시브랜드지수(CBI)의 품질 측정 6개 차원

- 존재감(presence): 도시의 국제적 지위 및 위상, 도시에 대한 친숙성·지식, 과학·문화·거버넌스에 대한 지구적 기여
- 장소성(place): 도시의 물리적 측면에 대한 인지도(기후 친화성, 환경의 청결성, 건물·공원의 매력성)
- 선결조건(prerequisites): 도시의 기본 품질에 대한 인식(만족도, 이용가능성, 편의성), 공공시설(학교·병원·교통·스포츠시설)
- 사람(people): 주민의 태도(온정성·환대성, 언어·문화 공유의 수월성, 안전한 삶)
- 역동성(pulse): 자유시간 활용 소재, 새로움을 발견할 수 있는 흥미
- 잠재력(potential): 경제적·교육적 기회(일자리, 기업 활동 적정성, 고등교육 기회)

출처: https://www.ipsos.com/sites/default/files/ct/news/documents/2022-04/CBI%202022_Press%20Release.pdf.

커뮤니케이션 관계를 통한 외국 공중과의 관계성을 바탕으로, 궁극적으로는 상대의 정책에 대한 영향력을 담보하는 것이 결정적인 성공요인이다. 이를 위해서는 무엇보다도 양자 간의 연결 방식이 쌍방향적 관계여야 한다. 지역·도시의 브랜드 이미지는 커뮤니케이션만으로 구축·변경되지 않으며, 장기간에 걸친 지속적인 노력으로 창출·변화되기 때문이다. 이런 인식 하에 안홀트-입소스Anholt-Ipsos는 가장 일차적인 작업으로 〈참고 1-1〉과 같은 도시 브랜드의 측정 지표를 제시하고 있다.[19] 이를 참고로 다른 지표들을 종합적으로 고려하여 지방정부 외교나 공공외교의 정책적 요소들로 활용할 필요가 있으며, 이는 이 글의 마지막 부분에 소개할 세 유형의 외교양식 간 통합구도에도 적용할 수 있다고 본다.

V. 지방정부 외교와 공공외교의 법제화 사례

지방정부의 외교와 공공외교는 개별 국가의 법률과 정책에 따라 다양한 형태로 나타나며, 연방제 국가의 경우 지방정부의 국제관계에 관한 헌법적 규정이 있으나, 실제적 권한의 유무나 정도에 있어 다양한 유형이 존재한다. 또한 공식적으로는 단방제이나 실질적인 분권의 정도가 강해 연방제적 경향을 지닌 준연방제quasi-federation 국가들(영국·스페인·이탈리아·네덜란드·포르투갈 등)과, 법률 또는 개별법을 통해 지방분권을 시도하는 자치강화형 국가들(프랑스·스웨덴·일본)도 분권의 정도와 내용은 모두 상이하다.[20] 다른 단방제 국가들 또한 하위 수준의 개별법이나 실제 정책 등을 통해 지방정부와의

---

19 프랑스 파리에 본부를 둔 입소스는 1975년에 설립된 마케팅 연구 회사로, 1996년 '국가 브랜드' 개념을 창시했고, 영국 외교부 공공외교위원회 부위원장(2000~2009)을 역임한 정치컨설턴트인 안홀트를 파트너로 하여, 2008년 이래 국가브랜드지수(NBI)뿐만 아니라, 이후 도시브랜드지수(CBI)를 통해 매년 순위를 발표하고 있음.
20 프랑스의 경우 총리실 산하 국가분권협력위원회(CNCD)를 통한 중앙정부–지방정부 간 협력과 외교부 산하 지자체교류지원단(DAECT)을 통한 지방정부의 지속가능발전목표(SDGs) 지원, 일본의 경우 외무성 조직(地方連携推進室)을 통한 지자체와의 연대사업 등이 대표적 사례임.

글로컬 시대 지방정부 외교와 공공외교

협력적·지원적 성격의 대외활동을 보장하고 있다.

1. 외교·공공외교 선진형: 벨기에의 지방정부 외교와 캐나다의 지방정부 공공외교

일반적으로 연방국 지방정부의 외교·공공외교가 법률적·정책적 차원에서 자율성이 상대적으로 가장 높은 경향이 있다. 그러나 연방국들 사이에도 지방정부의 헌법적 권한과 대외정책 자율성에 여러 편차가 있어, 〈표 1-2〉와 같이 멕시코의 쉬아본Jorge A. Schiavon이 제시하는 유형들로 나누어볼 수 있다.

〈표 1-2〉 연방국 지방정부의 헌법적 권한과 자율성에 관한 국가 유형과 사례

		지방정부의 국가 대외정책 결정 및 실행에의 참여	
		배타적	수용적
지방정부의 국제관계 수행에 관한 헌법적 권한	배타적	[유형 A]: 배타적 관계 인도, 러시아(2000년 이후)	[유형 C]: 협의적 관계 ▶벨기에(1993년 이전)
	수용적	[유형 B]: 상보적 관계 아르헨티나, 브라질, 멕시코, 러시아(1990년대), 남아공21 ▶미국	[유형 D]: 수용적 관계 ▶벨기에(1993년 이후) ▶호주 ▶캐나다, 독일

출처: Schiavon(2019, 28).
* ▶표시된 국가들을 아래에서 다룸.

이들 유형 가운데 유형 D는 지방정부에게 헌법적 권한과 대외정책의 결정·실행 권한이 모두 있는 경우이다. 즉 지방정부에 대한

---

21 남아공의 경우 연방국이기보다 준연방국으로 분류하기도 함.

헌법적 권한이 명확히 규정되고 대외정책에 있어 중앙정부와 지방정부 간의 협력적 메커니즘이 발전되어 있을수록 해당 국가의 국제화 전략의 수용성이 커짐으로써 가장 선진적인 지방정부 외교·공공외교 모델이 될 수 있다(Schiavon 2019, 26~29).

벨기에와 캐나다는 가장 선진적인 연방국 모델에 해당한다. 벨기에는 1993년 헌법을 통해 3개의 공동체(프랑스어권, 네덜란드어권, 독일어권 언어공동체)와 3개의 지역Flemish, Walloon, Brussels-Capital으로 구성된 이중구조의 연방국이 되면서, 지역의 대외관계가 지방정부에 내부화된 '지방정부 외교'의 선진형에 해당한다. 공동주권적 성격의 특별 헌법 규정에 의거 각 지방정부들 간의 위계는 존재하지 않으며, 각 지방정부마다 자체의 관할권 범위 내에서 대외정책을 결정·실행할 수 있다. 다만 지방정부의 대외정책이 연방정부 대외정책과의 일관성을 위협하지 않는 조건 하에서 정책 협조 및 자문은 물론 연방 외교부에 지방정부 주무관sub-state attachés을 파견할 수 있을 정도이다 (Duffy 2022, 36).

캐나다는 1867년 연방제 채택과 함께 현재는 「1867·1982 통합 헌법」 체제로 13개 주·준주의 입법권을 각각 규정한 특성을 갖고 있다. 외교정책의 권한은 일차적으로 연방정부에 있으나, 이는 지방의 입법권에 속하지 않는 경우에만 해당한다. 캐나다의 선도성은 특히 실제적·학술적 측면에서 퀘벡을 중심으로 한 지방정부 공공외교에서 더욱 뚜렷하게 찾을 수 있다. 세계 최초로 2006년 경 '공공외교' 용어를 채택했고, 퀘벡 외교부MRIQ의 국제정책 문서를 통해 정부부처-지방정부-시민사회 간 협업을 통한 참여적·규범지향적 공공외교 모델을, 학술적으로는 정체성 기반 공공외교(퀘벡 사회의 문화적 정체성), 제도화 공공외교(공공외교의 인프라 구조), 대내적 공공외교(공중 관계를 통한 대내적 지지)의 경로를 개척한 대표적 사례이다(Huijgh 2010; Huijgh 2012).[22]

2. 외교·공공외교 통합형: 미국의 시·주외교법과 공공외교 현대화법

유형 B에 해당하는 미국은 연방국으로서 중앙정부 및 지방정부의 외교·공공외교 모두에서 창의적인 정책을 설계해 온 국가이다. 특히 2019년 발의된 「시·주외교법City & State Diplomacy Act」에 근거해 국무부 내 '시·주외교실Office of City & State Diplomacy'을 설립하고(하원·상원 각각 Lieu et al 2021; Murphy 2021),[23] 「공공외교 현대화법Public Diplomacy Modernization Act of 2023」을 통해 매우 전문적 차원에서 공공외교의 제도화 수준을 높이려는 의도를 갖고 있다(Meuser 2022).

미국 의회는 「시·주 외교법」을 통해 국무부와 지방정부 간 양방향적 파트너십이 미국의 국익에 도움이 되며 이 과정에서 지방정부가 국무부의 외교를 보충하는 역할을 할 수 있다는 인식을 표명하였다. 핵심은 외교실의 신설과 특별대사Ambassador-at-Large의 임명인데, 그 임무는 "미국 지방정부의 외국 정부에의 관여활동에 대한 전반적 '조정'(상원 법안은 '감독')"을 위한 10개 기능으로, 지방정부 '외교' 부문(정책·프로그램 조정, 양자 간 대외목표 결합, 전문지식·사례를

---

22 퀘벡 사례는 특히 유럽 지방정부들의 공공외교에 대한 관심을 촉발시켰으며, 현재는 완화되었지만 1980년과 1995년 독립 관련 투표의 부결에서 보듯 '원형외교(protodiplomacy)'의 모델로도 간주되었음.
23 하원과는 달리 상원에서는 아직 채택되지 않은 것으로 알려짐.

통한 주체들 간 네트워킹, 국무부의 지방정부 관련 활동 지원, 외국정부와의 교섭 지원, 지방정부를 통한 국가 경제이익 지원, 관련기관과 지방정부의 관계 조정)과 지방정부 '공공외교' 부문(아래 3개)으로 구분해 볼 수 있다.

- 미국 시민대중과의 커뮤니케이션 개선(지방정부의 국제적 관여의 폭과 외교가 미국 전역에 미치는 영향력을 보여주는 소통의 문제로서 '국내 공공외교'에 해당함)
- 지방정부의 글로벌 관여와 '공공외교' 전략의 개발·실행에 대한 자문
- 기타 외교실의 임무 및 목표에 대한 지원: 지구문제, 외교정책, 협력협정, '공공외교'에 대한 자문, 지방정부 수준의 안보·공중보건·무역진흥 등

이에 따라 2022년 「2023 회계연도 미국국방수권법James M. Inhofe National Defense Authorization Act」에 이 법안의 내용이 부분적으로 반영되어 예산이 편성되었고, '외교실'이 아닌 '시·주외교담당 특별대표 Special Representative for City & State Diplomacy' 직책이 신설되었다(DeFazio 2022, Title XCVI). 이 직책은 국무부의 '공공외교·공공문제담당 차관 Under Secretary for Public Diplomacy and Public Affairs'이 아닌, 2008년 부시 정부에서 설립한 경제성장·에너지·환경담당 차관 직속의 '글로벌 파트너십국Office of Global Partnerships' 아래 배치되었다.24

---

24 초대 특별대표에는 주아세안 미국대사와 로스엔젤레스시 국제문제담당 부시장을 역임한 허치기언(Nina Hachigian)이 임명되었음. 이와 유사한 선례로 오바마 정부 당시 국무부 최초로 '글로벌 정부간 업무담당 특별대표(Special Representative of

글로컬 시대 지방정부 외교와 공공외교

다음으로 「공공외교 현대화법」의 경우, 지방정부를 명시한 규정은 없으나 지방정부 공공외교에 대한 국무부의 지원을 규정한 「시·주외교법」으로 추론해 볼 때 필연적으로 연계될 수밖에 없다. 이 법안의 입법화 취지는 국무부 공공외교 역량의 효율화, 공공외교 프로그래밍에 대한 평가 개선, 해외에서의 미국 공공외교의 물리적 존재감을 위한 전략적 기획 등이다. 이를 위해 프로그램 및 활동의 중복 회피, 연구·평가의 개선, 지원 기능의 능률화, 관련 설비에 관한 지침 등을 주요 초점으로 선정하고, 연구·평가 책임자 임명, 자원 분배, 서류 감축, 미국공공외교위원회USACPD의 재위임, 연례보고서, 청중의 태도·관심·지식·행태 연구, 디지털 분석, 영향력 평가 등 매우 구체적이고 전문기술적인 측면을 강조하고 있다(Meuser 2021).

3. 중앙정부 통제형: 호주의 국제관계법과 스페인의 공공외교 불법화

지방정부의 대외관계에 대한 국가 차원의 통제·감독 사례는 다수 국가들에서 발견되나 최근의 가장 뚜렷한 사례는 연방국 호주다. 2018년 빅토리아주 정부와 중국 정부 사이에 체결된 일대일로 사업에 관한 양해각서를 계기로, 호주 의회가 2020년 12월 「2020 호주국제관계법Australia's Foreign Relations/State and Territory Arrangements Bill 2020」을 채택하면서 지방정부의 대외관계를 매우 후퇴시키는 경향을 보였다.[25] 이 법의 목적은 호주의 대외관계를 보호·관리하기 위해 주(State, 6개)와 준자치주(Territory, 국내 2개, 국외 영토 7개)가 외국의 실

Global Intergovernmental Affairs)'가 한시적으로 운영된 적이 있었음.
25 호주의 경우 현재 〈표 1-2〉의 유형 D에서 유형 C 수준으로 후퇴됐다고 볼 수 있음.

체들과 체결하는 모든 약정arrangement이 국가 차원의 대외관계에 반하는 영향을 미치지 않아야 하며, 또한 국가의 외교정책과 일관성을 유지해야 한다는 것이었다.

동법에 따르면 서면으로 체결된 모든 약정·협정·계약·양해각서의 경우 ①외교부장관의 승인 없이 약정 체결을 위한 교섭·체결 불가 ②협정에 관해 외교부장관에게 사전 고지 의무 ③교섭 착수 여부에 관한 외교부장관의 결정권이 적용된다. 또한 법이 적용되는 지방의 실체들은 주·준자치주와 정부, 지방정부 산하의 조직·기관, 지방정부가 설립한 기관(대학 등) 등이나, 상업적 차원의 기업·병원이나 주·준자치주에 속하지 않은 실체들은 제외된다. 외국의 실체들로는 외국의 중앙정부, 정부 조직·기관, 다양한 지방 실체들과 하위의 정치적 단위, 이들 기관 산하 또는 공공 목적으로 설립된 실체들(대학 제외), 제도적 자율성이 없는 외국 소재 대학들이 해당된다(Parliament of Australia 2020).

또 다른 사례는 준연방국인 스페인에서, 원형외교protodiplomacy라는 특수한 성격의 공공외교를 통해 가장 높은 수준의 지방정부 외교에까지 상승하고 있는 카탈루냐Cataluña 자치공동체 정부의 공공외교에 대해 국가가 위헌으로 결정한 사례이다. 카탈루냐는 캐나다 퀘벡과 벨기에 플랑드르 선례를 기반으로 공공외교라는 용어를 자신의 공식적인 대외정책에서 채택함과 동시에, 세계에서 가장 공식적·체계적인 방식으로 공공외교의 정책적 전략 시스템을 제도화시킨 대표적인 사례다.[26] 그럼에도 불구하고 국가 중앙정부와의 관계에 있어

---

26 스페인 중앙정부의 「2021~2024 대외행동전략」(ESTRATEGIA DE ACCIÓN EXTERIOR)의 "공공외교" 편에는 '지방정부'가 명시되지 않았고, 다만 "자치공동체와 지방 실체들"편에서 "……지방정부의 대외 공공정책의 책임성과 관련한 분권화 결과 그들의 대외활

서는 가장 민감성이 높은 갈등적인 사례로도 대표적이다.

2017년 스페인 중앙정부가 카탈루냐의 공공외교 수행기관인 DIPLOCAT(Consell de Diplomàcia Pública de Cataluñya: 카탈루냐공공외교위원회, 2012)의 존재를 인정하지 않아 잠정적으로 해체된 데 이어,[27] 2020년 스페인 헌법재판소가 공공외교라는 용어가 국가의 외교와 혼동을 야기시킨다는 이유로, 카탈루냐의 '외교전략계획'에도 '공공외교'를 포함시켜서는 안 된다는 위헌 의견을 냈다. 2019년 주의회의 '카탈루냐 정부협정' 채택으로 DIPLOCAT가 재가동되었으나, 해외 대표단을 파견하지 않는 등 오해를 불식시킬 방안을 고민한 끝에 2022년 7월 15일 '카탈루냐국제부Cataluñya Internacional'로 개명하기로 결정했다.[28] 중앙정부 입장에서 지방정부 외교에 비해 상대적으로 민감성이 약한 공공외교까지 통제한 것은 카탈루냐 정부가 공공외교라는 명칭으로 실제로는 원형외교를 수행할 수 있다는 우려를 한 것으로 보인다.

4. 공공외교 중심형: 한국의 지방자치법과 공공외교법

2022년 시행된 「지방자치법」은 "지방자치단체의 사무 범위"(제1장 제3절 제13조)를 국제기구·행사·대회의 유치·지원과 외국 지방자치

동이 보다 광범위하고 강력하게 수행"되고 있다고만 기술됨.

27 DIPLOCAT은 유럽공동체 참여를 위해 설립된 '카탈루냐유럽공동체지원부(Patronat Català Pro Europa, 1982)'와, 세계로 대상 범위가 확대된 '카탈루냐세계지원부(Patronat Cataluñya Món, 2007)'를 합친 후속 기관으로서, 모두 39개 공공·민간 기관이 컨소시엄 형식으로 구성됨.

28 DIPLOCAT 내부에서는 명칭 변경에 주저하는 입장(DIPLOCAT이 이미 널리 알려짐)과 찬성하는 입장(헌법 155조 문제를 해결하는 데 불리한 용어)으로 나뉘어 있었음.

단체와의 교류·협력 등 두 개만을 한정하여 매우 협소한 느낌이다. 다만 제14조(국가사무의 처리 제한)에서 외교는 중앙정부의 사무이나 법률 등 다른 규정이 있을 경우 예외가 인정되므로 향후 「지방정부 외교법(가칭)」'의 제정을 통해 관련 사무가 가능할 수도 있을 것이다.29 "국제교류·협력"(제10장)의 경우 국가의 외교·통상 정책과 배치되지 않는 범위에서 국제교류·협력, 통상·투자유치를 위해 외국의 지자체, 민간기관, 다양한 국제기구들과의 협력 추진(193조), 지자체의 국제기구 설립·유치 또는 활동 지원을 위한 국제기구에의 공무원 파견이나 비용 보조(제194조), 지자체가 단독 또는 다른 지자체와 공동으로 해외사무소의 설치(제195조)에 관한 규정을 두고 있다.

다음으로 한국의 「공공외교법」(2016. 2. 3 제정, 8. 4 시행)은 '공공외교'의 주체와 관련해 국가와 지방자치단체 간 협력 및 협력체계 구축(제2조, 제4조 3항),30 '공공외교 기본계획' 수립, '시행계획'의 수립·시행과 추진실적 제출, 국가의 지자체 공공외교 지원을 규정하고 있으나 지자체의 주체성은 극히 제한되어 있고, 정책의 심의·조정을 위한 공공외교위원회, 실태 조사, 종합정보시스템의 구축·운영에 있어서는 공식적·직접적 주체가 아니다. 이후 여러 차례 일부개정안 법률안이 제안되었으나, 재외공관의 역할과 관련한 이재정(외 10인)의 제안만 채택되었다. 그러나 "……지자체가 외교부를 통해 재외공관과 협의하고 필요한 지원을 받을 수 있다"가 "재외공관은 활동에

---

29 대한민국시도지사협의회의 2023년 비전·목표(지방자치분권, 지역균형발전, 지방 외교)와 지방정부의 4대 핵심과제 중 지방외교법 제정 계획을 참조(대한민국시도지사협의회 2023).
30 「공공외교법」에서의 지자체는 기초가 아닌 광역지자체만 해당함.

필요한 자료를 지자체 및 민간부문에 요청할 수 있다"(제8조 2, 2023. 3. 28 제정, 6. 29 시행)"고 수정·채택됨으로써 지자체의 주체성이 뒤바뀌는 결과를 낳았다.

그럼에도 불구하고 한국은 국내·국외 모두에 공공외교 네트워크를 동시에 구축·운용하여 공공외교의 균형적 거버넌스를 선도적으로 주도해 왔다. 국내 차원에서는 공공외교법 발효 이전인 2013년 10월에 이미 출범한 한국국제교류실천네트워크로서, 한국 공공외교의 추진기관인 한국국제교류재단(KF)을 중심으로 중앙 및 지방 공공외교 전문기관 간에 '공공외교 3.0시대'의 실질적인 정책·사업을 위한 공동 협업 플랫폼으로서 역할을 담당하고 있다. 처음엔 KF와 광주·부산·인천으로 시작했으나, 이후 아세안문화원, 광역지자체(광주·대전·전북 국제교류재단/센터, 대구경북국제교류협의회, 인천관광공사) 및 기초지자체(수원·평택 국제교류센터)로 확대되었다.

다음으로 국제 차원의 공공외교 네트워크는 2014년 10월 설립된 '글로벌공공외교네트워크GPDNet: Global Public Diplomacy Network'이다. 2013년 KF가 서울에서 주관한 글로벌 세미나를 계기로 출범하여 KF가 주도하고 있으나 사무국은 유누스엠레Yunus Emre 튀르키예 문화원에 있다. 현재 전세계 각 대륙의 선진국·중견국·개도국의 18개 공공외교 및 문화교류 기관들이 정회원으로 참여하고 있으며, 준회원 기관은 8개이다. 이들은 세계의 다양한 문화와 시민사회의 구상을 통해 지구적 쟁점들에 대한 대중의 각성을 위해 협업이 필요함을 인식하여, 기관들 간의 협력, 지식 공유를 통한 공공외교의 창의성 증진, 공공외교의 중요성에 대한 대중들의 인식 고양을 위해 노력하고 있다.

VI. 맺음말: 지방정부 외교와 공공외교의 통합적 관찰 구도

국가정부 차원과 지방정부 차원의 외교·공공외교는 상호 간의 개념적 관계, 수행 목적, 수행 대상 및 기능적 방식 등에 있어 많은 혼란을 불러왔다. 특히 지방정부 외교가 극단적으로는 거의 공공외교적 성격과 다름없다는 견해가 있을 정도로(La Porte 2013, 86), 두 정부 수준 간 관계를 체계적으로 분석하려는 시도를 거의 찾기 어렵다. 이 점에서 스스로 이에 관한 최초의 시도라고 했듯이, 미국 남캘리포니아대학 공공외교연구소의 애미리Sohaela Amiri가 제시한 '국가 외교-국가 공공외교-도시외교' 개념 구도를 통해 향후의 방향 모색을 위한 길잡이로 삼고자 한다.

〈그림 1-4〉의 모형은 '도시외교'와 '국가 공공외교'의 관계를 중심으로 이들을 '국가 외교(외교정책)'라는 광범한 차원에서 통합적으로 이해할 목적으로, 다차원 척도법과 군집분석의 원리에 따라 기능들 간 친밀도와 세 외교 유형 간 상관성을 보여주고 있다. 즉 도시외교와 국가 공공외교의 각 기능들이 서로 수렴·분산되는 동태적 현상을 시각화함으로써 이들이 서로 개입되는 정책적 공간을 드러내 보이려 하였다(Amiri 2022, 99, 107-108).

[A]는 국가 외교와 유사한 성격을 가진 경성권력hard power 관련 기능들로서 국가 외교와 수평관계에 위치하며 서로 간의 거리도 상대적으로 가깝다.[31] '무역'은 경제발전을 위한 도시의 글로벌 관여에

---

31 한 예로 미국 트럼프 정부의 기후변화협약 탈퇴 문제로 연방정부와 도시정부들 간에

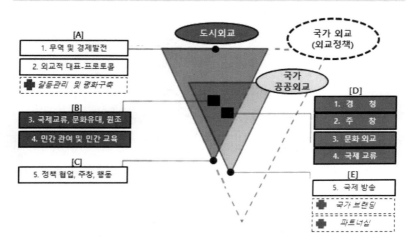

〈그림 1-4〉 도시외교와 공공외교의 기능 간 관계 구도

[A]
1. 무역 및 경제발전
2. 외교적 대표-프로토콜
✚ 갈등관리 및 평화구축

[B]
3. 국제교류, 문화유대, 원조
4. 민간 관여 및 민간 교육

[C]
5. 정책 협업, 주창, 행동

도시외교

국가 외교
(외교정책)

국가
공공외교

[D]
1. 경   청
2. 주   창
3. 문화 외교
4. 국제 교류

[E]
5. 국제 방송
✚ 국가 브랜딩
✚ 파트너십

출처: Amiri(2022, 107). 도시외교의 5개 기능은 Wang & Amiri(2019), 국가 공공외교의 5개 기능은 Cull(2008)에서 원용함. 점선 상자의 3개 기능은 필자가 추가한 것으로, '갈등관리 및 평화구축'은 도시외교의 정치적 기능이며, '국가 브랜딩'과 '파트너십'은 Cull(2019)이 후에 추가한 기능임을 고려한 것임.[32]

서 중심적인 기능이다. '외교적 대표와 프로토콜'은 지방정부의 대외 관계 기관을 활용해 해외 공중들에 대해 지방정부를 대표하는 영사 업무와 유사한 기능을 수행한다. [B]는 도시외교가 장기간 전개해 온 사회적·문화적 차원의 국제활동으로서, 대내외 공중들과의 관계구 축을 위한 기능들이다.[33] [C]는 외국 파트너들과의 협업, 교섭, 집합

상반된 외교적 입장이 표출되었듯이, 국가 외교와 도시외교에서 동일선상에 위치하면 서 협조 또는 갈등적 경계가 설정될 수 있다는 의미로 이해됨.

32 이 모형은 미국 사례(도시정부·국무부·의회 관계자 대상 인터뷰)에 근거해 작성된 것이나 모든 국가에 적용 가능하며, '도시외교' 또한 다양한 유형의 지방정부 모두에 적용될 수 있음.

33 [B] 3의 경우 본래 Wang & Amiri(2019, 3)의 '특별 국제이벤트 유치'라는 기능 명칭을 수정한 것임.

적 행동을 통한 이익 추구 활동으로서, 양자 간 관계와 글로벌 네트워크 모두에 초점을 둔다. [D]와 [E]의 5개는 공공외교 논의에서 가장 빈번하게 인용되는 핵심 기능들이다. 다음으로 필자가 추가한 [A]의 '갈등관리 및 평화구축'은 모든 정부 단위에 있어 가장 최우선적인 평화·안보의 문제로서, 다양한 형태의 위협 요인들이 지역·지방에 미치는 영향에 대응하기 위한 기능이다. 실제로 많은 지방정부들이 이 기능에 관여해 왔으며, 연구자들 또한 유엔의 평화구축과 유사한 인식 아래 많은 연구를 수행해 왔다. [E]의 '국가 브랜딩'은 공공외교의 필수적 요소인 점에서 추가하였다.

여기에서 도시외교와 국가 공공외교 유형 간 관계성을 통합적으로 관찰하기 위해, 애미리는 각각의 정책적 기능들이 서로 개입되는 관계를 크게 3개의 영역으로 나누어 제시하고 있다(Amiri 2022, 108~113).[34]

첫째, 도시외교와 공공외교 간에 가장 중첩되는 영역으로서 [B]와 [D]의 관계이다. 도시외교 [B]의 2개 기능은 국가 공공외교 [D]의 4개 기능과 가장 뚜렷하게 중첩되는 것으로서, 두 외교 유형이 가장 수월하게 결합될 수 있는 대표적인 경우이다. 국가 외교 입장에서는 도시외교의 가장 중요한 기능들이 [D]를 통해 타자와의 관계성을 구축하는 것이므로, 도시외교가 국가 공공외교 노력에 대해 가장 중요하게 기여할 수 있을 것으로 인식한다. 따라서 국가가 [D]의 공공외교 기능을 통해 지방정부의 [B] 기능들의 강화를 위해 법률적·정책

---

34 애미리의 견해를 중심으로 하였으나, 일부는 필자가 신축적으로 추가·해석한 내용도 있음. 그리고 [A] 기능들이 제외된 것은 국가 외교와 유사한 기능이어서 공공외교와의 접점을 찾기 어려운 데 따른 것으로 유추됨.

글로컬 시대 지방정부 외교와 공공외교

적 지원을 제공할 경우, 국가 외교 - 국가 공공외교 - 도시외교 유형
들 간에 바람직한 결합형이 도출될 수 있는 출발점에 해당한다.35

둘째, 도시외교와 공공외교 간에 가장 논쟁적인 영역은 도시외
교 삼각형의 꼭짓점에 위치한 [C]의 5 기능이다.36 도시외교 담당 관
료들은 도시 관련 의제들을 논의하는 국가 차원의 정책결정과정에
참여하지 못해, 주창과 행동은 물론 정책 협업조차 어렵다는 문제점
을 지적한다. 국가의 입장에서는 지방의 이익에 반하는 대외정책일
지라도 지방정부가 이를 지지·옹호해 주길 기대한다는 점에서, 이
문제가 국가 외교와 지방정부 외교 사이에 잠재적인 긴장이 초래될
수 있는 지점이다. 여기에 국내정치적인 분열 현상도 영향을 미치므
로 5의 기능을 통해 3과 4의 기능을 보강하여 국가 공공외교를 보충
하는 기능까지도 어려워질 수 있다.

셋째, 도시외교와 공공외교 간에 전략적인 협업이 가능한 영역
은 다수 존재한다. [E]의 5 기능인 '국제방송'은 공공외교의 삼각형
꼭짓점에 위치해 있어 외교주체들의 인식·능력 등에 따라 도시외교
의 다른 기능들과 협업의 가능성이 전략적으로 가장 크다. 외국 공중
들과의 관계성을 구축·관리할 목적으로 활용되는 미디어 활동의 윤
곽·범위·전략 등을 강화할 수 있기 때문이다.37 [B] 3의 국제원조는
경제적 자원이라는 하드파워 성격으로 본래는 공공외교 범주가 아니

---

35 [D]의 기능들 중 국가 차원의 정책 논의·수립에의 투입 전략에 있어, '경청'이 가장
　일차적인 기능으로 강조됨.
36 [E]의 5와 함께 꼭짓점 위치는 다른 기능들과의 경계가 더 멀어질 수도 또는 다른 방
　식의 경계가 형성될 수도 있다는 의미임.
37 '국제방송'이란 용어로 대표되나, 전통 미디어(legacy media)뿐만 아니라 다양한 뉴미
　디어까지 포괄하는 개념임.

나, 국가보다 지방정부가 주도할 경우 매력적인 공공외교적 효과를 증진시킬 수 있는 기능이다. 또한 [B] 3의 국제교류·문화외교 프로그램은 국내 공중에 해당하는 지방 시민들의 거의 유일한 대외 창구라는 점에서 국가정부의 전문지식·정보·재정지원이 요구되며, [C]와 관련해서도 이들이 지닌 활력과 다양성으로 인해 공공외교와 도시외교 사이에 관여할 수 있는 연계고리가 될 수 있다.

　이 구도는 현실에서 도출되었으나 이제는 하나의 이념형에 불과하다. 따라서 외교의 개념·목표·내용·기능·접근방식 등 측면에서 국가정부와 지방정부 각각의 외교와 공공외교의 관계 설정과 이에 관여되는 다양한 요소들(예: 지역·도시 브랜딩 등)의 배치와 상호관계를 재조정하는 새로운 현실형 구도를 고민해야 할 것이다. 보다 구체적으로는 [A]처럼 배제된 하드파워 기능들(예: 경제·군사자원의 소프트화를 통한 공공외교)까지를 포섭하고, 기능적 요소들의 위치와 거리(예: [C] 5와 [D] 2의 '주창'의 위치, 꼭짓점 위치의 새로운 기능 추가와 이들 간의 거리)를 보다 객관적으로 측정하며, 다양한 국가·지방정부 사례들을 통해 보다 균형적인 설계가 요구된다.[38] 그러나 변함없는 하나의 방향은, 국가정부와 지방정부 사이에 공공외교를 매개로 한 창의적인 협업이 모색될 경우, 공공외교를 포함한 전체로서의 지방정부 외교의 체계적인 정립이 기대될 수 있다는 것이다.

---

38 이와 관련하여 애미리는 〈그림 1-3〉의 구도를 제시했던 세빈과 함께 가장 최근에, 도시외교가 공공외교로부터 학습해야 할 연구의제를 다음과 같이 제시하고 있음. ①외교의 국내적 차원(국제적 관여가 지닌 가치에 관한 국내 청중의 지식 및 각성의 제고), ②기존 프로그램의 재구상 및 증진(현재의 국제문제의 맥락, 파트너십, 복원력에 대한 적합성 개선), ③국제방송 및 커뮤니케션 노력과 로컬거버넌스 및 도시 간 상호작용의 창조적 재결합, ④지방정부와의 보다 긴밀한 협업을 통한 국제원조 및 협력(Sevin & Amiri 2023, 80).

1 '외교' 및 '공공외교'의 새로운 행위주체로서의 지방정부가 국제관계라는 공간
   에서 갖는 법률적 또는 실질적 위상 및 성격을 어떻게 규정할 수 있으며, 이에
   따라 국가정부와 다수 비국가·비정부 행위주체들 사이에서 지방정부가 어떤
   특화된 역할이나 기능을 수행할 수 있는가?

2 중앙정부를 중심으로 주권과 영토 관념에 있어 통합성을 유지해 온 국가에 비
   해, 지방정부는 지리적 규모, 법률적 지위, 실질적 권한 등에서 다양한 단위들
   로 구성되어 있을 뿐만 아니라, 공공외교를 포함한 대외관계 수행능력에 있어
   서도 많은 편차가 있음을 어떻게 해석해야 할 것인가?

3 지방정부의 외교가 성립할 수 있다는 전제 아래, 학계에서 이를 지칭하는 다양
   한 용어들로는 어떤 것들이 있고, 각각의 용어는 어떤 배경이나 의도에서 출현
   하였으며, 또한 그 다양성 고려하여 이들을 결합하기 위한 새롭게 합의된 용어
   가 가능하다고 생각하는가?

4 지방정부의 보다 전략화된 공공외교를 위해 국가 차원에서 고안된 커뮤니케이
   션 또는 브랜딩 모형이나 프레이밍 등을 어떻게 적용하고 변용시켜 보다 효율
   적인 대안을 모색할 할 수 있는가?

5 지방정부의 외교 및 공공외교와 관련하여 법률적 또는 정책적 관점에서 개별
   국가의 동향을 살펴보는 일이 중요하다. 국가별로 특수하게 나타나는 사례의
   원인과 현재의 상황을 비교하여 그 특성을 이해할 수 있는가?

6 국가 외교 – 국가 공공외교 – 지방정부 외교 사이의 개념적 관계를 이해하기 위
   한 통합 모델을 어떻게 평가하며, 향후 이 과정에서 지방정부 공공외교의 구체
   적인 요소 및 수행방식 등을 어떻게 특화하여 새로운 모형을 설계할 수 있는지
   생각해보자.

추천 문헌

제주평화연구원(2020). 『도시외교』시리즈 1~10. (세계 10대 도시 선정).

Amiri, Sohaela(2022). "Understanding the Dynamics between U.S. City Di plomacy and Public Diplomacy."*Journal of Public Diplomacy*. 2(1), 97~115.

Gilboa, Eytan(2023). ed. *A Research Agenda for Public Diplomacy*. Chelt enham, Glos, UK: Edward Elgar Publishing.

Huigh, Ellen(2012). "The Future of Sub-State Public Diplomacy." *PD Maga zine*. 8/Summer. USC-CPD. 23~30.

Kuznetsov, Alexander S.(2013). *Theory and Practice of Paradiplomacy*. London & New York: Routledge.

Martel, Gordon(2018). ed. *The Encyclopedia of Diplomacy*. Vol. I~IV. Chic hester, West Sussex, UK: John Wiley & Sons, Ltd.

McMillan, Samuel Lucas(2017). "The Foreign Relations of Subnational Gov ernments." Oxford Research Encyclopedia of Polititics. https://doi. org/10.1093/acrefore/9780190228637.013.460.

참고 문헌

대한민국대한민국시도지사협의회(2023). "지방주도 국가대혁신으로 윤석열 정부와 새로운 대한민국 실현." 보도자료. 2023.1.13.

대한민국 법제처 국가법령정보센터(2023). "지방자치법." 법률 제19241호. 2023. 3.21.

대한민국 법제처 국가법령정보센터(2023). "공공외교법." 법률 제19272호. 2023. 3.28.

Acuto, Michel(2013). *Global Cities, Governance and Diplomacy: The urban link*. Oxfordshir, Abingdon, U.K.: Routledge.

Aldecoa, Francisco & Michael Keating. eds.(1999). *Paradiplomacy in Acti on: The Foreign Relations of Subnational Governments*. London: Frank Cass Publishers.

Amiri, Sohaela & Efe Sevin(2020). "Introduction." *Sohaela Amiri & Efe Sevin eds. City Diplomacy: Current Trends and Future Prospects*. London: Palgrave Macmillan. 1~10.

Anholt, Simon(2007). *Competitive Identity: The New Brand Management for Nations, Cities and Regions*. Basingstoke, U.K.: Palgrave Mac millan.

Brownlie, Ian(2008). *Principles of Public International Law*. 7th ed. Oxford: Oxford University Press.

Butler, Rohan(1961). "Paradiplomacy." Arshag O. Sarkissian ed. *Studies in Diplomatic History and Historiography in Honor of G. P. Gooch*. London: Longman. 12~25.

Cornago, Noé(2000). "On the Normalization of Sub–State Diplomacy." *The Hague Journal of Diplomacy*. 5(1/2). 11~36.

Criekemans, David(2007). "Researching Sub–state Diplomacy: The Road Ahead." Panel "Sub–State Entities in Diplomacy," 1st The Hague Diplomacy Conference: Crossroads of Diplomacy 21~22 June 2007.

Cull, Nicholas J.(2019). *Public Diplomacy: Foundations for Global Engage ment in the Digital Age*. Cambridge, UK: Polity Press.

DeFazio, Peter A.(2022). "James M. Inhofe National Defense Authorization Act for Fiscal Year 2023." U.S. House of Representatives H.R.7776, 117th Congress 2021–2022. May 16, 2022. https://www.congress.g ov/bill/117th–congress/house–bill/7776/text(검색일: 2023.9.16).

Der Derian, James(1987). *On diplomacy: A Genealogy of Western Estrang ement*. Hoboken, NJ: Blackwell Publishers, 241~256.

DIPLOCAT(2019). *Strategic Plan of the Public Diplomacy Council of Catalo nia 2019–2022: Diálogo internacional – Conectamos. Proyectamos. Capacitamos*. https://diplocat.cat/media/upload/arxius/publicaci

ons/pla-estrategic-Diplocat_2019-2022-en.pdf(검색일: 2023.10.3).

Duffy, Reuben(2022). "Stop the World, Scotland Wants to Get On: Devoluti on, Foreign Policy and the UK Constitution in Scotland." The Cons titution Society Report. https://consoc.org.uk/publications/stop-t he-world-....-reuben-duffy(검색일: 2023.8.19).

Gilboa, Eytan(2016). "Public Diplomacy." Gianpietro Mazzoleni. ed. *The Inter national Encyclopedia of Political Communication.* Chichester, UK: John Wiley & Sons. 1297-1306.

Gobierno De Eespaña(2021). *ESTRATEGIA DE ACCIÓN EXTERIOR 2021-2 024.* https://www.lamoncloa.gob.es/consejodeministros/resumen es/Documents/2021/270421-estrategia_de_accion_exterior_2021- 2024.pdf(검색일: 2023.10.3).

Gregory, Bruce(2011). "American Public Diplomacy: Enduring Characterist ics, Elusive Transformation." *The Hague Journal of Diplomacy.* 6(3 /4), 351~372.

Hocking, Brian(2016). "Diplomacy and Foreign Policy." Costas M. Constan tinou et al. eds. *The Handbook of Diplomacy.* London: SAGE Publi cations Ltd., 67~78.

Huigh, Ellen(2010). "The Public Diplomacy of Federated Entities: Examining the Quebec Model." *The Hague Journal of Diplomacy.* 5, 125~150.

Ipsos(2022). "PRESS RELEASE: LONDON MAINTAINS TOP 'CITY BRAND' RANKING FROM 2020 TO 2022. PARIS RISES TO SECOND AND SYDNEY LANDS IN THIRD." New York, April 25, 2022. https://ww w.ipsos.com/sites/default/files/ct/news/documents/2022-04/CB I%202022_Press%20Release.pdf(검색일: 2023.8.23).

La Porte, Teresa(2012). "The Impact of 'Intermestic' Non-State Actors on the Conceptual Framework of Public Diplomacy. *The Hague Journal of Diplomacy.* 7(4). 441~458.

_____(2013). "City Public Diplomacy in the European Union." Mai'a K. Davis Cross & Jan Milissen. eds. *European Public Diplom acy: Soft Power at Work.* New York: Palgrave MacMillan, 85~111.

Leira, Halvard(2018). "New Diplomacy." Gordon Martel ed. *The Encyclope*

글로컬 시대 지방정부 외교와 공공외교

dia of Diplomacy. Vol. Ⅲ. Chichester, West Sussex, UK: John Wiley & Sons, Ltd., 1347~1354.

Lieu, Ted W. et al(2021). "City and State Diplomacy Act." U.S. House of Representatives H.R.4526. 117th Congress 2021~2022. July 19, 2021. https://www.congress.gov/118/bills/hr4526/BILLS−118hr4526ih.pdf(검색일: 2023.9.15).

Löffelholz, Martin et al(2020). "Strategic Dimentions of Public Diplomacy." Derina Holtzhausen & Ansgar Zerfass. eds. The Routledge Handbook of Stratigic Communication. New York: Routledge, 439~458.

McClellan, Michael(2004). "Public Diplomacy in the Context of Traditional Diplomacy." http://www.publicdiplomacy.org/45.htm(검색일: 2023.8.23).

Melissen, Jan & Jian Wang. eds.(2019). "Introduction: Debating Public Diplomacy." The Hague Journal of Diplomacy. 14(1−2). 1~5.

Meuser, Daniel(2021). "Public Diplomacy Modernization Act of 2021." U.S. House of Representatives. H.R.1356. https://www.congress.gov/bill/118th−congress/house−bill/1356?q=%7B%22search%22%3A%22public+diplomacy+modernization+act%22%7D&s=1&r=1(검색일: 2023.9.15).

Michelmann, Hans J. ed.(2009). Foreign relations in federal countries. Montreal: McGill−Queen's University Press.

Murphy, Christopher(2021). "City and State Diplomacy Act." U.S. Senate S.3072. 117th Congress. October 26, 2011. https://www.congress.gov/bill/117th−congress/senate−bill/3072/titles?r=17&s=1(검색일: 2023.9.15).

OECD・UCLG(2016). Subnational Governments around the World: Structure and Finance. https://issuu.com/uclgcglu/docs/global_observatory_on_local_finance_3bce2174488507(검색일: 2023.6.13).

_____(2022). 2022 Synthesis Report World Observatory on Subnational Government Finance and Investment. https://www.oecd-ilibrary.org/docserver/b80a8cdb−en.pdf?expires=1696577150&id=id&accname=guest&checksum=30F72BF3A06055867324273EE49C

AC00(검색일: 2023.6.13).

Pamment, James(2018). "Public Diplomacy." Gordon Martel. ed. *The Ency clopedia of Diplomacy* III. Chichester, UK: John Wiley & Sons. 1563 −1575.

Paquin, Stéphane(2018). "Identity Paradiplomacy in Québec." *Québec Studies*. 66. 3~26.

Parliament of Australia(2020). *Australia's Foreign Relations (State and Ter ritory Arrangements) Bill 2020*. https://www.aph.gov.au/Parliame ntary_Business/Bills_LEGislation/Bills_Search_Results/Result?bld =r6596(검색일: 2023.10.3).

Sevin, Efe(2017). *Public Diplomacy and the Implementation of Foreign Policy in the US, Sweden and Turkey*. New York: Palgrave Macmillan.

Sevin, Efe & Sohaela Amiri(2023). "City diplomacy." Eytan Gilboa. ed. *A Research Agenda for Public Diplomacy*. Cheltenham, UK: Edward Elgat Publishing Ltd. 75~89.

USC−CPD. "What is PD?" http://www.uscpublicdiplomacy.org/page/what −is−pd(검색일: 2023.7.10).

Van der Pluijm, Rogier(2007). "City Diplomacy: The Expanding Role of Citi es in International Politics." *Clingend Diplomacy Paper No.10*.

Wang, Jian (Jay) & Sohaela Amiri(2019). "Building a Robust Capacity Fra mework for U.S. City Diplomacy." USC Center on Public Diplomacy. Feb. 2019. https://www.uscpublicdiplomacy.org/sites/uscpublicdi plomacy.org/files/City−Diplomacy−Building−Capacity−Framewor k−2019−02−20_9am_0.pdf(검색일: 2023.5.23).

Zaharna, R. S.(2020a). "Communication Logics of Global Public Diplomacy," Nancy Snow & Nicholas J. Cull. eds. *Routledge Handbook of Public Diplomacy*, 2nd Ed., New York: Taylor & Francis Books, Inc., 96−111.

_____(2020b). *Boundary Spanners of Humanity: Three Logics of Communications and Public Diplomacy for Global Collaboration*. Oxf ord University Press.

글로컬 시대 지방정부 외교와 공공외교

제2장

국제커뮤니케이션 전략과 지방정부의
디지털 공공외교

손현주 • 전주대학교

[요약문]

　　지난 10년 동안 공공외교에서 다양한 디지털 기술의 활용은 공공외교의 가치·관행·제도 및 외교 기관, 대중들의 실천 등에 지대하게 영향을 미쳤다. 디지털 기술을 활용한 디지털 공공외교의 부상은 공공외교의 패러다임을 일방향에서 쌍방향으로, 정보 전달에서 콘텐츠 중심으로 변화시켰다. 이런 맥락에서 이 연구의 목적은 디지털 기술이 공공외교에 미친 영향을 살펴보고 지방정부의 디지털 공공외교 현황을 파악하여 바람직한 국제커뮤니케이션 전략을 제시하는 데 있다. 디지털 공공외교는 디지털 사회의 가치를 외교 분야에서 내면화하는 것으로, 공공외교 2.0, 공공외교의 디지털화, 공공외교의 트위플로머시와 같은 담론을 만들었다. 공공외교에서 대표적으로 사용되는 디지털 도구는 소셜미디어, 온라인 회의, 빅데이터 및 AI 분석 등이 있다. 지방정부도 디지털 전환에 편승하여 다양한 디지털 기술을 수용하고 있지만, 온라인 플랫폼 및 소셜미디어 중심의 디지털 공공외교를 펼침으로써 공공외교의 정책적 목적을 달성하는 데 일정한 한계를 노출하고 있다.

　　이러한 문제점을 해결하기 위하여 첫째, 쌍방향 맞춤형 국제커뮤니케이션의 추진, 둘째, 새로운 디지털 도구를 이용한 디지털 커뮤니케이션 전술 및 전략 구축, 셋째, 디지털 공공외교를 전담하는 전문부서의 구축과 인력의 전문화 필요, 넷째, 지방정부의 정체성에 기반을 둔 디지털 공공외교 콘텐츠 개발 및 확산 등과 같은 전략 등이 필요하다. 디지털 공공외교는 공공외교의 중심을 외교관이나 외교 관련 기관에서 일반 대중으로의 전환을 가속화시킴으로써 공공외교를 실질적으로 수행하는 것을 대중으로 전환시켰다. 디지털 공공외교는 일반 대중과 외국 국민들에게 목소리를 내고, 상호작용하고, 참여를 증진시키고, 관계를 구축하는 데 효과적이기 때문에 다른 외교적 실천과 구별된다. 하지만 디지털 기술은 잘못된 정보, 조작된 정보, 악의적 정보 등의 가짜뉴스 범람을 야기하고 음모론을 유포하여 여론의 왜곡과 파편화를 가져오는 부작용이 있다. 이런 문제를 극복하기 위하여 단지 디지털 기술을 적용하는 전술을 넘어서서 공공외교의 목적이 긍정적으로 달성될 수 있도록 지방정부 차원의 공공외교 목적과 디지털 커뮤니케이션 전략이 연계되는 것이 필요하다. 또한 디지털 공공외교는 오프라인 공공외교의 목적을 달성하기 위한 수단이기에 디지털 영역과 오프라인 영역을 구별하지 않는 디지털 공공외교 전략이 수립되어야 한다.

[핵심어]

국제커뮤니케이션   디지털 공공외교   트위플로머시

4차 산업혁명   커뮤니케이션 전략

I. 들어가며

세상은 점점 더 상호 연결되고 있으며, 우리는 빠르게 변화하는 디지털 환경에서 살고 있다. 이러한 변화의 주요 원동력 중 하나는 디지털화digitalization로, 페이스북·트위터·인스타그램·유튜브 등의 소셜미디어의 적극적인 도입은 국제적 수준의 교류 및 커뮤니케이션에 큰 변화를 가져오고 있다(Lifintsev & Wanja 2019, 93). 디지털화는 상품·서비스·자산·인력·데이터 등의 교류를 쉽고 빠르게 만들었으며, 컴퓨터·모바일 기기 등이 디지털 커뮤니케이션의 소통을 증가시켰다. 또한 1980~1995년생 밀레니엄 세대와 2000년 이후 출생한 Z세대의 부상은 디지털화를 가속시켰다(Ibid). 이들 세대의 온라인 생활과 디지털 사고는 커뮤니케이션 환경을 극적으로 변화시키고 있다.

디지털화와 디지털 세대의 부상에 따른 커뮤니케이션의 변화는 외교환경과 외교의 방식을 변화시키고 있다. 외국 대중의 마음을 얻어 각 나라의 외교 목적을 달성하고자 하는 공공외교에 디지털 기술

은 매력적인 소통 수단으로 등장하고 있다. 페이스북·트위터·유튜브 등과 같은 소셜미디어는 공공외교에서 자국 국민 또는 외국 대중을 대상으로 직접 커뮤니케이션을 가능케 하였다. 예전에 공공외교 관련 행사 및 기자회견을 하려면 수십 명의 제작 인력, 고가의 전문 송출 장비 또는 중계차, 방송사 등이 있어야 가능했다.

그러나 지금은 스마트폰과 같은 개인 모바일 기기의 활용으로 현재 벌어지고 있는 상황을 실시간으로 대중들에게 전할 수 있는 미디어 환경이 마련되었다(이주영 2018, 2). 이처럼 공공외교의 디지털화는 기존 방송 및 보도 분야의 진입장벽을 낮춤으로써 지방정부는 국제커뮤니케이션에서 소셜미디어를 통해 관련 어젠다 및 이슈를 직접 주도할 수 있고 외국 대중과 실시간으로 소통할 수 있게 되었다. 소셜미디어를 통한 새로운 형태의 공공외교는 트위터 외교twiplomacy 1, 셀카 외교selfie diplomacy 등의 용어를 만들어냈다. 그리하여 지방정부는 공간·시간·국경의 제약을 받지 않고 다양한 디지털 공공외교가 가능해졌다.

4차 산업혁명의 발전과 함께 디지털 공공외교는 소셜미디어에 국한되지 않고 인공지능AI, 빅데이터, 가상현실virtual reality, 메타버스metaverse 등과 같은 기술들을 공공외교에 다양하게 활용하게 된다. 예를 들면, 스웨덴은 가상 대사관virtual embassy을 운영하고, 노르웨이 대사는 스카이프Skype를 이용하여 대학생과 대화하고, 인도 외교부는

---

1 트위터 외교는 트위플로머시로도 불리며, Twitter와 Diplomacy의 합성어이고 국제관계에서 트위터의 확산력을 외교 수단으로 활용하는 공공외교를 지칭한다. 일반 대중, 한 나라의 대통령 및 총리, 외교를 담당하는 기구 및 외교관들 등이 트위터를 사용하여 외교정책 목표 달성과 긍정적 이미지 전파를 하고 있다(정호윤·임소라 2021, 378).

글로컬 시대 지방정부 외교와 공공외교

인도 디아스포라 아이들을 위하여 컴퓨터 게임을 개발하고 있다 (Manor 2018). 유엔 대사는 왓츠앱WhatsApp을 사용하여 다양한 결의안에 대한 투표를 조정하고 있으며, 각국의 외교부는 선도적인 빅데이터 기술을 이용하여 엄청난 규모의 데이터를 분석하고, 소셜미디어 알고리즘을 조작하기 위해 소프트웨어 프로그래머를 고용하기 시작했다(Manor 2018).

이처럼 공공외교의 디지털화는 전통적인 공공외교 관행에 두 가지 도전과제를 제기하게 된다. 첫째, NGO, 시민사회단체, 활동가, 블로거, 심지어 테러리스트 단체가 공공외교 메시지를 온라인으로 유포할 수 있게 되면서 외교관과 외교부는 외교적 의사소통에 대한 독점권을 잃게 되었다. 불특정한 다수나 단체가 외교활동을 언제든지 할 수 있게 되었다. 둘째, NGO·블로거와 같은 새로운 공공외교 행위자는 외국 대중의 관심을 끌기 위해서 서로 경쟁하고, 외교활동 및 사건에 막대한 영향을 미치게 되었다(Manor 2016).

공공외교에서 디지털 기술의 활용은 이제 세계적인 현상이며, 지방정부도 이러한 경향을 적극적으로 도입하여 새로운 형태의 국제커뮤니케이션 관행을 형성해야 한다. 이러한 맥락에서 본 연구는 국제커뮤이케이션이 무엇인지를 개괄하고, 지방정부의 디지털 공공외교 현황을 살펴봄으로써 변화된 디지털 공공외교에 부응하는 국제커뮤니케이션 전략을 제시하고자 한다.

II. 국제커뮤니케이션의 이해

1. 국제커뮤니케이션의 개념과 역사

국제커뮤니케이션international communication에 대한 개념은 시대의 필요에 따라 변화해 왔다. 전통적인 의미의 국제커뮤니케이션은 국가 간 경계를 넘어서 이루어지는 커뮤니케이션 관행이다(Fortner 1993, 6; 황상재·전범수·정윤경 편 2008, 20). 이러한 전통적 개념은 정부 대 정부의 정보교환에 주된 관심을 기울였으며, 커뮤니케이션 기술이 발달한 소수의 산업화된 강대국들이 커뮤니케이션 의제를 주도하게끔 하였다(다야 키샨 쑤쑤 2009, 14). 국제커뮤니케이션은 가끔 '세계 커뮤니케이션world communication', 혹은 '초국경 커뮤니케이션trans-border communication'이라고도 불린다. 세계 커뮤니케이션은 모호한 용어이지만 국제커뮤니케이션보다 더 넓고 포괄적인 의미를 지니고 있다. 초국경 커뮤니케이션은 좀 어색한 용어이지만 국경을 넘어 메시지가 교환되는 국제커뮤니케이션의 핵심 현상을 명확히 암시하고 있다.

20세기 말의 세계화 진전, 커뮤니케이션 및 정보통신 기술의 발달은 국제커뮤니케이션 영역을 확장하였다. 이제 국제커뮤니케이션은 정부 간의 상호작용을 넘어서 '기업 대 기업', '사람 대 사람'의 상호작용까지 포함하게 되었다. 정부와는 별도로 비정부조직 행위자인 시민 및 민간단체가 점차 국제커뮤니케이션에 영향력을 행사하게 되었다. 이러한 변화에 따라 국제커뮤니케이션보다는 글로벌 커뮤니케이션global communication이 오늘날 유행하는 용어가 되었다(황상재·전범수·정윤경 편 2008, 20-21).

글로벌 커뮤니케이션 용어는 우리가 하나의 세계 공동체를 창조한다는 의미를 내포하고 있지만 몇 가지 문제점이 있다. 글로벌이라는 용어는 커뮤니케이션이 일어나는 현실보다는 열망을 나타낸다. 커뮤니케이션은 세계화되었지만 여전히 지역적이다. 대부분의 TV·영화·SNS 제작은 글로벌이 아니라 현지에서 이루어진다. 글로벌과 로컬은 함께 속해 있다. 우리는 지구상에 살고 있는 것이 아니라 특정한 장소에 살고 있다. 국제적일 수 있지만, 개인의 정체성은 주로 출생지·가족·언어와 같은 지역에 의해 정의된다. 우리는 세계의 시민이자 지역의 시민이기도 하다. 이런 맥락에서 우리의 커뮤니케이션은 글로벌이라기보다 글로컬glocal이라고 하는 것이 타당하다.

국제커뮤니케이션에 대한 기원은 정확하지 않다. 하지만 로마·그리스·이집트·바빌론 등과 같은 고대의 대제국들은 정치적·언어적·문화적으로 다른 많은 국가들을 지배하기 위해서 커뮤니케이션 방법을 확립했다. 11세기에 형성된 근대 민족국가들은 정치적·경제적 교류를 위하여 국제커뮤니케이션을 활발히 전개하였다. 19세기 이전의 국제커뮤니케이션은 인간이나 말·비둘기 같은 동물 등에 주로 의존하였다. 반면에 19세기 이후의 국제커뮤니케이션은 전기·전신 등의 기술을 이용하였으며, 국제커뮤니케이션이 본격화되는 계기가 되었다. 19세기부터 본격화된 국제커뮤니케이션의 역사를 4단계로 구분하여 살펴보면 다음과 같다.[2]

제1단계는 국제협정의 시대(1835~1932년)이다. 이 시기의 커뮤

---

2 커뮤니케이션 역사는 『국제커뮤니케이션』(황상재·전범수·정윤경 편, 2008) pp. 21-29 를 요약하였음.

니케이션은 전기·전신을 도입하였고, 국제협정기구인 국제전신연합(ITU, International Telegraph Union, 1865년)이 결성되었다. ITU는 국가들 간의 효율적이고 조화로운 커뮤니케이션 사용을 보장하고 네트워크의 국제적 규범을 만들었다. 이 시기에 전기·전신(1837년), 해저케이블(1866년), 전화(1876년), 무선(1897년), 라디오(1907년) 등과 같은 초기의 커뮤니케이션 기술이 발달하였고, 유럽 열강들은 커뮤니케이션 기술을 통하여 아시아·아프리카의 식민지 국가에 대한 영향력을 확대하였다. 이 당시 가장 중요한 국제커뮤니케이션 수단은 신문·전신이었고, 국제뉴스를 전문으로 취급하는 AP^{Associated Press}, 로이터즈^{Reuters} 등과 같은 통신사들이 있었다.

제2단계는 정치화와 선전의 시대(1933~69년)이다. 제2차 세계대전과 냉전은 국제간 커뮤니케이션이 발달할 수 있는 토양을 제공하였다. 전쟁에 참가한 국가들, 그리고 자본주의·공산주의 양 진영의 국가들은 국제커뮤니케이션을 선전전의 중요한 도구로 인식하여 많은 투자와 연구를 하였다. 국제커뮤니케이션의 대표적인 미디어인 국제방송국으로는 BBC^{British Broadcasting Corporation}, VOA^{Voice of America}, RFE^{Radio Free Europe}, RL^{Radio Riberty}, RIAS^{Radio in the American Sector}, 라디오 모스크바^{Radio Moscow} 등이 있다.

제3단계는 복잡성의 증가와 도전의 시대(1970~1989년)이다. 이 시기에 위성·TV와 같은 새로운 커뮤니케이션 기술이 등장하였고, 국제무대에서 비동맹국들의 목소리가 높아지면서 국제커뮤니케이션 환경이 복잡해졌다. 그리고 국제커뮤니케이션의 활동과 내용을 결정하는 것은 정치적 요소뿐만 아니라 경제적·문화적 요소도 부각되었다.

제4단계는 신국제질서와 지구촌시대(1989년~현재)이다. 구소련의 붕괴로 냉전의 국제질서는 경제가 중심이 되는 신국제질서가 출발하였다. 전 세계를 하나로 묶는 인터넷과 위성방송의 확산은 지구촌 시대를 열었다. 인터넷과 위성방송은 문화의 동질화를 가져왔지만, 다른 한편으로 국제무대에서 갈등을 조장하였다. 세계화는 시장 기능의 공간적 확대를 가속화시켜 지역 간 상호의존을 심화시켰다. 또한 미국을 중심으로 하는 초국적 미디어 기업들이 국제커뮤니케이션을 독점함으로써 대부분의 국가들은 소비국으로 머물게 되었다.

2. 국제커뮤니케이션의 역할

국제커뮤니케이션의 증가는 사회에 지대한 영향을 미친다. 국제커뮤니케이션에 대한 사회적 영향은 긍정적인 측면과 부정적인 측면으로 구분할 수 있다. 먼저 국제커뮤니케이션은 "국경을 넘어 뉴스, 방송 프로그램, 인터넷 콘텐츠와 같은 정보를 유통시킴으로써 국제사회에 대한 올바른 이해를 통해 국제사회 평화에 기여"하는 긍정적인 역할을 한다(황상재·전범수·정윤경 편 2008, 35). 국제커뮤니케이션은 글로벌 사회의 의사소통을 증가시켜 국가 간의 거리를 없애면서 사회는 더욱 글로벌화되었다. 국제커뮤니케이션이 사회에 주는 구체적인 이점은 다음과 같다(Fenell 2019).

첫째, 국제커뮤니케이션은 세상을 더 작은 공간으로 만들었다. 세상이 작은 공간이라는 것은 국제커뮤니케이션의 부상으로 더욱 분명해졌다. 멀리 떨어져 있는 가족 구성원은 SNS 등과 같은 소셜미디어를 통해 서로의 안부를 언제든지 확인할 수 있다. 카카오톡, 스카이프와 같은 컴퓨터 매개통신은 값비싼 장거리 전화 요금을 걱정하지 않고도 통화가 가능하다. 디지털 통신은 사람들이 접할 수 있는 국제뉴스의 양을 늘리고 정보 접근성을 쉽게 하여 세상을 더 작은 곳으로 만드는 데 도움이 된다.

둘째, 기업에 국제커뮤니케이션의 증가는 새로운 비즈니스 기회를 의미한다. 효과적인 국제 비즈니스 커뮤니케이션을 위해서는 다른 문화에 대한 이해가 필요하다. 예를 들어, 동서양을 막론하고 국가들 간의 관계를 구축하는 것은 비즈니스 거래에서 중요한 역할을 한다. 따라서 사업가들은 전자통신을 사용하여 공적·사적 관계를 발전시켜 성공적인 비즈니스 거래를 높일 수 있다.

셋째, 국제커뮤니케이션의 증가는 사람들에게 다른 문화를 배우고 이해할 수 있는 중요한 도구가 된다. 예를 들어, 아이들은 이메일과 SNS활동 등을 통해 다른 나라에 사는 아이들로부터 직접 다른 문화에 대해 배울 수 있다. 또한 교사는 커뮤니케이션 기술을 사용하여 다른 문화의 차이점과 전통에 대해 학생들을 교육할 수 있다.

다른 한편, 위와 같은 국제커뮤니케이션의 긍정적 기능과 더불어 국제커뮤니케이션은 강대국들에게 사회통제 수단을 제공하여 국제사회의 정보와 지식을 관리·통제하는 부정적 기능을 수행한다. 어떤 국가들은 커뮤니케이션 기술을 통해 다른 나라의 외교정책·경제활동·텔레커뮤니케이션·방송시스템 등에 영향을 주어 다른 나라를 통제할 수도 있다.

국제커뮤니케이션의 사회통제 수단에 대한 구체적인 모습은 다음과 같다(황상재·전범수·정윤경 편 2008, 36-37). 수많은 조직과 국가들로 이루어진 국제사회에서 소수의 강대국에 의해 국제커뮤니케이션이 통제·지배당하고 있기 때문에 강대국의 목소리는 크게 들리는 반면에 대다수 국가들의 목소리는 배제된다. 따라서 국제사회의 주요한 어젠다는 국제커뮤니케이션을 장악한 소수의 강대국의 이익에 따라 정해질 수 있다. 강대국에 기반을 둔 다국적기업들Multinational corporation은 국제커뮤니케이션을 이용하여 상품정보·재고공급·부품 원료·에너지·수송 등에 빨리 접근함으로써 약소국의 기업보다 경쟁 상의 우위를 차지할 수 있다. 세계화가 진전될수록 각국의 차별화된 문화적 특성이 사라지고 국제사회의 문화가 동질화되어 전 세계 소비자의 취향과 요구가 비슷해진다. 미국 스타벅스Starbucks로 대표되는 커피 문화가 지구촌을 하나로 묶고 있으며, 맥도날드 햄버거 문화로 대변되는 패스트푸드가 각국의 고유한 전통음식 문화를 대체하고 있다. 이처럼 국제커뮤니케이션 미디어는 각국의 서로 다른 문화적 특성을 배제하고 서구 중심의 문화로 동질화시키는 부정적인 역할을 한다.

3. 디지털 시대의 국제커뮤니케이션

전신에서부터 전화, 라디오에서부터 TV·컴퓨터·모바일(스마트폰)·인터넷·SNS에 이르기까지 국제커뮤니케이션은 기술 발달로 변화하였다. 텔레커뮤니케이션과 컴퓨터 융합, 인터넷을 통한 문자·음성·영상 등과 같은 모든 형태의 데이터를 전송할 수 있는 능력은 국제적 정보 교환의 혁명적 변화를 야기하였다. 또한 정보처리 비용이 훨씬 저렴해졌고, 정보처리 속도는 더 빨라졌으며, 블로그Blog·SNS·위키Wiki·UGCUser Generated Content 등과 같은 소셜미디어 등의 발달은 커뮤니케이션의 디지털 전환을 촉진하였다.

커뮤니케이션의 디지털 전환은 4차 산업혁명으로 구체화된다. 4차 산업혁명이란 인공지능, 로봇공학, 빅데이터, 3D 프린팅, 클라우드, 생명과학 등이 주도하는 차세대 산업혁명을 의미한다. 4차 산업혁명은 산업·고용구조·교육·보건 등의 사회 전반에 근본적인 변화를 야기한다. 4차 산업혁명은 지능로봇과 컴퓨터가 스스로 프로그래밍하고 문제를 해결하는 자동탐색automated discovery이 가능해지는 '디지털 초연결사회hyper-connected society'를 건설한다. 디지털 초연결사회는 사회구조를 자동화를 넘어 스스로 기계가 판단하고 결정하는 자율화로 서서히 탈바꿈시킬 것이다. 그리하여 4차 산업혁명에 의한 디지털 기술 혁신은 미디어의 존재양식을 바꾸고, 미디어의 존재양식 변화는 인간 커뮤니케이션 방식의 획기적인 변화를 가져온다.

4차 산업혁명으로 인해 미디어 생태계는 매체·단말 중심의 전통적인 미디어에서 매체·단말이 연계·통합되는 지능형 미디어로 진화하게 된다(김지균 2017, 14). 미디어는 매체·단말 등의 특징에 따라 1세대에서 3세대로 변화·발전하였다(〈표 2-1〉 참조). 1세대 미디어는 흑백·컬러 TV, SDStandard Definition·HDHigh Definition 등이 있으며 단순 시청 위주이다. 2세대 미디어는 UHDUltra HD·스마트폰 등이 있으며, 다양한 화면을 통해 시청자와 소통할 수 있다. 3세대 미디어는 지능형으로 미디어 오케스테레이션, 미디어 팔레트, 미디어 스페이스 등이 있으며, 미디어와 미디어, 이용자와 주변 환경을 인지하여 상호 연동하는 실감·지능·융합형 시청각 서비스를 제공한다(김지균 2017, 15). 예를 들면, 미디어 오케스트레이션은 사용자가 미디어와 디바이스들을 지휘하듯 지능적으로 재배열·재구성하여 소비하는 서비스이다. 미디어 팔레트는 사용자의 상황 정보를 인식하여 다양한 미디어를 지능적으로 융합·가공할 수 있는 서비스이다. 그리고 미디어 스페이스는 혼합현실 입체공간에서 촉각·후각 등 오감·감성 표현이 가능한 체감형eXperience+Feeling: XF 서비스를 제공한다. 지능형 미디어는 빅데이터, 인공지능, IoT, 클라우드 기술과 융합되어 엄청난 양의 정보를 처리하고 AI를 적용하여 제작, 편집, 송출, 소비의 생산성, 효율성을 극대화할 수 있다. 또한 사용자-미디어 간 상호작용을 통하여 사용자의 의도를 파악하여 미디어 소비욕구를 충족시키는 맞춤형으로 성장하는 것을 특징으로 한다(김지균 2017, 16).

〈표 2-1〉 미디어의 세대 구분

구분	내용		
1세대 미디어 (단방향)	흑백·컬러 TV	SD·HDTV, 아날로그 ·디지털	지상, 케이블, IP, 위성
2세대 미디어 (양방향)	스마트(N스크린)	UHD 서비스	개인·소셜방송, 디지털사이니지
3세대 미디어 (지능적 양방향)	미디어 오케스트레이션	미디어 팔레트	미디어 스페이스

출처: 김지균(2017). "미디어와 제4차 산업혁명: 지능형 미디어". 『동향보고서』. p.15.

디지털 시대에 미디어는 지능형 형태로 변모하고 국제커뮤니케이션은 다음과 같은 패러다임으로 변화할 것이다(Orihuela 2017). 첫째, 정부 등과 같은 공급자 중심에서 일반 시민들과 같은 사용 중심으로 변화해 갈 것이다. 일반 시민들이 국제커뮤니케이션의 정보 공간을 탐색하고 많은 웹 환경, 주로 소셜웹에서 콘텐츠 생산자가 될 것이다. 둘째, 신문·라디오·TV와 같은 전통적인 매체에서 인터넷

·SNS 등과 같은 소셜웹과 같은 비전통적 매체가 국제커뮤니케이션의 중심 매체가 될 것이다. 셋째, 기존의 국제커뮤니케이션은 매일·매주·매월과 같은 규칙적인 시간 제약을 받았다면, 디지털 시대에는 신문·잡지·기타 매체가 새로운 환경에 살아남기 위해서 24시간 기반 실시간real time 업데이트를 해야 한다. 실시간으로 뉴스와 의견을 소통하는 능력은 국제커뮤니케이션 발달의 씨앗과 같다. 넷째, 국제커뮤니케이션은 정보의 분배에서 접근이라는 패러다임의 변화를 가져온다. 정부와 같은 공급자가 정보와 지식을 다른 정부나 시민들에게 제공하거나 분배하는 것에서 다른 나라나 정부나 외국인들이 정보와 지식에 접근하게 하는 것이다. 접근은 무언가를 탐색하고 결정하는 적극적인 태도이자 미디어 콘텐츠에 대한 적극적인 수용을 의미한다. 다섯째, 일방통행에서 상호작용적 소통으로 변한다.

III. 지방정부의 디지털 공공외교

1. 디지털 공공외교의 개념과 역사

디지털 공공외교는 초연결성과 지능화를 특징으로 하는 4차 산업혁명의 영향으로 공공외교에 디지털화와 플랫폼 형식으로 구체화되는 외교적 변환을 가져왔다. 공공외교의 디지털 전환인 디지털 공공외교는 광범위한 디지털 기술의 적용으로 국제관계 및 외교 분야에서 독자적인 영역으로 부상하고 있다(정호윤·임소라 2021, 377). 또한 디지털 공공외교는 트위터·페이스북·유튜브 등 SNS를 활용해 국가 행위자뿐만 아니라 비국가 행위자인 전문가·시민단체·국제기구·개인들과 네트워크를 형성하고 소통을 강화하는 디지털 네트워크 외교의 부상과 깊은 관련이 있다(김상배 2011, 6; 정호윤·임소라 2021, 377).

디지털 공공외교란 디지털 기기를 이용하여 외국의 일반 대중에게 영향을 미쳐서 다른 나라의 외교정책을 변화시키고 자국의 이미지를 향상시켜 우호적인 환경을 조성하는 의사소통이다. 디지털 공공외교는 디지털 기술이 외교적 규범·가치·관습, 외교관 및 외교기구들의 구조변화에 영향을 미치는 흐름을 파악하는 데 도움을 준다(정호윤·임소라 2021, 378). 디지털 공공외교는 공공외교의 관련 조직 및 당사자들이 디지털 사회의 주요 가치인 개방성·투명성·평등성을 수용하고 적응하는 것이다. 디지털 커뮤니케이션과 SNS의 출현이 공공외교의 제도와 관행에 크게 영향을 미친 결과로 부상한 디지털 공공외교는 기존의 공공외교와의 차별성을 두기 위해 공공외교 2.0public diplomacy 2.0, 가상외교virtual diplomacy, 사이버 외교cyber diplomacy, 전자 외교e-diplomacy, 공공외교의 디지털화digitalization of public diplomacy, 트위플로머시Twiplomacy라고도 불린다(Manor 2019; 정호윤·임소라 2021, 378).

인터넷과 소셜미디어와 같은 디지털 도구가 공공외교 수단으로서 큰 영향력을 행사하자 세계의 여러 나라에서 디지털 커뮤니케이션을 통해 전 세계 대중과의 소통을 활발히 진행하였다. 가장 먼저 디지털 외교를 실시한 나라는 스웨덴이다(Reuters 2007.5.31). 스웨덴은 2007년에 미국에 기반을 두고 있는 가상세계 세컨드 라이프Second Life에 가상 대사관을 최초로 개설하여 북유럽 국가의 이미지와 문화를 홍보하고, 실제 서비스를 제공하지 않지만 실제 세계의 상대방 국가 및 국민들에게 다양한 정보를 제공한다.

미국은 2011년 이란에 가상대사관을 개설하였다(Esfandiari 2011. 12.7). 미국은 1979년에 테헤란 주재 미국 대사관이 폐쇄되고 이란과 의 외교 관계가 단절된 지 30여 년이 지난 후 이란과 협력하기 위하여 '가상 이란 대사관'을 출범시켰다. 가상 이란 대사관의 목표는 미국인과 이란인 사이의 소통과 대화를 강화하는 것이다. 이스라엘 은 2014년에 아랍 세계에서 이스라엘에 우호적인 추종자들을 모으 고 군사·공공외교의 주도권을 잡기 위해 아랍어 페이스북을 개설 하였다.

2014년 3월 독일 외교부MFA는 러시아가 크림반도를 침공한 이유 로 G8 그룹에서 퇴출되었다고 최초로 트윗tweet에서 발표했다(Manor 2019). 이 트윗에서 "#Crimea+other parts"라는 단어를 사용하여 러시 아군이 우크라이나의 다른 지역에 진입했다는 보고를 확인해주었다. 그리고 이 트윗은 러시아가 위기에 대한 책임이 있음을 확인하는 동 시에 외교적 해결책을 제시함으로써 트윗을 통해 전체 외교정책 의 제를 요약하였다.

2015년에는 캐나다·폴란드·노르웨이의 외교부가 모두 스마트 폰 애플리케이션을 출시하였다(Manor 2019). 2016년에 이스라엘 외 교부는 SNS 사이트와 인터페이스하는 알고리즘을 개발하여 최초로 알고리즘 외교 부서a unit of algorithmic diplomacy를 만들었다(Manor&Crilley 2020, 74). 또한 네트워크 분석을 사용하여 온라인에서 증오심 표현 을 퇴치하고 이스라엘을 비판하는 청중과 상호작용하기 위하여 P2P peer to peer 외교에 의존하고 있다.

글로컬 시대 지방정부 외교와 공공외교

공공외교의 현장에서 디지털 도구를 사용하는 경우는 다양하겠지만 대표적인 디지털 도구는 소셜미디어, 온라인 회의, 빅데이터/AI 분석 등이 있다(DiPLO 웹사이트). 트위터와 페이스북은 현재 전 세계적으로 외교 기관에서 사용하는 가장 인기 있는 공공외교를 위한 소셜미디어이다. 특히 트위터는 많은 국가에서 공공외교의 도구로 사용된다. 공공외교에 사용되는 다른 소셜미디어 도구로는 유튜브, 카카오스토리, 카카오그룹, FlickR, LinkedIn, Pinterest, Instagram 등이 있다. 온라인 회의는 영상통화나 영상회의를 통해 의사소통을 하는 것이다. 코로나 전염병이 유행하면서 외교관을 포함한 각국의 대표들이 타국을 오가며 직접 의사소통을 할 수 없게 되자 비대면 회의가 직접 얼굴을 마주하는 면담 및 회의를 대체하고 있다. 줌 외교Zoom diplomacy라는 신조어가 등장하며 외교활동이 온라인에서 줌과 같은 회의 플랫폼으로 전환하고 있다. 빅데이터 및 인공지능 이용은 공공외교를 활성화시키고 증거 기반 외교정책 결정에 도움이 된다. 인공위성, 휴대전화, 소셜미디어의 빅데이터 등을 통해 사회경제적 데이터를 수집하여 객관적이고 정확한 대중의 필요와 문제점을 발견할 수 있다.

2. 지방정부의 디지털 공공외교 현황

지방정부는 지난 10년 동안 강력한 디지털 공공외교의 입지를 구축하기 위해 다양한 소셜미디어 플랫폼을 운영·관리하고 있다. 지방정부가 소셜미디어를 사용하는 이유는 정부·정책에 대한 홍보, 민원서비스, 주민에 대한 정보제공 및 주민이 제공한 정보의 활용, 자연재난과 위기발생시 대응, 정책품질 개선을 위한 정보제공, 정부업무 수행의 개선, 국제화 등이 있다(서진완·남기범·김계원 2012, 137-140).

위의 이유 중 가장 중요한 소셜미디어 운영 목적은 홍보 및 정보제공, 그리고 민원처리에 있다. 다시 말하면 지방정부는 소셜미디어를 통해 정책에 대한 효과적인 홍보를 하고 지역주민들과의 효율적인 의사소통에 있다. 지방정부의 소셜미디어 관리방식은 기관을 대표하는 소셜미디어를 운영함과 동시에 부서별 혹은 개인별을 포함한 다양한 방법을 활용하고 있다.

본 장에서는 한국 지방정부의 디지털 공공외교의 현황을 파악하기 위하여 17개 광역자치단체가 운영하는 유튜브·페이스북·트위터·인스타그램 등과 같은 대표적인 소셜미디어의 구독자 현황을 분석하였다(〈표 2-2〉 참조).

17개 광역자치단체 모두 기존 홈페이지와 별도로 소셜미디어를 운영하고 있다. 지방자치단체에서 가장 많이 활용하고 있는 소셜미디어 채널은 페이스북이었고, 그 뒤를 이어 인스타그램·트위터·유튜브 순이다. 페이스북은 대중적이고 구독자 가장 많아서 지자체는 지자체 브랜드 홍보를 위해서 페이스북을 사용하고, 각 지자체의 경제적·문화적·사회적 업적을 다룬 게시물을 게재한다. 트위터·인스타그램·유튜브 등과 같은 소셜미디어 플랫폼은 외국인과 한국인 디아스포라를 대상으로 하는 공공외교 활동에 사용된다. 그러나 트위터는 경기도가 최초로 2009년 11월에 가입하였고, 이에 뒤질세라 다른 지자체들도 2010년에 대부분 개설하여 인기를 얻었다. 그러나 짧은 문장과 익명성에 따른 신뢰할 수 없는 글이 함부로 올려지면서 트위터에 대한 인기가 시들해졌다. 전라북도는 효율적인 SNS 관리

〈표 2-2〉 지방자치단체의 소셜미디어 구독자 현황(2022.3.21 기준)

(단위: 만 명 / 건)

행정구역	페이스북	트위터	인스타그램	유튜브	공공앱(건)
서울특별시	38	26.6 (2009.12)	39	17.1	28
부산광역시	20	10.9 (2010.8)	18.8	3.3.	4
대구광역시	17	2.8 (2010.9)	3.11	3.7	5
인천광역시	19	2.6 (2010.5)	5.91	1.87	8
광주광역시	4.6	1.6 (2010.12)	2.33	1.75	11
대전광역시	14	1.6 (2010.7)	3.05	1.19	2
울산광역시	7.9	0.82 (2011.4)	1.8	1.15	3
세종특별자치시	7.5	0.76 (2010.10)	2.78	1.09	3
경기도	15	7.56 (2009.11)	2.78	1.09	12
강원도	1.88	3.16 (2010.8)	2.51	3.14	3
충청북도	8.4	1.68 (2011.5)	3.25	2.17	1
충청남도	13	5.65 (2010.5)	3.35	9.56	7
전라북도	18.6	0.98 (2010.6)	5.24	1.13	1
전라남도	4.4	0.95 (2010.8)	1.3	2.34	2
경상북도	14	1.6 (2010.8)	6.74	23.2	8
경상남도	5.4	1.69 (2010.1)	1.39	1.3	20
제주특별자치도	15	2.1 (2010.11)	4.08	1.23	4
합계	223.68	73.05	104.64	73.01	122

출처: 5개 소셜미디어 플랫폼 웹사이트

를 위해 2020년 5월 1일에 트위터 운영을 중단하고 페이스북·카카오 스토리·인스타그램·유튜브 등의 소셜미디어에 더 집중을 하였다.

이처럼 대부분의 지자체가 트위터를 멀리하고 대신에 유튜브에 더 관심을 갖게 되었다. 누구나 쉽게 동영상을 공유할 수 있고 다양한 주제의 영상을 검색할 수 있어 각광을 받게 되는 유튜브가 현재 세계 최대 미디어 플랫폼으로 성장하면서 지자체도 유튜브를 공공외교의 소통 수단으로 적극 활용하고 있다. 지자체는 유튜브를 통해 콘텐츠의 다양성을 시도하고 다양한 홍보영상을 발굴하고 있다.

3. 디지털 공공외교의 사례: 전라북도

지자체의 디지털 공공외교에 대한 활동을 소셜미디어 중심으로 살펴 보았다. 좀 더 구체적으로 지자체의 디지털 공공외교 현황을 파악하기 위하여 전라북도의 디지털 공공외교를 중심으로 살펴보고자 한다. 전라북도의 공공외교는 지방정부 차원의 대외협력국과 재단법인인 전라북도국제교류센터를 중심으로 이루어진다.

전라북도 대외협력국은 2021년에 전 세계적 차원의 코로나19 팬데믹 상황에 맞춰 화상회의 시스템 정착, 온라인 홍보 다각화, 전북형 비대면 공공외교사업의 안정적인 진행, 미얀마 민주화지지 티셔츠 구매운동 등을 전개하였다(투데이안 2021.12.30). 전라북도는 미국·중국·일본 등과 자매결연을 맺고 우호지역과는 화상회의 등을 실시하였다. 또한 전라북도는 공식 유튜브 채널인 '쌈박정식'을 통하여 온라인 홍보를 실시하고 있다.

전라북도의 국제경쟁력 제고를 위해 설립된 전라북도국제교류센터가 다른 한편에서 공공외교의 주도적인 역할을 하고 있다. 전라북도국제교류센터는 해외 민간교류와 외국인·유학생을 지원하고 전북을 세계 속의 한국으로 만들기 위하여 2015년에 설립되었다. 전라북도국제교류센터는 주로 외국의 다양한 지역과 자매우호 결연, 도내거주 외국인 커뮤니티 활동 지원, 소셜미디어·유튜브를 통한 온라인홍보 등의 활동을 하고 있다. 도민들의 주도적인 공공외교 참여를 위해 '공공외교단'을 운영하고 있으며, 국민연금공단과 한국외국대학교 EU 연구소, 전북대학교, 한국소리문화의 전당 등과 같은 기관들과 협업하여 공공외교 시너지 효과를 높이고 있다.

　　전라북도국제교류센터의 디지털 공공외교는 홈페이지 중심으로 이루어지고 있으며 소셜미디어도 함께 운영하고 있다. 홈페이지는 주요 사업·알림미당·홍보마당·참여마당·정보공개·센터소개 등으로 구성되어 있고, 외국어 홈페이지는 영어·중국어·일본어 등 3개 언어를 제공하고 있다. 소셜미디어로는 페이스북, 트위터, 인스타그램, 네이버 블로그, 카카오스토리, 유튜브 등이 있다. 2022년 3월 기준 전라북도국제교류센터의 소셜미디어 구독자 현황은 다음과 같다(〈표 2-3〉 참조).

　　전라북도국제교류센터에서 가장 많이 활용하는 소셜미디어 채널은 페이스북이었으며, 그다음으로 인스타그램·유뷰트 순이다. 전라북도국제교류센터는 전북의 맛과 멋을 알리는 유튜브 동영상을 영어로 제작하였고, 전북을 소개하는 스페인어 동영상도 홍보전략으로 사용하였다. 고무신·솟대 자수 등 전라북도 내 전통공예를 스스로 만들 수 있도록 러시아어 등 외국어 자막이 있는 동영상도 제작하여 외국의 해당 지역주민들이 전통공예를 체험할 수 있도록 하였다. 전

라북도국제교류센터에서 소셜미디어를 이용하는 주된 목적은 홍보
및 정보제공 차원이다.

〈표 2-3〉 전라북도국제교류센터 소셜미디어 구독자 현황(2022.3.31. 기준)

(단위: 명)

소셜미디어	페이스북	인스타그램	유튜브
구독자수	599	137	89

출처: 3개 소셜미디어 플랫폼 웹사이트

　　특히 코로나19로 직접 교류가 축소된 상황에서 국제교류의 단
절을 방지하고 포스트코로나 시대 지속 가능한 국제교류를 위해 다
양한 온택트 공공외교를 본격화하고 있다. 2021년 전라북도국제교
류센터의 대표적인 디지털 공공외교 사례는 다음과 같다. 첫째, 한
· 일 공공외교 활성화를 위해서 '소문난 책방'이라는 주제로 '비대면
음악회', '양국 전통음식 비대면 세미나', '전라북도 전통공예 비대면
체험', '한 · 일 SNS 사진 공모전' 등 4가지 세부 프로그램을 통해 한
· 일 간 우호관계 증진에 노력하였다. 둘째, 전라북도와 연해주 지역
전문가들이 양 지역의 농업 · 관광 등의 현지 상황을 소개하는 줌
(Zoom) 활용 비대면 세미나를 개최하였다. 셋째, 국민연금공단과 재
외 한국문화원 등과 협력하여 말레이시아 · 캐나다 · 뉴질랜드 · 멕시
코 · 아르헨티나 등의 신흥교류지역에 전라북도의 특산품인 전통 한
지 및 자개공예 비대면 체험 프로그램을 운영해 현지 주민 및 교민,
외국인, 재외동포 등에게 전라북도를 알리는 계기를 마련하였다(남
도저널 2021.12.31).

전라북도국제교류센터는 관련 기관들과의 교류 및 소셜미디어 중심의 공공외교를 진행하고 있다. 전라북도국제교류센터의 소셜미디어 활동은 청중의 범위·반응을 나타내는 영향력, 콘텐츠 내용 및 제작 등을 포함하는 인프라 측면에서 다소 미진한 부분이 있다. 이러한 미진한 부분을 해소하기 위해서는 장기적 관점에서 소셜미디어에 대한 전문적 인력 및 예산 지원이 필요하다.

IV. 지방정부의 디지털 공공외교를 위한 국제커뮤니케이션 전략

1. 쌍방향 맞춤형 국제커뮤니케이션 추진

이전의 공공외교 국제커뮤니케이션은 일반 대중이나 외국인들에게 많은 정보를 제공하여 설득하는 것이 주된 목적이어서 TV·라디오·영화와 같은 일방향적인 미디어에 의지하여 일방적인 메시지로 구성되어 있었다. 그리하여 대중적 확산은 제한적이었다. 현재의 디지털 공공외교도 소셜미디어 중심이어서 대중과 피드백을 나누는 비율은 낮고, 아직도 쌍방이 아닌 일방적 커뮤니케이션으로 진행되는 사례가 많다.

하지만 디지털 공공외교에서는 디지털 기술이 사용자들에게 얼마나 많이 사용될 수 있고, 정보를 공유할 수 있고, 데이터를 개방할 수 있는 공간을 마련하느냐가 중요하다. 공공외교를 위한 디지털 공공플랫폼이나 소셜미디어 등은 정부, 관련 기관, 개인 간의 쌍방향 커뮤니케이션을 위한 중요한 도구이다. 특히 소셜미디어를 이용하면서 정부 기관, 이해관계자, 대중 사이의 쌍방향 소통을 증진시키고 의사소통이 관계적이 되었다. 오늘날 MZ세대(밀레니엄 세대와 Z세대)를 포함하는 대다수 세대들은 일방적인 커뮤니케이션을 싫어한다. 그리하여 기존의 대중매체가 송신자-수신자의 단선적이고 일방적인 정책 메시지 전달 구조를 가졌다면 디지털미디어는 상호작용에 기초한 정책 메시지 전달 패러다임의 변화를 요구하고 있다.

국제커뮤니케이션은 전통적으로 대량 이메일, 광고판, TV와 같은 일반화된 커뮤니케이션에 의존해 왔다. 이러한 비개인적인 커뮤니케이션은 모든 수신자가 동일한 메시지를 받는다. 일반화된 메시지는 개인의 관심·가치·요구 등에 맞게 콘텐츠를 조정하는 것이 어렵다. 빅데이터를 포함한 디지털 기술의 발전은 공공기관이 외국 대중에 대한 데이터를 수집·분석하는 일이 매우 쉬워졌다. 데이터 분석 기능의 개선으로 외국 대중에 대한 맞춤형 상호작용이 효율적이고 저렴해졌다. 소셜미디어·메시지 앱·동영상 등과 같은 디지털 커뮤니케이션 채널의 확산은 개인화된 커뮤니케이션을 가능하게 한다. 공공기관은 이러한 채널을 사용하여 선호하는 환경에서 대중들과 연결할 수 있다. 데이터 분석 및 알고리즘은 각각의 외국 대중에게 맞게 콘텐츠를 제공하는 데 도움을 준다. 다시 말하면, 발전한 디지털 기술은 외국 대중이 필요로 하는 정보들을 파악한 후 이에 적합한 맞춤형 정보 및 정책을 제시할 수 있다.

디지털 기술 중심의 오늘날 공공외교는 한 국가가 전달하고자 하는 정보가 대중 속으로 쉽게 확산될 수 있도록 대중들과의 쌍방향적인 소통을 통해서 공감을 이루어야 효과를 발휘할 수 있다. 외국 대중의 특정 관심사나 요구사항 등이 충족될 수 있도록 디지털 공공외교는 맞춤형 커뮤니케이션 전략을 수립하는 것이 필요하다.

2. 새로운 디지털 도구를 이용한 디지털 커뮤니케이션 전술 및 전략 구축

디지털 커뮤니케이션 전술은 지방정부가 디지털 도구를 사용하여 대규모 온라인 대중에게 다가가고, 입소문을 일으킬 수 있는 온라인 콘텐츠를 작성하고, 상당한 온라인 팔로워를 확보하려는 시도이다. 디지털 커뮤니케이션 전술은 웹사이트 방문자 수, 소셜미디어의 좋아요 및 공유 수, 전체 팔로워 수와 같은 참여자수를 통해 평가된다. 반대로 디지털 전략은 특정 공공외교 목표를 달성하기 위해 디지털 플랫폼을 적절히 사용하는 것과 관련되어 있다. 따라서 디지털 전략은 미리 정의되고 측정 가능한 목표를 달성하는 것을 목표로 한다.

지방정부는 정보전달·홍보·협상·쌍방소통·정책 분석에 이르기까지 공공외교의 목적을 달성하기 위하여 디지털 도구를 사용한다. 대부분의 지방정부는 커뮤니케이션을 위하여 페이스북·트위터·인스타그램·유튜브 등과 같은 소셜미디어에 초점이 맞춰져 있다. 소셜미디어 이외에 다양한 디지털 도구는 공공외교의 다른 영역에서 실질적인 영향을 미친다. 왓츠앱·크라우드소싱 플랫폼·메타버스 등과 같은 새로운 기술을 적극적으로 이용하여 새로운 디지털 전략 및 전술을 구축하는 것이 필요하다. 예를 들면, 지방정부가 추진하고 있는 다양한 공공외교 사업을 다채롭고 생생하게 전달하기 위하여 쇼츠·스냅챗·왓츠앱·틱톡 등과 같은 새로운 소셜미디어 채널을 이용하여 전하고자 하는 콘텐츠를 실시간 업로드 함으로써 외국의 대중들과 즉각적이고 직관적으로 소통을 전개할 수 있다. 또한 메타버스 기술인 아바타avatar를 이용해 게임·가상현실을 즐기는 데 그치지 않고 증강현실Augmented Reality· 라이프로깅life logging 등을 통해 공공외교의 활동 및 가치를 가상공간에서 구현할 수 있다.

3. 디지털 공공외교를 전담하는 전문부서의 구축과 인력의 전문화 필요

디지털 기술은 공공외교의 정책적 목적을 달성하는 데 보다 효율적·생산적인 커뮤니케이션을 제공할 뿐이다. 디지털 기술의 수용은 공공외교의 목적을 달성하는 데 전제조건이지 필수조건이 아니다. 특정 공공외교 정책 목표를 지원하기 위해 어떻게 사용해야 하는지에 대한 포괄적인 전략 없이 디지털 도구를 채택하면 디지털 공공외교가 공공외교 정책과 분리될 위험이 있다. 소셜미디어의 팔로워 수보다 소셜미디어에서 논의되고 전달되는 콘텐츠와 누가 주로 내용을 전파하는가가 더 중요하다. 다시 말하면 소셜미디어의 질이 양보다 더 중요한 것이다.

이에 디지털 뉴미디어 매체를 효과적으로 운영할 수 있는 전문부서의 구성이 필요하다. 디지털 기술을 이용하여 공공외교의 정책적 목적을 달성하고 국제커뮤니케이션을 원활히 할 수 있는 전문 부서를 구축하여 전문 인력을 배치하여 다양한 교육 프로그램과 현장 경험을 통해서 전문성을 제고해야 한다. 현재는 디지털 도구를 통해 공공외교를 활성화할 전문 인력이 부족하다. 공공외교의 측정 가능한 목표를 달성하기 위해 디지털 외교를 사용하는 가장 좋은 방법을 사용할 수 있는 전문 인력의 양성이 시급하다. 새로운 뉴미디어 분야에서 전문적인 지식과 기술이 뒷받침되지 않다 보니 소셜미디어에 기반한 일방향적 커뮤니케이션, 정보전달의 홍보에 국한되는 경향이 심하다. 전문 인력의 역량강화와 디지털 공공외교를 전담할 팀을 구성하여 지속적인 디지털 공공외교 사업, 양질의 디지털 콘텐츠 생산, 체계적인 소셜미디어 운영을 통해 공공외교 활성화 방안이 모색되어야 한다.

4. 지방정부의 정체성에 기반을 둔 디지털 공공외교 콘텐츠 개발 및 확산

지방정부의 공공외교 활동은 자매결연을 맺거나 MOU 체결을 통한 인적·물적 자원의 교류, 문화상품 수출을 위한 한류홍보, 지역의 정보 제공 등의 정도를 넘어서지 못하고 있다. 이러한 한계를 극복하기 위하여 각 지방정부의 독자적인 지역 이미지와 정체성을 보여 줄 수 있는 디지털 공공외교 콘텐츠 개발을 위한 전략이 필요하다. 지역의 산업구조, 역사적·문화적 요소, 자연환경, 지역성 등과 같은 각 지역의 독특한 이미지를 발굴하여 외국인들에게 디지털 콘텐츠로 제공함으로써 서로 간의 유대감을 증진시켜 바람직한 관계를 형성하는 방향으로 나아가야 한다.

V. 맺음말

본고의 목적은 디지털 기술이 공공외교에 미친 영향을 살펴보고 지방정부의 디지털 공공외교 현황을 파악하여 바람직한 국제커뮤니케이션 전략을 제시하는 데 있다. 지난 10년 동안 공공외교에서 디지털 기술의 활용은 점점 더 다양해졌다. 디지털기술은 공공외교의 가치

·관행·제도·외교 기관·대중들의 실천 등에 지대하게 영향을 미쳤다. 디지털 기술의 가속화는 공공외교 분야를 재편하고 새로운 도전에 직면하게 만들었다. 디지털 기술을 활용한 디지털 공공외교의 부상은 공공외교의 패러다임을 일방향에서 쌍방향으로, 정보 전달에서 콘텐츠 중심으로 변화시켰다.

블로그·페이스북·트위터·위키 등과 같은 소셜미디어의 발달은 국제커뮤니케이션의 디지털 전환을 촉진시켰으며, 미디어 생태계는 매체·단말 중심의 전통적 미디어에서 매체·단말이 연계되는 지능형 미디어로 진화하게 되었다. 빅데이터·인공지능·사물인터넷IoT·클라우드에 기반한 지능형 미디어는 사용자와 미디어 간 상호작용을 통하여 사용자의 욕구를 충족시키는 맞춤형으로 성장하고 있다.

디지털 기술은 공공외교 분야를 소셜미디어 사용, 플랫폼 중심의 의사소통을 가능케하여 디지털 공공외교를 독자적인 영역으로 부상시켰다. 디지털 공공외교는 디지털사회의 가치를 외교 분야에서 내면화하는 것으로, 공공외교 2.0, 공공외교의 디지털화, 트위플로머시와 같은 담론을 형성하였다. 공공외교에서 대표적으로 사용되는 디지털 도구는 소셜미디어, 온라인 회의, 빅데이터 및 AI 분석 등이 있다. 지방정부도 디지털 전환에 편승하여 다양한 디지털 기술을 수용하고 있지만, 온라인 플랫폼 및 소셜미디어 중심의 디지털 공공외교를 펼침으로써 공공외교의 정책적 목적을 달성하는 데 일정한 한계를 노출하고 있다.

이러한 문제점을 해결하기 위하여 첫째, 쌍방향·맞춤형 국제커뮤니케이션을 추진, 둘째, 새로운 디지털 도구를 이용한 디지털 커뮤니케이션 전술 및 전략 구축, 셋째, 디지털 공공외교를 전담하는 전문

부서의 구축과 인력의 전문화, 넷째, 지방정부의 정체성에 기반을 둔 디지털 공공외교 콘텐츠 개발 및 확산 등과 같은 전략이 필요하다.

공공외교 분야에 디지털 기술의 확산은 개인·조직의 네트워크 내부 및 네트워크 사이에 정보의 지속적인 흐름을 특징으로 하고, 이러한 정보의 흐름은 공간·시간·국경의 제약을 받지 않는다. 지능형 미디어의 발달은 외국 대중들에게 일방적 커뮤니케이션을 혐오하게 만들고 실시간으로 그들이 필요로 하는 정보와 욕구들을 해소할 수 있는 맞춤형 커뮤니케이션을 선호하게 한다.

디지털 공공외교는 공공외교의 중심을 외교관이나 외교 관련 기관에서 일반 대중으로의 전환을 가속화시키고 있다. 이제 공공외교를 실질적으로 수행하는 것은 대중이다. 소셜미디어 계정을 관리하는 공공기관도 중요하지만 대중이 더욱 가치 있는 존재로 부각되고 있다. 디지털 공공외교는 일반 대중과 외국 국민들에게 목소리를 내고, 상호 작용하고, 참여를 증진시키고, 관계를 구축하는 데 효과적이기 때문에 다른 외교적 실천과 구별된다.

하지만 디지털 기술은 잘못된 정보나 조작된 정보, 악의적 정보 등의 가짜뉴스 범람을 야기하고 음모론을 유포하여 여론의 왜곡과 파편화를 가져오는 부작용이 있다. 이러한 문제를 해결하기 위하여 단지 디지털 기술을 적용하는 전술을 넘어서서 공공외교의 목적이 긍정적으로 달성될 수 있도록 지방정부 차원의 공공외교 목적과 디지털 커뮤니케이션 전략을 적절하게 연계시키는 것이 필요하다. 또한 디지털 공공외교는 오프라인 공공외교의 목적을 달성하기 위한 수단이기에 디지털 영역과 오프라인 영역을 구별하지 않는 디지털 공공외교 전략이 수립되어야 한다.

1 국제커뮤니케이션의 개념은 무엇이며 국제커뮤니케이션은 역사적으로 어떻게 발전해 왔는가?

2 국제커뮤니케이션의 긍정적·부정적 역할은 무엇인가?

3 디지털 공공외교란 무엇인가?

4 디지털 공공외교의 현장에서 주로 사용되는 디지털 도구의 3가지는 무엇인가?

5 지방정부의 디지털 공공외교 활동의 특징은 무엇인가?

6 지방정부의 디지털 공공외교를 위한 바람직한 국제커뮤니케이션 전략은 무엇인가?

추천 문헌

김동률·김성해·김헌식(2016). 『미디어를 활용한 공공외교 활성화 방안 연구』. 외교부 연구용역과제 보고서.

마영삼(2020). "미디어와 공공외교: 전통미디어와 소셜미디어의 시너지 효과". 『공공외교의 이론과 사례』. 서울: 오름, pp. 395-459.

이홍규·하남석(2014). "중국의 온라인 민족주의와 한국의 대응: 디지털 공공외교 전략 방안을 중심으로". 『동아연구』, 67: 199-236

최문봉(2016). "SNS(socialnetworkservice)를 활용한 지방자치단체정책홍보 활성화 방안연구: 서울시 25개 구청 SNS운영사례를 중심으로". 경희대학교 공공대학원 석사논문.

홍석훈·박은주·김형수(2021). "해외 지자체 도시외교 성공사례 연구: 지자체 공

공외교 추진 과제를 중심으로." 『국제정치연구』 24(1). 177-210

Costa, Valentin(2017). "Shaping Public Diplomacy through Social Media Networks in the 21st Century." *Romanian Journal of History and International Studies* 4(1). 139-154.

Grech, Olesya M(2006). "Virtual Diplomacy: Diplomacy of the Digital Age." The University of Malta, M.A. thesis.

Kersaint, Maïté(2014)."Exploring Public Diplomacy 2.0 A Comparison of German and U.S. Digital Public Diplomacy in Theory and Practice." European University Viadrina Frankfurt, Ph D. dissertation.

Palashs, M Imran Hasnat(2021). "Public Diplomacy in Social Media: An Examination of Twitter Use by Foreign Embassies in the U.S." University of Oklahoma, Ph D. dissertation.

참고 문헌

김상배(2011). "한국의 네트워크 외교전략: 행위자-네트워크 이론의 원용", 『국가전략』 17(3). 5-40.

김상배(2019). "제4장 디지털 외교와 공공외교." 김상배 외 7인, 『지구화 시대의 공공외교』. 서울: 사회평론아카데미. 139-184.

김지균(2017). "미디어와 제4차 산업혁명: 지능형 미디어." 『동향보고서』. 14-22.

다야 키샨 쑤쑤(2009). 『국제커뮤니케이션: 연속성과 변화(International Communication: Continuity and Change)』. 파주: 한울아카데미.

서진완·남기범·김계원(2012). "지방자치단체의 소셜미디어 활용 현황 분석과 의미." 『한국행정학보』 46(1). 131-155.

이주영(2018). "디지털 외교 시대 정부의 글로벌 커뮤니케이션: 한국과 미국 대사관의 소셜미디어 프레임 특성 및 형성 요인을 중심으로." 서울대학교 석사논문

정호윤·임소라(2021). "외교 환경의 변화와 디지털 공공외교의 부상: 포르투칼 사례를 중심으로." 『EU 연구』 58. 369-401.

황상재·전범수·정윤경 편(2008). 『국제커뮤니케이션』. 파주: 나남.

Esfandiari, Golnaz. "U.S. Launches 'Virtual' Embassy For Iran." Radio Free Europe Radio Liberty, 2011.12.7. https://www.rferl.org/a/us_launc hes_virtual_iran_embassy/24413837.html(검색일: 2021.6.25).

Fenell, Zachary. "The Advantages of Global Communication." Bizfluent. 2019.01.22. https://bizfluent.com/info-8232542-effects-globalizat ion-global-communication.html(검색일: 2021.10.10).

Fortner, Robert(1993). *International Communication: History, Conflict, and Control of the Global Metropolic*. Belmont: Wadsworth Publishing.

Lifintsev, Denys and Wanja Wellbrock(2019). "Cross-cultural communication in the digital age." *Communication Studies* 1(28), 93-104.

Manor, Ilan(2018). "The Digitalization of Diplomacy: Toward Clarification of a Fractured Terminology." *DigDiploROx Working Paper* No 2.

Manor, Ilan(2019). T*he Digitalization of Public Diplomacy*. Washington: Pal grave Macmillan.

Manor, Ilan and Rhys Crilley(2020). "The Mediatisation of MFAs: Diplomacy in the New Media Ecology." *The Hague Journal of Diplomacy* 15, 66-92.

Orihuela, Jose Luis(2017). "The 10 new paradigms of communication in the digital age." 2017.11.7. https://jlori.medium.com/the-10-new-paradigms-of-communication-in-the-digital-age-7b7cc9cb4bfb (검색일: 2022.8.7).

남도저널. "온택트로 만나는 글로벌 전북, 전라북도국제교류센터가 선도하다." 2021.12.31. http://www.namdojournal.com/news/articleView.html? idxno=63196(검색일: 2021.12.28).

투데이안. "전북도 대외협력국, 2021년 주요성과, 소통과 공감으로 신뢰받는 '대외협력' 구현." 2021.12.30. https://www.todayan.com/news/articleView.

글로컬 시대 지방정부 외교와 공공외교

html?idxno=442554(검색일: 2022.03.03).

DiPLO 웹사이트: https://www.diplomacy.edu/topics/digital-diplomacy/
(검색일: 2021.03.04).

Reuters, "Sweden first to open embassy in Second Life." 2007.5.31., https:
//www.reuters.com/article/us-sweden-secondlife-idUSL303488
9320070530(검색일: 2021.09.15).

제3장

지방정부의 공공외교와 지역 브랜딩

강정석 • 전북대학교

[요약문]

　　지방정부는 공공외교를 효과적이며 효율적으로 추진하기 위한 방법론으로 지역 브랜딩을 활용할 수 있다. 지역 브랜딩은 지방정부가 관할하는 지역을 브랜드(지역 브랜드)로 가정하고, 기업의 브랜딩 관점과 기법을 활용해서 지역 브랜드 자산을 구축하고 측정하며 관리하는 활동이다. 지역 브랜딩의 실행주체는 지방정부가 주도적으로 구축하고 지원하는 다양한 지역 이해당사자들(예: 지역 거주민, 지역 기업, 지역 상인, 지역 문화활동 단체)로 구성된 인적 네트워크이다. 또한 지역 브랜딩의 목표 대중은 외국 대중, 자국 국민 및 지역 이해당사자들인 지역 브랜드 소비자이다. 지역 브랜딩은 다음과 같은 절차로 추진된다. 먼저 지역 브랜딩의 실행주체가 지방정부가 관할하는 지역의 차별적이고 매력적인 특징(예: 유명 문화재)을 지역 브랜드 정체성으로 개발한다. 이후 실행주체는 지역 브랜드 정체성을 기반으로 지역 브랜딩의 목표(예: 해외 관광객 유치)를 설정한다. 이 목표를 달성하기 위해서, 실행주체는 다양한 종류의 지역 브랜드 포지셔닝 활동(예: 유튜브 채널 운영)을 집행해서 지역 브랜드 소비자(예: 해외 거주민)의 기억에 다른 지역 브랜드들과 차별화된 지역 브랜드의 연상 내용을 심어준다. 그 결과, 많은 지역 브랜드 소비자들이 지역 브랜드를 알게 되고, 지역 브랜드에 대한 긍정적 이미지를 가지게 된다. 이와 같은 많은 지역 브랜드 소비자들의 지역 브랜드 인지도 제고와 긍정적 지역 브랜드 이미지 형성은 지역 브랜드 자산 구축으로 이어진다. 지역 브랜드 자산이 구축되면, 지역 브랜드 소비자들(예: 해외 거주민)은 지역 브랜딩의 실행주체가 바라는 목표 행동(예: 지방정부가 관할하는 지역으로 관광을 옴)을 하게 될 가능성이 크다. 지역 브랜딩의 효과성과 효율성을 지속적으로 유지하기 위해서, 실행주체는 정기적으로 지역 브랜딩 효과를 검증하고, 그 결과를 지역 브랜드 정체성 수정이나 지역 브랜드 포지셔닝 활동계획의 변경에 반영할 필요가 있다.

지방정부   지역 브랜드   지역 브랜딩
사회적 마케팅   지역 브랜드 자산   지역 브랜드 정체성
지역 브랜드 포지셔닝   지역 브랜드 이미지   지역 브랜드 인지도

많은 국가는 자국의 안보적·정치적 또는 경제적 이익을 추구하기 위해서 외국 대중(예: 해외 거주민)에게 자국의 긍정적인 이미지를 심어주고, 외국 대중이 자국에 대한 우호적인 생각을 가지고 호의적인 행동(예: 관광, 투자)을 하도록 만들고자 노력한다. 이와 같은 노력을 국가의 공공외교public diplomacy라고 한다. 국가의 중앙정부뿐만 아니라 국가의 특정 지방정부도 공공외교를 추진하고 있다.

그렇다면 지방정부의 공공외교를 성공적으로 추진하기 위한 방법은 무엇인가? 이 질문에 대한 답은 기업이 자사의 이익 극대화를 위해서 활용하는 브랜딩branding을 공공외교에 적용하는 접근 방법에서 찾을 수 있다. 이 접근 방법을 지역 브랜딩region branding 1이라고

---

1 제한된 물리적 공간을 브랜드라고 전제하고, 지역 브랜드인 특정 지역을 관리하는 활동은 해당 공간의 규모 또는 특징에 따라서 농촌 브랜딩(rural branding), 도시 브랜딩(city branding, urban branding), 여행목적지 브랜딩(destination branding) 등으로 세분화해서 부를 수 있다(이정훈 2008; 강정석 2020; Kaneva 2011). 지방정부의 다양한 종류(예: 시, 도, 군)와 지역이라는 용어의 포괄적 의미를 고려해서, 본 장에서는 이들 용어를 지역 브랜딩(region branding)으로 통일해서 사용하고자 한다.

하며, 지역 브랜딩은 지방정부의 공공외교 방법론으로 간주된다. 본 장에서 지방정부의 지역 브랜딩이란 무엇이며, 어떤 특징을 가지며, 어떻게 추진하는 것이 효과적이며 효율적인가에 대해 중점적으로 소개할 것이다.

I. 지방정부의 공공외교와 지역 브랜딩의 관계

공공외교란 국가의 중앙정부가 국익을 위해서, 외국 대중과 소통하면서 자국에 유리하도록 그들의 생각, 감정 및 행동에 영향을 미치는 활동이다(김상배 2019; 김형수·노병렬 2016). 공공외교에서 활용하는 자원의 종류를 기준으로, 공공외교의 분야를 문화외교, 교류외교, 기여외교 및 매체외교로 세분할 수 있다(문현미 2019).

먼저 문화외교는 국가의 중앙정부가 외국 대중에게 자국의 문화자원을 전파하는 활동이다. 문화외교는 장기적으로 자국의 가치관을 외국 대중과 공유하고, 자국에 대한 외국 대중의 긍정적 이미지 형성과 우호적 행동 유도에 기여한다. 해외에서 개최하는 문화행사나 예술공연, 자국 관련 서적의 출판, 번역 등이 문화외교에 해당된다. 둘째, 교류외교는 국가의 중앙정부가 자국과 외국 간 인적 자원의 교류를 통해서, 외국 대중과 자국의 가치관을 공유하고 자국에 대한 외국 대중의 이미지를 제고해서 자국에 대한 외국 대중의 신뢰도와 우호적 행동을 유발하는 활동을 말한다. 교류외교 중 서로 다른 국가의 국민 간 상호 방문은 양국 국민 간 상호 이해를 증진할 수 있다. 자매결연 체결, 국제회의, 유학생 교류 등이 교류외교의 수단이다. 셋째,

기여외교란 국가의 중앙정부가 외국 대중에게 경제적 지원 또는 교육 지원과 같은 개발 원조를 추진하는 활동을 말한다. 마지막으로 매체외교는 국가의 중앙정부가 신문, 잡지, 라디오, TV, 인터넷 등의 온·오프라인 매체를 이용해서 외국 대중과 소통하는 활동이다.

흔히 국가의 중앙정부가 공공외교를 전담하는 것으로 이해할 수 있다. 그러나 공공외교의 실행주체는 국가의 중앙정부, 국민 개개인, 기업, 비정부조직 등으로 다양하다(송기돈 2019; 강정석 2020). 예를 들어서, 2020년 아카데미 시상식에서 4관왕을 차지한 영화 〈기생충〉의 봉준호 감독과 2021년 그래미 시상식Grammy Awards에서 단독 공연을 펼친 방탄소년단은 각각 영화와 음악을 통해서, 우리나라에 대한 외국 대중의 긍정적 이미지와 우호적 태도를 만들었다. 또한 세계 스마트폰 시장에서 수년간 1위의 시장점유율을 유지하는 삼성전자의 갤럭시 브랜드는 우리나라에 대한 외국 대중의 인지도를 제고하고 긍정적 이미지를 형성하는 데 기여하고 있다. 따라서 우리나라 중앙정부뿐만 아니라 국민 개개인, 기업, 비정부조직 등도 우리나라의 공공외교를 실천하고 있다. 이와 같은 맥락에서 우리나라 지방정부도 공공외교의 실행주체가 될 수 있다.

지방정부의 공공외교는 국가의 특정 지방정부가 관할 지역의 이익을 위해서 외국 대중, 자국 국민 및 지역 이해당사자들(예: 지역 거주민, 지역 기업, 지역 상인, 지역 문화활동 단체2)과 소통하면서, 해당 지역의 안보, 정치 및 경제에 도움이 되도록 외국 대중, 자국 국민

---

2 지역 문화활동 단체의 사례로 문화예술 민간단체인 전라북도의 전통예술원 타부, 경상남도의 예인집단 무악과 백치농악단 등을 들 수 있다.

및 지역 이해당사자들의 생각, 감정 및 행동에 영향을 미치는 활동이라고 정의할 수 있다. 성공적인 공공외교를 추진하기 위해서, 지방정부는 외국 대중, 자국 국민 및 지역 이해당사자들이 매력을 느낄 수 있는 지역의 문화·이념·정책 등을 찾거나 육성해야 하고 문화외교, 교류외교, 기여외교 및 매체외교 분야를 통해 외국 대중, 자국 국민 및 지역 이해당사자들에게 효과적으로 전달해야 한다. 이 과정에서, 지방정부는 기업의 브랜딩을 공공외교에 적용한 방법론인 지역 브랜딩을 활용할 수 있다.

기업의 브랜딩을 지방정부의 공공외교 추진과 비교하면, 지방정부를 기업으로, 지방정부가 관할하는 지역의 문화·이념·정책 등을 기업이 제공하는 소비자 혜택consumer benefit으로, 지방정부의 문화외교, 교류외교, 기여외교 및 매체외교 분야의 활동을 기업의 마케팅[3] 활동으로, 지방정부의 공공외교 목표 대상인 외국 대중, 자국 국민 및 지역 이해당사자들을 기업의 소비자로 가정할 수 있다. 여기서

---

3 마케팅은 광고, 유통, 촉진, 조사, 제품 개발 등의 수단을 이용해서 생산자나 판매자로부터 소비자에게 제품을 전달하는 행위(판매행위)를 가속화하는 활동이다(Rosenberg 1995, 191). 이와 같이 정의된 마케팅과 브랜딩의 관계는 학자에 따라서 다른 관점을 취할 수 있다. 몇몇 학자(이정훈 2008; Kavaratzis & Ashworkth 2005)의 주장에 따르면, 마케팅의 대상은 제품이며, 마케팅은 기업이 제품에 의한 소비자의 욕구 충족에 주안점을 두고 추진하는 활동이다. 반면 브랜딩의 대상은 브랜드이며, 브랜딩은 기업이 브랜드와 관련된 소비자의 심리적 기제(예: 지각·인식·기억)와 그 결과(예: 브랜드 이미지 형성)에 주안점을 두고, 이를 정교하게 관리하는 활동이다. 구체적으로 브랜딩의 목적은 기업이 브랜드를 소비자의 연상 내용 집합으로 가정하고, 이들 연상 내용을 소비자의 심리적 기제를 고려해서 효과적이며 효율적으로 관리하는 것이다(Aaker 1996). 본 장에서는 기업이 주안점을 두는 대상의 차이(제품 vs. 브랜드)와 소비자의 심리에 대한 관심 영역의 차이(욕구 충족 vs. 다양한 심리적 기제와 그 결과)를 기준으로 마케팅과 브랜딩을 구분하고자 한다.

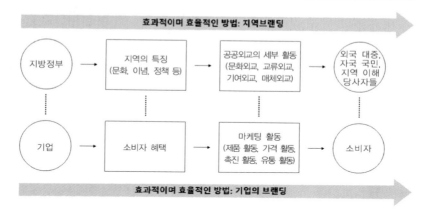

〈그림 3-1〉 지방정부의 공공외교와 지역 브랜딩 그리고 기업의 브랜딩 간의 관계

효과적이며 효율적인 방법: 지역브랜딩

| 지방정부 | → | 지역의 특징
(문화, 이념, 정책 등) | → | 공공외교의 세부 활동
(문화외교, 교류외교,
기여외교, 매체외교) | → | 외국 대중,
자국 국민,
지역 이해
당사자들 |

| 기업 | → | 소비자 혜택 | → | 마케팅 활동
(제품 활동, 가격 활동,
촉진 활동, 유통 활동) | → | 소비자 |

효과적이며 효율적인 방법: 기업의 브랜딩

출처: 본 장의 저자가 다양한 참고 자료를 기반으로 작성하였음.

소비자 혜택이란 소비자가 특정 제품에 부여하는 개인적 가치를 말하며, 기능적functional, 체험적experiential 및 상징적symbolic 혜택으로 세분화된다(Keller 1993). 외투로 예를 들자면, 외투는 소비자에게 겨울철에 부는 찬바람을 막아주는 기능적 혜택을 제공하고, 외투 옷감이 주는 부드러운 질감이라는 체험적 혜택을 제공하며, 외투의 스타일이 최신 유행이라는 상징적 혜택을 제공한다. 이와 같은 가정 하에 기업인 지방정부가 소비자인 외국 대중, 자국 국민 및 지역 이해당사자들이 소비자 혜택인 지방정부가 관할하는 지역의 특징(문화·이념·정책 등)을 매력적으로 느끼도록 만드는 마케팅 활동인 공공외교 활동(문화외교, 교류외교, 기여외교 및 매체외교 분야의 활동)을 어떻게 수행해야 효과적이며 효율적인지에 대한 지침을 제공하는 것이 지역 브랜딩이다. 이때 기업의 마케팅 활동은 제품 활동product, 가격 활동price, 촉진 활동promotion 및 유통 활동place 차원으로 세분화된다. 예를 들어서, 제품 활동은 제품의 기능과 디자인의 개발을, 가격 활동은 가격 책정을, 촉진 활동은 광고 집행과 이벤트 실시를, 유통 활동은 백화점 입점을 말한다(박찬수 2014). 지방정부의 공공외교와 지역 브랜딩 그리고 기업의 브랜딩 간의 관계를 비교해서 도식적으로 제시하면 〈그림 3-1〉과 같다.

결론적으로, 지방정부의 지역 브랜딩은 지방정부의 공공외교 방법론이며, 지방정부가 세부 공공외교 활동을 통해서 외국 대중, 자국 국민 및 지역 이해당사자들이 해당 지역의 특징을 매력적으로 느끼도록 만드는 효과적이며 효율적인 방법을 제공하는 일종의 지침이다(Kavaratzis 2004).

II. 지역 브랜딩의 이해

1. 지역 브랜딩의 출현 배경

지역 간 투자 유치, 관광객 유치 등의 경제적 이익 추구를 위한 경쟁이 치열해지면서, 다수의 지방정부는 기업가entrepreneur 관점에서 지역을 하나의 브랜드로 간주하고 지역 브랜딩을 적극적으로 추진하고 있다(Kavaratzis 2004/2009). 지역 브랜딩은 사회적 마케팅social marketing 과 기업 브랜딩corporate branding 4의 이론적 그리고 실무적 발전을 기반

---

4 본 장에서는 기업이 자사의 제품 브랜드(예: 갤럭시)와 기업 브랜드(예: 삼성전자)를 관리하는 모든 활동을 묶어서 포괄적으로 기업의 브랜딩으로, 기업이 기업 브랜드를 관리하는 활동을 기업브랜딩으로 구분해서 부른다.

으로 정립되었다(Kavaratzis 2004; Ashworth & Kavaratzis 2009). 지역 브랜딩의 정립 기반인 사회적 마케팅과 기업 브랜딩에 관해서 논의하면 다음과 같다.

첫째, 필립 코틀러Philip Kotler와 시드니 J. 레비Sidney J. Levy는 마케팅은 사회적 수준의 활동으로 영리를 추구하는 기업이 자사 제품을 판매하는 활동 수준을 넘어서 다양한 비영리 조직의 활동에 적용할 필요가 있다고 주장하였다(Kotler & Levy 1969). 이와 같은 주장의 연속으로 1971년 필립 코틀러는 제널드 잘트먼Gerald Zaltman과 함께 학술지Journal of Marketing에 논문"Social marketing: An approach to planned social change"을 게재하면서 '사회적 마케팅'이란 용어를 창안하였다. 이때 '사회적 마케팅이란 비영리 조직이 기업의 마케팅 원리와 기법을 활용해서, 목표 대중이 그들 자신과 그들이 속한 사회에 이익이 되는 방향으로 행동하도록 유도하는 과정'이라고 정의할 수 있다(Kotler & Zaltman 1971). 제품을 판매하는 것이 목적인 기업의 마케팅과 달리, 사회적 마케팅은 사회적으로 바람직한 행동이나 생각(예: 금연, 쓰레기 분리수거)을 목표 대중이 수용하도록 만드는 것이 목적이다. 따라서 사회적 마케팅의 목적은 특정 기업의 이윤을 창출하는 것이 아니라 사회적 이윤을 창출하는 것이다. 사회적 마케팅은 다양한 종류의 사회문제를 체계적으로 해결하는 효과적이며 효율적인 수단으로 지금까지 활용되고 있다(강정석 2011). 지역 브랜딩의 출현에 있어서, 사회적 마케팅은 지방정부가 지역의 안보적, 정치적 그리고 경제적 이익을 창출하기 위해 기업의 브랜딩이란 방법론을 적용할 수 있다는 사고의 전환을 유도하였다.

둘째, 사회적 마케팅이 지방정부의 사고를 전환시키는 데 기여했다면, 기업 브랜딩은 지방정부에 지역 브랜딩의 실행 지침을 제공하였다. 기업 브랜딩이 지역 브랜딩의 정립에 기여한 내용을 논의하면 다음과 같다.

기업은 주로 자사가 생산하거나 판매하는 특정 제품 브랜드(예: 휴대전화 브랜드인 갤럭시)를 대상으로 브랜딩을 실행하지만, 경우에 따라서 기업 브랜드(예: 삼성전자)를 대상으로 브랜딩을 수행하기도 한다. 그런데 기업 브랜드는 제품 브랜드와 다른 다음과 같은 특징을 가지고 있다(Fan 2010; Balmer & Gray 2003; Kavaratzis 2004). 먼저 기업 브랜드는 기업 총수, 주주 등의 다수가 소유하고 있다(다수의 소유주). 그리고 기업 브랜드는 특정 기업의 독특한 조직문화에 기반을 두며, 해당 기업의 소유주(예: 기업 총수, 주주)와 해당 기업에 소속된 구성원의 진정성을 반영한다(문화 기반과 마음가짐 반영). 예를 들어서, 삼성전자, 현대건설 등의 기업 브랜드는 해당 기업의 독특한 조직문화를 기반으로 하고 있으며, 각 기업에 소속된 임직원이 어떤 자세로 소비자를 대할 것인지에 대한 정보를 제공한다. 또한 기업 브랜드가 연상시키는 내용은 기업 브랜드 로고, 대표 생산 또는 판매 제품, 기업의 창업주 성격이나 사생활, 기업이 일으킨 사회적 물의 내용, 기업의 경영권 승계 방식 등으로 다양하다. 즉, 기업 브랜드의 구성요소는 매우 복잡하다(복잡한 구성요소). 또한 기업 브랜드는 소비자에게 기능적 가치, 사회적 가치 및 정서적 가치를 약속한다(가치 제공 약속). 이때 기능적 가치는 기업 브랜드가 제공할 것으로 기대되는 실용적 또는 물리적 품질과 성능이며, 사회적 가치는 기업 브랜드와 연합된 특정 사회 집단에 대한 소속 욕구 충족이고, 정서적 가치는 기업 브랜드가 유발하는 다양한 종류의 감정을 말한다(강정석 2020).

마지막으로 기업 브랜드는 소비자의 삶의 방식과 밀접하게 관련된다 (삶의 방식 표현). 창의적 삶을 지향하는 소비자가 혁신 이미지를 가진 기업 브랜드인 애플의 제품(예: iPod, iMac, iPhone)만을 고집스럽게 사용하는 것이 한 사례이다.

지방정부가 관할하는 지역을 지역 브랜드로 간주할 수 있다 (Kavaratzis 2004; Ashworth & Kavaratzis 2009). 이와 같은 전제 하에 지역 브랜드의 특징은 앞서 논의한 기업 브랜드의 특징과 다음과 같은 측면에서 유사하다(Kavaratzis 2004; 이정훈 2008; Ashworth & Kavaratzis 2009).

먼저 지방정부, 지역 거주민, 지역 기업, 지역 상인, 지역 문화활동 단체 등의 다수가 지역 브랜드의 소유주이다(다수의 소유주). 또한 지역 브랜드는 지역의 문화를 기반으로 하며, 지역 브랜드는 다수의 소유주가 어떤 신념과 목표를 지니고 있는지를 반영한다(문화 기반과 마음가짐 반영). 지역 브랜드의 구성요소는 지역의 다양한 특징(예: 자연경관, 유명 문화재)을 포괄하고 있다(복잡한 구성요소). 또한 지역 브랜드는 지역 브랜드 소비자에게 기능적 가치, 사회적 가치 및 정서적 가치를 약속한다(가치 제공 약속). 예를 들어서, 서울특별시 브랜드는 지역 브랜드 소비자인 서울 시민 또는 타 지역의 거주민에게 서울특별시에 거주하면, 대도시 생활의 편리함을 체험하고(기능적 가치), 대한민국 수도의 거주민이라는 자부심을 경험하며(사회적 가치), 지루하지 않고 흥미로움을 느낄 수 있다(정서적 가치)는 정보를 제공한다. 한편 지역 브랜드는 지역 브랜드 소비자의 삶의 방식과 관련된다(삶의 방식 표현). 한 사례로, 제주특별자치도 브랜드는 지역 브랜드 소비자인 타 지역의 거주민에게 여유로운 삶, 이국적인 풍경 속에 즐기는 휴가 등을 연상시킨다.

지금까지 논의한 바와 같이, 지역 브랜드는 기업 브랜드와 유사한 특징을 가지고 있다. 따라서 기업 브랜드 자산을 효과적이며 효율적으로 육성하고 측정하며 관리하는 방법인 기업 브랜딩 개념을 지역 브랜드 자산을 육성하고 측정하며 관리하는 방법인 지역 브랜딩에 적용할 수 있다. 이에 지역 브랜딩의 출현에 있어서, 기업 브랜딩은 지방정부가 지역 브랜드 자산을 어떻게 육성하고 측정하며 관리하는가에 관한 구체적인 실행 방법을 제시하였다.

2. 지역 브랜딩의 정의와 목적

단순하고 포괄적으로 정의하면, 지역 브랜딩은 지역 브랜드를 관리하는 활동이다(Aaker 1996). 그런데 공공외교의 정의(김상배 2019; 김형수·노병렬 2016) 그리고 지방정부의 공공외교와의 관련성을 고려해서, 본 장에서는 지역 브랜딩을 특정 지역의 안보, 정치, 문화 및 경제적 성장을 위해서, 해당 지역 브랜드 자산을 육성하고 측정하며 관리하는 방법이라고 정의하고자 한다(Ashworth & Kavaratzis 2009; Keller & Lehmann 2006). 무엇보다 먼저 이와 같은 정의 하에 지역 브랜딩의 실행주체가 누구인지에 대한 논의가 필요하다.

우리나라 지방정부에 따라서, 현재 공공외교를 추진하는 실행주체인 지방정부 조직은 크게 2종류로 구분된다(문현미 2019). 공공외교를 추진하는 첫 번째 지방정부 조직은 지방정부 내 공식적 단일 전담 조직이다. 예를 들어서, 경기도는 외교통상과를 두고 이 조직에서 공공외교를 전담한다. 부산광역시의 경우, 도시외교정책과가 공공외교를 주관하고 있다. 또한 공식적 조직으로 편제되지 않았지만 업무상으로 편제된 지방정부 조직이 공공외교의 실행주체가 될 수 있다. 그 사례로, 서울특별시는 국제정책팀에서 공공외교와 관련된 전반적 업무를 추진하며, 중국팀에서 중국과 관련된 공공외교를 진행한다. 이외에도 투자창업과 투자유치팀, 외국인정책팀, 관광산업 지원팀 등도 공공외교 업무를 담당하고 있다.

지방정부 조직뿐만 아니라 지역 거주민, 지역 기업, 지역 상인, 지역 문화활동 단체 등의 지역 이해당사자들도 지역 브랜드의 소유주이다. 따라서 이들 이해당사자들 모두가 지역 브랜딩의 실행주체가 될 수 있다(이정훈 2008; 구자룡 2016; Baker & Cameron 2008). 이때 지방정부는 지역 이해당사자들이 효과적이며 효율적으로 지역 브랜딩을 추진할 수 있는 인적 네트워크를 구축하고, 이를 주도 및 지원하는 역할을 해야 한다. 예를 들어서, 베를린Berlin시가 주도적으로 설립한 '베를린 파트너 GmbHBerlin Partner GmbH'라는 회사가 베를린시 브랜드의 분단된 도시 이미지를 개선하기 위한 지역 브랜딩을 추진하였다. 이 과정에서 베를린 파트너 GmbH는 지역 정치인, 지역 기업인 등과 인적 네트워크를 구축한 후, 이 네트워크를 기반으로 지역 브랜딩을 수행하였다(김주희 2021). 또한 베를린 파트너 GmbH는 지역 거주민인 베를린시 시민들의 자발적 참여를 유도해서 '비 베를린 Be Berlin'이라는 슬로건을 개발하였다(구자룡 2016).

지역 브랜드 소비자는 공공외교의 목표 대중인 외국 대중, 자국 국민 그리고 지역 이해당사자들에 해당된다. 이들 지역 브랜드 소비자는 지역 브랜딩의 목표 대중이다. 따라서 지역 브랜딩의 목적은 지역 브랜딩의 실행주체가 지역 브랜드 소비자를 대상으로 지역 브랜드 자산을 효과적이며 효율적으로 육성하고 측정하며 관리하는 것이다. 이와 같은 목적을 달성하기 위한 지역 브랜딩의 실행주체의 세부 목적을 제안하면 다음과 같다(Keller & Lehmann 2006).

첫 번째 세부 목적은 지역 브랜딩의 실행주체가 지역 브랜드 포지셔닝을 개발하는 것이다. 이때 지역 브랜드 포지셔닝이란 특정 지역 브랜드가 타 지역 브랜드와 차별화되고 경쟁적 우위를 점유하기 위해서, 지역 브랜딩의 실행주체가 지역 브랜드 소비자의 기억에 지역 브랜드의 핵심 특징(지역 브랜드 정체성)을 심어주는 활동이다.

두 번째 세부 목적은 지역 브랜딩의 실행주체가 지역 브랜드 마케팅 활동을 통합하는 것이다. 실행주체는 지역 브랜드 자산을 육성하고 측정하며 관리하기 위해서 다양한 종류의 마케팅 활동을 활용한다. 이처럼 다양한 마케팅 활동을 통합해서 시너지 효과를 창출해야, 실행주체가 원하는 지역 브랜드 포지셔닝을 달성할 수 있으며, 지역 브랜드 자산을 효과적이며 효율적으로 구축하고 관리할 수 있다. 지역 브랜드 마케팅 활동의 통합 방법은 다음과 같다. 먼저 지역 브랜드는 로고·상징·슬로건 등의 다양한 요소로 구성된다. 실행주체는 이들 요소들이 지역 브랜드 소비자에게 기억되기 쉽고, 중요한 의미를 전달하며, 다양한 연령, 성별 및 거주 지역의 지역 브랜드 소비자에게 활용될 수 있도록 선별해서 조합해야 한다. 또한 지역 브랜딩의 실행주체는 지역 브랜딩 추진 중 다양한 마케팅 커뮤니케이션 수단을 활용할 수 있다. 이때 실행주체는 대중매체 광고, 이벤트 후원, 홍보, SNS 등과 같은 다양한 마케팅 커뮤니케이션 수단의 고유 기능을 고려해서, 이들 수단 간 시너지 효과가 창출되도록 조합해서 활용해야 한다. 마지막으로 지역 브랜딩의 실행주체는 온라인 구전정보를 지역 브랜딩에 도움이 되도록 관리해야 한다. 실행주체가 다수의 지역 브랜드 소비자 간 페이스북, 인스타그램 등을 통해 사적으로 전달되는 지역에 관한 온라인 구전정보는 통제하기 어렵다. 그럼에도 불구하고 이와 같은 지역 브랜드 소비자들 사이에서 발생하는 온라인 구전정보는 지역 브랜딩의 성패를 좌우할 가능성이 있다. 따라서 실행주체는 지역 브랜드 소비자의 온라인 구전정보가 지역 브랜딩 활동과 부합하도록 다양한 통합 노력을 기울여야 한다. 한 가지 통합 방법으로, 지역 브랜딩의 실행주체가 지역 거주민들을 지역 브랜딩에 참여시켜서 이들이 다수의 지역 브랜드 소비자에게 긍정적인 온라인 구전정보를 전파하도록 유도하는 방법이 있다(구자룡 2016).

세 번째 세부 목적은 지역 브랜딩의 실행주체가 지역 브랜딩 효과를 평가하는 것이다. 지역 브랜드 소비자 관점에서, 지역 브랜드 자산 측정은 지역 브랜드 인지도 측정과 지역 브랜드 이미지 측정을 통해서 가능하다(Keller 1993). 이를 이용해서 지역 브랜딩의 최종 결과인 지역 브랜드 자산이 어느 정도의 수준인지를 측정하면, 지역 브랜딩 효과를 확인할 수 있다. 또는 마케팅 커뮤니케이션 수단이 지역 브랜드 자산 구축에 기여한 정도를 알아보면, 지역 브랜딩의 효과를 평가할 수 있다. 예를 들어서, 설문조사를 이용해서 대중매체 광고 집행이 지역 브랜드 소비자의 지역 브랜드 인지도 제고에 미치는 영향을 알 수 있다.

마지막 세부 목적은 지역 브랜딩의 실행주체가 지역 브랜드 자산의 성장을 전략적으로 관리하는 것이다. 지속적인 매출 증대를 위해서, 기업은 새로운 제품을 개발하거나 새로운 유통 판로나 새로운 시장을 개척한다. 예를 들어서, 애플은 iPod(디지털 오디오 플레이어), iMac(컴퓨터), iPhone(휴대전화) 등을 지속적으로 개발해서 출시한다

(새로운 제품 개발). 현재 쿠쿠로 사명을 변경한 성광전자는 1970년대 말부터 OEM(주문자의 브랜드를 부착한 제품 생산 방식)으로 LG전자에 전기보온밥통을 납품하다가, 1990년대 말 쿠쿠라는 독자 브랜드를 출시해서 소매 유통 판로를 개척하였다(새로운 유통 판로 개척). 대웅제약은 기존의 우루사보다 알약의 크기를 줄여서 여성들이 먹기 편한 알파 우루사를 출시했다(새로운 시장 개척). 이와 유사하게 지역 브랜딩의 실행주체는 지역 브랜드 자산을 성장시키기 위해서 지역 브랜드 소비자에게 제공하는 새로운 혜택을 개발하거나 새로운 집단의 지역 브랜드 소비자를 발굴해야 한다. 이때 실행주체는 지역의 특산물(예: 칭따오 맥주), 지역의 관광자원(예: 부천국제판타스틱영화제) 등과 같은 지역 제품을 활용할 수 있다(Kavaratzis & Ashworth 2005/2008). 이 방법은 지역-제품 공동 브랜딩region-product co-branding에 해당한다. 지역의 특산물, 지역의 관광자원 등의 지역 제품은 지역 브랜드에 긍정적인 연상 내용을 추가시켜서 최종적으로 지역 브랜드 자산 성장에 기여할 수 있다.

지역 브랜딩의 실행주체가 지역-제품 공동 브랜딩을 진행할 때, 지역 브랜드를 활용하는 방법은 두 가지이다. 먼저 제품(예: 지역의 특산물, 지역의 관광자원)의 종류와 무관하게 모든 제품에 동일한 지역 브랜드를 사용하는 방법이다. 서울특별시는 I·SEOUL·YOU라는 지역 브랜드 로고를 사용하고, 의료관광 제품을 외국 대중에게 알릴 때도 동일한 지역 브랜드 로고를 사용한다. 이와 같이 다양한 제품들에 동일하게 적용되는 지역 브랜드는 기업의 공동 브랜드 또는 우산 브랜드umbrella brand의 역할을 한다. 예를 들어서, 식음료 생산 기업인 대상은 개별 제품 브랜드인 순창 고추장 등에 청정원이라는 공동 브

랜드 또는 우산 브랜드를 부착한다. 한편 기업 브랜드(예: 삼성전자)
와 제품 브랜드(예: 갤럭시)가 다른 경우가 있다. 유사하게, 이천시는
공예 및 민속예술 부문에서 유네스코 창의도시로 선정되었기 때문에
A·R·T라는 문구가 표시된 지역 브랜드 로고를 사용한다. 그런데
이천시 연합사업단에서 관리 및 판매하는 채소에는 자올린('자연이
올린'이란 의미임)이란 브랜드를 부착한다. 후자(자올린)를 하위 지역
브랜드라고 볼 수 있다. 이처럼 제품에 따라서 지역 브랜드가 아닌
하위 지역 브랜드를 활용하는 사례도 있다.

지역 브랜드 자산의 성장을 전략적으로 관리하기 위해서 지역

〈표 3-1〉 지역 브랜딩의 정의와 특징

정의	특정 지역의 안보, 정치, 문화 및 경제적 성장을 위해서 해당 지역 브랜드 자산을 육성하고 측정하며 관리하는 방법
지방정부의 공공외교와의 관계	지역 브랜딩은 지방정부의 공공외교 방법론임
기반	• 사회적 마케팅: 지방정부의 인식 전환(지방정부가 기업의 브랜딩을 지역의 안보적, 정치적 그리고 경제적 이익 창출 활동에 적용할 수 있음을 인식하게 만듦) • 기업 브랜드: 지역 브랜딩의 실행 방법 제시(기업 브랜드와 유사한 특징을 가진 지역 브랜드의 지역 브랜드 자산을 육성하고 측정하며 관리하는 구체적인 방법을 제시함)
최종 목적	지역 브랜드 자산의 육성, 측정 및 관리
세부 목적	• 지역 브랜드 포지셔닝의 개발 • 지역 브랜드 마케팅 활동의 통합 • 지역 브랜딩 효과의 평가 • 지역 브랜드 자산 성장의 전략적 관리
실행주체	지방정부가 주도적으로 구축하고 관리하는 지역 이해당사자들(지역 거주민, 지역 기업, 지역 상인, 지역 문화활동 단체 등)의 인적 네트워크: 지방정부의 인적 네트워크 주도 및 지원
목표 대중	지역 브랜드 소비자(외국 대중, 자국 국민 및 지역 이해당사자들)

출처: 본 장의 저자가 다양한 참고 자료를 기반으로 작성하였음.

브랜딩의 실행주체는 어떤 제품(예: 지역의 특산품, 지역의 관광상품)을 지역 브랜딩에 활용할 것인지 그리고 지역 브랜드를 통일해서 사용할 것인지 아니면 하위 지역 브랜드를 개발할 것인지에 대한 최적의 지역 브랜드 위계region brand hierarchy를 설계해야 한다. 이때 실행주체는 지방정부가 관할하는 지역 내 다양한 제품, 공동 브랜드 또는 우산 브랜드 역할로서의 지역 브랜드 및 하위 지역 브랜드 간의 관계를 효과적이며 효율적으로 조정할 필요가 있다.

지금까지의 내용을 종합해서 요약하면 〈표 3-1〉과 같다.

III. 지역 브랜딩의 절차

지역 브랜딩의 절차는 지역 브랜드 정체성 개발, 지역 브랜드 포지셔닝 실시, 지역 브랜드 인지도와 이미지 형성과 제고, 지역 브랜드 자산 구축과 강화 그리고 지역 브랜딩 효과 점검 및 피드백의 단계로 구성된다(강정석 2020; Kavaratizis & Ashworth 2005; Baker & Cameron 2008; Ghodeswar 2008; Kavaratizis 2009). 이를 도식적으로 요약하면, 〈그림 3-2〉와 같다. 각 단계에 대한 구체적인 논의는 다음과 같다.

1. 지역 브랜드 정체성 개발 단계

지역 브랜딩은 지역 브랜드를 지역에 대한 지역 브랜드 소비자의 연상 내용 집합으로 가정하고, 이들 연상 내용을 소비자의 심리적 기제와 그 결과를 고려해서 효과적이며 효율적으로 관리하는 것을 목적

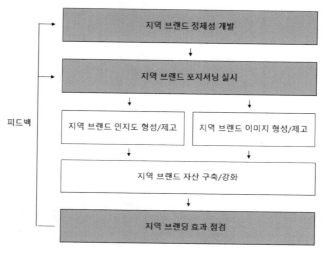

〈그림 3-2〉 지역 브랜딩의 절차

| 지역 브랜드 정체성 개발 |
| 지역 브랜드 포지셔닝 실시 |

피드백

| 지역 브랜드 인지도 형성/제고 | 지역 브랜드 이미지 형성/제고 |

| 지역 브랜드 자산 구축/강화 |

| 지역 브랜딩 효과 점검 |

출처: 본 장의 저자가 다양한 참고 자료를 기반으로 작성하였음.

*그림에서 회색 사각형은 지역 브랜딩의 실행주체가 추진하는 활동을 의미하며, 흰색 사각형은 지역 브랜딩의 목표 대중인 지역 브랜드 소비자의 인식과 기억에서 발생하는 현상을 의미함.

으로 한다(이정훈 2008; Aaker 1996). 지역에 대한 지역 브랜드 소비자의 연상 내용을 효과적이며 효율적으로 관리하기 위해서, 지역 브랜딩 실행주체는 가장 먼저 지역 브랜드 정체성region brand identity을 개발해야 한다. 이때 지역 브랜드 정체성은 지역 브랜딩의 실행주체가 지역 브랜드 소비자의 인식에 심어 주고 싶은 지역의 공간적·사회적·역사적 및 문화적 특징의 조합을 말한다(Aaker 1996; Zhang & Zhao 2009; Lu & de Jong 2019). 영국 스코틀랜드의 글래스고Glasgow시나 독일의 베를린Berlin시는 창의성을 지역 브랜드 정체성으로 개발하였다.

지역 브랜드 정체성을 구성하는 지역의 특징은 다양하다(Rodrigues & Schmidt 2021). 지역의 유명 건축물, 지역 브랜드 로고와 슬로건 등과 같은 가시적인 내용과 관련된 특징이 있고, 지역 브랜드의 지향 가치, 지역 브랜드 성격 등과 같은 비가시적인 내용과 관련된 특징이 있다. 구체적으로, 지역 브랜드 정체성을 구성하는 특징 차원은 크게 물리적 특징 차원(예: 지역의 유명 문화재, 지역 브랜드 로고와 슬로건), 실행 특징 차원(예: 매년 8월 마지막 주 수요일에 개최되는 스페인의 토마토 축제와 같은 지역의 고유한 의례행사, 지역의 역사, 지역의 경제적 특징, 지역의 정치 상황) 및 개성 특징 차원(예: 서울특별시의 해치와 같은 지역을 상징하는 캐릭터)으로 구분된다. 지역 브랜드 정체성은 지역 브랜드 소비자와 지역 브랜드 간의 관련성을 강화하는 짧은 명칭[5]으로 표현될 수 있다(Lu & de Jong 2019). 'Smart City', 'Innovation City', 'Eco City', 'Creative City' 등이 이에 해당되는 사례이다. 예를 들어서, 어떤 지역 브랜드 소비자가 특정 도시와 관련된 'Eco City'라는 명칭을 보면, 해당 도시를 친환경 정책을 적극적으로 추진하는 청정 도시로 이해할 것이다. 만약 이 지역 브랜드 소비자가 친환경 지향적 가치관을 가지고 있다면, 해당 도시에 대해 친밀감을 느끼고 우호적인 태도를 가지게 된다. 따라서 'Eco City'라는 명칭은 지역 브랜드 소비자(친환경 지향적 가치관)와 지역 브랜드(친환경 정책 관련 연상 내용) 간 심리적 연결을 강화한다.

효과적이며 효율적인 지역 브랜딩을 위한 지역 브랜드 정체성은 타 지역 브랜드와 차별화되고, 지역 브랜드 소비자의 욕구에 부합해야 하며(예: 지역 브랜드 소비자의 자기 정체성을 강화 또는 고양시킴), 대체가 불가능한 것이어야 한다. 그런데 지역 거주민, 지역 기업, 지

---

5 이와 같은 명칭을 지역 브랜드 슬로건이라고 볼 수 있다.

역 상인, 지역 문화활동 단체 등의 이해당사자들 사이에서 어떤 지역 특징이 지역 브랜드 정체성으로 가장 적합한지에 대한 이견이 있을 수 있다. 따라서 다양한 이해당사자들이 지역 브랜드 정체성 개발에 참여하는 것이 바람직하다(Braun, Kavaratzis & Zenker 2013). 특히, 지역 거주민은 일상생활의 체험을 통해서 지역의 공간적·사회적·역사적 및 문화적 특징을 가장 잘 이해하기 때문에, 지역 거주민을 지역 브랜드 정체성 개발에 참여시키는 방법을 적극적으로 활용할 필요가 있다. 한 연구에서 모로코의 카사블랑카Casablanca시에 거주하는 22명의 시민을 대상으로 진행된 면접과 연구자들의 참여관찰을 통해서, 카사블랑카시의 지역 브랜드 정체성(예: 일상탈출)을 개발하였다(Godefroit-Winkel, Schill, Longo & Chour 2020). 이와 같은 방법을 이용해서 지역에 가장 적합한 지역 브랜드 정체성을 개발할 수 있다.

일반적으로 지역 브랜딩의 실행주체는 지역이 현재 가지고 있는 공간적·사회적·역사적 및 문화적 특징을 기반으로 지역 브랜드 정체성을 개발하지만, 때로는 실행주체가 향후 계획과 목표를 기반으로 지역 브랜드 정체성을 개발하기도 한다(강정석 2020). 즉, 지역 브랜드 정체성은 지역이 현재 가진 특징 또는 지역이 앞으로 가질 것이라고 예상하는 특징을 기반으로 개발된다. 지역 브랜드 정체성 개발 이후 지역 브랜딩의 실행주체는 지역 이해당사자들의 합의 하에 지역 브랜딩의 구체적인 목표를 설정한다.

2. 지역 브랜드 포지셔닝 실시 단계

지역 브랜드 포지셔닝은 지역 브랜딩 실행주체가 지역 브랜드 정체성을 지역 브랜드 소비자들에게 전달해서 이들이 지역 브랜드를 다른 지역 브랜드들과 차별적으로 인식하도록 만드는 모든 활동을 말한다(Ghodeswar 2008; Kavaratizis & Ashworth 2005; Aaker 1996; 강정석 2020). 지역 브랜드 포지셔닝은 마케팅의 4P$^{Product, Price, Place, Promotion}$ 차원의 활동을 통해서 추진된다. 첫 번째 P차원은 제품^{Product} 활동 차원으로, 이 차원에는 지역 브랜드 로고, 지역 브랜드 슬로건, 관광상품 등을 개발하는 활동이 포함된다. 두 번째 P차원은 비용^{Price} 활동 차원이다. 지역 브랜드 소비자가 지역 브랜드 관련 정보를 얻는데 소요되는 수고로움, 시간 등을 덜어주는 활동 그리고 지역 관광, 지역으로의 거주지 이전, 지역 투자 등과 관련된 규제 조건(예: 높은 세금) 등을 해결하는 지역 브랜딩 실행주체의 활동이 비용 활동 차원에 포함된다. 예를 들어서, 지역 브랜딩의 실행주체가 지역 브랜드의 홈페이지를 포털 사이트(예: 네이버)의 검색광고에 등록하거나, 지역 투자에 대한 세금감면, 지원금 제공 등의 정책을 수립하는 것이 비용 활동 차원의 사례이다. 세 번째 P차원인 유통^{Place} 활동 차원은 지역 브랜딩의 실행주체가 지역 브랜드 소비자가 지역 브랜드와 관련된 정보를 얻을 수 있는 오프라인(예: 관광안내소, 여행사) 또는 온라인(예: 지방정부 홈페이지) 공간을 제공하는 활동으로 정의된다. 마지막 P차원은 촉진^{Promotion} 활동 차원으로, 지역 브랜드 소비자를 대상으로 실시하는 광고, PR 활동, 이벤트 등의 다양한 마케팅 커뮤니케이션 활동을 말한다.

　　지역 브랜드 포지셔닝을 효과적이며 효율적으로 실시하기 위해 지역 브랜딩의 실행주체는 다음의 사항에 주의를 기울일 필요가 있다. 첫째, 지역 브랜딩의 실행주체가 지역 브랜드 정체성으로 활용할 수 있는 지역 특징의 종류는 다양하다. 그런데 지역 브랜딩의 실행주체가 지역 브랜드 포지셔닝 과정에서 여러 종류의 지역 특징을 함께 지역 브랜드 정체성으로 활용하면, 지역 브랜드 소비자에게 혼동을 유발하거나 마케팅 커뮤니케이션 활동의 효율성을 떨어뜨릴 수 있다. 따라서 지역 브랜딩의 실행주체는 다양한 지역 특징 중 소수[6]만을 선별해서 지역 브랜드 정체성으로 선정한 후 지역 브랜드 포지셔닝을 추진해야 한다(알 리스·잭 트라우트 2008). 이때 지역 브랜딩의 실행주체는 우선적으로 지역 브랜드 소비자가 현재 해당 지역 브랜드를 다른 지역 브랜드들과 어떻게 차별적으로 인식하고 있는지를 지역 브랜드 지각도perceptual map를 이용해서 확인할 필요가 있다. 그 결과를 바탕으로 지역 브랜딩의 실행주체는 어떤 지역 특징을 지역 브랜드 정체성으로 활용해서, 해당 지역 브랜드를 차별화시킬 것인지에 대한 포지셔닝 방향을 전략적으로 설정할 수 있다. 예를 들어서, 한 연구에서 중국 대학생들을 대상으로 중국의 상하이Shanghai시, 항저우Hangzhou시, 사오싱Shaoxing시, 자싱Jiaxing시, 원저우Wenzhou시 및 닝보Ningbo시에 대해 명승지, 편의시설, 인기, 역사문화 등에 대한 지역 브랜드별 차별성을 측정하였다(Zhou & Wang 2010). 그 결과, 지역 브랜드 소비자인 중국 대학생들은 역사문화 차원과 포괄적 속성 차원에서 6개의 지역 브랜드에 대한 차별성을 지각하는 것으로 밝혀졌

---

6 지역 브랜딩의 실행주체가 지역 브랜드 포지셔닝을 통해서 다수의 지역 특징을 지역 브랜드 정체성으로 지역 브랜드 소비자에게 전달하더라도, 지역 브랜드 소비자는 소수의 지역 특징만 지역 브랜드 정체성으로 기억한다. 따라서 강력하고 효과적인 지역 브랜드 포지셔닝은 지역 브랜드 소비자의 기억에 지역 브랜드와 관련된 차별적이고 매력적인 소수의 지역 특징을 지역 브랜드 정체성으로 심어주는 것이다. 이를 집중의 법칙이라고 한다(알 리스·잭 트라우트 2008).

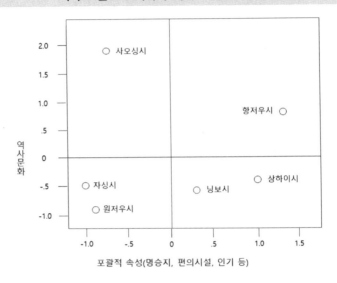

〈그림 3-3〉 중국 6개 시의 지역 브랜드에 대한
지역 브랜드 소비자의 지역 브랜드 지각도

출처: Zhou와 Wang(2010, 76)의 〈그림 4-1〉을 일부 수정함.

다(〈그림 3-3〉 참조). 항저우시 브랜드는 포괄적 속성 차원에서는 다른 모든 시 브랜드보다 차별성이 강하지만, 역사문화 차원에서는 사오싱시 브랜드보다 차별성이 약하다. 이를 근거로, 만약 항저우시의 지역 특징 중 적극적으로 개발이 가능한 독특하고 매력적인 역사문화 특징이 있다면, 항저우시의 향후 지역 브랜드 포지셔닝 방향을 전략적으로 역사문화 특징 강화로 설정할 수 있다.

둘째, 지역 브랜딩의 실행주체는 지역 브랜드 포지셔닝을 실시하기 전 지역 브랜드 소비자를 대상으로 사전 점검을 미리 실시하는 것이 지역 브랜드 포지셔닝의 실패를 예방하는 데 도움이 된다. 예를 들어서, 많은 미국 사람들이 생각하는 루이지애나Louisiana주의 지역

글로컬 시대 지방정부 외교와 공공외교

특징은 검보gumbo, 잠발라야jambalaya, 베이네beignet 등과 같은 독특한 요리였다. 따라서 독특한 요리가 루이지애나주의 지역 브랜드 정체성으로 선정될 가능성이 높다. 그런데 루이지애나주의 지역 브랜딩을 실행한 메이어와 파트너스Mayer and Partners라는 지역광고 회사는 소비자 조사 결과를 통해서, 독특한 요리 이외에 추가로 이국적 풍경, 재즈, 건축물, 역사도 루이지애나주의 차별적 특징이란 점을 확인하였다. 이 과정을 거쳐서 독특한 요리, 이국적 풍경, 재즈 등을 묶은 독특한 이국적 체험이 루이지애나주의 지역 브랜드 정체성으로 선정되었다. 이후 이 회사는 다양한 종류의 지역 브랜드 포지셔닝 캠페인을 개발한 후 소비자 조사를 통해서 각 캠페인에 대한 지역 브랜드 소비자의 평가를 확인하였다. 그 결과, 이 회사는 루이지애나주의 여행이 지역 브랜드 소비자들에게 독특한 요리, 이국적 풍경, 재즈 등의 독특한 체험을 제공할 것이란 의미를 담고 있는 'Louisiana, Come as You Are'라는 캠페인 슬로건을 확정하였다. 이 슬로건을 기반으로 1997년 촉진 활동 중 TV 광고를 제작해서 집행하였다(Slater 2004).

마지막으로, 지역 거주민, 지역 기업, 지역 상인, 지역 문화활동단체 등의 지역 이해당사자들은 지역 브랜딩의 실행주체이면서 동시에 지역 브랜드 소비자이다. 이들이 지역 브랜드 포지셔닝 활동의 기획과 집행에 참여하면, 지역 브랜딩의 필요성을 인식하고 지역 브랜드 포지셔닝 활동에 공감해서 다른 지역 브랜드 소비자들을 대상으로 지역 브랜드 포지셔닝 활동을 적극적으로 전파할 가능성이 커진다(구자룡 2016). 따라서 지역 브랜드 포지셔닝을 기획하고 집행할 때, 지역 브랜딩의 실행주체는 지역 이해당사자들의 적극적인 참여를 유도하기 위해 노력해야 한다.

지금까지 소개한 내용을 고려해서 지역 브랜딩의 실행주체는 다양한 지역 브랜드 포지셔닝 활동의 집행에 관한 구체적인 계획을 수립한 후 수립된 계획 하에 지역 브랜드 포지셔닝 활동을 추진한다.

3. 지역 브랜드의 인지도와 이미지 형성과 제고 단계

지역 브랜딩의 실행주체가 추진한 지역 브랜드 정체성 개발과 지역 브랜드 포지셔닝 실시의 성공 여부를 얼마나 많은 지역 브랜드 소비자가 해당 지역 브랜드를 알고 있는가(지역 브랜드 인지도)와 얼마나 많은 지역 브랜드 소비자가 해당 지역 브랜드에 대해서 얼마나 긍정적인 이미지를 가지고 있는가(지역 브랜드 이미지)를 측정해서 확인할 필요가 있다.

지역 브랜드 인지도는 지역 브랜드 소비자가 특정 지역 브랜드 (예: 지역 이름)를 기억할 가능성과 용이성으로 정의할 수 있다(Keller 1993). 지역 브랜드 인지도는 지역 브랜드에 대한 지역 브랜드 소비자의 회상recall과 재인recognition으로 측정할 수 있다(양윤 2014; 우석봉 2016). 먼저 회상은 지역 브랜드 소비자에게 최소한의 단서를 제공해서, 지역 브랜드 소비자가 본인이 기억하고 있는 지역 브랜드를 인출하도록 유도하는 방법으로 측정한다. 회상 측정 방법은 지역 브랜드 소비자가 기억하고 있는 지역 브랜드를 특정 단서가 없이 생각나는 대로 말하도록 하는 자유회상 측정 방법과 지역 브랜드 소비자에게 지역 브랜드와 관련된 특정 단서를 제공하고 지역 브랜드 소비자가 지역 브랜드를 떠올리게 하는 보조회상 측정 방법으로 세분화된다.

예를 들어서, '여름철 휴양지 하면 떠오르는 국내외 지역은 어디입니까?'는 지역 브랜드 소비자의 자유회상을 알아보는 질문이고, '바다와 가까운 국내외 여름철 휴양지는 어디입니까?'는 지역 브랜드 소비자에게 바다와 가깝다는 구체적인 단서를 제시하고, 지역 브랜드 소비자의 보조회상을 알아보는 질문에 해당된다. 자유회상과 보조회상은 일정 수의 지역 브랜드 소비자를 대상으로 실시하는 설문조사를 이용해서 측정하며, 특정 지역 브랜드의 자유회상과 보조회상은 특정 지역 브랜드를 응답한 지역 브랜드 소비자의 수나 비율(%)로 산출된다. 예를 들어서, '여름철 휴양지하면 떠오르는 국내외 지역은 어디입니까?'라는 자유회상 질문에 대해서 설문조사에 참여한 300명의 지역 브랜드 소비자 중 150명이 필리핀의 세부시를 응답했다면, 세부시 브랜드의 자유회상은 50퍼센트이다.

자유회상이든 보조회상이든 지역 브랜드 소비자가 응답하는 지역 브랜드는 1개 이상일 수 있다. 이때 지역 브랜드 소비자가 가장 먼저 떠올린 지역 브랜드의 회상을 최초회상(TOM, Top-Of-Mind)이라고 한다. 특정 지역 브랜드의 최초회상이 높으면, 많은 지역 브랜드 소비자들이 해당 지역 브랜드인 지역에 여행·이주·투자 등을 할 가능성이 높다(Nurlaela & Basri 2019). 따라서 지역 브랜드의 인지도 수준을 판단할 때 최초회상이 매우 중요한 의미를 가진다.

재인은 특정 지역 브랜드를 현재 알고 있는지를 묻는 질문으로 측정한다. '세부시를 알고 있습니까?'라는 질문이 세부시 브랜드의 재인을 측정하는 질문에 해당한다. 이와 같은 질문은 일정 수의 지역 브랜드 소비자를 대상으로 실시하는 설문조사에서 제시되고, 질문의 응답자인 지역 브랜드 소비자는 해당 질문에 대해서 '예' 또는 '아니오' 중 하나를 선택해서 응답한다. 특정 지역 브랜드의 재인은 설문 조사에 참여한 지역 브랜드 소비자 중 알고 있다고 응답한 사람의 수 또는 비율(%)로 산출한다.

　지역 브랜드 이미지는 지역 브랜드 소비자가 기억하고 있는 해당 지역 브랜드와 연합된 다양한 연상 내용들에 대한 지각을 말한다(Keller 1993). 지역 브랜드 이미지를 구성하는 요소는 지역 브랜드의 속성과 혜택, 지역 브랜드 성격, 지역 브랜드 소비자의 이미지 등으로 다양하다(성영신·박은아·김유나 2003). 지역 브랜드 소비자의 기억에 지역 브랜드 이미지가 어떤 방식으로 저장되는지에 관한 이론적 근거는 활성화 확산 모형spreading activation model 7이다(Keller 1993; 이정훈 2008). 활성화 확산 모형에 의하면, 지역 브랜드 이미지는 지역 브랜드 소비자의 기억에 지역 브랜드와 관련된 다양한 연상 내용인 다수의 개념 또는 마디node와 이들을 서로 다른 강도로 연결하는 다수의 연결고리link로 이루어진 네트워크 형태로 저장되어 있다. 만약 지역 브랜드 소비자(예: 일본인 관광객)가 특정 지역 브랜드(예: 서울특별시)를 보면, 특정 개념 또는 마디(예: 오락)가 기억에서 가장 먼저 떠오른다. 이후 해당 개념 또는 마디와 연결고리를 통해서 강하게 연결된 다른 개념들 또는 마디들(예: 쇼핑, 숙박시설의 질)이 연속해서 떠오른다. 이처럼 특정 개념 또는 마디와 연결고리로 연결된 다른 개념들 또는 마디들이 연속적으로 떠오르는 현상을 활성화 확산이라고 한다.

---

7 활성화 확산 모형에서 활성화란 지역 브랜드 소비자가 지역 브랜드와 관련된 특정 연상 내용을 본인의 기억에서 떠올린다(기억해낸다)는 의미이다.

활성화 확산 모형을 기반으로, 지역 브랜드 소비자의 지역 브랜드 이미지를 알아보는 방법은 다양하다. 첫 번째 방법은 다음과 같이 진행된다. 지역 브랜딩의 실행주체[8]가 지역 브랜드와 관련된 소수의 핵심 연상 내용을 미리 정한 후 설문조사에서 이를 지역 브랜드 소비자에게 제시한다. 지역 브랜드 소비자는 제시된 핵심 연상 내용 각각을 보고 각 연상 내용이 지역 브랜드와 얼마나 관련성이 높은지를 평가한다(Suh & Gartner 2004). 이 방법은 다수의 지역 브랜드 소비자를 대상으로 실시하는 설문조사를 이용해서 적은 비용과 시간으로 진행이 가능하다는 강점을 가진다. 반면 이 방법은 지역 브랜드 소비자 입장에서 지역 브랜드 이미지를 구성하는 연상 내용을 확인하지 못하고, 지역 브랜딩 실행주체의 판단에 의해서 지역 브랜드 이미지를 구성하는 연상 내용을 자의적으로 또는 사실과 다르게 선정할 수 있다는 단점을 가진다. 따라서 이 방법을 이용하면, 지역 브랜드 소비자의 기억에 저장된 지역 브랜드 이미지를 정확하게 파악하지 못할 가능성이 있다.

두 번째 방법은 지역 브랜드 소비자의 지각도를 이용하는 방법이다(〈그림 3-3〉 참조). 이 방법은 다음과 같은 절차로 진행된다. 먼저 지역 브랜딩의 실행주체는 지역 브랜드 소비자에게 포지셔닝하고자 의도했던 지역 브랜드 정체성을 선정한다. 이후 설문조사에 참여한 지역 브랜드 소비자는 해당 지역 브랜드와 경쟁 지역 브랜드 각각이

---

8 지역 브랜딩의 실행주체가 지역 브랜드 이미지를 측정하지 않고, 조사 회사의 도움을 받는 경우가 일반적이다. 그럼에도 불구하고 지역 브랜딩의 실행주체가 지역 브랜드 이미지 측정을 주도하고 그 결과에 책임을 져야 하기 때문에, 본 장에서 지역 브랜딩의 실행주체를 지역 브랜드 이미지 측정 주체로 논의하였다.

이전 단계에서 지역 브랜딩의 실행주체가 미리 선정한 지역 브랜드 정체성을 얼마나 많이 보유하고 있는지를 응답한다. 그 결과를 지역 브랜드 지각도로 구성한다. 이 방법의 강점은 특정 지역 브랜드가 다른 지역 브랜드와 어떤 이미지 측면에서 차별화되는지를 확인할 수 있다는 것이다. 그런데 지역 브랜드 포지셔닝의 실패로 지역 브랜드 소비자가 지역 브랜딩의 실행주체가 바라는 지역 브랜드 정체성을 본인의 기억에 저장하지 않을 수 있다. 이 경우, 지역 브랜드 소비자의 지각도를 이용한 지역 브랜드 이미지 측정 방법은 지역 브랜드 소비자가 설문조사 중 제시된 지역 브랜드 정체성에 맞추어서 지역 브랜드 이미지 평가 질문에 대한 응답을 급조할 수 있다(인위적 응답 가능성)는 단점을 가진다.

마지막 방법은 다음과 같다(Chan & Marafa 2016)[9]. 먼저 지역 브랜딩의 실행주체가 설문조사를 이용해서 지역 브랜드 소비자를 대상으로 개방형 질문을 통해 해당 지역 브랜드의 연상 내용을 취합한다. '당신이 홍콩을 생각할 때, 가장 먼저 떠오르는 특징이 무엇인지를 자유롭게 적어주세요.' 또는 '다른 지역과 비교했을 때, 당신이 생각하는 홍콩의 가장 큰 매력은 무엇인지요? 모두 적어주세요.'가 개방형 질문의 사례에 해당한다. 이후 개방형 질문을 통해서 취합한 자료를 대상으로 내용분석을 실시한 후 특정 연상 내용의 응답 빈도 또는 비율(%)을 이용해서, 지역 브랜드와 연상 내용들(개념들 또는 마디들) 간의 연결 강도(연결고리)를 그림으로 구성한다. 이 방법은 단일 지역 브랜드를 대상으로 실시하기 때문에 특정 지역 브랜드가 가진 다른

---

9 구체적인 방법은 Chan과 Marafa(2016) 또는 우석봉(2016, 326-329)을 참고하기 바란다.

지역 브랜드와의 차별성을 파악하기 어렵다는 단점을 가지고 있다. 그러나 이 방법은 특정 지역 브랜드에 대한 지역 브랜드 소비자의 자발적 연상 내용에 기반을 두고 있기 때문에 지역 브랜드 소비자의 기억에 저장된 지역 브랜드 이미지를 정확하게 파악할 수 있다는 강점을 가진다.

지역 브랜딩의 실행주체가 지역 브랜드 인지도와 지역 브랜드 이미지를 알면, 다음과 같은 결론에 도달한다. 만약 지역 브랜드 포지셔닝 활동이 성공적이면, 지역 브랜드 인지도는 높아질 것이다. 또한 지역 브랜딩의 실행주체가 지역 브랜드 정체성 개발 단계에서 선별한 지역 브랜드 정체성과 지역 브랜드 소비자의 지역 브랜드 이미지는 일치할 것이다. 그러나 만약 지역 브랜드 포지셔닝 활동이 실패하면, 지역 브랜드 인지도는 낮을 것이고, 지역 브랜딩의 실행주체가 선별한 지역 브랜드 정체성과 지역 브랜드 소비자의 기억에 저장된 지역 브랜드 이미지는 불일치할 것이다.

4. 지역 브랜드 자산 구축과 강화 단계

기업의 브랜드 자산에 대한 정의를 적용하면, 지역 브랜드 자산은 지역 브랜드 소비자가 특정 지역 브랜드를 알고 있고(지역 브랜드 인지도) 해당 지역 브랜드에 대해서 긍정적인 연상 이미지를 가지고 있기(지역 브랜드 이미지) 때문에 해당 지역 브랜드의 다양한 포지셔닝 활동에 긍정적으로 반응하도록 만드는 효과이다(Keller 1993; Ailawadi, Lehmann & Neslin 2003). 이와 같은 지역 브랜드 자산이 지역 브랜드 소비자의 기억 속에 구축되면, 지역 브랜딩의 실행주체는 보다 많은 지역 브랜드 소비자들로 하여금 해당 지역에 대한 투자, 거주지 이전, 관광 등을 유발하는 긍정적인 결과를 얻게 된다(Baker & Cameron 2008). 또한 지방정부의 공공외교가 중앙정부의 공공외교에 도움이 된다는 점을 고려하면(문현미 2019), 지역 브랜드 자산 구축은 국가 브랜드 자산 구축에도 기여할 것이다.

5. 지역 브랜딩 효과 점검 및 피드백 단계

지역 브랜딩 효과를 종합적으로 점검하는 방법 중 하나는 격년으로 산출되는 안홀트 도시 브랜드 지수Anholt City Brands Index를 활용하는 것이다. 이 지수는 10개국에 거주하는 5,000명이 여러 국가의 50개 지역 브랜드에 대해 평가한 결과를 기반으로 산출된다. 이 지수에는 지역 브랜드의 국제적 위상(international status 또는 presence), 물리적 특정(예: 건축물)의 매력도(physical appeal 또는 place), 오락 및 편의 시설(amenities 또는 prerequisites), 지역 거주민의 다정함(warmth of inhabitants 또는 people), 역동성(activities 또는 pulse), 교육 및 사업 토대(educational and business qualities 또는 potential) 등이 반영된다.

여러 국가의 유명한 50개 지역 브랜드(예: 뉴욕, 런던) 이외의 지역 브랜드에 대해서는 지역 브랜딩 효과를 점검할 때 안홀트 도시 브랜드 지수를 활용할 수 없다. 이 경우, 다음과 같은 방법으로 지역 브랜딩 효과 점검이 가능하다.

먼저 여러 학자들이 개발하고 제안한 지역 브랜드 자산 측정 방법을 이용할 수 있다. 그런데 각 지역 브랜드 자산 측정 방법별로 서로 다른 장·단점을 가지고 있기 때문에, 지역 브랜딩의 실행주체는 각 측정 방법의 장·단점을 정확히 파악해서 가장 적합한 측정 방법을 선택해야 한다. 한 사례로, 지역 브랜딩의 실행주체가 지역 브랜드 자산의 평가 항목을 선별한 후 지역 브랜드 소비자가 이 항목에 응답하게 하고 그 응답 결과를 이용해서 컨조인트 분석conjoint analysis 10을 실시하는 방법이 있다(Shafranskaya & Potapov 2014). 이 방법을 이용하면, 지역 브랜딩의 실행주체가 이상적 지역 브랜드 자산과 실제 지역 브랜드 자산 간 괴리 정도를 확인할 수 있다. 둘째, 지역 브랜드 인지도와 지역 브랜드 이미지가 지역 브랜드 자산 구축에 긍정적인 영향을 미치기 때문에(Gorska-Warsewicz 2020), 지역 브랜드 인지도와 지역 브랜드 이미지를 앞서 소개한 방식으로 각각 측정한 후 그 결과를 보고 지역 브랜딩 효과를 평가할 수 있다. 마지막으로 지역 브랜딩 효과는 어떤 지역 브랜드 포지셔닝 활동이 지역 브랜드 자산 구축에 어느 정도 기여했는가를 점검해서 확인할 수 있다(Gorska-Warsewicz 2020). 예를 들어서, 지역 브랜딩의 실행주체가 광고, SNS, 이벤트 등의 개별 지역 브랜드 포지셔닝 활동이 지역 브랜드 자산에 미치는 효과를 측정하기도 한다.

때로는 지역 브랜딩의 실행주체가 지역 브랜딩 효과를 점검한 후 문제점을 발견하는 경우가 있다. 이 경우, 실행주체는 문제점의 발생 원인과 해결 방법을 찾아서 기존의 지역 브랜드 정체성을 변경

---

10 컨조인트 분석은 다음의 절차로 진행된다. 지역 브랜드 소비자가 지역 브랜드가 가진 여러 특징의 다른 수준을 조합한 설명문(예: 교통 체증: 심함, 교육 시설: 많음, 인구 밀도: 높음 vs. 교통 체증: 없음, 교육 시설: 적음, 인구 밀도: 낮음) 각각을 보고 선호도를 평가한다. 이후 지역 브랜드 소비자가 응답한 선호도를 이용해서, 이상적인 지역 브랜드가 가지는 특징의 종류와 수준을 확인한다.

하거나 이전과 다른 지역 브랜드 포지셔닝 활동 계획을 수립하고 추진해야 한다(강정석 2020). 이와 같은 피드백 단계도 대단히 중요한 지역 브랜딩의 절차에 해당된다.

IV. 맺음말

지금까지 지방정부의 공공외교 방법론 중 하나인 지역 브랜딩에 대해 소개했다. 그런데 현실에서 지역 브랜딩에 대한 개념적 이해와 실무적 활용 간의 괴리는 존재할 수 있다(Kavaratzis 2009). 따라서 지역 브랜딩의 실행주체가 본 장에서 논의한 지역 브랜딩에 대한 개념적 지식을 그대로 지역 브랜딩의 실무에 적용하기는 어려울 것으로 예상된다. 지역 브랜딩의 실행주체가 지역 브랜딩에 대한 개념적 지식을 지역 브랜딩의 실무에 적용하는 과정에서 주의할 점을 소개하면서 본 장을 마치고자 한다.

먼저 지역 브랜딩의 실행주체는 지역 브랜딩의 효과(지역 브랜드 자산 구축과 강화)를 단기간에 얻을 수 없다는 점을 기억해야 한다. 둘째, 지역 브랜딩의 모든 실행주체는 지역 브랜딩의 정의, 절차 등을 동일하게 이해하고, 지역 브랜딩 실행의 필요성에 대해서 공감해야 한다. 셋째, 지역 브랜딩의 실행주체는 지역 브랜드 포지셔닝 활동을 낱낱의 개별 활동으로 활용하지 말고, 각 활동이 지역 브랜드 자산 구축에 기여하는 역할을 고려해서 여러 활동을 통합적으로 조합해서 활용해야 한다. 넷째, 지역 브랜딩의 실행주체는 지역 브랜딩의 목표를 관광객 유치, 지역 거주민의 자긍심 제고, 지역 투자 유치,

신규 지역 거주민 유치 등을 종합적으로 고려해서 설정할 필요가 있다. 마지막으로 지역 브랜딩의 실행주체는 지역 브랜딩의 효과를 지속적으로 점검하고 평가해야 한다. 이때 지역 브랜딩의 실행주체는 이미 집행한 지역 브랜딩의 효과에 대한 평가 결과를 기반으로 향후 집행할 지역 브랜딩의 세부 목표와 계획을 수정할 필요가 있다.

1 지방정부의 공공외교는 지방정부의 지역 브랜딩과 어떤 관련성을 가지는가?

2 지역 브랜딩이 출현한 배경은 무엇인가?

3 지역 브랜딩은 기업의 브랜딩과 어떤 점에서 같고, 어떤 점에서 다른가?

4 지역 브랜딩의 실행주체는 지역 브랜딩의 5단계 절차(〈그림 3-2〉 참조) 중 어느 단계에서 지역 브랜딩의 목표를 설정해야 하는가? 그 이유는 무엇인가?

5 지역 브랜딩의 실행주체로서 지방정부는 지역 브랜딩의 5단계 절차(〈그림 3-2〉 참조)와 관련해서 어떤 활동들을 추진해야 하는가?

6 지역 이해당사자들(예: 지역 거주민, 지역 기업, 지역 상인)을 지역 브랜딩의 실행주체와 목표 대중에 포함시켜야 하는 이유는 무엇인가?

7 지방정부가 주도적으로 추진하는 국제교류를 지역 브랜드 포지셔닝 활동으로 볼 수 있는 이유는 무엇인가?

추천 문헌

강정석(2020). "국가 브랜딩과 공공외교" 문경연·송기돈·박지연 편. 『공공외교: 이론과 사례』. 오름.

알 리스·로라 리스, 배현 역(2008). 『브랜딩 불변의 법칙』. 비즈니스맵.

알 리스·잭 트라우트, 이수정 역(2008). 『마케팅 불변의 법칙』. 비즈니스맵.

우석봉(2016). 『브랜드 심리학』. 학지사.

원제무(2016). 『국가·도시브랜드 마케팅』. 피앤씨미디어.

이진희(2007). 『장소 마케팅』. 대왕사.

인터브랜드 재팬(2021). 『브랜딩의 7가지 원칙: 이야기로 배우는 브랜드 성장 전략』. 유엑스리뷰.

잭 트라우트·스티브 리브킨, 이유재 역(2010). 『리포지셔닝: 경쟁과 변화 위기 시대의 마케팅』. 케이북스.

잭 트라우트·알 리스, 안진환 역(2006). 『포지셔닝』. 을유문화사.

참고 문헌

강정석(2011). "미국의 Truth® 캠페인과 California Tobacco Control Program 캠페인." 『광고계동향』 247. 48-51.

강정석(2020). "국가 브랜딩과 공공외교." 문경연·송기돈·박지연 편. 『공공외교: 이론과 사례』. 오름.

구자룡(2016). "도시브랜딩의 새로운 패러다임, 오픈소스 브랜딩." 『마케팅』 50(1). 21-27.

김상배(2019). "쉽게 말해서 공공외교가 무엇일까?" 김상배·홍석인·애런 타버·이병종·이찬재·안경자·강명석 편. 『그래서 공공외교가 뭔가요?』. 한국국제교류재단.

김주희(2021). "공공외교와 도시외교: 베를린의 도시브랜딩 사례를 중심으로." 『국제지역연구』 25(1). 269-296.

김형수·노병렬(2016). "한국 지방자치단체의 공공외교 활성화 방안." 『세계지역연구논총』 34(2). 91-113.

문현미(2019). "한국지방정부 공공외교의 분석과 진단." 『GRI 연구논총』 21(3). 151-182.

박찬수(2014). 『마케팅원리』. 법문사.

성영신·박은아·김유나(2003). "국내 및 해외브랜드의 브랜드성격이 구매행동에 미치는 영향: 제품관여도와 자기존중감의 조절효과를 중심으로." 『광고학연구』 14(4). 257-280.

송기돈(2019). "외교의 외연적 개념 구도를 통한 공공외교와 지방(정부)외교의 특성 및 상관성 분석." 『한국자치행정학보』 33(2). 63-90.

알 리스·잭 트라우트, 이수정 역(2008). 『마케팅 불변의 법칙』. 비즈니스맵.

양윤(2014). 『소비자 심리학』. 학지사.

우석봉(2016). 『브랜드 심리학』. 학지사.

이정훈(2008). "연성 지역개발의 주요 수단으로서 장소브랜딩에 관한 이론적 고찰과 과제." 『대한지리학회지』 43(6). 873-893.

Aaker, David. A.(1996). *Building Strong Brands*, New York: Free Press.

Ailawadi, Kusum. L., Donald R. Lehmann, and Scott A. Neslin(2003). "Revenue Premium as an Outcome Measure of Brand Equity." *Journal of Marketing* 67(4). 1-17.

Ashworth, Gregory, and Mihalis Kavaratzis(2009). "Beyond the Logo: Brand Management for Cities." *Journal of Brand Management* 16(8). 520-531.

Baker, Michael. J., and Emma Cameron(2008). "Critical Success Factors in Destination Marketing." *Tourism and Hospitality Research* 8(2). 79-97.

Balmer, John. M. T., and Edmund R. Gray(2003). "Corporate Brands: What are They? What of Them?" *European Journal of Marketing* 37(7/8). 972-997.

Braun, Erik, Mihalis Kavaratizis, and Sebastian Zenker(2013). "My City - My Brand: The Different Roles of Residents in Place Branding." *Journal of Place Management and Development* 6(1). 18-28.

Chan, Chung-Shing, and Lawal M. Marafa(2016). "Perceptual Content Analysis for City Image: A Case Study of Hong Kong." *Asia Pacific Journal of Tourism Research* 21(12). 1285-1299.

Fan, Ying(2010). "Branding the Nation: Towards a Better Understanding." *Place Branding and Public Diplomacy* 6(2). 97-103.

Ghodeswar, Bhimrao. M.(2008). "Branding Brand Identity in Competitive Markets: A Conceptual Model." *Journal of Product & Brand Manag ement* 17(1). 4−12.

Godefroit−Winkel, Delphine, Marie Schill, Cristina Longo, and Martin Cho ur(2020). "Building City Identities: A Consumer Perspective." *Mark ets, Globalization & Development Review* 5(2). 1−28.

Gorska−Warsewicz, Hanna(2020). "Factors Determining City Brand Equity − A Systematic Literature Review." *Sustainability* 12(19). 7858.

Kaneva, Nadia(2011). "Nation Branding: Toward an Agenda for Critical Re search." *International Journal of Communication* 5. 117−141.

Kavaratzis, Michalis(2004). "From City Marketing to City Branding: Towards a Theoretical Framework for Developing City Brands." *Place Bran ding* 1(1). 58−73.

Kavaratzis, Michalis (2009). "What can We Learn from City Marketing Pra ctice?" *European Spatial Research and Policy* 16(1). 41−58.

Kavaratzis, Mihalis, and G. J. Ashworth(2005). "City Branding: An Effective Assertion of Identity or a Transitory Marketing Trick." *Tijdschrift voor Economische en Sociale Geografie* 96(5). 506−514.

Kavaratzis, Mihalis, and Gregory Ashworth(2008). "Place Marketing: How did We get Here and Where are We Going?" *Journal of Place Man agement and Development* 1(2). 150−165.

Keller, Kevin Lane(1993). "Conceptualizing, Measuring, and Managing Customer−Based Brand Equity." *Journal of Marketing* 57. 1−22.

Keller, Kevin Lane, and Donalds R. Lehmann(2006). "Brands and Branding: Research Findings and Future Priorities." *Marketing Science* 25 (6). 740−759.

Kotler, Philip, and Sidney J. Levy(1969). "Broadening the Concept of Mark eting." *Journal of Marketing* 33(1). 10−15.

Kotler, Philip and Gerald Zaltman(1971). "Social Marketing: An Approach to Planned Social Change." *Journal of Marketing* 35(3). 3−12.

Lu, Haiyan, and Martin de Jong(2019). "Evolution in City Branding Practices in China's Pearl River Delta since the Year 2000." *Cities* 89. 154− 166.

Nurlaela, and Har Adi Basri(2019). "Factors Affecting Purchase Decisions through Consumers' Purchase Intentions to BRI Brizzi E-Money." *International Journal of Innovative Science and Research Technology* 4(7). 1164-1171.

Rodrigues, Clarinda, and Holger J. Schmidt(2021). "How the Creative Class Co-Creates a City's Brand Identity: A Qualitative Study." *Journal of Creating Value* 7(1). 19-43.

Rosenberg, Jerry. M(1995). *Dictionary of Marketing and Advertising*. New York: John Wiley & Sons.

Shafranskaya, Irina, and Dmitriy Potapov(2014). "An Empirical Study of Consumer-Based City Brand Equity from Signalling Theory Perspective." *Place Branding and Public Diplomacy* 10(2). 117-131.

Slater, Jan(2004). "Brand Louisiana: Capitalizing on Music and Cuisine." Nigel Morgan, Annette Pritchard, and Roger Pride(Eds.), *Destination Branding: Creating the Unique Destination Proposition*, Burlington, MA: Elsevier Butterworth-Heinemann. 226-241

Suh, Yong. K., and William C. Gartner(2004). "Perceptions in International Urban Tourism: An Analysis of Travelers to Seoul, Korea." *Journal of Travel Research* 43. 39-45.

Zhang, Li, and Simon Xiaobin Zhao(2009). "City Branding and the Olympic Effect: A Case Study of Beijing." *Cities* 26. 245-254.

Zhou, Luyang, and Weidong Wang(2010). "Local University Students' Perceptual Map of a Destination Brand Shaoxing City in China." *Journal of Chinese Marketing* 3(2). 72-78.

2부
수행주체별 지방정부의 외교와
공공외교

제4장

글로벌 네트워크형 지방정부의 외교와 공공외교:
세계지방정부연합(UCLG)의 도시네트워크 사례

송기돈 ● 전북대학교

[요약문]

　이 글은 지방정부의 다양한 외교양식들 중 다수의 지방정부들로 구성된 지방정부 네트워크들 가운데 세계지방정부연합(UCLG: United Cities & Local Governments)이 수행하는 외교와 공공외교를 다루고 있다. 지방정부의 단위들은 실제로 다양하게 존재하지만, 그 가운데 대표적인 단위가 도시라는 점에서 '도시외교'를, 그리고 학계에서 네트워크형 지방정부 외교를 통상적으로 도시네트워크'라고 명명하고 있음을 고려하여, 이 글에서는 두 용어를 사용하고자 한다. 그러나 이들 용어 속에 도시보다 큰 단위인 주·지역 정부도 포함되고 있음을 전제로 한다.

　UCLG는 도시네트워크들 가운데 구성 회원정부의 지리적 범위가 세계적이고, 또한 취급하는 문제영역에 있어서도 거의 모든 지방 및 지구 의제를 포함하고 있어 글로벌 수준의 보편적 네트워크에 해당하므로 도시네트워크의 대표성을 지닌다. 또한 제도적 통합을 통해 다원적 거버넌스 구조를 구성하였으며, 도시네트워크 수준에서 도시외교의 개념과 체계적인 전략 프레임을 공식적으로 구축해 온 모범적 사례이기도 하다.

　그러나 도시네트워크 차원의 일반외교와는 달리, 그리고 일부 정부 간 국제기구의 사례와 비교해서도, 공공외교 차원에서는 개념의 채택이나 체계적인 전략이 아직까지는 공식화되어 있지 않은 상태이다. 따라서 UCLG의 공식 문헌이나 실제 활동에 관한 1차 자료들을 통해 공공외교적 인식·성격·접근방식 등과 연계될 수 있는 외교활동들을 찾아내어 현재적 추이를 진단해보자 한다. 궁극적으로는 UCLG를 포함한 다른 도시네트워크들도 체계화된 공공외교의 설계를 통해 기존의 외교를 보충해보길 기대한다.

[핵심어]

지방정부 네트워크	글로벌 도시네트워크	세계지방정부연합(UCLG)
UCLG 도시외교	UCLG 공공외교	인류미래계약
주창형 공공외교	관계형 공공외교	

I. 들어가며

근대적 의미의 국제적 도시네트워크는 UCLG(세계지방정부연합, 2004) 의 전신인 1913년의 UIV(국제도시연합)의 국제도시운동을 효시로 한 다. 그러나 2차 대전 이후 유럽·북미 지역에서의 다양한 지방정부 간 관계와 20세기 후반 이래 탈근대적 외교변환이 진행되어 왔음에 도 불구하고, 지방정부의 외교 주체성은 여전히 그 근본적인 한계를 극복하지 못한 채 진행되어 왔다.

그러나 국제적 상호작용으로서의 외교행위는 실질적으로 국가 행위자 외에도 다수의 주체들에 의해 다양한 방식으로 수행되고 있 다. 외교가 작동하는 국제사회에서 다양한 변화 요인들에 의해 지방 정부의 국제적 행위 주체성과 그 중요성이 계속 증대되고 있다. 그러 나 공공외교의 경우 비국가 행위자들에게 있어서는 더욱 적합할 수 있는 외교양식임에도 불구하고, 그 개념 인식이나 정책적 전략 및 실천은 아직 활성화되지 못한 것으로 보인다.

네덜란드의 공공외교 학자인 멜리센Jan Melissen은 역사적·이론적·경험적 관점에서 볼 때, 적어도 실행으로서의 '외교'가 국가 또는 다른 어떤 특정 행위자로만 국한된다는 주장이 더 이상 유지되기 어렵다면서, 이와 동일한 논리를 공공외교에도 적용하여 국가정부로 대표되는 '공식적 공공외교'와 비국가 행위자들의 '비정부 공공외교'의 관계를 논의하고 있다. 그는 비국가 행위자들의 공공외교가 지닌 특성으로서, 국가정부 중심적 공공외교와는 다른 목적·절차·메시지로 특징화되며, 작동방식 또한 국가 공공외교에 비해 국제적 네트워킹 환경에 더 적합하다고 하였다(Melissen 2018, 205-206).

이 글은 지방정부의 다양한 외교 유형 가운데, 개별 지방정부가 아닌 다수의 지방정부들로 구성된 UCLG 네트워크 자체를 행위자로 하여 UCLG가 수행하는 외교와 공공외교를 다루고자 한다. UCLG는 다양한 지방정부네트워크들 가운데 구성 회원의 범주가 지구적이고, 문제영역 또한 지구의제와 거의 중첩되는 지방의제들을 취급하고 있는 메타네트워크meta-networks로서 지방 수준의 대표성을 갖는 행위자라고 할 수 있다.

이 글은 구성은 다음과 같다. 첫째, 도시 중심의 지방정부 외교의 유형들 가운데 도시네트워크와, 도시네트워크들 가운데 글로벌 수준의 보편형 네트워크와 UCLG와의 관계성을 논의의 출발점으로 삼는다.1 둘째, UCLG의 제도적 통합 과정에서 나타난 내적·외적 거버넌스 구조 속에서 도시외교의 개념, 정책기조 및 전략적 초점 등을

---

1 한국어 용례로는 '지방(정부) 외교'가 일반적이나, 이 글에서는 UCLG의 공식 용어인 '도시외교'와, 국제학계에서 일반화된 '도시네트워크' 용어를 사용하고자 함.

글로컬 시대 지방정부 외교와 공공외교

정리하였다. 마지막으로, UCLG의 도시외교 지형 속에서 공공외교에 해당하는 인식과 주요 정책 및 사례를 요약하여 제시하고자 한다.

II. 도시의 외교 유형과 글로벌 도시네트워크

1. 도시 중심형 지방정부 외교의 유형 및 추세

'지방정부 외교'는 세계의 지방정부 공식 대표들이 독립적 또는 다른 행위자들과 함께 수행하는 대외관계의 행동을 의미한다. 지방정부를 도시로 특화할 경우 '도시외교city diplomacy'라고 한다. 도시로 대표되는 지방정부가 수행하는 외교적 활동은 크게 5개로 유형화될 수 있다(Acuto et al 2018, 4).[2]

첫째, 가장 일반적인 의미에서 '현장 기반형place-based 글로벌 관여 활동'이다. 이 경우 도시외교는 반드시 공식적인 장소인 시청사나 국제문제포럼 등만이 아닌, 국제행위자들이 특정 지역의 시장·정치·문화 등 현장에서 직접 관여하는 방식의 활동들을 의미한다. 여기에는 반드시 공식적·체계화된 정책에 근거한 '외교활동'뿐만 아니라, 이에 부수적으로 이루어지는 다양한 방식의 '외교적' 성격을 지닌 현장 활동들도 포함될 수 있다.

---

2 이 유형론은 세계 200개 이상의 도시네트워크를 연구해 온 영국 유니버시티칼리지런던 (UCL)의 도시리더십연구소(CLL)와 미국 시카고국제문제연구소(CCGA) 및 호주 멜버른대 디자인스쿨이 세계 27개 도시를 분석한 자료에 근거한 것임. CLL은 유엔, 세계은행, C40, Arup(건축·공학컨설팅기업)와 협업 중임(https://www.ucl.ac.uk/public-poli cy/case-studies/2016/may/city-leadership-laboratory).

둘째, 보다 공식적이고 체계화된 '지방정부 외교정책municipal foreign policy' 유형이다. 이는 단순히 앞의 현장 기반형 관여활동과 다음의 자매도시 수준의 단순한 교류활동을 넘어, 도시정부들이 자신의 국제적 관여 활동들을 보다 진지하게 고려하여 명시적이고 의도적인 정책적 수준으로 상승시킨 경우의 방식으로서 주로 1970년대 이후의 현상이라고 할 수 있다. 이를 통해 도시들이 국가 중심의 국제시스템에 지방의제들을 보다 체계적으로 투영할 수 있는 제도적 기반이 될 수 있다.

셋째, '자매도시city twinning 중심의 양자관계' 유형으로서, 이는 지방정부 외교의 역사에 있어 가장 장기간에 걸쳐 협업해 온 경로이며, 이를 중심으로 한 도시 간 양자관계가 현재에도 도시들이 국제적·지역적·국가적 차원에서 수행해 온 관여 방식들 중 가장 중요한 것으로 간주되고 있을 정도이다. 그러나 현재의 도시외교는 어떤 유형이든 간에 이러한 양자관계를 넘어 보다 다자적인 관계를 지향하고 있고, 또한 양자관계의 가장 대표적인 형식인 자매결연과 같은 초기의 관계맺기를 넘어 지구의제를 매개로 한 보다 다양한 관계구축으로 확장하고 있는 추세이다.

넷째, 이 글과 직접 관련 있는 '도시네트워크city networks'로서, '현장 기반형 글로벌 관여'와 '지방정부 외교정책'이 혼합된 가장 일반적인 방식이다. 이는 다른 국가 및 국제행위자들과 연결하여 지방정부의 혁신 노력을 국제적 협업으로 연계시키기 위해 실제 현장에서의 광범한 관여활동은 물론, 보다 체계적인 정책적 효과를 창출하기 위한 공식적 전략을 추구하고 있다. 도시외교 역사에 있어, 가장 처음이자 현재 가장 빠른 속도로 증가하고 있는 유형이다.

다섯째, 위 네 유형들에 비해 가장 특이한 유형의 확장판으로서 '비도시적nonmunicipal 도시 네트워킹'도 존재한다. 현재의 국제적 네트워킹은 도시 간 양자 협력이나 공식화된 도시네트워크에만 한정되어 있지 않다. 도시 간 외교정책 양식은 도시외교라는 보다 광범한 빙하의 일각일 수 있으므로, 도시와 보다 광범한 세계 간의 연결이 점차 지구화되는 추세를 더욱 반영할 필요가 있다. 현재의 도시네트워크가 다른 지방정부뿐만 아니라 중앙정부 간 네트워크(예, 유엔, 세계은행, 유럽연합 등)나 사적 부문의 초국가적 행동과도 연계되는 현상이 이에 해당한다(Acuto & Rayner 2016, 1157).

현재의 도시외교는 대체로 다음과 같은 경향을 보이고 있다. 첫째, 국가들이 장기간 실행해 온 외교 과정에 관여해 오면서 지방이 필요로 하는 쟁점들을 다루어 오고 있다는 점이다. 둘째, 도시외교가 이전의 문화교류 중심의 상징적 관계의 수준을 넘어 지구적 의제를 포함한 국제관계를 스스로 형성할 수 있는 잠재력을 인식하게 되었다는 점이다. 셋째, 지방정부들이 지구적 차원의 관여활동을 통해 혜택이 제공될 수 있음을 인식하여, 국제무대에서 자신의 지역을 대표함에 따라 외교행위자들 간의 경계가 희석되고 있다는 점이다. 넷째, 도시외교의 형식이 체계화되면서 도시들의 독자적 대외관계뿐만 다른 지방정부 단위들과의 네트워크 방식이 현저히 증가했다는 것이다(Acuto et al 2018, 3).

이러한 배경 속에서 이 글이 다루고 있는 UCLG는 다양한 지방정부 단위들의 외교를 집합적으로 구성해냄으로써, 자체의 조직 구성 측면에서는 넷째 유형인 '도시네트워크', 보다 광범한 외부적 네트워킹 구조 측면에서는 다섯째 유형인 '비도시적 도시네트워크'의 특성도 동시에 갖고 있다. 이러한 점에서 정도의 차이는 있으나 대다수의 현재 도시네트워크들도 이와 유사한 추세를 보이고 있다.

2. 글로벌 도시네트워크의 역사 및 유형·특성

1) 글로벌 도시네트워크의 역사

도시외교를 포함한 지방정부 외교의 역사에 관한 자료는 많은 편이나, 도시네트워크 중심의 역사에 관한 자료는 상대적으로 적다. 이 가운데 비교적 상세하게 구분하여 제시되고 있는 경우를 필자의 견해를 덧붙여 소개하면 다음과 같다(Acuto, Kosovac & Hartley 2021, 139~142).[3]

제1세대는 20세기 초부터 2차 세계대전 발발 전까지, 최초의 다자주의적 국제도시운동인 UIV(1913)와 이의 후신인 IULA(국제지방정부연합, 1928)를 통해 국제연맹 내에서 도시의 이익을 증진시키려 노력했던 시기이다. 다른 한편으로는 도시 간 문화적·경제적·인도적 목적의 자매결연city twinning이 주로 두 도시 간 양자관계에 기초해서 이루어졌다. 그러나 학계의 관심은 적었으며, 그나마 국제관계학이나 외교학보다는 지리학자나 역사학자들의 관심이 상대적으로 컸다.

제2세대는 2차 대전 이후 1970년대까지, 제1세대의 노력을 바탕으로 도시 간 협력의 형태가 보다 체계적·일관적으로 조직화된 시기이다. 1950년대에는 이중언어 간 교류MB, FMVJ, FMCU-UTO나 국제자매

---

3 도시네트워크의 형성 주체의 관점에서 ①제1세대(1900년대 전반부): 도시가 주체가 된 도시 간 자매결연, ②제2세대(냉전 종식 후): 도시와 다른 행위자들이 결합하여 만든 네트워크, ③제3세대(2000년대 이후): 사적 행위자들이 도시들을 위해 만든 네트워크로 구분한 경우도 있음(Amiri & Sevin 2020, ix).

도시Sister Cities International와 같은 네트워크 활동이 증대되었다. 특히 이 시기에는 국제 커뮤니케이션의 등장으로 인해 도시네트워크를 통해 아이디어의 교환, 상업 활동, 국제정책 영역에서의 지방 이익을 주창하기 위한 연립 행동과 정책적 쟁점들에 관한 포럼들이 등장했다. 한편으로는 1970년대 연방주의federalism의 경향에 힘입어 지방정부 외교를 탐구할 목적으로 동반외교paradiplomacy와 같은 개념이 등장하는 등, 여러 학문분야에서의 체계적인 관심이 시작되었다.

　　제3세대는 1980년대부터 1990년대 초까지의 시기로서, 제1세대 도시외교 형태와 혼합된 사례(1982 Mayors for Peace, 군비축소를 위한 캠페인), 새로운 형태의 도시 네트워크의 등장(협업과 자원·지식의 공유를 위한 사무국의 설치 사례: 1990년의 ICLEI)이 목격되었다. 다른 한편으로는 중앙정부 간 네트워크인 유엔에서도 이와 유사한 네트워크 기반적 노력들이 착수되어, 상징적·비지속적이었던 자매도시 결연으로부터 다수 지방정부들의 실질적인 외교적 관여로의 전환이 촉진되기도 하였다(예: 문화 부문의 UNESCO, 도시 정주 부문의 UN-Habitat, 공중보건 부문에서의 WHO와 도시네트워크와의 협업 등).

　　제4세대는 1990년대부터 2000년대까지의 시기로서, 지방정부 간 또는 지방정부와 다른 행위자들 간에 여러 문제영역을 특화한 네트워크들이 급속하게 증가했다(〈표 4-1〉 참조). 이에 따라 초국적 도시외교와 이들이 국제문제에 미치는 영향에 관한 학술적 연구가 증대되었다. 일차적으로는 유럽·북미에서의 지리학 및 환경연구가 국제관계학의 지방정부 외교연구에 반영되고, 다음으로는 다른 대륙에서의 연구로 확장되었다. 특히 일부 도시네트워크(C40, ICLEI, 100RC 등)의 대중성으로 인해, 다양한 학문분야의 관심을 불러일으키기도

했다.[4] 현재의 가장 큰 방향은 지방정부의 국제행위자성이 점차 인정되어 글로벌 거버넌스의 하나의 기둥으로서의 글로벌 도시거버넌스global urban governance에 대한 관심이다.

2) 글로벌 도시네트워크의 유형 및 특성

현 시대는 도시들이 국제문제의 전면에 등장하고, 도시 기반적 논의들이 주요 지구의제 시스템으로 통합되는 추세를 보이고 있다. 이에 대응하기 위한 도시의 독자적인 국제화는 물론, 도시들 간의 네트워크 현상은 지방정부뿐만 아니라 시민사회 및 기업 등 비국가 행위자들에게 있어서도 하나의 본질적인 활동이 되었다. 이로써 지방정부의 정책 효율성을 위한 전략뿐만 아니라 지방정부들 간 협력의 기제로서 네트워킹의 범위·형태·양식·도전요인들에 관한 연구도 필요하게 되었다. 이에 따라 도시네트워킹과 도시외교에 대한 관리, 도시의 역량 개발과 도시거버넌스의 관계, 지구 차원에서 도시 리더십이 갖는 함의가 본질적인 문제가 되었다.

도시외교 네트워크 개념은 대체로 "도시-도시 간 또는 도시와 다른 행위자들 간 협력을 용이케 하는 제도화된 거버넌스 구조"(Acuto, Morissette & Tsouros 2017, 2)로서, "도시정부가 지구의제에 있어 자신의 위상을 구축하여 영향력을 발휘하기 위한 이상적인 공간"(De Losada & Gareché 2022, 2)으로 정의된다. 구체적으로는 "지방정부 간 협력, 경험 공유, 민관 파트너십을 통해 역량을 향상"시키거나 (Acuto 2016b, 611), "자원의 동원, 지구적 의제의 형성, 도시의 혁신

---

4 도시네트워크들 가운데 압도적으로 많은 연구가 이루어진 경우는 C40임.

글로컬 시대 지방정부 외교와 공공외교

활동을 연결하는 기능을 수행하는 조직"(Acuto et al 2018, 3)으로 규정되기도 한다. 공공외교와 관련해서는 "커뮤니케이션 및 정책의 형성 및 교류에 있어 도시들 간에 상호적으로 구축된 패턴으로 특징되는 형식화된 조직"(Acuto & Rayner 2016, 1149~50)으로 이해될 수도 있다.

도시네트워크의 유형을 구성 회원도시의 멤버십 범주, 활동 방식, 그리고 사례에 따라 구분한 대표적 견해를, 스페인 바르셀로나 국제문제연구소CIDOB의 선임연구원인 데 로사다Agustí Fernández de Losada의 유형론을 빌려 제시하면 〈표 4-1〉과 같다.5

먼저 지방정부 주도형의 5개 유형은 모두 지방정부만으로 구성되어 있으나, 멤버십의 지리적 범주와 취급하는 문제영역에 있어 차이가 있다. 그리고 '보편'과 '전문' 기준은 취급하는 문제영역이 광범한지 아니면 특정 영역에만 한정되어 있는지에 따른 구분이다. [A]유형은 UGLG와 같이 전 세계 지방정부로 구성되며 지방과 세계의 거의 모든 문제영역을 다루고 있다. 다만 'Metropolis'의 경우 모든 지방정부가 아닌 일정 인구 규모 이상의 대도시들만으로 구성되는 차이가 있다. [B]유형은 특정 지역의 지방정부들로만 구성되나, 다루는 문제영역은 [A]유형과 같다. [C]유형과 [D]유형은 특정 문제영역만 다루나 회원 정부의 지리적 범주에서 차이가 있다. [E]유형은 지리적 범주에 상관없이 특정 언어 중심의 문화권에 속한 지방정부들 간에 교류·협력 및 공동 주창을 모색하는 경우이다.

---

5 보다 단순한 유형론도 있음. ①프로젝트형 네트워크(다자국제기구의 프로젝트와 연계된 경우: [G]유형과 유사), ②기업형 네트워크(사적 주체가 지원하는 경우: [F]유형과 유사) ③지방정부 자기조직화 네트워크(지방정부가 주체가 된 경우: [A]유형 ~ [E]유형과 유사)(Balbim 2021, 46~49).

〈표 4-1〉 도시 네트워크의 유형과 주요 사례(지리적 범주, 문제영역 등)

분류 기준	네트워크 유형	멤버십 유형	사 례
지방정부 주도형	[A]유형 글로벌 수준 보편 네트워크	지방정부	■ UCLG(2004) ■ Metropolis(1985)
	[B]유형 지역 수준 보편 네트워크	〃	▶ CEMR(1984) ●유럽 ▶ Eurocities(1986) ●유럽 ▶ Mercociudades(1995) ●남미공동시장 ▶ MedCities(1991) ●지중해 연안 지역 ▶ Union of Baltic Cities(1991) ●발트해 연안 지역
	[C]유형 글로벌 수준 전문 네트워크	〃	▶ ICLEI(1990) ●기후(유엔과 UCLG 후원으로 설립) ▶ Sharing Cities Alliance(2017) ●공유경제 ▶ OIDP(2001) ●참여민주주의
	[D]유형 지역 수준 전문 네트워크	〃	▶ Polis(1989) ●유럽(교통혁신) ▶ Civitas(2002) ●유럽(도시이동성) ▶ Platforma(2008) ●유럽(개발협력) ▶ Coalición LAC(2006) ●중남미(인종차별)
	[E]유형 문화·언어 공동체 네트워크	〃	▶ CLGF(1995) ●영연방 지방정부 ▶ AIMF(1979) ●프랑스어권 도시 ▶ UCCI(1982) ●스페인어·포르투갈어권 수도 ▶ CIDEU(1993) ●스페인어·포르투갈어권 도시
사적 주체 주도형	[F]유형 사적 주체 주도형 네트워크	지방정부 자선단체 학계	▶ C40(2005, 블룸버그자선재단) ●기후변화 ▶ 100 Resilient Cities(100RC: 2013, 록펠러재단) → Resilient Cities Network(R-Cities, 2020 개칭) ●전 부문 도시 탄력성 복원 ▶ Global Parliament of Mayors(2016, Benjamin R. Barber)[6] ●도시거버넌스
다중 주체 주도형	[G]유형 혼합형·다수준 정책 주도형 네트워크	지방정부 국제기구 국가정부 시민사회조직 민간센터	▶ Cities Alliance(1999) ●세계(도시빈곤) ▶ CityNet(1987) ●아태지역(지속가능발전)

출처: De Losada(2019, 22). '조달 재원'과 '활동 방식'[7]은 생략하고, '분류 기준'과 사례별 설립 연도, 지리적 범주, 문제영역 등은 필자가 추가함.

---

6 바버는 *Jihad vs. McWorld*(1995)를 저술한 대중성을 지닌 정치학자로, 도시외교와 관련해서는 국가의 역기능성과 도시의 부상을 다룬 *If Mayors Ruled the World*(2013)의 저자임.

글로컬 시대 지방정부 외교와 공공외교

다음으로 [F]유형과 같이 사적 주체들이 주도하여 지방정부네트
워크를 결성한 경우도 있다. 주로 자선재단 등 단체나 특정 개인이
주체가 되어 지방정부들 간에 특정 문제영역을 중심으로 한 활동을
지원하는 경우가 대표적이다. 마지막으로 [G]유형처럼 지방정부와
다른 주체들이 결합되어 특화된 문제영역을 중심으로 활동하는 네트
워크들도 존재하는데, 이는 보다 다양화된 도시외교의 거버넌스적
경향을 반영하고 있는 유형이다.

　　도시네트워크들 가운데 [A]유형의 UCLG를 선정한 이유는, 이것
이 가장 대표적인 메타네트워크, 즉 전 세계 도시네트워크들의 네트
워크라는 본질적 특성을 갖고 있기 때문이다. 또한 유엔에서의 특별
한 지위를 얻으려 노력하면서, 세계질서 내의 교섭에 있어서 보다
수준 높은 외교행위자로서의 도시정부의 지위를 모색하고 있기도 하
다(Balbim 2021, 43). 사실상 110년의 역사를 갖고 있고, 회원 지방정
부의 수도 가장 많으며, 취급하는 문제영역도 거의 모든 지구적 의제
들과 관련된 지방의제들로 구성되어 있을 뿐만 아니라, 다른 지방정
부 간 또는 중앙정부 간 국제기구들과의 다중 거버넌스를 운용하고
있다. 이런 모든 특성을 고려할 때, UCLG는 실질적으로 정부 간
국제기구와 비교할 때 유엔과 유사한 특성을 지니고 있다고 할 수
있다.

---

7 네트워크 유형별 활동 방식은 [E]유형을 제외하고는 정치적 영향을 위한 주창, 지식의
　창출, 학습을 통한 지식 이전, 커뮤니케이션 활동, 행동으로서의 현장 활동임. [E]유형
　의 경우엔 지식 창출과 행동이 없는 것으로 되어 있으나, 실제로는 반드시 그렇지 않아
　그 구분이 모호함.

III. UCLG의 거버넌스 구조와 도시외교 프레임

1. UCLG의 다원적 거버넌스 구조: 제도적 통합[8]

UCLG는 지방정부들이 합의한 규약에 따라 공동의 목표, 비전, 의제설정 및 논의를 통해 지속적인 공동행동을 추구하기 위한 형식화의 수준이 가장 높은 대표적인 지방정부네트워크다. UCLG는 국제평화와 지방정부의 공통 의제들을 다루기 위한 체계적인 국제도시운동으로서 1913년의 UIV를 모태로 하며,[9] 세계대전의 전운이 감돌던 시기에 새로운 유형의 정부(도시)를 통한 이러한 변환적 성격의 구상을 '도시외교'라 하였다(UCLG 2022a, 3). UIV는 1차 대전으로 인해 잠시 중단되었으나, 이후 다양한 활동을 전개해오다 1928년 IULA로 명칭을 변경하였다. 그리고 특화된 이슈를 중심으로 별도로 설립되어 활동해 오던 FMCU-UTO 및 METROPOLIS와 함께 2004년 현재의 UCLG로 통합되었다.

이들 3자 간 통합 시도는 1998년 FMCU-UTO의 제15차 총회Lille, France에서 IULA와의 양자 접촉을 통해 먼저 시작되었다. 당시 IULA 세계집행위원회는 통합 지원을 위해 WACLAC 탈퇴와 관련한 투표를 진행하였으나 일단 연기하고,[10] 2002년에 IULA의 공식 해체를 투

---

8 UCLG의 제도적 통합에 관한 내용은 송기돈(2016, 2017)을 중심으로 요약·수정한 것임.

9 UIV는 1913년 벨기에 겐트(Ghent)에서 열린 세계박람회의 일환으로 세계 최초의 국제도시회의를 개최했으며, 당시 주관자들 중 한 사람인 벨기에의 라 퐁텐(Henri La Fontaine, 1891년 설립된 후 1910년 노벨상을 수상한 Bureau international permanent de la Paix의 당시 의장)이 그해 노벨평화상을 수상함.

10 WACLAC는 IULA, FMCU-UTO, METROPOLIS 등 8개 기구로 구성된 G4+가 도시네트워크들의 대유엔 단일 접촉점을 제공하기 위한 목적으로 1998년에 설립됨.

표로 결정한 후(2003. 12. 31 효력), 스페인의 바르셀로나를 본부 소재지로 선정함으로써 벨기에 시대를 정리하였다. 다른 한편 1984년 인구 100만 명 이상의 대도시 87개로 출범한 METROPOLIS는 대도시의 지속가능발전을 목표로 하는 G4의 창설 멤버로 협력적 활동을 전개하다가 UCLG의 '대도시 부문'으로 통합되었다.[11]

〈그림 4-1〉은 [경로 A]를 주축으로 [경로 B] 및 [경로 C]와 공식적으로 통합된 현재의 UCLG 도시네트워크와, 통합된 조직은 아니지만 실질적 협업 네트워크들로서의 [경로 D]를 나타낸 것이다. 즉 전자는 UCLG의 내부적인 관계양식임에 비해, 후자는 별도로 구축된 외부 기관 또는 네트워크들과의 복합 구도를 보여주고 있다. 그러나 후자의 경우에도 UCLG 및 일부 산하조직들도 참여하고 있어 매우 복잡하며 독특한 구도이다.

UCLG의 제도적 통합은 3개 경로를 통해 이루어졌다. 첫째, [경로 A]는 UCLG의 실질적 모태인 UIV를 시작으로 IULA를 통해 통합된 경로이다.[12] 이들은 지방정부 간의 거시적 목표 설정, 포괄적 의제, 조직 및 운영의 상설화 등 측면에서 체계적인 국제도시운동의 모범적 사례이다. 그러나 제1차 세계대전으로 인해 활동이 중단되었다가 1919년 창설된 국제연맹을 잠재적 파트너로 고려하면서,[13] 1922년 공식적 활동을 재개하였다. 1926년에 이미 회원도시가 30개

---

11 UCLG의 부문(Sections)은 크게 대륙별 지역부문(7개), 대도시부문(1개), 지역포럼(1개)으로 구성됨.

12 [A] 경로에 관한 자료는 UCLG(2014)와 웹사이트 'Timeline'(https://www.uclg.org/en/timeline)에 의거하고 있어, 별도의 인용자료를 제외하고는 특별히 출처를 밝히지 않음

13 국제연맹과의 사실상 최초의 연계는 1923년 국제연맹 제4차 총회를 통해 쿠바가 미주 대륙을 대표해 발의한 도시 간 협력문제가 의제로 채택되었음.

세계지방정부연합(2004)

국제지방정부연합
(1928)

[경로 A]

- IULA(1928)
• 다쟁점 도시문제 취급
• 국제기구들과의 협력
    ↑
- UIV(1913)
• 최초 지방정부네트워크
• 도시문제의 상호협력
• 국제연맹과의 관계

세계도시연맹
(1968)

[경로 B]

- FMCU-UTO(1968)
  -MB 창설정신 복귀
  -자매결연 활동 유지
- FMVJ-UTO(1957)
  -자매결연 통한
   글로벌 프로그램 관여
- MB(1951)
  -이중언어 간 교육교류

metropolis

세계대도시협회
(1984)

[경로 C]

- METROPOLIS(1985)
• 인구 100만 이상 도시
• 대도시 공동의제 취급
• IULA와 파트너십 통한
  외연 확장

[경로 D]

G4 → G4+

(1992 → 1994)

(1996)

(1999)

[경로 A, B, C] 공식적인 조직 통합 관계
UIV(Union Internationale des Villes) 국제도시연합
IULA(International Union of Local Authorities) 국제지방정부연합
MB(Le Monde Bilingue) 이중언어세계
FMVJ(Fédération Mondiale de Villes Jumelées) 세계자매도시연맹
FMCU(Fédération Mondiales des Cités Unies) 세계도시연합연맹
UTO(World Federation of United Towns Organisation)[14]
METROPOLIS(World Association of Major Metropolises) 세계대도시연합
[경로 D] 공식적 또는 네트워크형 협업 관계(UCLG 및 산하조직들로 일부 포함됨)
G4+(또는 G4Plus) 지방정부네트워크그룹(4개 → 8개 지방정부네트워크)
WACLAC(World Assn. of Cities & Local Authorities Coordination) 세계도시·지방정부조정협의회
UNACLA(The United Nations Advisory Committee of Local Authority) 유엔지방정부자문위원회

출처: 송기돈(2017, 58)을 중심으로 일부 내용을 수정함.

국 52,000개에 이르고, 이후 미국·영국의 가입, 독일의 복귀, 동유럽으로의 확대로 인해 1928년 기구의 명칭을 IULA로 변경하게 된다. 이후 2004년 UCLG로의 통합에 이르기까지 지방자치 세계선언, 도시 자매결연을 통한 화해·재건, 유엔과의 도시문제 연구 및 인간정주 문제, 세계 지역별 조직 확장 등 다양한 활동을 전개하여, 현재의 UCLG의 내적 구조 및 문제영역의 토대를 축적하였다.

둘째, [경로 B]의 경우 MB는 이중언어 교육을 내용으로 도시 간 자매결연을 시도하여 1952년 프랑스와 영국의 두 도시 간에 최초의 자매결연을 성립시켰다.[15] 이 과정에서 프랑스가 주도한 유럽도시협회(CEM: Council of European Municipalities, 1951)와 뜨거운 논쟁이 발생하기도 하였다.[16] 냉전 시기에도 정치성을 배제하여 상이한 정치체제를 가진 국가들의 도시 간 협력을 추구한 포용적인 접근이라는 특성을 보였다. 1957년 FMVJ-UTO로 확장하여 자매결연이 인간문화의 필수적인 도구라는 입장을 표명하였으나, 1968년 이중언어주의의 본래 원칙으로 축소·복귀하면서 FMCU-UTO로 개명하게 되었다. 그럼에도 FMVJ는 1966년 유엔의 비정부기구 지위를 획득하여 지방네트워크의 국제적 대표성이 시작되는 기록을 세웠고, FMCU 또한 1987년 유엔으로부터 '평화의 전도사Messenger of Peace'로 선정되기도

---

14 영어명 UTO와 프랑스어명 FMVJ 및 FMCU를 함께 표기함이 관례임.
15 당시 MB는 자매결연 실험의 3단계로서 이중언어 교육시스템, 이중언어도시 설립, 도시 간 자매결연의 체결을 제시하였음. '자매결연' 용어의 경우 'town twinning'은 유럽식, 'sisterhood'는 미국식 용어임.
16 CEM은 1984년 유럽지방정부평의회(CEMR: Council of European Municipalities & Regions)로 개명한 후, 1990년 IULA의 유럽지역부문위원회로 합병되고, 2004년 UCLG에 그대로 계승되었음. CEM은 MB와는 달리 자유민주주의 국가의 도시들 간의 자매결연만을 중시한 입장이었음.

하였다. 1990년대 이후엔 [경로 D]의 G4 및 G4+의 창설 멤버로서 IULA와 활동 영역이 수렴되면서 통합에 참여하게 되었다.

셋째, [경로 C]는 다른 두 기구에 비해 가장 늦게 출발한 METROPOLIS로서, 통합 전까지 대도시 삶의 개선(1987), 대도시의 지위 향상(1990), 지속가능발전(1993), 사적 부문과의 파트너십(1996), 바르셀로나로의 사무국 이전(1999), 밀레니엄 시대의 대도시 거버넌스(2002) 문제들을 다루어 왔다. METROPOLIS는 인구 100만 이상의 도시를 대상으로 하는 특수성 때문에 대도시 의제만을 다루다가 다른 규모 도시들과의 파트너십이 필요함을 인식하여, 1999년 IULA과 외연확장을 논의하는 과정에서 UCLG로 통합되었다. 통합 이후엔 미래도시를 위한 변환(2005)을 모색하면서, '평화문화'의 증진을 위해 '지방정부 평화상'인 중국 광저우 '국제도시혁신상'(2014)을 제정하기도 하였다.

마지막으로, [경로 D]는 UCLG와 외부 네트워크가 연계되는 복합적 네트워크로서, 다른 지방정부네트워크들과 유엔과 같은 중앙정부 간 국제기구와의 관계를 보여주고 있다. G4+는 '지능가능발전' 중심의 파트너십을 위해, 1992년에 설립된 G4IULA, FMCU-UTO, METROPOLIS, SUMMIT에 1994년 4개 기구가 추가된 네트워크이다.17 1996년 유엔정주회의Habitat II를 목표로 선정함으로써 지방 차원에서 지구적 의제에 체계적으로 참여하기 위한 것이었다. WACLAC(1996)은 IULA, FMCU-UTO, METROPOLIS, SUMMIT, ATO 등 5개 기구로 구성되어, 이들 간의 전반

---

17 G4에 새로 추가된 기구는 CITYNET(아태지역), CEMR(유럽), UVA(아프리카), ATO (중동) 등 지역별로 구성되었음.

글로컬 시대 지방정부 외교와 공공외교

적인 정책 조정을 위한 네트워크다. UNACLA(2000)는 유엔과 지방정부 간 최초의 자문시스템으로서 유엔-중앙정부-지방정부 간 UN-HABITAT 협력활동을 전개해 오다가 2015년 17개 지속가능발전목표SDGs 중 '목표 11'('지속가능 도시와 공동체')을 실현하는 성과를 거두었다.18

2. UCLG의 도시외교 프레임

UCLG의 도시외교와 관련한 최초의 공식화된 방향은, 2004년 창립 총회의 최종선언에서 유엔의 지속가능발전과 연계된 3개 핵심 영역으로서 '지방의 지속가능발전' 및 '지방분권화와 민주주의'와 함께 "분권협력과 외교" 영역의 5개 관련 쟁점과 접근방법으로 정립되었는데, 주요 내용을 요약하면 〈표 4-2〉와 같다. 그러나 이들 3개 영역은 독립적이지 않고 상호 연계되어 있는데, 당시 도시외교는 분권협력과 도시 간 국제협력을 통해 평화·경제성장·지속가능발전에 기여한다는 인식에 기초하고 있었다.

창립 총회의 외교 구상은 2008년 「헤이그 도시외교의제」에서 보다 구체화됨으로써 지방정부의 외교를 높은 수준에서 제도화하는 계기가 되었다. 여기에서 채택된 도시외교의 정의는 다음과 같다.

---

18 현재 UCLG의 공식적 파트너는 유럽위원회, 프랑스 외교부와 개발청, Cities Alliance, FMDV, UITP, World Water Council, OECD, 세계은행그룹(PPIAF), 유엔 관련 기구들(UNAOC, UNDRR, UNESCO, UNDP, UN-Habitat, UN-Women, ILO) 등 다양함. 또한 UCLG의 글로벌특별임무단(Global Taskforce)은 별도로 MMC, ICLEI, Resilient Cities Network, C40, ATO, CLGF, Mercociudades, FLACMA, Regions4, Cités Unies France, ORU Fogar 등과 파트너십 관계임.

"시민들이 평화·민주주의·번영 속에서 함께 생활할 수 있는 안정된 환경을 창출할 목적으로, 사회적 결속, 갈등의 예방·해결 및 갈등 후 재건을 증진시키기 위한 지방정부 및 관련 단체들의 도구"(UCLG, The City of The Hague & VNG International, 2008).

당시 도시외교를 담당한 조직은 2005년에 설립된 '도시외교위원회'이나, 이후 2010년엔 '분권협력위원회'와 통합되어 '개발협력·도시외교위원회DCCD'로 전환하였다. 이 위원회는 국제개발협력과 도시외교에 관한 지방정부의 이슈들에 관한 정책 제안과 개발을 통해 UCLG의 다른 조직들에 조언하는 기능을 맡고 있다.

평화구축peacebuilding의 지향을 중심으로 유엔과 거의 유사한 수

〈표 4-2〉 UCLG의 '분권협력과 외교'의 관련 쟁점과 접근방법·행동계획

핵심 영역	관련 쟁점	접근방법 / 행동계획
분권협력과 외교: 도시를 위한 도전	동료주체를 통한 학습	• 지방정부의 민주화, 시민사회조직의 효율화 • 세계 대륙별 지방정부로 구성된 위원회 창설 • 지방정부네트워크 및 다자적 파트너들(유엔 등)과의 연계를 통한 통합적 접근방식
	세계보건	• 보건 및 관련 개발이슈에 대한 지방차원의 대처 • 자원·훈련·지식 및 공·사 파트너십을 통한 포괄적 접근
	지방차원의 평화·대화	• 시민의 필요에 적합한 다원적·민주적 제도 • 지역공동체에 대한 포용·이해와 국제협력·단결의 지원
	소수자들의 통합	• 소수자들의 권리 동등성과 정책결정에의 완전한 참여 • 도시외교와 분권협력을 통한 평화·대화 증진 • 지방정부 간 교류를 통한 공동가치의 창출
	정보사회로부터 포용사회로의 이행	• 신정보기술의 긍정적 기능에 대한 주목 • 문화·언어·정보 다양성이 존중되는 포용적 정보사회화 • 세계정보사회 정상회의(2005)에의 기여

출처: UCLG(2004) 창립 최종선언의 관련 내용을 정리한 것임.

글로컬 시대 지방정부 외교와 공공외교

〈표 4-3〉「헤이그 도시외교의제」의 문제영역 구성과 핵심 내용

문제영역	소주제	핵심 내용
출발점	상황·배경	• 폭력적 갈등에 의한 시민 안전·복지의 위협
	공동 관심사	• 갈등의 예방·제거, 인권 보호, 평화·정의 성취
도시외교	'도시외교' 개념	• 평화·민주주의·번영, 사회적 단결, 갈등 예방·해결, 갈등 후 평화구축의 도구
갈등 인식	갈등 원천	• 상호 차이에 의한 공동체 간 비포용·극단주의
	갈등 성격	• 갈등의 다양한 원천과 지속가능발전과의 관계성
평화 (평화구축)	여성	• 평화구축 과정에 있어 여성의 적극적 관여
	군사와 도시	• WMD의 포기와 도시의 군사 목적화 반대
	인권·다양성	• 평화와 개발 기반으로서의 인권·다양성 존중
지방정부	평화구축의 역할	• 효율적 분권화와 지방자치의 전제 조건화
	의무	• 평화구축 의제와 국제개발에 대한 기여
	접근방식	• 다수준 파트너십(중앙정부·국제제도·시민단체)
	지원	• 평화적 환경조성을 위한 지방정부 요청 지원
고려 사항	이해관계 주체	• 평화·정의·인간안보를 위한 다수 주체의 필요성
	지방정부 역할 인식	• 지방정부의 시민 최근접성에 대한 인식 전환
	도시외교의 기여	• 지방정부 리더십을 통한 평화구축에의 기여

출처: UCLG, The City of The Hague & VNG International(2008)의 내용을 재구성·요약함

준으로 도시외교의 방향을 설정한 「헤이그 도시외교의제」의 주요 문제영역과 내용을 요약하면 다음 〈표 4-3〉과 같다.

그러나 UCLG의 도시외교를 관장하던 DCCD 위원회는 2017년 4월, UCLG의 5개 '정책이사회Policy Councils' 중 하나인 '모두를 위한 기회, 문화와 도시외교: 지속가능발전과 평화Opportunities for All, Culture & City Diplomacy: Keys to Sustainable Development & Peace'이사회라는 명칭으로 변경되었다.[19] 이 조직이 지향하는 초점은 다음과 같이 크게 3개 부

문으로 구성되어 있는데, 이전에 비해 도시외교만을 특화하기보다는 외교를 문화 및 지속가능발전·평화와 결합시키는 방식으로 전환한 것이다.

- **문화 부문**: 문화는 지속가능발전의 제4의 기둥으로서 문화의 핵심 가치들을 어떻게 보호할 것인가?
- **도시외교 부문**: 도시의 역량개발을 통해 지방정부들 간의 도시외교와 협력을 어떻게 진작시킬 것인가?
- **지속가능발전·평화 부문**: 지속가능발전을 위한 기초로서의 연대성 및 평화를 어떻게 증진시킬 것인가?

현재의 시스템에서는 도시외교의 개념·문제영역·접근법 등에 관하여 명시적이고 구체적인 내용이 별도로 제시되어 있지 않다. 그러나 핵심은 여전히 창립 총회의 최종선언과 「헤이그 도시외교의제」이며, 지금의 해당 정책이사회는 지구의제의 복합성과 이에 대응하기 위한 도시외교의 새로운 접근방식을 강조하고 있는 것으로 해석될 수 있다.

---

19 '정책이사회'는 중요한 지구적 의제로 확인된 전략적 주제들에 관한 정책개발을 목적으로 회원정부 간 전문지식의 공유를 위해 네트워크 방식의 지원을 담당함. 다른 4개의 정책이사회는 각각 '도시권리와 포용적 도시', '도시의 다층거버넌스와 지속가능한 재정', '안전하고 복원력을 가진 지속가능한 도시', 그리고 '신도시의제 실행' 이사회임. 그러나 최근 개편된 UCLG의 웹사이트에서는, 2017년 이래 도시외교 관련 정책이사회의 명칭을 '지방 다자주의와 도시외교: 지방과 글로벌의 연계'로 고쳐 소개하고 있어 혼동됨.

IV. UCLG의 공공외교 정책기조와 실제

1. 공공외교의 정책적 기조

UCLG는 창설 초기부터 전 세계 일반공중을 대상으로 자신의 도시운동에 관한 정책적 주창을 전개해 온 점에서, 부분적으로 실질적인 공공외교를 실행해 왔음을 알 수 있다. 보다 체계화된 첫 번째 배경으로는 2010년 제3차 세계총회(멕시코시티)에서 「2030 도시선언The City of 2030: Our Manifesto」을 통해 제시된 참여·포용, 안전·평화, 책임 공유·파트너십 등 지구화·도시화 추세에 적합한 미래 도시상(像) 12개에서 찾을 수 있다(UCLG 2010). 또한 2019년 제6차 세계총회(남아공 더반)에서는 새로운 국제도시운동의 미래구상 차원에서 정책 공동 창출을 위한 4개의 접근방식, 즉 '정책작성 시스템(법령 트랙)'과 '사람을 위한 지방 행동(회의 트랙)'을 중심으로, 포용도시, 젠더평등과 여성 역량, 도시의 권리, 지속가능 도시발전, 정보성에 관해 시민사회와 협업하기 위한 '경청하는 도시(Town-Hall 트랙)'와 '공유·청취·검토 행동과 학습(Local4Action 트랙)'으로 보다 구체화한 바 있다(UCLG 2019b).

UCLG는 현재까지 대다수 정부 간 및 지방정부 간 글로벌 네트워크와 마찬가지로 공공외교 개념을 공식적으로 채택하고 있지는 않다.[20] 이런 점에서 UCLG 공공외교의 경우, 국가 중심형 공공외교에

---

20 공공외교 개념 채택과 관련 정책·프로그램 등을 공식화하고 있는 경우는 2003년 북대서양조약기구(NATO)를 필두로 유럽연합(EU, 2014), 미주기구(OAS, 2015) 등 극소수이며, 유엔, 지방정부네트워크, NGOs들은 아직 공식화하지 않음.

서 제시하고 있는 주요 구성요소에 비추어 추정해야만 하는 한계가 있다. 국제학계가 일반적으로 채택하고 있는 구성요소는, 하나는 일반 공중을 대상으로 한 경청, 주창·옹호, 문화교육 교류, 국제방송, 국가 브랜딩, 파트너십, 다른 하나는 인지, 관심, 지식, 주창·옹호, 행동 등이다.[21] 이런 측면에서 UCLG의 최근 정책 정향을 중심으로 공공외교적 인식과 정책 및 프로그램 등의 활동을 확인해 볼 수 있다.

2022년 발행된 UCLG의 2021년 연례보고서는 〈표 4-4〉와 같은 기능 범주별로 주요 활동들이 유형화되어 있다.

여기에서 제시된 기능 범주는 크게 2개로 구분된다. '사람 돌봄 Cares for People' '지구 돌봄Cares for the Planet' 그리고 '정부 돌봄Cares for Government'은 UCLG가 2020년 세계이사회(중국 광저우)에서 채택하여, 2021년부터 추구하고 있는 지방정부 국제운동의 역할 및 역량 강화를 위한 '미래를 위한 계약Pact for the Future'의 3대 프레임이다.[22] 그리고 주창, 연구, 학습, 회의, 경청은 UCLG가 이전부터 이행해 온 방식들을 고려하여 설정한 "2016-2022 정책우선사(UCLG 2016)"를 기초로 2021년에 다시 재조정한 부문별 역할·역량 강화 방식에 해당한다.

UCLG가 공공외교 개념을 공식적으로 채택하고 있지 않으나, UCLG가 갖고 있는 공공외교적 가치 인식과 정책·프로그램들은 주창에서 경청에 이르기까지 기능 범주별로 여러 곳에서 발견된다. 그러나 UCLG의 이러한 기획 의도와는 달리, 실제로 운용하고 있는 활동들 내에서 일반 공중을 실질적으로 표적화하고 있는지의 여부는

---

21 제1장의 pp.49~50와 p.52(각주 17)를 각각 참조할 것.
22 이 문서는 2022년 10월 14일 UCLG 제7차 세계총회(한국 대전)에서 「대전정치선언」이란 명칭으로 최종 채택되었음(UCLG 2022a 문서).

〈표 4-4〉 UCLG의 공공외교 관련 기능 범주, 문제영역, 프로그램 활동

기능 범주	주요 문제영역	공공외교 관련 프로그램·활동
사람 돌봄 (미래 약속의 필수)	■ 평등 중심적 실천 영역	● 공공외교 본질로서의 '사람' 중심성
지구 돌봄 (생태적 변환)	■ 지구 생태적 변환 ■ 식량체계의 변환	● 지구환경에 대한 세계 지방 공중의 경각심 인식
정부 돌봄 (지방 민주주의)	■ 지방 민주주의 실현	● 세계시민 대상 지방민주주의를 위한 분권 호소
주창 (지방정부의 국제적 주장 확대)	〈주창 중심의 정책공공외교〉 ■ 거시적 정책 부문	● G20, 다자체제, 고위급 정치포럼, 신지방의제 개발, 개발금융의 지방화, 지방재정·투자의 감독체계 등
연구 (지방공동체에 대한 지식 서비스)	〈연구 중심의 지식공공외교〉 ■ 지방 지식의 창출 (#ResearchingwithUCLG)	● 비정부 주체로서의 전문 연구자·연구기관과의 협업
학습 (전세계적 지방화)	〈학습·훈련 중심의 교류공공외교〉 ■ 이러닝(E-Learning)	● #LearningWithUCLG 플랫폼 운용
	■ 학습포럼	● 학습·경험의 상호 교류(Action Learning 등)
	■ 훈련 프로그램	● 지구의제의 지방화에 관한 훈련
	■ 학습모듈의 회복성	● 펀더멘털 행동으로의 전환
	■ 디지털 동료학습 방법론	● 디지털 매체를 통한 동료 간 학습기법의 확산
회의 (회합의 영향력)	〈정보제공 중심의 정책공공외교〉 ■ UCLG의 다양한 회합 (#UCLGMeets Platform)	● 공식회합에 관한 세계시민 대상 정보제공 및 인식 개선 　- UCLG Retreat & Campus(업무 연찬회 등)
경청 (미래 약속을 위한 파트너십)	〈경청·파트너십 중심의 관계적 공공외교〉 ■ #CitiesAreListening	● 타운홀 운영의 갱신
	■ 특별 파트너십	● 유럽연합
	■ UCLG의 혼성 공간	● 플랫폼화
	■ 커뮤니케이션· 대외활동	● 캠페인

출처: UCLG(2022b). UCLG Annual Report 2021.

다르기 때문에, 모든 활동들이 공공외교의 범주에 해당하는지는 별개의 문제다. 따라서 공중과의 간접적 접촉이나 논리적으로만 관계구축을 추정할 수 있는 기능 범주 및 활동들은 부수적으로 처리하고, 공중과의 직접적 소통 또는 관계구축을 중심으로 UCLG 공공외교 프레임을 재구조화하여 제시하고자 한다.

첫째, "미래를 위한 계약"의 '사람 돌봄' 계약은 UCLG가 중시하는 정책적 인식이 '정부'나 '지구'환경보다도 일차적으로는 주요 지구적 이슈들을 다룸에 있어 '사람' 중심이라는 점에서, UCLG 도시외교나 공공외교가 사람 중심성으로부터 출발하고 있음을 알 수 있다. 그러나 이는 특정의 공중을 대상으로 하거나 표적화하고 있지 않으나, 문제의 속성상 지구사회의 전체 시민들을 대상으로 UCLG가 다루는 의제들의 중요성에 대한 인식과 관심 유발을 목표로 하고 있다는 점에서 공공외교의 성격을 지녔다고 해석할 수 있다.

둘째, '주창'의 경우 UCLG가 중시하는 지구적 의제들의 접근방식과 해결방안을 위해, UCLG 내부는 물론 다양한 다자주의적 국제제도의 틀 내에서 지방의제의 투영을 통해 정책에의 반영을 위한 국제적 주장과 정치적 영향력을 모색하는 활동과 관련된다. 그러나 여기에 직접 참여하는 주체들은 UCLG 관계자를 포함하여 관련된 공식적 주체들이 주류이며, 공공외교의 대상으로서의 특정 공중 등에 대한 초점화는 공식화되어 있지 않는 실정이다. 다만 경우에 따라 관련 분야 전문가 및 시민단체 지도자들이 참여하고 있는 점으로 미루어보아 전문화된 정책공공외교의 성격을 내포하고 있다고 할 수 있다.

셋째, '연구'의 경우는 위에서 언급한 전문 연구자 및 기관들과의 협업을 통해 정책의 기본적 콘텐츠를 제공하는 지식공공외교의 기능을 맡고 있다. '학습'의 경우 다양한 행위자들과의 일차적 교류를 통해 상호이해와 정보교류의 효과를 동시에 모색하는, 즉 지식 획득을 위한 예비적 단계로서 교류형 공공외교의 기능을 수행하고 있다. 온·오프라인 학습 교재 및 기법을 통해 UCLG의 활동에 접근할 수 있게 할 목적을 지향하나, 특정 지구적 의제를 학습하기 위해 특정 대상들만을 위한 교육·훈련에 집중되고, 일반 공중들에 대한 보편적인 접근성에는 아직 한계가 있는 것으로 보인다. '회의'는 보다 공식적인 UCLG의 회의 시스템이란 점에서 공공외교와는 다소 거리가 있으나, 회의의 내용에 관한 정보를 다양한 방식으로 제공하는 측면에서 정책공공외교의 소재가 될 수 있다.

넷째, '경청'은 '주창'과 함께 UCLG의 공공외교에 가장 직접적으로 가까운 기능 범주에 속한다. UCLG가 거의 유일하게 이 범주와 관련하여, 2017-2019년 연례보고서(UCLG 2019a)에서 가장 명료하고 구체적으로 정책적 입장을 제시한 것도 이와 관련된다. 즉 UCLG의 커뮤니케이션 노력들이 UCLG의 메시지들을 외부로 확산시키는 것을 지향하는데, 그 목적은 UCLG 네트워크의 여러 부문들과 함께 다양한 전략들을 조정하고 특정의 표적 집단들을 규정하기 위함이라는 것이다. UCLG의 커뮤니케이션 전략은 새롭게 개선된 서사와 스토리텔링을 개발하고 다양한 출판물과 언론 등을 활용하는 것이며, 이를 위한 보다 국제적인 캠페인 활동으로서 다양한 포럼·파트너십·소셜미디어 등을 운영하고 있다.

2. 공공외교의 실제

앞의 〈표 4-4〉에서 살펴보았듯이, UCLG의 공공외교 관련 활동 영역
은 주창, 연구, 학습, 회의, 경청으로 구성되어 있다. 이들 가운데 연
구·학습·회의는 UCLG의 정책 산출을 위한 자원으로서의 지방 지
식 및 정보의 교류활동에 해당된다는 점에서, 지방정부 정책의 국제
적 '주창'으로 귀결될 수 있다. 따라서 UCLG 공공외교의 실제는 크게
'정책지향적 주창형 공공외교'와 '경청·파트너십 중심의 관계형 공공
외교'로 요약될 수 있다.

1) 정책지향적 주창형 공공외교

UCLG의 주창형 공공외교는, UCLG가 지향하는 "누구도 어떤 공간도
배제되지 않아야no one/place left behind 한다는 것을 보장하기 위해 지방
정부의 목소리를 대표하고 옹호하며 확대시킨다"는 자체의 목표와
가장 체계적으로 연결되는 활동이다. 주창형 공공외교는 UCLG의 거
의 모든 정책들이 주요 지구적 의제들에 대한 지방정부적 인식·이해
관계·접근법·해결방안 등에 대한 체계적 준비를 통해 이를 보다 광
범한 다자적 국제제도의 협상의제로 투영시킴으로써 지구적 의제의
지방화를 성취하려는 의도와 관련되고 있다. 이런 관점에서 UCLG가
실제 추진하고 있는 정책적 차원의 주창 노력들은 다음과 같다.

- 「**2030 개발의제**2030 Development Agenda」: 지속가능발전을 위
해 유엔이 주도하는 국가 간 의제화에 지방화 관점에서의 논의
구조를 반영하려는 노력

■「신도시의제」New Urban Agenda」: 인간 정주문제와 관련하여 유엔이 주도하는 UN-Habitat의 새로운 논의구조에 지방정부의 역할을 새롭게 증대시키려는 노력

■ G20 내에서의 'Urban 20'의 증진: G20은 본래 지방정부들 간의 네트워크가 아니지만, 지방정부가 G20의제에 지방의제의 존재감을 증진시킬 목적의 집합적 메시지를 개발할 수 있는 하나의 포럼으로서 인식함.

■ 기후 및 회복성 의제: UCLG가 자신의 자매 네트워크 및 다른 주체들과 함께 기후변화를 초점화한 노력. UCLG는 유엔기후변화 당사국총회COPs, 고위급 정치포럼HLPF 등 관련 회의에 직·간접적으로 참여해 왔으며, 이 과정에서 '과학에의 경청Listen to Science'이라는 인식을 정립한 바 있음.

■ 유엔환경총회UNEA: UN Environment Assembly: 유엔환경계획UNEP이 소집하는 회의로서, UCLG는 제4차 총회에서 최초로 도시정상회의를 통해 삶에 적합한 포용적이고 지속가능한 도시를 달성하기 위한 혁신적인 해결책에 관해 고위급 대화의 기회를 제공함.

■ 개발 재원의 지방화: 세계은행과 국제통화기금IMF을 포함한 국제 개발투자은행들과 지방화 시대의 점증하는 욕구에 대처하는 데 적합한 금융메커니즘을 창출할 목적으로 데이터 수집과 연구 노력에 관여해 옴. 이와 관련하여 국제도시투자기금IMIF: International Municipal Investment 구상이 2019년에 공식화되었으며, UCLG의 금융 지방화를 위한 UCLG 우분투Ubuntu 자문제도를 운영 중에 있음.

UCLG의 주창형 공공외교는 일차적으로 체계적인 정책지향성을 갖고 있다는 특성이 있다. 단지 지방정부에만 국한된 지방의제 중심이 아닌, 지구적 의제 속에서 지방의 근본적인 필요에 기반한 '국가화 또는 지구화 속의 지방화'를 추구함으로써 지방과 국제의 공존을 위한 주창활동에 초점을 맞추고 있다. 정책적 주창이야말로 정책결정자, 전문가, 일반 공중 등 모두를 체계적으로 설득하여 마음을 얻을 수 있는 효과적인 방식이 될 수 있다.

이런 점에서 UCLG가 중시하는 프레임워크는 다수의 국제적 주체들, 특히 정부 간 국제기구와 지방정부 네트워크 등으로 구성된 복합적 파트너십을 활용한다는 특성도 지니고 있다. 가장 대표적인 네트워킹의 대상은 유엔 시스템으로서, 여기에는 유엔총회, 경제사회이사회, 유엔환경계획, 유엔식량농업기구 등 비교적 큰 규모의 상위 조직들뿐만 아니라, 의제 영역에 따라 UNACLA(신도시의제 관련), COPs 및 HLPF(기후변화), 유엔장애인회의 등 다양하며, 다양한 의제별로 운용되는 유엔 포럼(유엔경제사회국DESA, Habitat 등) 등을 활용하여 보다 상승된 파트너십 메커니즘을 다양하게 구축하고 있다.

그러나 순수하게 공공외교의 개념적 프리즘을 통해서 볼 때, 과연 현 단계 UCLG의 정책공공외교가 진정한 공공외교의 조건을 갖추고 있는지는 의문이다. 즉 UCLG의 파트너십을 통한 정책지향적 주창이 UCLG 시스템 안팎의 공중을 대상으로 특화된 프로그래밍 노력이 있었는지는 확실하지 않다. 즉 정책 인식과 수립 단계까지는 비교적 바람직한 경로를 추구하고 있는 반면, 일반 공중을 대상으로 한 진정한 공공외교는 경청 중심적 공공외교를 제외하고는 발견하기 어렵기 때문이다. 단지 일부 전문가 및 시민사회 구성원 등이 주로 참여 대상이라는 인상을 지우기 어렵다. 세계의 일반 공중들은 UCLG의 주요 정책은 물론, 극단적으로는 UCLG의 존재 여부조차 인지하지 못하는 경우가 의외로 많다는 것이 이를 반영하고 있다.

2) 경청·파트너십 중심의 관계형 공공외교

UCLG의 활동들 가운데 공공외교에 가장 근접하는 경우는, 세계의 일반 공중을 대상으로 UCLG에 대한 인지 및 관심과 정책적 지식으로의 연계를 통해 정부 간 국제제도 시스템으로의 투영이 가능하도록 UCLG의 전반적인 활동들에 관한 정보를 제공하는 일이다. 이를 위해 일차적으로는 UCLG가 주체가 되어 정보를 일방향적으로 제공하는 방식으로 출발했으나"Listen to Cities", 최근에는 일반 공중을 포함한 타자들의 본연적·수단적 욕구를 경청하여 반영하려는 타자 중심적이며 사람 중심적인 쌍방향으로의 전환"Cities Are Listening"을 강조하고 있다(UCLG 2019a, 6-7).

이런 측면에서 비교적 최근 수년 간 추진해 온 대표적인 활동들을 정리하면 다음과 같다.

- **학습교재의 출판:** 지속가능발전이나 재난위험Sendai Framework 등 지구적 의제들의 지방화 등 정책의제들에 관한 내용의 출판 및 배포
- **언론 활용:** 세계의 유명 일간지 등에 기고문 및 인터뷰 방식을 통해 가능한 한 많은 사람들에게 접근함으로써 UCLG를 통한 지방정부들의 주장을 증폭시킴
- **커뮤니케이션 캠페인 활동:** 국제적 무대에서 지방정부의 역

할을 증대시키려는 시도로, 주요 정책의제별 포럼 및 기념일 이벤트를 포함한 캠페인들을 소셜미디어와 웹사이트 등과 결합시키는 방식을 활용함[23]

UCLG의 대표적인 공공외교활동은 소셜미디어 방식에 주로 집중되어 있으나, 아직은 팔로워 규모 측면에서 보편화되지 않은 문제점이 있다. 참고로 주요 미디어에 있어 UCLG의 영향력 수준을 팔로워 수로 볼 때, 가장 최근의 2018년을 기준으로 웹사이트 사용자가 가장 많은 151,958명(2017년 84,943명), 다음으로 유튜브(시청 39,349회, 공유 1,349, 2017년 각각 26,603, 725회), 트위터 팔로워 수 25,870명(2017년 19,621명), 그리고 페이스북 팬 5,451명(2017년 4,666명) 수준에 그치고 있다. 물론 이 통계는 전년도인 2017년보다 크게 상승한 것으로 매년 증가일로에 있으나, 국가의제에 비해 지방의제의 관심도는 여전히 상대적으로 낮은 편이다.[24]

UCLG는 이러한 커뮤니케이션 노력들이 보다 개선된 서사를 보여줌으로써 자체의 정책 및 주창 노력들을 지원함과 동시에 학습 및 연구 노력 또한 증진시킬 수 있다는 인식을 갖고 있다. 또한 커뮤니케이션을 위한 이러한 캠페인들이 소셜미디어에서의 UCLG의 존재

---

23 포럼의 경우 유엔 소셜미디어에 비해 접속자가 많은 #Listen2Cities(경청)과 #Local4Action(행동)을 포함해 각 문제영역별로 #CitiesForHousing(인간 정주)와 #Regions4Action(기후행동) 등, 그리고 캠페인의 경우 #BeCounted(젠더평등 데이터), #Act4SDGs(유엔 지속가능발전), #Local4Water(세계 물의 날), #EDD19(유럽 개발의 날) 등 다양함.
24 2019년 이후 통계자료에 접근할 수 없어 2018년을 기준으로 함. SNS 참여자의 국적은 대부분 유럽, 북미, 중남미와 모로코가 다수이며, 사용 언어로는 영어, 스페인어, 프랑스어 순으로 이들이 전체의 83퍼센트에 이름.

글로컬 시대 지방정부 외교와 공공외교

감을 증대시키고 메시지의 확산에 기여해 왔다고 평가되고 있다. 그럼에도 불구하고 아직 매우 취약한 수준이어서, 일반 도시외교보다 공공외교적 관점에서의 체계적인 정책적 실천이 요구된다고 평가할 수 있다.

UCLG 공공외교의 경청 방식은 단순한 듣기 수준에 머물기보다는 보다 수준 높은 정책지향적인 주창형 공공외교를 지향하는 특성을 보이고 있다고 평가할 수 있다. 또한 2015년 착수한 유럽연합과의 특별 파트너십 관계 구축이나 '사람 돌봄'의 통합적 프로그램 중 하나인 타운홀 프로세스 등에서 볼 수 있듯이, 다른 국제기구나 다양한 이해관계자들과의 파트너십을 중시한다는 점에서도 주창형 공공외교와 동일한 관계망을 운용하고 있는 특성도 또한 존재한다.

V. 나가며

지방정부들은 자기 시민들을 대표하여 추구하는 목적과 이익을 획득하기 위해 국제사회를 대상으로 다양한 방식의 외교적 활동을 전개해 왔다. 그 가운데 단독적이기보다는 집합적으로 대응하는 네트워크 방식이 현재 가장 활발하게 증대되고 있는 추세이다. 그러나 네트워크 방식 또한 다양한 유형이 존재하며, 세계의 지방정부들은 다수의 네트워크에 참여하여 매우 복합적인 무대에 진입해 있다. UCLG는 범지구적 차원에서 지방정부가 주체가 되어 거의 모든 문제영역을 취급하는 가장 대표적인 메타네트워크에 해당한다.

UCLG는 사실상 90여 년의 선행적 경험의 기반 위에서 조직통합의 제도화를 거쳐 현재까지 약 20여 년의 새로운 도시외교를 전개해 오고 있는 중이다. 일부 정부 간 국제기구를 제외하고는, 여러 측면에서 비교적 높은 수준의 일반 도시외교에 대한 지식과 전략을 구비한 것으로 평가할 수 있다. 그럼에도 불구하고, 현재 전 세계적으로 급속히 확산되고 있는 국가 또는 일부 중앙정부 간 네트워크의 공공외교 추세에는 적극적으로 부응하지 못하고 있다.

우선 지적될 수 있는 점은 다른 도시네트워크에 비해 상대적으로 공공외교에 대한 인식 부족으로 인해 도시외교에 있어 공공외교 개념을 공식적으로 채택하지 않고 있으며, 따라서 관련 정책 프로그램을 특화할 국제 커뮤니케이션 정도의 전문조직조차 없는 실정이다. 이에 관해서는 NATO, EU, OAS와 같은 정부 간 국제기구의 동향을 참고할 필요가 있다. 유사한 프로그램들이 일부 존재하나, 세계의 일반 공중보다는 주로 지방정부 관계자나 일부 특화된 전문가 또는 시민사회 구성원들이 한정적으로 참여하고 있을 정도이다. 최근 경청을 중시하는 방향으로 전환하였으나 여전히 지방의제의 지구의제화하기 위한 주창의 성격이 강하며, 장기간 구축되어 온 파트너십 또한 공중에 대한 접근이 상대적으로 취약한 실정이다.

이런 배경으로 지구상의 다양한 지방정부 네트워크들에 대한 세계 공중들의 일차적 관심도는 현저히 낮은 편이며, 국가 간 문제에 비해 지식의 정도 또한 매우 열악하다. 가장 대표적인 UCLG조차 그러한 상황인데, 다른 지방정부 네트워크의 경우엔 그 정도가 더욱 심하다. 따라서 일차적으로는 UCLG를 포함한 지방정부 네트워크들이 자신을 알림으로써 세계 공중들을 각성시키는 일이 급선무로 보인다. UCLG의 회원 정부 규모, 수많은 파트너십과 이벤트로 볼 때 매우 적합한 공공외교적 요소들을 이미 담보하고 있으므로, 그간 다른 곳에서 설계되어 온 공공외교 전략을 신속히 수용하여 체계화하는 작업이 요구된다.

<참고 4-1> 지방정부 간 및 중앙정부 간, 지방·중앙정부 간 글로벌 네트워크

AIMF(Association Internationale des Maires Francophones) 국제프랑스어권 시장협의회(1979)

ATO(Arab Towns Organization) 아랍권도시기구(1967)

Bureau international permanent de la Paix 국제영구평화사무소(1891)

C40(Cities Climate Leadership Group) 도시기후리더십그룹(2005)

CEMR(Council of European Municipalities & Regions) 유럽지방정부평의회(1951)

CIDEU(Centro Iberoamericano de Desarrollo Estratégico Urbano) 이베로아메리카 전략적도시개발센터(1993)

Cités Unies France 프랑스도시연합(1975)

Cities Alliance(Cities without Slums) 세계도시연합(1999)

CityNet(시티넷) 인간정주관리를 위한 지방정부지역네트워크(1987)

Civitas(키비타스) 유럽도시이동성구상(2002)

CLGF(Commonwealth Local Government Forum) 영연방지방정부포럼(1995)

Coalición LAC(Coalición Latinoamericana y Caribeña de Ciudades contra el Racismo, la Discriminación y la Xenofobia) 중남미·카리브해 반인종차별도시연합(2006)

Eurocities 유럽도시네트워크(1986)

FLACMA(Federación Latinoamericana de Ciudades, Municipios y Asociaciones de Gobiernos Locales) 중남미지방정부연맹(1981)

FMDV(Global Fund for Cities Development) 세계도시개발기금(2010)

Global Parliament of Mayors 세계시장의회(2016)

ICLEI(International Council for Local Environmental Initiatives—Local Governments for Sustainability) 국제지방정부 환경구상협회(1990)

ILO(International Labour Organization) 국제노동기구(1919)

MedCities 지중해권 도시네트워크(1991)

Mercociudades 남미공동시장 도시네트워크(1995)

Mercociudades 지중해권도시연합(1995)

MMC(Mayors Migration Council) 세계시장단 이주문제협의회(2018)

OECD(Organisation for Economic Cooperation and Development) 경제협력
개발기구(1961)

OIDP(L'Observatoire International de la Démocratie Participative) 세계참여
민주주의관측기구(2001)

ORU Fogar(Organization of United Regions / Global Forum of Regional
Governments & Associations of Regions) 지역연합기구 / 지방정부·지역
협의회 글로벌포럼(2007)

Platforma 유럽개발협력플랫폼(2008)

Polis 유럽교통혁신협의기구(1989)

PPIAF(Public-Private Infrastructure Advisory Facility) 민·관인프라자문기금
(세계은행그룹)

Regions4 지속가능발전을 위한 지역4(2002)

Resilient Cities Network 도시복원력 네트워크(2020)

Sharing Cities Alliance 국제공유도시연합(2017)

SUMMIT(Conference of Major Cities of the World) 세계대도시정상회의
(1985~2005)

UCCI(Unión de Ciudades Capitales Iberoamericanas) 이베로아메리카 수도
연합(1982)

UITP(International Association of Public Transport) 국제대중교통협회(1985)

UNAOC(UN-Alliance des Civilisations) 유엔문명연대(2005)

UNDP(UN Development Plan) 유엔개발계획(1965)

UNDRR(UN Office for Disaster Risk Reduction) 유엔재난위험경감 사무국(1999)

UNESCO(UN Educational, Scientific & Cultural Organization) 유엔교육과학
문화기구(1945)

UN-Habitat(United Nations Human Settlements Programme) 유엔인간정주
프로그램(1977)

Union of Baltic Cities 발트해연안도시연합(1991)

UN-Women 유엔여성기구(2010)

Urban 20(U20) G20(주요 20개국) 도시회의(2017)

UVA(Union des Villes Africaines) 아프리카도시연합(1988)

World Water Council 세계물위원회(1996)

*이 글 본문에서 원어명(또는 머리글자)으로만 제시된 글로벌 네트워크(또는 국제기
구)들의 우리말 번역어와 창립연도임.

글로컬 시대 지방정부 외교와 공공외교

1 지방정부가 수행하는 외교의 양식들에는 어떤 것들이 있으며, 이 가운데 도시네트워크는 다른 양식들과 어떤 차이점과 특성이 있는지 구분해서 설명할 수 있는가?

2 수행주체와 문제영역에 따라 구분되는 도시네트워크들에는 어떤 유형들이 있으며, 이 가운데 UCLG(세계지방정부연합)는 어떤 유형에 해당하고, 또한 다른 네트워크와 비교하여 어떤 특성을 지니고 있는가?

3 UCLG의 역사적인 제도화 과정을 통해, 특히 다양한 정부 간 국제기구와 다른 지방정부네트워크들과 어떤 관계를 형성하고 있는지 정리해보자.

4 지방정부의 글로벌 네트워크로서의 UCLG가 창설 초기부터 현재까지 도시외교에 관해 어떤 인식을 갖고 있으며, 또한 자체의 '외교'를 위해 어떤 제도적 조직과 운용방식을 채택하고 있는가?

5 UCLG의 '외교'와 '공공외교'를 어떻게 구분하여 이해하는 것이 바람직한지 생각해 보자. 그러나 UCLG가 공식적으로 '공공외교'를 채택하고 있지 않은 점을 고려하여, UCLG의 다양한 외교활동들 중 '공공외교' 활동에 해당하는 것은 무엇이라고 생각하는가?

6 UCLG가 추구하는 공공외교의 목표, 주체, 대상, 문제영역, 방식 등은 국가중심형 공공외교의 다양성에 비추어 어떤 특성을 보이고 있는가? 특히 공공외교의 일반적 구성요소들과 비교하여 현재 어떤 강점과 약점을 갖고 있는지 생각해 보자.

추천 문헌

송기돈(2016). "지방정부 국제기구를 통한 도시외교의 제도화 기반과 특성 연구: 세계지방정부연합(UCLG) 사례 중심." 『한국자치행정학보』. 30(4). 113-138.

제주평화연구원(2020). 『도시외교』 시리즈 1~10(세계 10대 도시 선정).

Acuto, Michele(2013). *Global Cities, Governance and Diplomacy: The urban link*. London: Routledge.

De Losada, Agustí Fernández & Hannah Abdullah, ed.(2019). *Rethinking the ecosystem of international city networks: Challenges and opportunities. MONOGRAFÍAS*. CIDOB((Barcelona Centre for International Affairs).

Balbim, Renato(2021). "INTERNATIONAL CITY'S NETWORKS AND DIPLOMACY." Discussion Paper, No. 257, Institute for Applied Economic Research(ipea), Brasília. https://www.econstor.eu/bitstream/10419/247231/1/dp-257.pdf(검색일: 2023.10.25).

Marchetti, Raffael(2021). *City Diplomacy: From City-States to Global Cities*. Ann Arbor: University of Michigan Press.

UCLG(2013). CENTENARY OF THE INTERNATIONAL MUNICIPAL MOVEMENT: A LOOK BACK, A STEP FORWARD. https://www.old.uclg.org/en/centenary(검색일: 2023.9.28).

UCLG(2022a). *PACT FOR THE FUTURE OF HUMANITY: The Daejeon Political Declaration*. October 14, 2022. https://www.uclg.org/sites/default/files/uclgpactforthe_future.pdf(검색일: 2023.9.27).

송기돈(2017). "지방정부 국제기구, 도시외교의 전략적 지렛대: UCLG(세계지방자
    치단체연합)을 중심으로." 「세계와 도시」(서울연구원) 18. 54~67.

Acuto, Michele(2016a). "City Diplomacy." Costas M. Constantinou et al. eds.
    The Handbook of Diplomacy. London: SAGE Publications Ltd. 510~
    520.

_____(2016b). "Give cities a seat at the top table." *Nature* 537(7622).
    611~613.

Acuto, Michele, Anna Kosovac & Kris Hartley(2021). "City Diplomacy: Ano
    ther Generational Shift?" *Diplomatica: A Jounal of Diplomacy and
    Society* 3(1). 137~146.

_____ et al(2018). "Toward City Diplomacy: Assessing capacity
    in select global cities." The Chicago Council on Global Affairs. https:
    //globalaffairs.org/sites/default/files/2022-05/toward_city_diplo
    macy_report_180207.pdf(검색일: 2023.9.19).

_____, Mika Morissette & Agis Tsouros(2017). "City Diplomacy: To
    wards More Strategic Networking?: Learning with WHO Healthy
    Cities." *Global Policy* 8(1). 14~23.

_____ & Steve Rayner(2016). "City networks: breaking gridlocks
    or forging (new) lock-ins?" *International Affairs* 92(5). 1147~1166.

Amiri, Sohaela & Efe Sevin, eds.(2020). *City Diplomacy: Current Trends
    and Future Prospects*. London: Palgrave Macmillan.

Curtis, Simon & Michele Acuto(2018). "The Foreign Policy of Cities?" *RUSI
    Journal* 163(6). 1~10.

De Losada, Agustí Fernández(2019). "Towards a Cooperative Ecosystem of
    City Networks." Agustí Fernández De Losada & Hannah Abdullah,
    eds. *Rethinking the ecosystem of international city networks: Chal
    lenges and opportunities*. MONOGRAFÍAS. 19~29.

_____, Agustí Fernández & Eugene Zapata Garesché(2022). "TOWAR

DS AN 'IDEAL NETWORK' OF CITIES." *CIDOB notes internacionals* 27 4. May 2022. 1~7.

Jónsson, Christer(2018). "Non-State Actors and Diplomacy." Gordon Martel ed. *The Encyclopedia of Diplomacy*. Vol.Ⅲ. Chichester, West Sussex, UK: John Wiley & Sons, Ltd. 1366~1370.

Kosovac, Anna & Daniel Pejic(2021). "WHAT'S NEXT? NEW FORMS OF CITY DIPLOMACY AND EMERGING GLOBAL URBAN GOVERNANCE." *MONOGRAFÍAS* 81. CIDOB. 87~95.

_____ et al(2020). "Conducting City Diplomacy: A Survey of International Engagement in 47 Cities." Connected Cities LAB, The Chicago Council on Global Affairs. https://globalaffairs.org/sites/default/files/2020-12/ccga_citydiplomacy_2020_0.pdf(검색일: 2023.9.16).

Melissen, Jan(2018). "Public Diplomacy." Pauline Kerr & Geoffrey Wiseman, eds. *Diplomacy in a Globalizing World: Theories and Practices*. 2nd ed. Oxford: Oxford University Press. 199-218.

UCLG(2004). "Founding Congress Final Declaration 'Cities, local governments: the future for development.'" 5 May 2004. Paris, France.

_____(2010). "The City of 2030: Our Manifesto." UCLG World Summit of Local & Regional Leaders, Mexico City, Mexico, November 16-20.

_____(2014). *Testimonies: 1913-2013*. https://www.uclg.org/sites/default/files/testimonios_100.pdf(검색일: 2023.9.29).

_____(2016). *STRATEGIC PRIORITIES 2016-2022*. https://www.uclg.org/sites/default/files/prioridades_estrat-eng-web.pdf(검색일: 2023.9.29).

_____(2019a). *Report of the Presidency 2017-2019*. https://www.uclg.org/sites/default/files/report_presidencia2017-2019.pdf(검색일: 2023.9.28).

_____(2019b). *Report of the World Summit of Local and Regional Leaders Durban 2019*. https://issuu.com/uclgcglu/docs/uclg_informedurban_digital_en/1(검색일: 2023.9.27).

_____(2022a). *PACT FOR THE FUTURE OF HUMANITY: The Daejeon Political*

       Declaration. https://www.uclg.org/sites/default/files/uclgpactfort
he_future.pdf(검색일: 2023.9.21).

____(2022b). *UCLG Annual Report 2021.* https://www.uclg.org/sites/defa
ult/files/uclg_annual_ report_2021_en_0.pdf(검색일: 2023.9.27).

UCLG, The City of The Hague & VNG International(2008). "The Hague
Agenda on City Diplomacy." Final Draft. 13 June 2008. https://www.
uclg.org/sites/default/files/EN_474_fin_eng_the_hague_agenda_on
_city_diplomacy_0.pdf(검색일: 2023.9.21).

제5장

유럽연합의 지방정부 외교와 공공외교*

윤석준 • 성공회대학교

[요약문] ─────────────────────

본 연구는 오늘날 유럽 지역의 지방정부 공공외교가 지역통합의 심화 과정에서 형성된 복합적 중층성에 기반하여 '네트워크형 지방정부 공공외교'라는 독특한 형태로 발전해가고 있음을 보여주는 데 그 목적이 있다. 유럽 지역에서는 다른 지역들과는 달리 유럽 층위, 국가 층위, 지방 층위라는 세 가지 복합적 층위에 기반하여 제도와 규범이 발전해 오는 과정에서, 다른 지역들에서는 볼 수 없는 지역 층위를 중심으로 네트워크형 지방정부 공공외교가 발전해왔다. 다층적인 유럽통합의 심화 과정에서 나타난 이러한 역내 지방정부들 간 네트워크의 발전은 다른 국가 및 지역의 지방정부들과 차별화된 지방정부 공공외교로 나타나고 있다. 본 연구는 이러한 유럽 지역의 네트워크형 지방정부 공공외교의 구체적인 사례로서, 유럽지역위원회(CoR), 지방 및 지역 자치단체 회의(CLRA), 그리고 유럽지방정부평의회(CEMR)의 지방정부 공공외교를 분석한다.

* 이 글은 2021년 『EU연구』 제60호에 실린 필자의 논문 "유럽 지역의 네트워크형 지방정부 공공외교: CoR, CLRA, CEMR 사례를 중심으로"를 수정 및 보완한 것이다.

[핵심어]

공공외교   지방정부 공공외교   유럽연합
유럽평의회   유럽지방정부평의회

I. 들어가며

공공외교Public diplomacy는 기존의 전통외교와 달리 타국 정부가 아니라 해외 대중을 대상으로 수행하는 외교로서, 탈냉전 이후 전개되어온 지난 30여 년간 국제질서 속에서 지속적으로 그 중요성이 강조되어왔다. 최근에는 공공외교 주체의 다양성에 주목하는 논의들이 활발히 전개되고 있는데, 그 속에서 지방정부 차원에서의 공공외교에 대한 관심도 점차 높아지고 있다. 공공외교에 대한 초기 학술적 논의는 외교의 대상에 있어 차별화된 문제의식을 제공해주었지만 외교의 주체에 대해서는 여전히 중앙정부 중심의 문제의식에 머물러 있었다. 그러나 각국의 중앙정부가 주도하는 외교와는 별개로 선진국들의 주요 대도시들이 전개하는 도시외교가 주목을 받기 시작하면서, 다양한 규모와 층위의 지방정부들이 전개하는 외교활동 전반에 대한 관심도 높아졌다.

이러한 맥락 위에서 본 연구는 다른 지역 및 국가들의 지방정부

공공외교와 차별화되는 유럽 지역 지방정부 공공외교가 지니고 있는 특수성에 주목한다. 이를 통해서 오늘날 유럽의 지방정부 공공외교가 개별 회원국 단위보다 유럽이라는 단위를 중심으로 발전하고 있는 독특함sui generis을 보여주고자 한다. 특히 유럽 지역에서는 다층적인 유럽통합의 심화 과정에서 역내 지방정부들 간의 네트워크가 발전하고 이를 바탕으로 다른 국가 및 지역의 대중들에 개별적으로 특화되는 독특한 지방정부 공공외교가 전개되고 있다는 사실에 주목한다. 그리고 이를 통하여 그동안 북미권 학계를 중심으로 발전해 온 기존의 지방정부 공공외교에 대한 학술적 논의를 보완하는 역할을 수행하고자 한다.

오늘날 유럽 지역의 네트워크형 지방정부 공공외교의 특성을 이해하기 위한 구체적인 사례연구로서 유럽지역위원회European Committee of the Regions, CoR, 지방 및 지역 자치단체회의Congress of Local and Regional Authorities, CLRA, 그리고 유럽지방정부평의회Council of European Municipalities and Regions, CEMR에 대한 심층 분석을 수행한다. 이를 통하여 유럽 지역에서는 다른 지역들과는 달리 유럽 층위, 국가 층위, 지방 층위라는 세 가지 복합적 층위에 기반하여 제도와 규범이 발전해 오면서, 지방 층위가 국가 층위를 직접적으로 매개하지 않더라도 유럽 층위와 직접적으로 조응하는 것을 통하여 다른 지역들에서는 볼 수 없는 지역 층위를 중심으로 한 네트워크형 지방정부 공공외교가 활성화될 수 있었음을 보여주고자 한다.

글로컬 시대 지방정부 외교와 공공외교

II. 유럽 지역의 네트워크형 지방정부 공공외교

1. 유럽 지역 지방정부 공공외교의 복합적 중층성

양차 세계대전 이후 지난 반세기 이상 유럽 지역에서는 지역통합이 지속적으로 심화 및 확대되었고, 이에 따라 EU나 유럽평의회Council of Europe, CoE 등과 같은 다양한 지역 기구들이 태동하고 크고 작은 지역협력들이 발전해왔다. 이러한 통합의 심화는 역내 주권국가들의 전통적인 역할 및 권능에도 변화를 가져왔는데, 무엇보다도 유럽 국가들의 대다수 정책 영역들에서 국가 층위National level나 지방 층위 Sub-state level뿐만 아니라 유럽 층위European level에서의 발전도 활발히 이루어지게 된다. 이러한 유럽 층위는 국가 층위는 물론 지방 층위와 지속적으로 상호 영향을 주고받으면서 다양한 정책 영역들에서의 유럽화Europeanization를 심화시켜왔다. 그리고 이러한 과정을 통해서 유럽의 다양한 정책 영역에서 나타나는 복합적 중층성multiple stratification 에 기반한 다층적 거버넌스multi-level governance가 발전해왔다(MaloneyVan Deth 2008, 241-52).

　　외교 영역에서도 개별 회원국들의 국가 층위 외교정책과 함께 유럽 층위의 EU 공동외교안보정책Common Foreign and Security Policy, CFSP 이 병존하는 형태로 발전해왔다. 그러나 통상정책은 공동체 조약에 근거하여 EU가 회원국들에 대해서 배타적 권한exclusive competence을 가지고 초국가적supranational 동학에 근거해서 정책을 수립 및 집행할 수 있는 반면, 외교안보정책은 회원국들이 주권국가로서 해당 영역의 정책 결정에서 EU보다 지속적으로 우위를 유지해왔다. 이는 EU

가 개별 회원국 층위에서의 외교정책 관련 권한을 일부 이양받았다 기보다는 마스트리히트조약Treaty of Maastricht 이후 공동체 외교의 영역이 새롭게 창출된 성격이기 때문이다. 이에 EU는 CFSP를 이행 혹은 집행할 권한이 있을 뿐이고 CFSP의 수립은 EU 내에서 사실상 정부간적inter-governmental 동학에 기반해서 이루어지고 있다.

이러한 유럽 층위의 외교는 EU가 그 중심에 있기는 하지만, 인권과 민주주의와 관련된 가치와 규범적 영역에서는 CoE도 제한적이나마 국제사회에서 영향력을 미치고 있다. 1947년 출범한 CoE는 범유럽 차원에서 민주주의, 인권, 법치 제고 및 협력을 위해서 결성되어 현재 47개 회원국을 가진 지역기구이다. CoE는 유럽인권협약 European Convention on Human Rights, ECHR의 산파로서 유럽인권재판소 European Court of Human Rights, ECHR를 v 산하기관으로 운영하며, 역내외의 다자간 외교의 장에서 인권과 민주주의 등과 같은 가치 및 규범 지향적 의제에 있어서 영향력을 미치고 있다(Schmahl & Breuer 2017, 875-968). 그러나 CoE는 외교를 포함한 대외정책 영역에서는 EU와 같이 기능적 및 제도적 진화가 활발히 이루어지지 않았다. 그래서 유럽 층위의 외교는 사실상 EU를 중심으로 수립 및 집행되고 다른 지역기구들은 보완적 성격의 제한적 역할만 수행해왔다.

유럽의 지방정부 외교에서 이러한 중층성은 한층 더 복잡하게 나타난다. 유럽의 지방정부들 중에는 중앙정부로부터의 독립성이나 자치도가 높아 대외정책 영역에서도 상당한 역량을 발휘하는 경우가 있다. 독일, 벨기에 등과 같은 연방제 국가federation의 주정부들의 경우나, 단방제 국가unitary state이지만 영국의 스코틀랜드Scotland나 스페인의 카탈루냐Catalunya와 같이 자치도가 높고 분리독립운동이 활발한

글로컬 시대 지방정부 외교와 공공외교

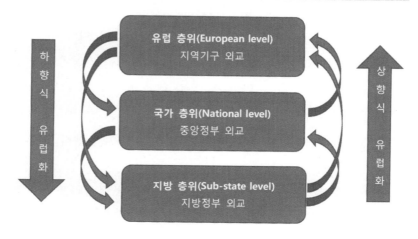

〈그림 5-1〉 유럽 지역 (공공)외교의 다층성

하향식 유럽화

유럽 층위(European level)
지역기구 외교

국가 층위(National level)
중앙정부 외교

지방 층위(Sub-state level)
지방정부 외교

상향식 유럽화

출처: 필자 작성

지방정부들, 그리고 파리·런던·베를린 등 주요국들의 대도시들의 경우가 이에 해당된다(Alexander & Royo i Marine 2020, 238-250; Criekemans 2010, 37-64; La porte 2013, 85-111). 이들은 중앙정부 차원의 외교정책 수립 및 집행 과정에서 협력을 하거나 적극적으로 의견을 개진하는 것은 물론, 다른 한편으로 독자적인 지방정부 차원의 외교적 역량을 발전시켜오면서 중앙정부 차원에서 포괄되지 않거나 때로는 상충하기도 하는 지방정부 차원의 이해관계를 지켜왔다.

이러한 가운데 유럽의 지방정부 공공외교는 유럽 외교의 일반적 특성에 기반한 외교 '주체의 중층성'뿐만 아니라 지방정부 공공외교가 갖는 특성에 기인한 외교 '대상의 중층성'이 추가된다. 유럽 지역에서의 지방정부 공공외교는 지방정부 간의 직접적인 교류와 협력이 발전하는 과정에서 함께 발전하는 경우가 많아, 그 소구대상이

다른 국가들의 대중으로 한정되는 중앙정부 공공외교와는 달리 특정 지방의 대중도 그 소구대상이 되기도 한다. 대표적인 사례가 자매결연도시sister city, twin city 등의 형태로 도시 대 도시, 혹은 지방 대 지방 차원에서의 교류 및 협력 강화 과정에서 상대 도시나 지역에 특화된 공공외교가 발전한 경우이다. 특히 유럽 내에서는 지방정부들 간의 교류 및 협력을 활성화하는 각종 네트워크와 정책의 발전이 이러한 지방정부 공공외교 활성화에 기여하는 제도적 인프라로 작동하고 있다.

2. 복합적 중층성에 기반한 네트워크형 지방정부 공공외교

유럽 외교의 복합적 중층성에 기반한 다층적 거버넌스에서 지방정부 공공외교가 보여주는 가장 큰 특징은 각국의 지방정부들로 구성된 유럽 층위에서의 수평적 네트워크가 지방정부 공공외교 활성화에 중요한 역할을 하고 있다는 점이다. 이러한 유럽의 지방정부 간 협력을 위한 수평적 네트워크로는 대표적으로 유럽지역위원회CoR, 지방 및 지역 자치단체 회의CLRA, 그리고 유럽지방정부평의회CEMR 등이 있다. 이들은 모두 유럽 내 여러 국가들의 지방정부들 간 협력 강화를 위해 범유럽적 차원에서 구축된 지방정부 간 네트워크 성격을 지닌 기관들인데, 이를 중심으로 유럽 지역 내 지방정부 간 포괄적인 협력의 일환으로서 주체와 대상이 모두 유럽 역내에 맞추어진 지방정부 공공외교가 전개된다(Thomas 1996).

　이들 중 CoR과 CLRA는 각각 EU와 CoE의 주요 기관들 중 하나로서, 각각의 지역기구 내에서 중앙정부를 중심으로 이루어지는 의사결정 과정에서 지방정부들의 목소리를 반영하는 공식적인 통로 역할이 그 핵심 기능이다. 그리고 CEMR은 앞선 지역기구들의 동학과는 별개로 형성되어온 역내 지방정부들의 네트워크로서, 세계지방정부연합United Cities and Local Governments, UCLG의 유럽지부 역할도 담당하고 있다. 이러한 유럽 차원의 지방정부 네트워크들은 개별 국가 단위를 넘어 초국가적 공동행동에 나서는 지방정부들 간의 협력을 통해서 유럽 층위에서 그들의 이해관계를 증진시키는 데 그 목표가 있다. 그리고 이러한 지방정부들 간 다자적 및 양자적 관계의 확대 및 심화 과정에서 상대 지방정부의 대중들을 대상으로 한 공공외교 활동도 발전해왔다(Ewen & Hebbert 2007).

이처럼 유럽의 지방정부 공공외교가 지방정부 간 수평적 네트워크를 적극적으로 활용해온 것은 다수의 지방정부들이 공공외교의 필요성이 있더라도 이를 추진할 만한 독자적 외교적 역량을 갖추기에 한계가 있기 때문이다. 유럽의 지방정부들 중에는 스페인의 카탈루냐와 같은 지방과 파리, 런던, 베를린 같이 지방정부 차원에서 공공외교를 독자적으로 수행할 수 있는 외교적 역량이 충분한 곳들도 있다. 하지만 그 외 대다수의 지역 및 지방 자치단체들과 중소도시들은 지방정부 차원에서 독자적으로 공공외교를 수행할 수 있는 역량이 충분치 않다. 이러한 상황에서 유럽 차원의 지방정부 간 포괄적 협력을 위한 수평적 네트워크들은 지방정부들 사이에서 다자간 및 양자간 협력의 비용을 감소시켜 교류와 협력을 활성화시켜왔는데, 이러한 과정에서 지방정부 공공외교도 일종의 파급효과spillover effect로 활성화된 것이다.

또한 유럽의 지방정부 공공외교는 주로 경제적 및 문화적 영역을 중심으로 추진되어 그 소구의 대상이 역외는 물론 역내 대중들에 맞춰지는 경우도 많기 때문에 이러한 역내 지방정부들의 네트워크가 적극 활용되어 온 측면도 있다. 유럽의 지방정부들이 자신의 지방에 대한 긍정적이고 호의적인 인식을 제고시키려는 목적은 주로 인지도 상승 및 이미지 개선을 통하여 궁극적으로 지역 생산품의 시장경쟁력을 높이거나, 관광객을 보다 많이 유치하려는 경우가 많다. 특히 EU에 의해 제도화된 원산지 표시 보호Protected Designation of Origin, PDO나 지리적 표시 보호Protected Geographical Indication, PGI와 같은 제도, 그리고 EU에 의해 매년 선정된 회원국의 도시를 전 유럽에 홍보하며 관광 및 지역 경제 활성화에 기여해 온 유럽문화수도European Capital of Culture 와 같은 정책은 역내에서 지방정부 차원의 공공외교 필요성을 배가 시켰다(Albuquerque, Oliveira & Costa 2018; Ooi, Håkanson & Lacava 2014; Tamara 2020, 215-234).

이러한 유럽 지역 지방정부 공공외교는 지방 층위와 유럽 층위 가 국가 층위를 직접적으로 매개하지 않을 수 있는 정체polity가 있어, 이러한 정체를 매개로 정치politics가 작동하고 정책policy이 수립되는 오늘날 유럽 정치의 독특함sui generis을 단적으로 보여준다. 이는 지방 정부 공공외교의 동학을 중앙정부와 지방정부의 협력 혹은 경쟁 관 계로만 분석하는 기존의 이론적 논의가 갖는 한계를 보완해줄 수 있 으며, 또한 네트워크형 공공외교networked public diplomacy에 대한 소수의 선행연구들이 지닌 문제의식을 보다 확장 및 심화시켜주는 역할도 기대할 수 있다(Zaharna, Arsenault & Fisher 2014; Lee & Ayhan 2015, 57~77). 이에 이어지는 장에서는 유럽 지역 지방정부 공공외교가 주 로 작동하고 있는 세 가지 지방정부 네트워크들에 대한 사례연구를 통하여, 유럽 층위와 지방 층위가 결합된 복합적 중층성에 기반한

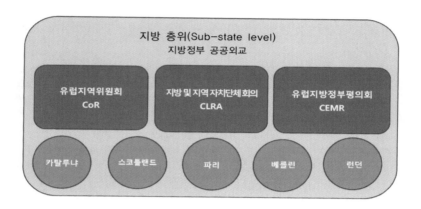

〈그림 5-2〉유럽 지역 지방정부 공공외교의 중층성

지방 층위(Sub-state level)
지방정부 공공외교

유럽지역위원회
CoR

지방및지역자치단체회의
CLRA

유럽지방정부평의회
CEMR

카탈루냐   스코틀랜드   파리   베를린   런던

출처: 필자 작성

유럽 지역의 네트워크형 지방정부 공공외교에 대한 이해를 심화시켜 보고자 한다.

III. 유럽 지역 네트워크형 지방정부 공공외교: CoR, CLRA, CEMR 사례를 중심으로

1. 유럽지역위원회(CoR)

유럽지역위원회CoR는 EU의 주요 기관들 중 하나로서, 1993년 마스트리히트조약에 의해 법적 근거가 마련되어 1994년에 처음 설립되었다. CoR은 EU 층위에서 지역regions과 도시cities와 연관되는 정책을 결정하는 과정에서 다양한 지방정부들sub-national authorities: regions, counties, provinces, municipalities, and cities의 이해관계가 반영될 수 있게 하기 위해서 만들어졌다(Warleigh 2007, 177-190). 이에 따라 EU의 이사회 Council of the EU, 집행위원회European Commission, 그리고 유럽의회European Parliament가 지방 및 지역과 관련된 법안을 만들 때에는 원칙적으로 CoR의 의견을 묻는 방식으로 협의를 진행해야 한다. EU의 정책들 중 약 70퍼센트가 지방정부들에게 직간접적인 영향을 주는 것으로 분류되기 때문에 정책결정 과정에서 지방정부들과의 이해관계 조정 은 필수적이고, 이를 위해서는 지방정부들 간의 논의 및 협력 활성화 도 선행될 필요가 있다(Hönnige & Panke 2016).

이러한 목적을 지닌 CoR는 회원국들의 제안에 기반하여 EU 이 사회에 의해 지명되는 5년 임기의 총 350명의 위원으로 구성되는데, 위원들은 각 회원국들의 지방자치단체장들(시장, 도지사 등) 중에서 맡게 되어 있다. CoR의 운영은 의장단Bureau, 총회Plenary session, 상임 위원회Commissions, 그리고 정치그룹Political group을 중심으로 이루어진다. CoR의 의원들에 의해 선출된 의장President, 수석부의장First Vice-president, 부의장Vice-presidents으로 의장단이 구성되고, 의장단 주도 하에 연 6회 전체 의원들이 참석하는 총회를 개최하여 시민권 및 거버넌스, 영토 결속, 환경-기후변화-에너지, 천연자원-농업, 사회정책-고용-교육-문 화 등 정책별 상임위원회들이 준비한 의견opinions, 보고서reports, 결의 안resolutions 등을 의결한다. 그리고 개별 의원들의 정치적 성향들에 따라 구성된 다양한 정치그룹이 이러한 의결 과정에서 영향을 미친 다(Warleigh 2002).

이렇게 구성 및 운영되는 CoR의 주된 역할은 크게 두 가지이다.

첫째는 EU 층위에서의 보건, 교육, 고용, 사회정책, 경제 및 사회 결집, 교통, 에너지, 기후변화 등의 관련 정책들에 대한 입법 과정들에서 역내 지방정부들의 입장이 EU 차원의 입법 과정에서 반영되게 하는 정치적 역할이다(Loughlin 1996). 둘째는 지방 및 지역 자치단체들 간에 다양한 의견교환과 협력이 이루어질 수 있도록 지방정부들 간 네트워크를 구축하고 이를 통해서 지방정부 외교가 이루어질 수 있도록 하는 외교적 플랫폼 역할을 하는 것이다. CoR의 설립 초기에는 정치적 역할에 초점을 맞추어 주로 활동이 전개되었지만, 최근에는 지방정부의 외교적 플랫폼 역할도 강화하고 있다. 이러한 CoR의 지방정부 외교 플랫폼은 대화 및 월경적 협력 진흥Promoting dialogue and cross-border cooperation이라고 명명되어 지역 간 그룹Interregional groups과 CoR 네트워크CoR networks를 중심으로 전개되고 있다(European Union 2021).

지역 간 그룹은 2007년부터 CoR에서 조직되기 시작한 EU 회원국들의 지방정부들 간 관계 증진 및 협력을 위한 역내 지방정부 외교 플랫폼이다. CoR의 지역 간 그룹은 2021년 7개의 지역 간 그룹이 결성되어 활동하고 있는데, 특히 지리적 인접성에 기반하여 국가 단위를 초월해 운영되는 경우가 많다. 대표적인 사례로는 폴란드·슬로바키아·루마니아를 관통하는 중동부유럽 카르파티아산맥 지역의 지방정부들로 구성된 '카르파티아Carpathians 그룹'과 이탈리아에서 지중해 지역 섬이라는 정체성과 지리적 인접성을 공유하는 시칠리아와 사르데냐의 지방정부들로 구성된 '인술라지역Insular regions 그룹'이 있다. 이들은 그룹을 구성하는 다른 지역들을 대상으로 상호 지역 간 이해 증진을 위한 인적 및 문화 교류 프로그램을 운영하기도 하고,

또한 역외의 다른 지역들을 대상으로 이들의 지역 정체성 인식을 제고시키는 다양한 노력을 함께 한다.

그리고 CoR 네트워크는 2010년부터 시작된 EU의 지방정부들과 비유럽 주변국 지방정부들과의 관계 증진 및 협력 활성화를 위해 발전시켜온 역외 지방정부 외교 플랫폼이다. 대표적인 사례로는 아르메니아, 아제르바이잔, 벨라루스, 조지아, 몰도바, 우크라이나 등 구소련 국가들의 18개 지방정부들과 EU의 18개 지방정부들이 구성한 '동방 파트너십을 위한 지방정부회의Conference of the Regional and Local Authorities for the Eastern Partnership, CORLEAP'와 EU 회원국들과 지중해 연안의 중동 및 북아프리카 지역 국가들의 80여 개 지방정부들로 구성된 유로─지중해 지방의회Assemblée Régionale et Locale Euro-Méditerranéenne, ARLEM가 있다. 이들은 정치 및 경제 분야에서 전통적인 외교 수행과 함께 교육·문화·학술 분야를 중심으로 다양한 공공외교를 수행하고 있다(Oikonomou 2018; Bricault 2011).

〈표 5-1〉 CoR의 역내외 지방정부 공공외교 네트워크

역내 지방정부 공공외교 (CoR Interregional groups)	역외 지방정부 공공외교 (CoR Networks)
카르파티아 그룹 폴란드, 슬로바키아, 루마니아를 관통하는 중동부유럽 카르파티아산맥 지역	**동방 파트너십을 위한 지방정부회의** 아르메니아, 아제르바이잔, 벨라루스, 조지아, 몰도바, 우크라이나
인술라지역 그룹 이탈리아 시칠리아와 사르데냐의 지방정부들	**유로-지중해 지방의회** 지중해 연안의 중동 및 북아프리카 지역 국가들

출처: 필자 작성

2. 지방 및 지역 자치단체회의(CLRA)

CLRA는 CoE의 주요 기관들 중 하나로서 47개 회원국의 지방 자치단체들로 구성되어, 현재 프랑스 스트라스부르Strasbourg에 사무국이 위치하고 있다. CLRA의 모태는 1953년에 CoE의 자문의회Consultative Assembly of the Council of Europe가 설치한 도시 및 지역 현안 특별위원회 Special Committee on Municipal and Regional Affairs이다. 이것이 1957년에 13개 회원국들의 지방정부들을 중심으로 지방정부회의Conference of Local Authorities of Europe라는 이름으로 출범하게 된다. 그리고 1975년에 유럽 지방 및 지역 자치단체회의Conference of Local and Regional Authorities of Europe, CLRAE를 거쳐, 1994년에 오늘날의 명칭으로 바뀌면서 유럽의 지방 및 지역 자치단체들을 대표하는 자문기관의 위상을 갖게 된다 (CLRA 2007).

CLRA는 범유럽적 차원에서 지방 및 지역 자치단체들을 대표하는 회의체로서 지방정부원Chamber of Local Authorities과 지역원Chamber of Regions의 양원 형태로 구성되어 있다. 그러나 두 원 사이의 관계는 주요 국가들 입법부의 상하원과 같이 수직적이거나 위계적인 것이 아니라 수평적인 관계로서, 47개 회원국에서 총 648명으로 구성된 대표들이 일 년에 두 번씩 회기마다 모여 지역 내 지방정부들 간 협력에 대해서 논의한다(Olwig & Mitchell 2019, 231-52; Europe 2007). CLRA의 주요 의제는 지방차원의 민주주의 고양과 지방 거버넌스 및 자치 강화인데, 특히 지방정부 협력 강화를 위한 범유럽 차원의 다자간 조약 수립에 적극적으로 나서고 있다는 것이 특징이다. 가장 대표적인 예가 1980년에 체결된 마드리드협약Madrid Convention 혹은 유럽 초국경 협력 협약European Outline Convention on Transfrontier Co-operation이다
(Council of Euorpe 1980).

마드리드협약은 국경을 인접한 지역들이 월경지역cross-border
regions이라는 새로운 형태의 지역 단위를 형성하여 국가 단위를 초월
한 지역 단위의 협력을 강화하기 위한 것이다. 이는 사실상 국제법상
복수의 국가주권이 동시에 영향을 미치거나 공동 관리하는 지역인
공동통치령condominium을 구성하려는 시도였다. 이러한 구상은 독일
의 라인란트팔츠주Land Rheinland-Pfalz와 룩셈부르크Luxembourg의 공동통
치령이라는 역사적 경험에 기반한다. 독일의 라인란트팔츠주는 서쪽
으로는 룩셈부르크, 북쪽으로는 벨기에, 그리고 남쪽으로는 프랑스
와 국경을 접하고 있는 대표적인 접경지역이다. 이 지역은 1816년
당시 프러시아와 룩셈부르크가 국경을 획정하면서 모젤강Moselle river
지역을 공동통치구역으로 만든 조약을 필두로, 1964년에 공동자연공
원 설립을 위한 조약과 1974년에는 공동 수자원 보존 조약 등을 통해
초국경적 협력을 강화해왔다(Rudolf 1986).

유럽에는 이처럼 인접한 타국의 접경 지방 혹은 지역과 국경을
초월해 실질적인 경제 및 문화 생활권을 함께 구성하고 있는 지방
및 지역의 사례가 많다. 특히 역사적으로 오랜 기간 동안 전쟁을 반
복하면서 특정 지방 및 지역의 귀속 국가가 지속적으로 변경되어온
경우 초국경적 협력은 더욱 중요해졌다. 대표적으로 프랑스의 알자
스로렌Alsace-Lorraine 지방이나 독일의 자를란트주Saarland는 오랜 기간
동안 프랑스와 독일이 번갈아가며 점령했던 접경지역으로서 다른 어
느 지역들보다도 지방 및 지역 차원의 초국경적 협력이 중요한 곳이
다. 이러한 프랑스와 독일의 접경 지방 혹은 지역에서의 협력은 상호

문화 교류 확대·증진을 통하여 상대 지역에 대한 부정적 인식을 줄이고 우호적 인식을 제고시키는 것이 목표인바, 이에 문화 및 교육 공공외교 차원에서 독일어와 프랑스어의 이중언어 교육이 이루어지는 중등 및 고등 교육기관들이 운영되고 있다(Wattin 2014, 237-39).

일반적으로 이러한 접경 지방 및 지역 간 협력은 중앙정부의 지원 하에 지방정부가 주도적으로 임해왔는데, CLAR는 지방정부의 능동적 참여를 위한 플랫폼으로서 그 역할에 충실하면서 상이한 국가 정체성을 넘어서는 지방 및 지역 간 상호문화 대화intercultural dialogues 진흥을 모색해왔다. 그리고 이러한 접경 지방 및 지역 간 상호문화 대화는 초기에는 역내 국가들에 초점이 맞춰져 있었지만 점차 역외 국가들에도 확장되어 적용되기 시작하였는데, CLRA의 유럽-아랍 도시들 간의 대화Euro-Arab dialogue between cities는 가장 대표적인 사례 중 하나이다. 특히 CoE가 민주주의·인권·법치·문화협력이라는 가치 중심적인 유럽통합을 주도해왔던바, CLRA도 이러한 역외 공공외교에서 양성평등·지속가능개발·기후변화대응과 같은 규범적인 의제들을 주된 대화와 협력의 영역으로 삼고 있다는 것에 주목할 필요가 있다(Bakaki 2020, 517-39).

3. 유럽지방정부평의회(CEMR)

중앙정부들 간 협력에 기반한 유럽지역통합기구들의 산하 기관으로 태동 및 발전해 온 CoR이나 CLRA와는 달리, CEMR은 양차 세계대전 이후 유럽통합의 역사에서 중앙정부가 아닌 지방정부 중심으로 전개된 유럽 차원의 협력이 확대 및 심화되는 과정에서 태동한 조직이다.

CEMR은 1951년 제네바에서 유럽 8개국(독일·이탈리아·벨기에·스위스·룩셈부르크·덴마크·네덜란드)에 있는 56개의 지방자치단체 대표들이 모여 창립하였다(La porte 2013, 90-91). 이들 지방정부들은 양차 세계대전 기간 동안 레지스탕스 운동이 활발했던 지방들이었던 동시에 양차 세계대전 직후부터 유럽 연방주의federalism 운동이 활발히 전개되었던 곳들이었다. 초기에는 유럽지방자치단체평의회Council of European Municipalities, CEM라는 명칭을 사용했지만, 지역Regions의 참여가 증가하면서 오늘날과 같은 명칭으로 발전하게 된다(Zucca 2012, 32-33).

오늘날 CEMR은 유럽 국가들에 조직되어 있는 60여 개 국가 단위 지방정부 연합체들을 모두 포괄하는 네트워크로 운영되고 있다. 이러한 60여 개 국가 단위 지방정부연합체들에 참여하는 지방정부들의 수는 약 10만 개 정도이다. CEMR에는 27개 EU 회원국들과 47개 CoE 회원국들 모두는 물론 이 두 지역기구에 포함되지 않는 일부 국가들의 지방정부연합체들도 참여하고 있다. CEMR은 이처럼 유럽 대륙에 있는 거의 모든 지방정부들을 직간접적으로 포괄하고 있기 때문에 세계지방정부연합United Cities and Local Governments, UCLG의 유럽 조직 역할도 수행하고 있다(La Porte 2013, 93). 그리고 이러한 특성 및 중요도를 고려하여, EU는 CoR이 있음에도 불구하고 CEMR의 원활한 운영을 지원하기 위해 CEMR의 연간 운영 예산의 약 15퍼센트를 지원하고 있다(Lisney & Kiefer 2016, 85-86). 그러나 이러한 일부 예산 지원이 있지만 CEMR은 EU로부터 완전히 독립적인 기관으로서 운영되고 있다.

CEMR이 추구해온 핵심 목표는 '지방자치에 기반한 통합된 유럽 건설a construction of a united Europe founded on local self-government'이다. 이를

위해서 CEMR은 1953년 지방자유헌장Charter of Local Liberties을 채택하여 이러한 지향을 반영한 규범적 토대를 마련했으며, 이것은 향후 1985년 CoE가 채택한 유럽 지방자치정부헌장European Charter of Local Self-Government of the Council of Europe의 토대가 된다(Hurnyak & Kordonska 2021). 그리고 중앙정부 주도로 추진되는 통합유럽 과정에서 지방정부의 역할 강화를 통해서 EU 정책 관련 입법에 영향을 미치는 것에 주안점을 두고 유럽의회선거 매니페스토Manifesto for the European elections 를 통해서 유럽의회 선거에서 지방정부의 입장을 반영시키기 위한 노력을 경주해왔다. 그리고 이러한 활동을 위해서 CEMR을 구성하는 다양한 층위의 지방정부들 간 대화 및 상호 이해 증진이 필요한바, 이에 대한 노력을 경주해왔다.[1]

이러한 맥락에서 CEMR은 유럽 내 자매도시 결연town twinning을 주도하면서 이를 지방정부 공공외교의 주요한 수단으로 삼아 그동안 역내 지방정부들 간 양자 협력관계 발전과 시민들의 상호 이해 및 교류 증진에 많은 기여를 해왔다. 이러한 결과로 CEMR을 통해 성사된 유럽 내 자매도시 결연은 총 3만 개에 이를 정도이며, 유럽 내 자매도시 결연을 위한 전용 온라인 플랫폼도 구축하여 활용하고 있다(Kohler 2016). 이러한 시민들을 대상으로 한 여러 프로그램들은 약 2억 유로의 예산으로 진행된 EU의 '시민을 위한 유럽Europe for Citizen' 이라는 프로그램의 협력 및 재정 지원 하에 진행된다(European Palirament 2016). 이렇게 CEMR을 통해 결성된 유럽 내 자매결연 도

---

1 "CCRE: Manifesto for the European Elections," https://www.ccre.org/en/activites/view /35(검색일: 2021.10.24).

유럽 지방정부	역외 지방정부	주요 내용
룩셈부르크 프레저다울(Préizerdaul)	엘살바도르 산어거스틴(San Agustín)	식수 공급을 위한 수도관 계선 지원
핀란드 바사(Vaasa)	탄자니아 모로고로(Morogoro)	고아 입양 및 교육 지원 사업
포르투갈 포르투(Porto)	카보베르데 민델로(Mindelo)	역사적 문화재 복원 및 관리 지원

출처: CEMR(2007). *Twinning for Tomorrow's World*. pp.23-25.

시들은 주로 문화 및 교육 교류를 중심으로 여러 프로그램들을 기획하여 자매결연 지방들이 서로 미술 전시나 음악 공연을 교환 개최하고, 청소년 및 학생들의 상호 교류 프로그램들을 운영하여 좋은 성과를 거두고 있다.

이러한 성과를 바탕으로 CEMR은 최근 지방자치단체 외교Municipal diplomacy의 중요성을 강조하면서 공공외교를 포함한 전반적인 지방정부 외교를 위한 핵심적인 플랫폼으로의 발전을 모색하고 있다. 특히 유럽 지방정부의 공공외교를 역내는 물론 역외로 확대해 나가려는 노력의 일환으로 자매도시 결연을 유럽 역외 지방으로 점차 확대해 나가고 있다.[2] 역외를 대상으로 하는 CERM의 지방정부 공공외교의 가장 큰 특징은 주로 개발도상국 지방정부를 대상으로 하여 개발협력을 결합한 공공외교를 수행한다는 것이다. 대표적인 사례로는 룩셈부르크의 프레저다울Préizerdaul 지방이 엘살바도르의 산어거스틴

---

2 "CCRE: Town Twinning," https://www.ccre.org/en/actualites/view/2434(검색일: 2021.10.24).

San Agustín 지방과 자매결연을 맺어 식수공급을 위한 수도관 계량사업을 진행하고 있는 것으로, 이 외에도 핀란드와 포르투갈 등도 이러한 개발협력을 결합한 지방정부 공공외교를 수행하고 있다(CEMR 2007; Nyamwanza 2017).

IV. 맺음말

유럽 지역의 지방정부 공공외교는 파리·런던·베를린 등 각국의 주요 대도시들이나 카탈루냐 등과 같이 자치도가 높은 일부 지방들이 각자 개별적으로 기획 및 시행하는 경우들도 있지만, 그 외 다수의 지방정부들은 유럽통합 과정에서 형성해온 지방정부 관련 기구나 네트워크를 주로 활용하여 지방정부 공공외교를 수행하고 있다. 이는 다른 지역들과는 달리 유럽 지역의 경우에 유럽 층위, 국가 층위, 지방 층위라는 세 가지 복합적 층위에 기반하여 제도와 규범이 발전해 오면서, 새로 형성된 유럽 층위에서 상당히 독특한 협력의 기제가 생성 및 발전해왔기 때문이다. 특히 지방 층위가 국가 층위를 직접적으로 매개하지 않더라도 유럽 층위와 직접적으로 조응할 수 있어서 다른 지역들에서는 볼 수 없는 지역 층위를 중심으로 한 지방정부 공공외교가 활성화될 수 있었다.

　이러한 유럽 지역의 네트워크형 지방정부 공공외교의 가장 대표적인 사례들은 CoR, CLRA, CEMR이다. 유럽 층위에서 형성된 세 가지 지방정부의 네트워크들은 공통점뿐만 아니라 차별화된 면모도 지니고 있다. CoR와 CLRA는 각각 EU와 CoE라는 지역통합기구들의 기관들로서 지역기구 내에서 지방정부들의 이해관계를 반영시키기 위한 목적이 최우선이었고, 이에 따라 구체적인 현안들에 대한 공감대나 합의를 형성하기 위해서는 국가 단위가 상이한 지방정부들 간의 이해와 교류가 필요했기에 그 과정에서 지방정부 공공외교가 발전했다. 반면, CEMR은 기존의 국가 중심적인 유럽통합의 흐름과는 달리 처음부터 유럽 지역의 지방정부들을 중심으로 결성이 시작되어 가장 많은 지방정부들이 참여하고 있으며, 그 주요 활동도 역내에서 역외로도 급속히 확장되면서 지방정부 공공외교의 발전에 있어 주목할 만한 성과들을 내고 있다.

영국의 유럽연합 탈퇴Brexit 이후 일각에서는 유럽통합의 미래에 대해 어두운 전망을 제시하거나 그 한계를 지적하기도 하지만, 지난 반세기 넘게 진행된 유럽통합의 역사를 보면 사실 이러한 부침은 언제나 있어왔고 그러한 가운데에서도 통합은 지속적으로 심화되어왔다. 지방정부 공공외교만 한정해서 보더라도 유럽통합으로 인해 만들어진 새로운 유럽 층위와, 이를 바탕으로 설립된 기구들과 조직된 네트워크들은 지방정부들이 국가 단위를 초월해서 초국가적이고 월경적으로 서로 교류하고 협력하는 새로운 통합의 동학을 형성해왔다. 물론 유럽 지역 지방정부 공공외교는 중앙정부 공공외교에 비하면 아직 걸음마 단계이기는 하지만, 유럽 지역의 공공외교 발전에 있어 가장 두드러진 성장을 보여주는 사례들이기도 하고, 이러한 흐름들 속에서 유럽통합에 대한 새로운 전망이 가시화될 수도 있다는 점에서 지속적인 관심이 요구되는 영역이라고 할 수 있다.

1 반세기 넘게 지역통합이 심화 및 확대되어 온 유럽 지역에서의 지방정부 공공
   외교는 다른 지역에서의 지방정부 공공외교와 어떠한 차이점을 보여주고 있는
   가?

2 유럽 지역에서 지방정부가 개별적으로 추진하는 공공외교와는 다른 네트워크
   공공외교가 등장하게 된 원인과 배경은 무엇이며, 그 장단점은 무엇인가?

3 유럽 지역의 지방정부 공공외교가 문화 및 교육 영역을 중심으로 전개되는 이
   유는 무엇이며, 정치 및 경제 영역을 중심으로 한 접근과는 근본적으로 어떠한
   차이가 있는가?

4 유럽 지역에서 지리적 인접성에 기반한 역내 지방정부 공공외교와 역외 지방
   정부 공공외교의 차이는 무엇이며, 이렇게 유형화되어 나타날 수 있는 이유는
   무엇인가?

5 유럽 지역에서 개발협력과 결합된 형태의 지방도시 공공외교 사례에는 어떠한
   것이 있으며, 이러한 접근의 장단점은 무엇이라고 생각하는가?

추천 문헌

윤석준(2010). 『공공외교의 이해』. 서울: 한울 아카데미.

Albuquerque, Tânia G., M. Beatriz PP Oliveira, and Helena S. Costa(2018). "25 Years of European Union (EU) Quality Schemes for Agricultural Products and Foodstuffs across EU Member States." *Journal of the Science of Food and Agriculture* 98(7). 2475-89.

Alexander, Colin, and Albert Royo i Marine(2020). "Prohibited Sub-State Public Diplomacy: The Attempt to Dissolve Catalonia's DIPLOCAT." *Place Branding and Public Diplomacy* 16(3). 238-50.

Bakaki, Zorzeta(2020). *The Europa Directory of International Organizations 2020* 2nd ed. London: Routledge. https://doi.org/10.4324/978100 3138587.

Borghi, Enrico(2006). "The Development of the Committee of the Regions." *Governing Europe under a Constitution* Springer. 445-55.

Bricault, Jean-Michel(2011). "Les Travaux Du Conseil de l'Europe (Congrès Des Pouvoirs Locaux et Régionaux)." *Annuaire Des Collectivités Locales* 31(1). 637-38.

"CCRE: Manifesto for the European Elections." Accessed October 24, 2021. https://www.ccre.org/en/activites/view/35.

"CCRE: Town Twinning." Accessed October 24, 2021. https://www.ccre. org/en/actualites/view/2434.

Christiansen, Thomas(1996). "Second Thoughts on Europe's 'Third Level': The European Union's Committee of the Regions." *Publius: The Journal of Federalism* 26(1). 93-116.

Congress of Local and Regional Authorities of Europe(2007). *50 Years of Local Democracy in Europe*. Council of Europe.

Council of Europe(1980). *European Outline Convention on Transfrontier Cooperation Between Territorial Communities or Authorities*. Council of Europe.

Council of European Municipalities and Regions(2007). *Twinning for*

      Tomorrow's World. CEMR.

Criekemans, David(2010). "Regional Sub-State Diplomacy from a Compar ative Perspective: Quebec, Scotland, Bavaria, Catalonia, Wallonia and Flanders." *The Hague Journal of Diplomacy* 5(1-2). 37-64.

Espiñeira-Guirao, Tamara(2020). "Strategies for Enhancing EU City Diplomacy." *City Diplomacy* Springer. 215-34.

European Parliament(2016). *Europe for Citizens Programme 2014-2020: European Implementation Assessment: In-Depth Analysis.* Europe an Parliament.

European Union. "The EU's Assembly of Regional and Local Representati ves-Interregional Groups." September 30, 2021. https://cor.europ a.eu/en/our-work/Pages/Interregional-groups.aspx.

Ewen, Shane, and Michael Hebbert(2007). "European Cities in a Networked World during the Long 20th Century." *Environment and Planning C: Government and Policy* 25(3). 327-40.

Hönnige, Christoph, and Diana Panke(2016). "Is Anybody Listening? The Committee of the Regions and the European Economic and Social Committee and Their Quest for Awareness." *Journal of European Public Policy* 23(4). 624-42.

Hurnyak, Ihor, and Aleksandra Kordonska(2021). "Mechanisms of Effective Governance and Cooperation: Comparative Analysis of the European States." *Przegląd Wschodnioeuropejski* 12(1). 89-110.

Kohler, Manfred(2016). "The Council of European Municipalities and Regions: Shared Governance in a World Featured by Globalization Issues." *Globalization and the City* 207.

La Porte, Teresa(2013). "City Public Diplomacy in the European Union." In *European Public Diplomacy* Springer. 85-111.

Lee, Geun, and Kadir Ayhan(2015). "Why do we need non-state actors in public diplomacy?: Theoretical discussion of relational, networked and collaborative public diplomacy." *Journal of International and Area Studies.* 57-77.

Lisney, Tim, and Andreas Kiefer(2016). "Cooperation Between Local Authorities In Europe As A Force For Strengthening Local Democracy." *Theo retical Foundations and Discussions on the Reformation Process in Local Governments* IGI Global. 85-109.

Loughlin, John(1996). "Representing Regions in Europe: The Committee of the Regions." *Regional & Federal Studies* 6(2). 147-65.

Maloney, William A., and Jan W. Van Deth(2008). "Europeanization, Multi -Level Governance and Civil Society." *Civil Society and Governance in Europe: From National to International Linkage*(Edward Elgar). 241-52.

Nyamwanza, Shylet A(2017). "Outcomes of Trans-Border Spatial Development Cooperation: Insights from Musina and Beitbridge Twinning Agreement." PhD Thesis.

Oikonomou, Despoina(2018). "Sub-State Mobilization in 'High Politics': The Role of Regional and Local Governance in the Implementation of the European Neighbourhood Policy." *European Integration Studies* 12(1). 19-31.

Olwig, Kenneth, and Donald Mitchell(2019). *Justice, Power and the Political Landscape*. Routledge.

Ooi, Can-Seng, Lars Håkanson, and Laura LaCava(2014). "Poetics and Politics of the European Capital of Culture Project." *Procedia-Social and Behavioral Sciences* 148. 420-27.

Rudolf, Walter(1986). "Das Deutsch-Luxemburgische Kondominium." *Archiv Des Völkerrechts* 24(3). 301-13.

Schmahl, Stefanie, and Marten Breuer(2017). *The Council of Europe: Its Law and Policies*. Oxford University Press.

Warleigh, Alex(2002). "The Committee of the Regions." *Understanding Eur opean Union Institutions. London: Routledge.* 177-90.

Wattin, Alexandre(2014). *La coopération franco-allemande entre régions françaises et Länder allemands: Une contribution au 50e annivers aire du traité de l'Elysée.* Editions L'Harmattan.

Zaharna, Rhonda S., Amelia Arsenault, and Ali Fisher eds. (2014). *Relatio nal, networked and collaborative approaches to public diplomacy: The connective mindshift.* Routledge.

Zucca, Fabio(2012). *The International Relations of Local Authorities: From Institutional Twinning to the Committee of the Regions: Fifty Years of European Integration History* New edition. Bruxelles; New York: P.I.E–Peter Lang S.A., Éditions Scientifiques Internationales.

제6장

스페인 지방정부의 외교와 공공외교:
카탈루냐 자치주 사례*

이상현 ● 전북대학교

[요약문]

　본 연구는 카탈루냐 사례를 중심으로 지방정부 공공외교의 이론적·실제적 의미를 살펴보는 것을 목적으로 한다. 특히 카탈루냐 사례를 통하여 '국가 없는 민족'이 국제적 대표성 확립을 위하여 공공외교를 어떻게 활용하는지를 살펴보았다. 특히 본 연구는 카탈루냐의 공공외교 사례를 통하여 지방정부 외교의 역할, 지방정부 외교의 실효성, 그리고 중앙정부 외교와 지방정부 외교 간의 조화와 갈등의 문제와 관련된 의문들에 답해보고자 하였다.

　카탈루냐 지방정부의 공공외교 사례는 공공외교가 공식적인 외교권이 없는 지방정부의 외교적 실효성을 가능하게 하는 수단임을 보여주고 있다. 특히 카탈루냐 분리·독립 운동을 둘러싼 갈등 속에 스페인 중앙정부가 헌법재판소 심판 청구를 통하여 카탈루냐 지방정부의 공공외교 민관기구인 DIPLOCAT의 일시적 해산을 이끌어낸 것은 역설적으로 지방정부가 추진하는 공공외교의 역할과 실효성을 입증해주고 있다. 한편 카탈루냐의 공공외교 사례는 그 어느 사례보다 중앙정부와 지방정부 간에 발생할 수 있는 정책의 조화와 갈등을 잘 보여주는 사례이다. 덧붙여 카탈루냐 공공외교 사례는 문화외교와 디지털 외교 등 신공공외교의 특징과 관련한 중요한 시사점을 제공해 주고 있다.

* 이 글은 2021년 『스페인어문학』 제101호에 실린 필자의 논문 "카탈루냐 지방 공공외교와 분리 독립 운동"을 수정·보완한 것이다.

[핵심어]

스페인   스페인 지방분권제도   자치주
카탈루냐 자치주   분리·독립   카탈루냐 대외관계
카탈루냐 지방외교   카탈루냐 공공외교
카탈루냐공공외교위원회(DIPLOCAT)

I. 서론

이베리아반도에서 카탈루냐^{Catalunya, Cataluña, Catalonia}는 오랜 기간 동안 독립적 정체성의 인정을 위해 노력하였다. 1469년 아라곤 연합 왕국의 페르난도 2세와 카스티야 왕국의 이사벨 간의 혼인을 통한 두 왕국의 통합은 공동왕의 형태로 각 왕국의 정치체제를 유지하는 것을 전제로 하였다. 이후 카스티야를 중심으로 스페인의 정체성이 형성된 후에도 카탈루냐는 늘 자의적으로나 타의적으로 구분의 대상이 되었다. 특히 1714년 스페인 왕위 계승 전쟁에서 패배하여 스페인에 병합된 카탈루냐는 카스티야 법의 적용, 카탈루냐어 사용금지 등의 탄압을 받아들여야만 했다(권가람 2015, 41). 그러나 카스티야 중심의 스페인 중앙정부에 대한 카탈루냐의 저항은 지속되었다. 특히 스페인 현대사에서 가장 격렬한 시기였던 스페인 내전과 이어 구축된 프랑코의 독재체제 기간은 카탈루냐의 저항과 이에 대한 탄압이 절정에 이른 시기였다.

1975년 독재자 프랑코의 사망으로 시작된 스페인의 민주화는 카탈루냐를 중심으로 한 스페인의 중앙과 지방 간의 갈등을 완화시키는 계기가 되었다. 1978년 헌법을 통해 유럽 최고 수준의 지방자치권을 확립한 카탈루냐에게 더 이상 독립을 위한 시도는 의미가 없는 것처럼 보였다. 그러나 2006년 카탈루냐가 시도한 자치법 개정안이 2010년 스페인 헌법재판소에 의해 부결된 이후 급진적인 분리·독립 운동이 출현했으며, 2008년 시작된 대공황Gran Recesión은 카탈루냐의 분리·독립 운동을 강화시켰다. 급기야 2014년 비공식 주민투표를 실시하여 180만 명이 독립을 지지했으며, 2017년 10월에는 또 다른 주민투표를 통해 카탈루냐 자치의회가 독립공화국을 선포하기에 이르렀다. 이후 스페인 중앙정부가 헌법 155조를 발동하여 카탈루냐 자치정부의 자치권을 박탈하고 자치정부 수반 푸지데몬을 체포하는 등 양측의 갈등은 정점으로 치달았다.

카탈루냐 지방정부의 공공외교는 2010년 카탈루냐가 시도한 자치법 개정안이 2010년 헌법재판소에 의해 부결된 이후 본격적으로 추진되었다. 카탈루냐 지방정부의 공공외교는 카탈루냐 분리·독립에 대한 국제사회의 지지와 이해획득을 위한 노력의 하나로 이루어졌다(윤석준 2020, 242).

본 연구는 카탈루냐 사례를 중심으로 지방정부 공공외교의 이론적·실제적 의미를 살펴보는 것을 목적으로 한다. 특히 카탈루냐 사례를 통하여 '국가 없는 민족'이 국제적 대표성 확립을 위하여 공공외교를 어떻게 활용하는지를 살펴보고자 한다.

외교활동의 실효성을 둘러싼 '국가중심의 외교state-centric diplomacy' 와 '다중심 외교multi-centric diplomacy' 사이의 논쟁은 궁극적으로 이들이 공존할 수밖에 없다는 '양립외교paradiplomacy'로 귀결되곤 한다(서경실, 신진 2020, 123). 그럼에도 불구하고 지방정부 외교의 역할, 지방정부 외교의 실효성, 그리고 중앙정부 외교와 지방정부 외교 간의 조화와 갈등의 문제는 여전히 많은 것들이 의문으로 남아 있는 상황이다. 본 연구에서 살펴볼 카탈루냐 지방정부의 공공외교 사례는 지방정부 외교와 관련되어 제기되는 이러한 의문들에 대한 답을 제시할 중요한 사례이다.

II. 스페인의 지방자치와 지방정부

스위스와 함께 유럽에서 가장 분권화된 국가 중 하나인 스페인의 지방자치제도는 스페인 민주화 과정의 산물이다. 독재자 프랑코가 사망한 후 진행된 민주화 과정에서 각 정치세력의 '합의'로 탄생한 1978년 스페인 헌법은 '단일하고 분할될 수 없는 스페인 국가'라는 단일국가적 성격과 '고유한 정체성을 가진 여러 민족과 지역들의 연합체'라는 연방주의 또는 다민족국가적 성격을 동시에 포함하고 있다. 즉 스페인은 단방국가unitary state로 분류되나, 고도의 자율성을 지닌 17개의 자치주로 구성된 분권화된 단방제 국가로서, '하이브리드 시스템hybrid system', '비제도적 연방주의non-institutional federalism'(Colomer 1998) 또는 '실질적인 비대칭적 연방국가de facto asymmetrical federal state'(Martínez-Herrera and Jeffrey Miley 2010) 등으로 규정된다(Encarnación 2009, 103-106; 이상현 2018, 162).

스페인 헌법 제2조는 "헌법은 '민족들'과 '지역들'의 자치권을 인

〈표 6-1〉 스페인 헌법의 자치주[1]제도

헌법 151조	카탈루냐, 바스크, 갈리시아를 포함하는 역사적인 지역으로 헌법에 따른 지역구분에 근거하여 권한의 이양을 신속하고 광범위하게 받은 자치주.	Catalonia, Basque Country(1979), Andalucia, Galicia(1981), Canaries, Navarra, Valencian Community(1982)
헌법 143조	행정적 목적으로 만들어진 자치주로 완만하고 협소한 범위의 권한을 이양받은 자치주로 역사적·언어적·문화적 토대가 없음.	Asturias, Cantabria(1981), Aragón, Castilla La Mancha, Murcia, La Rioja(1982), Balrearics, Castilla León, Extremadura, Madrid(1983), Ceuta, Melilla(1995)

출처: 이상현 2018, 163.

정하고 보장한다"라고 규정하고 있다. 스페인 헌법은 이처럼 '민족'과 '지역'을 구분하여 카탈루냐, 갈리시아, 바스크 같은 '역사적 민족'들을 인정하고 있다. 동시에 스페인 헌법 제138조는 "자치주의 규정들 간의 차이는 경제적·사회적 특권을 의미하지 않는다"라고 명기하여, '민족'과 '지역'의 구분이 권한의 차이를 보장하는 것이 아니라고 규정하고 있다(송기도, 최낙원, 최윤국 1998; 고주현 2018). 그러나 이러한 헌법조항에도 불구하고 '민족'과 '지역' 간 그리고 '민족' 간에도 권한의 차이는 존재하며 이러한 차이를 둘러싼 끊임없는 갈등과 조정이 이어졌다(이상현 2018, 163).

스페인 지방분권제도는 1979년부터 1983년 사이에 만들어진 17개의 자치주Communidades Autónomas를 근간으로 이루어진다. 광범위한 자치권에도 불구하고 민족 간 그리고 지역 간의 불완전하고 불균등한 권한을 특징으로 하는 스페인의 지방분권제도는 헌법 151조에 따

---

1 자치주(Communidad Autónoma)는 자치공동체로도 번역이 가능하다. 본 연구에서는 자치주로 통일한다.

글로컬 시대 지방정부 외교와 공공외교

라 역사적인 지역으로 분류되어 신속하고 광범위하게 자치권을 부여
받은 자치주에 비해 역사적인 지역으로 구분되지 못한 나머지 10개
의 자치주는 헌법 143조를 근간으로 상대적으로 적은 권한을 이양받
았다(Magone 209, 194; 이상현 2018, 163-164).

　　1978년 헌법 151조에 따라 바스크Euskal Herria, País Vasco, Basque
Country, 갈리시아Galicia 등과 함께 역사적인 지역으로 구분된 카탈루
냐 자치주는 신속하고 광범위하게 자치권한을 인정받았다. 카탈루냐
자치주정부Generalitat는 보건, 교육(법과 행정), 치안, 무역, 산업, 관광
그리고 농업 부문에서 기본적으로 자치권을 가지고 있다(Xifra 2009,
69). 한편 스페인의 지역 재정시스템 또한 이원체제로 구축되었는데,
바스크와 나바라Navarra만이 적용되는 특별 체제와 카탈루냐를 포함
한 나머지 15개의 자치주가 적용되는 일반 체제로 구분된다. 한편
카탈루냐는 상대적으로 경제 규모가 크고 부유하여 바스크 및 나바
라처럼 징세자율권을 인정받지 못하였는데, 이러한 재정시스템을 카
탈루냐는 차별로 인식하였다(Colomer 1998, 43-48).

III. 카탈루냐 자치주의 대외관계와 지방정부 외교

민주화 이후 역사적인 지역으로 구분되어 헌법상 자치권한을 인정받
은 카탈루냐 지방정부는 대외활동의 영역에서도 비교적 폭넓은 정책
적 자유를 누렸다. 민주화 이후 카탈루냐 지방정부의 외교활동은
2000년대 이전과 이후로 구분할 수 있다. 우선 민주화 직후부터 2000
년대 이전까지 카탈루냐 지방정부의 외교는 스페인 중앙정부의 정치

적 한계 내에서 이루어졌다. 따라서 이 시기의 카탈루냐 지방정부의 외교는 카탈루냐의 민족적 정체성을 국제적으로 인정받고자 하는 정치적 행위가 완전히 배제된 것은 아니지만 대부분의 대외활동이 카탈루냐의 경제적 이익을 실현하기 위한 정책적 수행에 집중되었다. 이러한 카탈루냐 지방정부의 외교활동은 2000년대 이후 카탈루냐 분리·독립 운동이 본격화되며 그 성격이 달라졌다. 2000년대 이후 카탈루냐 지방정부는 외교활동을 카탈루냐의 민족적 자기결정권과 독립을 위한 중요한 도구로 활용하였다(García Segura and Etherington 2017, 5).

카탈루냐 지방정부의 외교는 여러 갈래로 이루어진다. 우선 자치주정부는 외교를 담당하는 부서인 '외교활동' 및 유럽연합부Ministry for Foreign Action and European Union, 이하 외교부'2를 설치하여 자치주정부의 공식적인 외교활동을 실시하고 있다. 카탈루냐 자치주정부의 외교부는 해외대표부의 창설 및 운영, 카탈루냐국제협력기구Catalan Agency for Development Cooperation, 이하 ACCD 운영3, 해외 카탈루냐 향우회casal 지원 등의 업무를 수행하고 있다. 특히 '국가 없는 민족'으로서 공식적인 외교공관을 둘 수 없는 카탈루냐 지방정부는 지방정부의 해외대표부와 해외향우회 조직을 적극적으로 활용하여 외교활동을 전개하고 있

---

2 2022년 10월 10일 '외교활동' 및 공개정부부(Ministry for Foreign Action and Open Government)'에서 '외교활동' 및 유럽연합부(Ministry for Foreign Action and European Union)'로 명칭을 변경하였다.
3 카탈루냐 지방정부는 스페인 자치주 중에서 가장 큰 예산규모의 국제개발협력(ODA)을 실시하고 있다. 카탈루냐 지방정부는 자체 법안과 계획 하에 적극적인 ODA사업을 시행하고 있으며 성공적인 민관협력 등으로 인해 긍정적인 평가를 받고 있다(고주현 2016, 103).

글로컬 시대 지방정부 외교와 공공외교

다(de San Eugenio Vela 2015, 86).[4] 우선 2023년 기준으로, 카탈루냐 지방정부는 유럽연합, 남부아프리카Southern Africa, 독일, 안도라, 브라질, 남부남미Southern Cone, 대한민국, 미국과 캐나다, 중부유럽Central Europe, 프랑스, 이탈리아, 일본, 멕시코·중미, 북아프리카, 노르딕·발틱지역, 포르투갈, 영국 및 아일랜드, 세네갈, 남동부유럽Southeastern Europe 그리고 스위스 등에 모두 20개의 해외대표부를 두고 있다. 또한 카탈루냐 자치주정부가 인정한 민간기구인 해외향우회 카살casal은 1840년 쿠바 아바나에 최초로 창설되었으며 현재 세계 각지에 90개 이상이 인정되고 활동 중이다. 카탈루냐 자치주 정부가 운영을 지원하는 카살은 카탈루냐 관련 홍보는 물론 해외 거주 카탈루냐인의 만남의 장소로도 활용되고 있다.[5]

또한 카탈루냐 자치주 정부는 지방정부 산하의 해외대표부 및 카탈루냐 산업의 홍보와 투자유치 등의 경제적 활동을 위해 무역대표부와 투자사무소를 전 세계 각지에 설치하여 운영하고 있다. 한편 카탈루냐 지방정부는 카탈루냐의 문화와 언어를 홍보하기 위한 노력을 기울이고 있다. 카탈루냐의 문화와 언어의 홍보는 외교정책과 별도로 해외 네트워크를 활용하여 카탈루냐 문화상품을 홍보하는 '카탈루냐문화산업기구Institut Català de las Indústries Culturals, ICIC'와 카탈루냐 문화, 언어 그리고 학술 진흥과 보급을 목적으로 하는 공공기관인 '라몬 유이 인스티튜트Ramon Llull Institute'의 설치, 그리고 카탈루냐인과

---

4 de San Eugenio Vela(2015, 93)에 따르면, 2014년 기준으로 세계 31개국 40여개 도시에 약 65개의 카탈루냐 외교 기구가 존재한다.
5 현재 카살(casal)의 설치 및 지원은 '해외 카탈루냐 공동체에 관한 법률 8/2017'에 법적 근거를 두고 있다.

카탈루냐 문화팬에 의해 만들어진 민간기구인 '해외카탈루냐공동체 계획Catalan Communities Abroad Initiative'에 대한 지원을 통해 실시되고 있다(Criekemans 2010; García Segura and Etherington 2017, 6-7).

전통적으로 카탈루냐의 외교는 유럽 지향적 전통을 구축하였다. 따라서 카탈루냐 지방정부의 외교활동은 처음부터 유럽, 특히 유럽연합에 집중되었는데, 1986년 스페인의 유럽공동체European Community 가입은 카탈루냐 외교의 중요한 계기가 되었다. 카탈루냐 지방정부는 우선 스페인이 정식으로 유럽공동체의 일원이 되기 4년 전에 이미 '카탈루냐유럽공동체지원부Patronat Català Pro Europa, 이하 PCPE'를 설립하였다. 카탈루냐 지방정부가 설립을 주도했지만 정부기관이 아닌 민관 컨소시엄의 형태로 설립된 PCPE는 유럽공동체 내에서 카탈루냐의 공공 및 민간 이익을 대변하는 것을 목적으로 하였다. 이어서 카탈루냐 지방정부는 1986년 스페인이 유럽공동체의 정식멤버가 되자 중앙정부의 반대에도 불구하고 유럽공동체 본부가 있는 벨기에 브뤼셀에 PCPE 대표부를 개설하였다. 카탈루냐의 PCPE 대표부는 브뤼셀에 개설된 유럽 최초의 지방정부 대표부이다(Börzel 2002, 114). PCPE의 설립 및 브뤼셀 대표부와 관련된 카탈루냐 지방정부의 행동을 통해 지방정부 외교를 위한 카탈루냐 지방정부의 의지를 확인할 수 있다. 또한 1988년 카탈루냐 지방정부는 자치정부 수반Presidencia 직속으로 스페인의 유럽공동체 가입으로 발생할 수 있는 유럽법 관련 문제를 담당할 '유럽공동체적응집행총국Dirección General de Adecuación a las Comunidades Europeas'을 설립하였다. 그리고 카탈루냐 자치주 의회는 카탈루냐 지방정부의 유럽화 활동을 감독하기 위한 위원회를 구성하였다(Börzel 2002, 114).[6]

글로컬 시대 지방정부 외교와 공공외교

유럽공동체의 프로그램과 정책에서 카탈루냐 지방정부 및 민간 주체의 이익을 방어하는 것을 목적으로 하는 브뤼셀의 PCPE 대표부의 역할은 유럽통합이 가속화된 1990년대 초부터 그 중요성이 더욱 커졌다. 결국 2006년 PCPE는 카탈루냐 자치주정부Generalitat de Catalunya 의 유럽연합 공식 대표부가 되었다(García Segura and Etherington 2017, 6).

유럽연합에서 카탈루냐 지방정부의 외교활동은 유럽연합 구성원들과의 관계를 강화하는 소위 '종적활동vertical mobilization'과 함께 유럽연합 내의 유사한 기관들과의 협력관계를 구축하는 소위 '횡적활동horizontal mobilization'을 포괄하였다. 카탈루냐 자치주정부는 유럽통합의 과정에서 부상한 다양한 유럽 지역 연합체에 적극적으로 참여하여 외교적 지평을 확장하였다(García Segura and Etherington 2017, 6).[7] 또한 카탈루냐 지방정부는 1994년부터 유럽연합 내의 지방정부들의 유럽연합 정책결정 과정의 참여를 위해 제도화된 지역위원회the Committee of the Regions에 적극적으로 참여하였다. 요약컨대, 카탈루냐 지방정부는 헌법적·정치적 그리고 경제적 제약에도 불구하고 유럽연합에서 적극적인 외교활동을 통해 공식적·비공식적 네트워크를 구축하였다(García Segura and Etherington 2017, 6).

카탈루냐 자치주정부의 적극적인 외교활동은 1980년대부터 1990년대 초반까지 스페인 중앙정부와 카탈루냐 지방정부 간의 끊

---

6 유럽공동체 가입에 따른 스페인 지방정부들의 제도적 개편 활동은 스페인 대부분의 지방정부에서 1984년부터 1987년 사이에 일어났다(Börzel 2002, 114).
7 카탈루냐 자치주정부가 참여한 이러한 지역연합체로는 Four Motors for Europe, Conference of Regions with Legislative Power, Euroregion, Working Community of the Pyrenees and the Association of European Border Regions 등이 있다(Segura and Etherington 2017, 6).

임없는 갈등을 불러일으켰다. 중앙정부는 1978년 헌법을 근거로 카탈루냐 지방정부의 외교행위를 반대하였다. 이러한 중앙정부의 입장은 헌법재판소 판결로 지원을 받았다. 그러나 1990년대 이후 중앙정부는 지방정부들의 외교활동에 대해 사안별로 차이는 있지만, 조심스러운 허용으로 발전하였다. 또한 1994년 헌법재판소는 지방정부의 외교 참여가 국제관계의 핵심적 내용인 주권, 외교정책 및 조약체결권을 저해하지 않는 한 가능하다고 판결하여 지방정부의 외교활동의 법적 근거를 제공하였다(García Segura and Etherington 2017, 8).[8]

2010년 이후 카탈루냐 지방정부의 외교활동은 독립과 점점 연관성이 깊어졌으며 지방정부 외교를 둘러싼 중앙정부와의 갈등이 재부상하였다. 카탈루냐 자치주 정부는 공식문헌인 '카탈루냐 외교실행계획 2010-2015Catalonia's Foreign Action Plan 2010-2015'를 통해 유럽과 세계에서 카탈루냐의 독립을 위해 노력하겠다고 확인하며 스페인 중앙정부에 대한 명백한 도전을 선언한다. 이에 카탈루냐 의회는 '카탈루냐 외교 실행계획 2010-2015'의 수행을 위해 외교활동 및 유럽연합과의 관계에 관한 법을 통과시켰다(Segura and Etherington 2017, 6-7). 이어 카탈루냐 자치주 정부는 새로운 정치적 환경과 함께, 카탈루냐 정부 내에 외교를 담당하는 '대외 관계 및 투명성부Ministry of External Affairs, Institutional Relations and Transparency'[9]를 신설하였다. 자치주 정부의

---

8 스페인 지방정부 외교행위에 대한 스페인 중앙정부의 이러한 입장 변화는 중도좌파인 사회노동당과 중도우파인 인민당 중심의 양당제 확립과 카탈루냐 지역정당인 카탈루냐통합당(CiU) 같은 지역정당의 부상이 원인이라고 할 수 있다(García Segura and Etherington 2017, 9).

9 '대외관계 및 투명성부(Ministry of External Affairs, Institutional Relations and Transparency)'는 현재 카탈루냐 자치주정부에서 외교를 담당하는 '외교활동 및 공개

글로컬 시대 지방정부 외교와 공공외교

새로운 부서는 대외 관계, 다자 및 대유럽관계 그리고 개발협력을 담당하였다. 또한 이 부서는 EU 영구 대표부와 프랑스, 스위스, 영국, 아일랜드, 미국, 오스트리아, 이탈리아, 모로코, 바티칸, 포르투갈에서 카탈루냐 정부 대표단의 역할을 담당했으며, 카탈루냐 국제협력 대표부의 기능을 담당하였다(García Segura and Etherington 2017, 8).

카탈루냐 지방정부의 독립을 위한 외교활동은 스페인 중앙정부와의 갈등으로 이어졌다. 특히 보수적인 국민당Partido Popular 정부의 집권과 함께 카탈루냐 지방정부의 독립지향적인 외교활동은 스페인 중앙정부의 공격적인 반대로 이어졌다. 2015년 7월 스페인 중앙정부는 카탈루냐의 '카탈루냐 국제활동 및 EU관계법Catalan Law of International Action and Relation with the EU'을 헌법재판소에 제소했으며, 헌법재판소는 해당 법을 정지시켰다(García Segura and Etherington 2017, 11). 또한 스페인 중앙정부는 카탈루냐 지방정부가 외교활동을 위해 설립한 '대외관계 및 투명성부Ministry of External Affairs, Institutional Relations and Transparency'에 대한 법적 대응을 하였으며, 헌법재판소는 외교Foreign Affairs라는 명칭의 사용을 중지시키는 판결을 내렸고, 이에 카탈루냐 정부는 명칭을 변경하기도 하였다(García Segura and Etherington 2017, 11).

정부부(Ministry for Foreign Action and Open Government)'의 전신이다.

IV. 카탈루냐 자치주의 공공외교

카탈루냐 지방정부의 공공외교는 카탈루냐의 자치법 개정안이 스페인 헌법재판소에 의해 부결된 2010년 시작되었다. 2010년 시작된 이러한 노력의 일환 중 가장 중요한 것은 카탈루냐 지방정부에 의해 수립된 '카탈루냐 외교실행계획 2010-2015Catalonia's Foreign Action Plan 2010-2015'이다. 카탈루냐 정부에 의해 제시된 본격적인 외교정책이라고 할 수 있는 이 실행계획은 공공외교 전략을 활용하여 카탈루냐를 글로벌 행위자의 하나로 만드는 것을 목적으로 하였다(de San Eugenio Vela 2015, 85). 한편 실행계획의 달성을 위해 두 가지 방법이 제시되었는데, 이는 국제 언론과의 원활한 소통을 위해 2012년 설립된 '아우제니 샴마르Eugeni Xammer 국제언론 및 대외관계 프로그램 Programme of International Communication and Public Relations'과 공공외교를 위해 2012년 11월 20일 카탈루냐 지방정부의 주도로 카탈루냐 지역의 30여 개의 민관 단체들10이 공동으로 설립한 '카탈루냐 공공외교위원 회Consell de Diplomàcia Pública de Catalunya; Public Diplomacy Council of Catalonia, 이하 DIPLOCAT'이다(Torras-Villa and Fernández-Cavia 2018, 214).

---

10 2012년 창설 당시 DIPLOCAT의 멤버는 카탈루냐 자치주 정부, 카탈루냐 자치주의 4개 프로빈스 정부(Barcelona, Girona, Tarragona, Lieida), 2개의 카탈루냐 도시협의회, 카탈루냐의 모든 상공회의소, 주요 비즈니스 협회, 저축은행 연맹, 12개의 카탈루냐 대학, 바르셀로나 비즈니스 대학원 등이다. DIPLOCAT의 멤버는 이후 확대를 거듭한다. 2013년부터 2015년 사이, 세계적으로 유명한 축구단인 FC Barcelona, 카탈루냐와 스페인의 주요 노동조합연맹인 UGT(the Unión General de Trabajadores)와 CCOO(the Comisiones Obreras) 등이 DIPLOCAT의 새로운 멤버가 되었다. 2015년 DIPLOCAT 참여단체는 40개로 늘어난다(Alexander and Royo-Marine 2020, 242-245).

글로컬 시대 지방정부 외교와 공공외교

DIPLOCAT은 그 구성에서부터 카탈루냐의 전통을 따르고 있다. 즉 DIPLOCAT은 순수한 정부기구가 아닌 비정부기구의 구조를 통해 정치 영역에서 공동체를 포괄하는 카탈루냐의 전통을 따랐다. DIPLOCAT은 탑다운 구조에 대한 카탈루냐 사회의 뿌리 깊은 불신을 고려하여 카탈루냐 사회의 다양한 대의 그룹들을 포괄하는 독립적인 공공 기관의 형태로 발전하였다(Alexander and Royo-Marine 2020, 242).[11] DIPLOCAT의 가장 중요한 목적은 국제적으로 신뢰할 수 있는 인적·제도적 네트워크를 건설하여 카탈루냐의 주요 경제 자원과 문화적 가치를 세계에 알리는 것이다. 이를 위해 DIPLOCAT은 컨소시엄에 참여한 구성원들의 지원과 전문지식을 활용하여 '전통적'인 공공외교 전략을 수행하였다(Alexander and Royo-Marine 2020, 242).

2014년 카탈루냐 분리·독립 주민투표를 앞두고 구성된 DIPLOCAT은 상대적으로 활동이 미흡했던 '아우제니 샴마르 국제언론 및 대외관계 프로그램'과 달리 카탈루냐 공공외교의 기틀을 마련한 것으로 평가되고 있다. DIPLOCAT은 카탈루냐 외교부와 유럽연합 카탈루냐 자치주정부와 연관된 공식기구로서의 법적 지위를 갖추었다. 2015년 기준으로 DIPLOCAT은 연간 2,601,000유로의 예산과 13명의 직원을 두고 있었다(Torras-Villa and Fernández-Cavia 2018, 213).

2012년 설립된 이후 DIPLOCAT이 관여한 공공외교활동은 수없이 많다. DIPLOCAT의 최우선 전략은 카탈루냐의 국제화이다. 즉

---

11 하지만 DIPLOCAT 예산의 높은 비중이 카탈루냐 자치주 정부로부터 받는 것으로 비추어 볼 때 실질적으로 공공과 민간을 분명하게 구분하기는 어렵다. 덧붙여 DIPLOCAT의 민관협동기구의 성격과 공식기구라는 지위는 지방정부 특히 카탈루냐 지방정부의 외교활동에 부정적인 스페인 중앙정부를 의식한 것이다.

DIPLOCAT은 공공외교활동을 통해 국제청중들로 하여금 카탈루냐를 진지하고, 책임감 있고 그리고 헌신적인 국제행위자의 하나로 각인시켜 카탈루냐에 사회적·경제적으로 그리고 정치적으로 보상이 이루어지는 것을 목적으로 한다(Alexander and Royo-Marine 2020, 245). DIPLOCAT이 특별히 공공외교를 펼친 지역은 향후 카탈루냐 정치 과정에 중요한 역할을 할 것으로 예상되는 유럽 지역이었다(Torras-Villa and Fernández-Cavia 2018, 219). 또한 DIPLOCAT이 가장 중점을 기울인 활동영역은 학계, 해외 언론 그리고 해외 정당과 의회였다(Torras-Villa and Fernández-Cavia 2018, 220).

〈표 6-2〉 DIPLOCAT의 주요 활동

카탈루냐 국민투표의 국제화를 겨냥한 국제논쟁의 활성화 모색.
정확한 현실의 각인을 위한 영향력 있는 해외 인사 초청 국제방문 프로그램.
국제여론 환기를 위해 국제 미디어를 통한 칼럼과 사설 게재. 카탈루냐의 직접적 정보 제공.
카탈루냐 관련 긍정적 콘텐츠 확산을 위한 디지털 외교(Digital Diplomacy) 활성화 및 카탈루냐와 해외 이해관계자와의 대화 활성화 모색.

출처: 저자 구성.

DIPLOCAT은 문화, 경제 그리고 스포츠와 같은 공공외교의 전통적인 방식을 활용했다. 문화외교의 경우, 예컨대 카탈루냐 작가와 다른 유럽 국가 작가의 교환활동 등을 들 수 있다. 또한 DIPLOCAT은 사랑과 문학을 주제로 한 카탈루냐 축제인 산 조르디의 날St. Jordi's Day(4월 23일)의 국제화 작업을 하였다. 트위터 등을 활용하여 5개 대륙 100개 이상의 도시에서 수십 개의 페스티벌이 조직되었다. 경제외교의 경우, DIPLOCAT은 카탈루냐중소기업연합PIMEC과 공동으로 국제적으로 성공을 거두어 카탈루냐의 자산과 가치 측면에서 모범이 되는 중소기업을 선정하여 매년 수상하는 사업을 벌였다. 그리고 스포츠 외교의 경우, 국제적으로 성공을 거둔 바르셀로나 축구팀과 선수들을 활용하여 바르셀로나시와 카탈루냐 브랜드의 국제화에 활용하였다(Alexander and Royo-Marine 2020, 245).

한편 DIPLOCAT은 디지털 외교와 같은 새로운 공공외교 방식도 적극 활용하였다. DIPLOCAT은 디지털을 활용한 국제컨퍼런스를 조직하였으며 영어와 다른 외국어 웹Web에서 카탈루냐 기관의 존재 향상에 노력했다. 또한 트위터Twitter 등의 소셜미디어를 활용하여 카탈루냐 관련 정보와 주장을 전달하였다(Alexander and Royo-Marine 2020, 245).

카탈루냐의 분리·독립 운동과 관련된 논의가 격화되었을 때, DIPLOCAT은 스페인에 대한 카탈루냐의 정치적 태도와 관계없이 해외에서 카탈루냐의 이익을 증진시키는 것을 DIPLOCAT의 주요 목적임을 천명하며 사실상 중립을 선언하기도 하였다(Alexander and Royo-Marine 2020, 244). 즉 카탈루냐의 다른 조직들과 달리, DIPLOCAT은 민관협동 컨소시엄으로서 내부에는 독립과 관련하여 다양한 의견이 공존할 수 있었다. 그러나 이러한 원칙적 상황에도 불구하고, DIPLOCAT에 참여하는 조직들 중 다수는 카탈루냐의 자기결정 또는 독립을 지지하는 입장을 공개적으로 표명했으며, 독립을 반대하는 카탈루냐의 일부 단체는 DIPLOCAT 참여를 거부하기도 하였다 (Alexander and Royo-Marine 2020, 244-245).

DIPLOCAT은 카탈루냐 분리·독립 운동과 관련하여 국제청중들을 대상으로 카탈루냐 정치상황을 '정확하게' 전달하기 위한 시도를 하였다. 이러한 DIPLOCAT의 주요 대상은 해외 학계, 해외 언론 그리고 해외 정치계였다. 학술외교로는 카탈루냐의 정치적 상황에 대한 연구와 토론 활동 등을 들 수 있다. 2012년부터 2017년 기간 동안, DIPLOCAT은 카탈루냐 이슈를 다루는 토론회를 유럽 각국의 대학과 연구소에서 50회 이상 공동주관하였다(Alexander and Royo-Marine 2020, 246). 그리고 해외 언론과 관련해서 DIPLOCAT은 해외 언론인을 겨냥한 국제방문프로그램을 운영, 카탈루냐 정치, 경제, 사회 그리고 문화 관련 외국어 웹 디렉터리 개발, 해외 언론사에 칼럼 기고 등의 활동을 하였다. 또한 DIPLOCAT은 해외 의회와 정당과의 관계형성을 시도하는 의회외교를 실시하였다. DIPLOCAT은 해외 언론인 국제방문프로그램과 유사한 카탈루냐 방문프로그램을 해외 정치가, 의사결정자, 그리고 정당 관계자들을 대상으로 실시하였다. 2013년부터 2017년 기간 동안 100명 이상의 정치인이 바르셀로나에 이틀간 머무르며 카탈루냐 정부관료, 의회 및 정당 관계자와 만남을 가졌다. 이러한 DIPLOCAT의 노력들은 유럽 여러 국가의 정치권에서 카탈루냐 자치권 이슈가 논의되는 결실로 이어졌다. 예를 들어, 2015년 덴마크 의회는 정기총회에서 카탈루냐 이슈를 의제로 다루어 카탈루냐 지방정부와 스페인 중앙정부 간의 민주적 대화를 촉구하는 결의문을 만장일치로 통과시키기도 하였다. 또한 2015년 이래로 모두 12개국의 의회에 카탈루냐 대표가 초청되어 카탈루냐 이슈를 논의하기도 하였다. 그리고 핀란드, 스위스, 에스토니아, 벨기에, 영국과 아일랜드 등의 의회에 카탈루냐 우호 그룹이 결성되었으며, 유럽의회에도 비공식적인 카탈루냐 우호 그룹이 결성되었다. 물론 이 모든 외교적 결실이 DIPLOCAT의 노력만으로 이루어진 것은 아니지만 공공외교에 대한 카탈루냐 지방정부의 조직적인 접근이 세계 여론에 의미 있는 영향을 끼쳤다고 평가할 수 있다(Alexander and Royo-Marine 2020, 246).

결국 '카탈루냐 자기결정 의지Catalonia's will of self-determination'와 관련하여 해외 대중의 여론에 영향을 끼치는 것을 분명하게 설립목적으로 한 DIPLOCAT의 성공적인 공공외교활동은 카탈루냐 지방정부와 중앙정부 간의 갈등을 불러일으키는 원인이 되었다. 결국 2017년 스페인 중앙정부는 헌법 155조 "외교는 오직 스페인 정부가 관할한다"를 근거로 헌법재판소에 위헌심판 청구를 하여 승소하였고, 이에 따라 2017년 10월 1일 카탈루냐 독립 국민투표 이후 DIPLIOCAT은 해산되었다. 또한 스페인 중앙정부는 카탈루냐 자치정부의 해외대표부를 브뤼셀 유럽연합 대표부만 제외하고 즉시 폐쇄할 것을 명령하였다. DIPLOCAT의 해산은 카탈루냐 분리·독립 운동 과정에서 DIPLOCAT의 성공적인 역할과 관련이 있다. 즉 민관협동이라는 구조적 측면에서나 유사한 전략의 측면에서 카탈루냐 지방정부의 유럽 외교를 위해 활용된 PCPE와 유사성이 높음에도 불구하고 스페인 중앙정부는 PCPE를 해산한 적은 없다. 또한 스페인 중앙정부는 카탈루냐 이외의 자치주가 운영하는 공공외교 조직을 폐쇄한 적도 없다. 스페인 중앙정부는 오직 DIPLOCAT만을 폐쇄한 것이다(Alexander and Royo-Marine 2020, 248).

2018년 6월 2일 카탈루냐 자치권 확대에 대해 우호적인 입장을 가진 중도좌파 페드로 산체스Pedro Sánchez가 이끄는 스페인사회노동당Partido Socialista Obrero Español이 중도우파인 인민당Partido Popular의 마리아노 라호이Mariano Rajoy 수상에 대한 불신임안을 성공적으로 통과시킨 이후 카탈루냐 자치주정부의 외교활동은 전환점을 맞이한다. 카탈루냐 지방정부가 운영하는 DIPLOCAT의 폐쇄에 동의하지 않는 사회노동당 정부의 집권 이후 DIPLOCAT은 활동을 재개할 수 있게 된다. 2018년 7월 25일 DIPLOCAT 컨소시엄의 위원들은 만장일치로 DIPLOCAT의 부활을 합의하였고, 2018년 12월 폐쇄된 지 1년여 만에 DIPLOCAT은 활동을 재개하였다(Alexander and Royo-Marine 2020, 239).

부활한 DIPLOCAT은 공식명칭과 지위의 변경을 거쳤으나 기존의 역할 즉 '카탈루냐와 세계를 연결하고, 세계 속에서 카탈루냐의 이미지를 제고하며, 세계인 및 기관과의 신뢰관계를 구축'하는 카탈루냐 공공외교의 중심 기관으로의 역할을 지속해서 담당하고 있다.[12] 2023년 7월 기준으로, DIPLOCAT은 민관 38개의 단체로 구성되어 있으며, 2023년 기준으로 연간 예산 규모는 210만 유로이다(DIPLOCAT 2022).[13] DIPLOCAT은 지방자치단체Municipal promotion, 학술Academic promotion, 경제Economic promotion, 스포츠Sport promotion, 사회Social and associative promotion, 문화Cultural promotion, 그리고 국제방문객프로그램International visitors program 등 7개 분야로 구분하여 공공외교활동을 하고 있다. 또한 DIPLOCAT은 유럽·지중해연구장학금 등 다양한

---

12 DIPLOCAT의 기존 공식명칭은 카탈루냐세계컨소시엄-카탈루냐공공외교위원회(Patronat Catalunya Món-Consell de Diplomàcia Pública de Catalunya, Catalonia World Consortium/Public Diplomacy Council of Catalonia, PCM-DIPLOCAT)였다. 2022년 12월 총회에서 DIPLOCAT의 공식명칭은 '카탈루냐 인터내셔널-카탈루냐공공외교위원회(Catalunya International-Public Diplomacy Council of Catalonia)'로 변경되었다(DIPLOCAT 2022).

13 2023년 현재 DIPLOCAT의 멤버는 카탈루냐 지방정부(Generalitat de Catalunya) 및 시단위 기구 13개, 카탈루냐상공회의소(Consell General de Cambres de Catalunya, General Council of Chambers of Catalonia) 등 비즈니스 단체 6개, 바르셀로나축구클럽(FC Barcelona)과 노동조합인 카탈루냐 UGT와 카탈루냐 CCOO 등 4개의 사회·노동조합·스포츠단체, 그리고 바르셀로나대학교 등 아카데믹기관 15개 등 모두 38개이다(https://diplocat.cat/es/quienes-somos/miembros/ 검색일: 2023.7.1).

인력양성 프로그램을 지원하고 있다(deplocat.cat).

결론적으로 DIPLOCAT은 카탈루냐 공공외교에 큰 영향을 끼쳤다. DIPLOCAT의 성공요인은 민관협력으로 공공외교를 운영한 것이다. 즉 지방정부, 시민사회, 지역 기업, 학계 등 카탈루냐 역사상 가장 광범위한 민관 협력체제를 구성해 효율적으로 메시지를 전달한 것이 성공의 비결이라고 평가할 수 있다(윤석준 2020, 242-243; Alexander and Royo-Marine 2020, 248).

V. 결론

본 연구는 카탈루냐 사례를 중심으로 지방정부 공공외교의 이론적·실제적 의미를 살펴보는 것을 목적으로 한다. 특히 카탈루냐 사례를 통하여 '국가 없는 민족'이 국제적 대표성 확립을 위하여 공공외교를 어떻게 활용하는지를 살펴보았다. 특히 본 연구는 카탈루냐의 공공외교 사례를 통하여 지방정부 외교의 역할, 지방정부 외교의 실효성, 그리고 중앙정부의 외교와 지방정부의 외교 간의 조화와 갈등의 문제와 관련된 의문들을 답해보고자 하였다.

카탈루냐 지방정부의 공공외교 사례는 공공외교가 공식적인 외교권이 없는 지방정부의 외교적 실효성을 가능하게 하는 수단임을 보여주고 있다. 특히 카탈루냐 분리·독립 운동을 둘러싼 갈등 속에 스페인 중앙정부가 헌법재판소 심판 청구를 통하여 카탈루냐 지방정부의 공공외교 민관기구인 DIPLOCAT의 일시적 해산을 이끌어낸 것은 역설적으로 지방정부가 추진하는 공공외교의 역할과 실효성을 입증해주고 있다. 한편 카탈루냐의 공공외교 사례는 그 어느 사례보다 중앙정부와 지방외교 간에 발생할 수 있는 정책의 조화와 갈등을 잘 보여주는 사례이다. 덧붙여 카탈루냐 공공외교 사례는 문화외교와 디지털 외교 등 신공공외교의 특징과 관련한 중요한 시사점을 제공해 주고 있다.

생각해볼 문제

1 '국가 없는 민족(Stateless Nation)'의 외교는 가능한가?

2 중앙정부 외교와 지방정부 외교의 바람직한 관계는 무엇인가?

3 지방정부 외교가 가능한 범주는 어떻게 설정해야 하는가?

4 카탈루냐 지방정부 외교의 특징은 무엇인가?

5 카탈루냐 공공외교위원회(DIPLOCAT)의 활동들로는 어떤 것들이 있나?

6 카탈루냐 공공외교의 특징은 무엇인가?

추천 문헌

고주현(2016). "스페인의 탈중앙화된 ODA 정책: 카탈루니아 사례를 중심으로."
　　『EU연구』 42. 93-120.

김병곤, 우윤민(2014). "내셔널 아이덴티티와 분리독립: 스페인-카탈루냐를 중심
　　으로."『유럽연구』 32(4). 189-211.

송기도, 최낙원, 최윤국(1998). "스페인 카탈루냐 지방 연구: 분권의 확대와 지역
　　분쟁."『라틴아메리카연구』 11(1). 133-180.

전용갑, 신정환 공저(2020).『두 개의 스페인: 알타미라에서 코로나19까지』, 한국
　　외국어대학교 출판부.

이상현(2018), "스페인 민주화와 제도 그리고 카탈루냐 분리 독립 운동."『스페인
　　어문학』 제89호. 153-175.

Alexander, Colin and Albert Royo i Marine(2020). "Prohibited sub-state public diplomacy: the attempt to dissolve Catalonia's DIPLOCAT." *Place Branding and Public Diplomacy* 16. 238-250.

García Segura, Caterina(2017). "Sub-State Diplomacy: Catalonia's External Action Amidst the Quest for State Sovereignty." *International Negotiation* 22. 344-373.

Jung, Hoyoon and Sae Won Chung(2023). "Diplomatic Strategies of a Middle Power in the Digitalised World: Case of Digital Diplomacy between Spain and South Korea." *Korean Journal of EU Studies* 28(1). 5-40.

Torras-Vila, Joan and José Fernández-Cavia(2018). "DIPLOCAT's Public Diplomacy Role and the Perceptions towards Catalonia among International Correspondents." *Place Branding and Public Diplomacy* 14. 213-222.

Xifra, Jordi(2009). "Catalan Public Diplomacy, Soft Power, and Noopolitik: A Public Relations Approach to Catalonia's Governance." *Catalan Journal of Communication & Cultural Studies* 1(1). 67-85.

참고 문헌

고주현(2016). "스페인의 탈중앙화된 ODA 정책: 카탈루니아 사례를 중심으로." 『EU연구』 42. 93-120.

고주현(2018). "스페인 카탈루냐 지역 분리 독립과 인정의 정치." 『유럽연구』 36(3). 75-110.

권가람(2015). "'카탈루냐 자유 만세': 카탈루냐의 독립을 향한 정치적 움직임과 전망." 『트랜스라틴』. 32호.

김병곤, 우윤민(2014). "내셔널 아이덴티티와 분리독립: 스페인-카탈루냐를 중심으로." 『유럽연구』 32(4). 189-211.

문경연, 송기돈, 박지연 편저(2020). 『공공외교 이론과 사례』. 도서출판 오름.

서경실, 신진(2020). "지방외교 공공외교의 한계와 발전 방안 연구: 대전광역시를 중심으로."『한국과 국제사회』 4(3). 115-136.

송기도, 최낙원, 최윤국(1998). "스페인 카탈루냐 지방 연구: 분권의 확대와 지역 분쟁."『라틴아메리카연구』 11(1). 133-180.

송기돈(2020). "공공외교의 개념적 이해." 문경연, 송기돈, 박지연 편저(2020). 『공공외교 이론과 사례』. 도서출판 오름.

윤석준(2020).『공공외교의 이해』. 한울아카데미.

이상현(2018). "스페인 민주화와 제도 그리고 카탈루냐 분리 독립 운동."『스페인 어문학』 제89호. 153-175.

조민현(2018). "카탈루냐 독립 움직임의 역사적 배경과 현재."『민족연구』 71. 4-17.

Alexander, Colin and Albert Royo i Marine(2020). "Prohibited sub-state public diplomacy: the attempt to dissolve Catalonia's DIPLOCAT." *Place Branding and Public Diplomacy* 16. 238-250.

Börzel, Tanja A.(2002). *State and Regions in the European Union: Institutional Adaptation in Germany and Spain.* Cambridge University Press.

Colomer, Josep M.(1998). "The Spanish 'state of autonomies': Non-institutional federalism." *West European Politics* 21(4). 40-52.

Criekemans, David(2010). "Regional Sub-State Diplomacy from a Comparative Perspective: Quebec, Scotland, Bavaria, Catalonia, Wallonia and Flanders." The *Hague Journal of Diplomacy* 5. 37-64.

de San Eugenio Vela, Jordi and Jordi Xifra(2015). "International Representation Strategies for Stateless Nations: The Case of Catalonia's Cultural Diplomacy." *Place Branding and Public Diplomacy* 11(1). 83-96.

de San Eugenio Vela, Jordi, Xavier Ginesta and Jordi Xifra(2017). "Catalonia's Public Diplomacy and Media Relations Strategy: A Case Study of the Eugeni Xammar Programme of International Communication and Reblic Relations." in Ian Somerville, Owen Hargie, Maureen Taylor and Margalit Toledano. *International Public Relations: Perspectives from Deeply Divided Societies.* Routledge.

DIPLOCAT(2022). *Strategic of DIPLOCAT 2023-2026.* https://diplocat.cat/

media/upload/arxius/publicacions/PlaEstrategicDIPLOCAT_2023
-26-EN.pdf (검색일: 2023.7.1).

_____(2023). *Presentation of DIPLOCAT*. https://diplocat.cat/media/u
pload/arxius/publicacions/QuadripticDiplocat_EN.pdf (검색일: 202
3.7.1).

Encarnación, Omar G.(2008). *Spanish Politics*. polity.

García Segura, Caterina(2017). "Sub-State Diplomacy: Catalonia's External
Action Amidst the Quest for State Sovereignty." *International
Negotiation* 22. 344-373.

García Segura, Caterina and John Etherington(2017). *Nation State Foreign
Policy and Regional External Action: An Uneasy Relationship*.
Euborders Working Paper Series 07. Euborders.

Magone, José M.(2009). *Contemporary Spanish Politics* 2nd Edition. Routl
edge.

Nye, Joseph S.(2004). *Soft Power: The Means to Success in World Politics*.
New York: Public Affairs.

Ordeix, Enric and Xavier Ginesta(2014). "Political Engagement Principles
as the Basis for New Regional Self-Determination Processes in
Europe: The Case of Catalonia." *American Behavioral Scientist* 58
(7). 928-940.

Manfiredi Sanchez, Juan Luis(2016). "Mobilizing Diplomacy. The Catalan
and Scottish Referendums in Network Diplomacy." *Revista Latina
de Comunicación Social* 71. 961-975.

Moreno, Luis(2002). "Decentralizaiton in Spain." *Regional Studies* 36(4).
399-408.

Torras-Vila, Joan and José Fernández-Cavia(2018), "DIPLOCAT's Public
Diplomacy Role and the Perceptions towards Catalonia among
International Correspondents." *Place Branding and Public Diplomacy*
14. 213-222.

Xifra, Jordi(2009). "Catalan Public Diplomacy, Soft Power, and Noopolitik:
A Public Relations Approach to Catalonia's Governance." *Catalan*

Journal of Communication & Cultural Studies 1(1). 67–85.

Zamorano, Mariano Martín and Joaquim Rius Ulldemolins(2016). "¿La diplo macia cultural, una política de Estado? Articulación y descoordin ación intergubernamental en la acción cultural exterior del Estado español." *Revista d'estudis autonòmics i federals* 24. 115–154.

제7장

미국 뉴욕의 도시외교와 공공외교

안상욱 • 부경대학교

[요약문]

　　뉴욕은 세계에서 미국을 상징하는 도시임과 동시에 미국인들에게는 미국의 다른 도시에 비해서 상당히 이질적인 도시이다. 미국 뉴욕은 미국 사회의 이민 유입의 역사적 통로였다. 지금도 뉴욕시는 전체 인구 구성에서 이민자 비중이 미국 내에서 상대적으로 높은 도시에 속한다. 뉴욕시 전체 인구의 38퍼센트, 뉴욕시 노동인구의 45퍼센트가 해외출생 주민으로 구성되어 있다. 그리고 미국 내 다른 도시에 비해 뉴욕이 도시외교와 공공외교에서 큰 차별성을 갖는 측면은 뉴욕 내 유엔본부 등 국제기구가 소재하고 있으며, 383개의 외국정부의 대표부, 영사관, 무역관이 소재하는 도시라는 점이다. 이와 같은 토양에서 뉴욕시장 직속 국제교류부 업무는 1962년 로버트 와그너 시장이 '유엔담당 뉴욕시 집행위원(New York City Commissioner for the United Nations)' 직책을 신설하면서 시작되었다.

　　2002년부터 2013년까지 뉴욕시장을 역임한 마이클 블룸버그는 2007년에 '더 푸르고 더 큰 뉴욕(a greener, greater New York)'을 건설한다는 목표로 PlaNYC를 수립하여 글로벌 어젠다를 시정목표에 반영하여 이를 선도하였다. 이어서 2014년 1월 1일 취임한 빌 드블라지오 시장은 뉴욕의 도시기본계획 어젠다와 유엔의 SDGs를 연계하였다.

　　현재 뉴욕시는 지역 차원의 SDGs와 기후변화, 이민, 난민 문제의 어젠다에서도 능동적으로 대응하고 있다. 이와 같은 사례로, 트럼프 행정부가 '이주 글로벌 컴팩트(Global Compact for Migration)'를 포기했을 때, 미국 내에서 뉴욕이 관련 어젠다를 이끌고 나간 것과 도시기후리더십그룹(Cities Climate leadership group, C40)에서 리더십을 발휘한 것을 들 수 있다.

[핵심어]

뉴욕   도시외교   UN
이민   SDGs   환경
PlaNYC   OneNYC

I. 서론

미국 뉴욕은 전 세계에서 가장 영향력 있는 도시 중 하나이다. 뉴욕에는 유엔본부 등의 국제기구가 있으며 383개의 외국정부의 대표부·영사관·무역관이 소재하고 있다. 또한 뉴욕은 세계 금융·미디어·교육·문화·패션 중심지로서 전 세계의 트렌드를 선도하고 있다.

세계적인 컨설팅 기업 커니Kearney는 기업활동, 인적자본, 정보교환, 문화 경험, 정치적 참여 부문의 29개 척도를 바탕으로 151개 도시의 현재 경쟁력을 평가하는 글로벌 도시지수GCI: Global Cities Index를 발표하고 있다. 2020년 글로벌 도시지수에서는 각 도시 내 창업한 지 10년 이내이나 기업가치가 10억 달러 이상으로 평가받는 비상장 스타트업 기업을 의미하는 유니콘 기업의 수를 평가척도에 포함하였다.

〈표 7-1〉의 자료에서 볼 수 있듯이, 뉴욕은 2017년, 2018년, 2019년, 2020년 글로벌 도시지수에서 1위를 차지하였다. 2020년 글로벌 도시지수에서 뉴욕시는 국제학교, 유학생 수, 의과대학 등에서

도시	2020년 순위	2019년 순위	2018년 순위	2017년 순위
뉴욕	1	1	1	1
런던	2	2	2	2
파리	3	3	3	3
도쿄	4	4	4	4
베이징	5	9	9	9
홍콩	6	5	5	5
로스앤젤레스	7	7	6	8
시카고	8	8	8	7
싱가포르	9	6	7	6
워싱턴 D.C.	10	10	11	10
시드니	11	11	15	17
상하이	12	19	19	19
샌프란시스코	13	22	20	23
브뤼셀	14	12	10	11
베를린	15	14	16	14
마드리드	16	15	13	13
서울	17	13	12	12
멜버른	18	16	17	15
토론토	19	17	18	16
모스크바	20	18	14	18
보스턴	21	21	24	21
빈	22	25	21	20
암스테르담	23	20	22	22
뮌헨	24	32	32	36
부에노스아이레스	25	24	25	26
바르셀로나	26	23	23	24
두바이	27	27	28	28
프랑크푸르트	28	28	29	29
몬트리올	29	29	27	27
마이애미	30	31	30	30

출처: Kearney[1]

우수한 성적으로 인적자본 부문에서 최고점을 받으면서 다른 도시들에 비해 선두를 확대했다. 뉴욕은 또한 자본시장에서도 1위를 차지하여 비즈니스 활동 차원에서 1위를 차지하였다.

비즈니스 환경, 금융산업 발전, 인프라, 인적 자원 등 세계 주요 도시들의 금융경쟁력을 측정하는 대표지수인 '국제금융센터지수GFCI: Global Financial Centres Index'에서도 뉴욕은 다른 도시를 압도하고 있다. 전 세계 126개 금융도시를 분석하여 2021년 3월에 발간된 GFCI 29에서, 〈표 7-2〉의 자료에서 볼 수 있듯이, 뉴욕은 2020년에 발간된 GFCI 28에 이어서 1위 자리를 유지하였다.

여러 지표에서 세계 중심도시로서 자리매김하고 있는 뉴욕은 해외에서는 미국을 상징하는 도시이지만 동시에 미국 내의 일반적인 도시들과는 상당히 이질적인 도시이다. 일반적으로 다른 국가에 큰 관심이 없는 일반적인 미국 도시와는 다르게, 뉴욕은 매우 국제화된 도시이다.

그리고 뉴욕은 미국 내 도시 중 도시외교와 공공외교에서 선두적인 역할을 수행하고 있다. 일례로, 미국에서 뉴욕, 애틀랜타, L.A. 3개 도시가 도시외교를 지휘하기 위해 시장 직속으로 국제교류부OIA: Office of International Affairs를 두고 있다.[2] 또한 뉴욕은 지속가능발전목표SDGs, 이민, 환경 등의 이슈에서 전 세계를 대상으로 한 공공외교를

---

1 Kearney. "2020 Global Cities Index: New priorities for a new world." https://www.kearney.com/global-cities/2020(검색일: 2021.6.15).
2 Rand Corporation(랜드연구소). "City Diplomacy Has Been on the Rise. Policies Are Finally Catching Up." https://www.rand.org/blog/2019/11/city-diplomacy-has-been-on-the-rise-policies-are-finally.html(검색일: 2021.6.15).

도시	2021년 발간 GFCI 29 순위(점수)	2020년 발간 GFCI 28 순위(점수)
뉴욕	1 (764)	1 (770)
런던	2 (743)	2 (766)
상하이	3 (742)	3 (748)
홍콩	4 (741)	5 (743)
싱가포르	5 (740)	6 (742)
베이징	6 (737)	7 (741)
도쿄	7 (736)	4 (747)
센젠	8 (731)	9 (732)
프랑크푸르트	9 (727)	16 (715)
취리히	10 (720)	10 (724)
밴쿠버	11 (719)	24 (698)
샌프란시스코	12 (718)	8 (738)
로스앤젤레스	13 (716)	11 (720)
워싱턴 D.C.	14 (715)	19 (712)
시카고	15 (714)	20 (7111)
서울	16 (713)	25 (695)
룩셈부르크	17 (712)	12 (719)
시드니	18 (711)	32 (682)
두바이	19 (710)	17 (714)
제네바	20 (709)	14 (717)
에든버러	21 (708)	13 (718)
광저우	22 (706)	21 (710)
멜버른	23 (705)	27 (693)
보스턴	24 (703)	15 (716)
파리	25 (699)	18 (713)

출처: Z/Yen and CDI, The Global Financial Centres Index 29, 2021. 4.

글로컬 시대 지방정부 외교와 공공외교

선도하고 있다.

랜드연구소 아시아·태평양정책센터 소장Director of the RAND Center for Asia Pacific Policy인 라피크 도사니Rafiq Dossani는 미국 내 도시외교의 중요성에 대해 "도시들은 국제 조약에 서명하지 않고 있으며, 세계 곳곳에 대사관을 두고 있지 않다. 그러나 도시는 모든 종류의 협상에 참여할 수 있고, 합의에 도달할 수 있으며, 세계정치에 영향을 미칠 수 있다. 도시는 네트워크를 형성하고, 상대방과 대화에 참여하고, 공공외교를 촉진하고, 모범사례를 공유하며, 국제 민간과 공공기관 간의 협력을 장려한다. 미국 국무부는 미국의 외교, 세계 이미지, 영향력을 더욱 강화하기 위해 이 힘을 이용할 수 있다"라고 설명하고 있다.[3]

본 장에서는 뉴욕시에서 도시외교와 공공외교의 활성화된 내재적 토양을 파악하기 위해 미국 내 이민의 관문으로서 다문화 도시인 뉴욕의 특성과 국제사회와 뉴욕시 간 교류와 협력을 담당하는 국제교류부OIA의 오랜 역사에 대해서 설명하고자 한다.

또한 뉴욕시의 도시외교를 이해하기 위해서 뉴욕시의 도시 간 교류의 개념 변화를 살펴보고, 뉴욕시와 UN 등 국제기구와 뉴욕 소재 외국정부 대표부와의 협력관계에 대해서 설명을 할 것이다. 그리고 뉴욕시의 공공외교를 이해하기 위해서, 전임 시장이었던 블룸버그 시장의 PlaNYC 어젠다와 드블라지오 시장의 OneNYC 어젠다에 대해서 파악하고, 트럼프 행정부의 반이민정책에 맞선 뉴욕시의 '이주 글로벌 컴팩트Global Compact for Migration' 이니셔티브와 뉴욕에서 개최된 2017년 난민·이민정책과 실무 관련 세계 시장 정상회의 성과

---

3 Ibid.

에 대해서 알아보도록 한다. 또한 뉴욕시 공공외교의 주안점인 환경 외교의 측면에서 뉴욕시가 '도시기후리더십그룹Cities Climate leadership group, C40'에서 보여준 리더십에 대해 알아보도록 한다.

II. 뉴욕시 도시외교와 공공외교 활성화의 내재적 토양

1. 미국 내 이민의 관문으로서 다문화 도시인 뉴욕의 특성

뉴욕은 역사적으로 이민자들이 입국하는 관문이었다. 이민 초기였던 1855년부터 뉴욕 맨해튼 남부 캐슬가든Castle Garden 이민국에서 35년 동안 800만 명이 넘는 이민심사를 하였다. 그리고 1892년부터 1954년까지 엘리스 아일랜드Ellis Island에서 이민자의 입국이 이루어졌고, 현재 미국시민의 40퍼센트가 조상의 흔적을 엘리스 아일랜드에서 찾을 수 있다. 엘리스 아일랜드에서 이민심사가 정점에 이르렀던 1900년부터 1914년까지는 매일 평균 1900명이 이민수속을 밟았다. 1925년부터 1954년까지 230만 명의 이민자들이 뉴욕항을 통해서 입국했는데 미국에 입국한 이민자의 절반 이상이 뉴욕항을 통해서 입국하였다.[4]

현재 860만 뉴욕시민 중 330만 명이 해외출생이다. 뉴욕주 전체 해외출생 주민이 440만 명임을 감안하면 매우 높은 수치이다. 언어적 측면에서도 860만 뉴욕시민들이 구사할 수 언어는 800가지 이상이 된다.

---

4 history.com. "Ellis Island." https://www.history.com/topics/immigration/ellis-island (검색일: 2021.6.15).

글로컬 시대 지방정부 외교와 공공외교

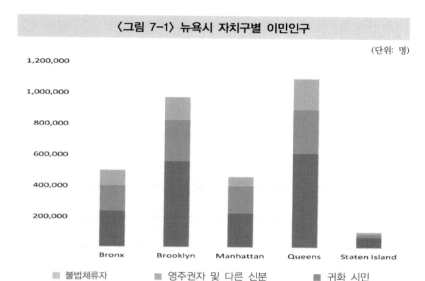

〈그림 7-1〉 뉴욕시 자치구별 이민인구

(단위: 명)

- 불법체류자
- 영주권자 및 다른 신분
- 귀화 시민

출처: NYC Mayor's Office of Immigrant Affairs. State of Our Immigrant City, Annual Report March 2018. 11

　　뉴욕시 전체 인구의 38퍼센트, 뉴욕시 노동인구의 45퍼센트가 해외출생 주민으로 구성되어 있다(NYC Mayor's Office of Immigrant Affairs 2018, 9). 뉴욕시민 중 62퍼센트가 가구 내 한 명 이상의 이민자가 있다.

〈표 7-3〉 이민 유형별 뉴욕시 인구구성

(단위: %)

이민 유형		인구구성
미국 출생		62.2
해외출생	합계	37.8
	귀화시민	20.6
	영주권 및 다른 신분	10.9
	불법체류자	6.3

출처: NYC Mayor's Office of Immigrant Affairs. 2018. 11

뉴욕은 이민자 출신 주민이 많은 미국 내 20대 대도시 지역에
속해 있으며, 이 지역이 미국 내 해외출생 주민인구의 64퍼센트를
차지하고 있다.

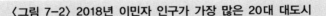

⟨그림 7-2⟩ 2018년 이민자 인구가 가장 많은 20대 대도시

출처: PEW Research Center[5]

---

5 PEW Research Center. "20 metropolitan areas with the largest number of immigrants
in 2018." https://www.pewresearch.org/fact-tank/2020/08/20/key-findings-about-u-
s-immigrants/ft_2020-08-20_immigrants_07a/(검색일: 2021 6.15).

글로컬 시대 지방정부 외교와 공공외교

⟨표 7-4⟩ 해외출생 뉴욕시민의 출생지역 상위 10위

	해외 출신 뉴욕시민의 출생지역	명	해외출생 뉴욕시민 중 비중(%)
	전체 해외출생자	3,133,808	-
1	도미니카공화국	422,244	13.5
2	중국	318,581	10.2
3	멕시코	183,197	5.8
4	자메이카	176,718	5.6
5	가이아나	136,760	4.4
6	에콰도르	129,693	4.1
7	아이티	88,383	2.8
8	트리니다드토바고	83,222	2.7
9	방글라데시	80,448	2.6
10	인도	76,424	2.4

출처: NYC Mayor's Office of Immigrant Affairs 2018. 12.

⟨표 7-5⟩ 해외출생 뉴욕시민이 영어 이외에 사용하는 상위 10위 언어

	해외출생 뉴욕시민이 영어 이외에 가정에서 사용하는 언어	해외출생 뉴욕시민이 영어 이외에 사용하는 언어 중 비중(%)
1	스페인어	40.9
2	중국어	15.0
3	러시아어	7.2
4	아이티크레올어	3.6
5	벵골어	3.3
6	이탈리아어	2.3
7	아랍어	2.2
8	한국어	2.0
9	폴란드어	1.8
10	프랑스어	1.7

출처: NYC Mayor's Office of Immigrant Affairs 2018. 12

2. 국제사회와 뉴욕시 간 교류와 협력을 담당하는 국제교류부의 역사

미국에서 도시외교를 지휘하기 위해서 시장 직속으로 국제교류부를 두고 있는 도시는 뉴욕, 애틀랜타, 로스앤젤레스 등 3개 도시이다.[6]

　뉴욕시 국제교류부는 국제사회와 뉴욕시 기관 간의 교류와 협력을 장려하고 있다. 뉴욕시 국제교류부는 뉴욕시의 정책과 모범사례를 전세계적으로 공유하고, 외국정부, 유엔, 미국 국무부의 요청에 대응하는 데 업무의 초점을 맞추고 있다. 또한 뉴욕시 국제교류부는 뉴욕시 산하기관에 외교 및 영사관련 문제에 대해서 자문을 제공하고 뉴욕시에 소재한 외교·영사 커뮤니티Diplomatic and Consular Community 에 뉴욕시 관련 현안에 대해서 안내를 제공하고 있다.[7]

　뉴욕시의 국제교류부의 역사는 1962년까지 거슬러 올라간다. 1962년 아들라이 스티븐슨Adlai Stevenson 유엔주재 미국대사의 제안으로 로버트 와그너Robert Wagner 시장이 '유엔담당 뉴욕시 집행위원New York City Commissioner for the United Nations' 직책을 신설하여 외교계와 지역주민, 기업, 정부 간 연락역할을 담당하도록 했다. 와그너 시장은 엘리너 클라크 프렌치Eleanor Clark French를 초대 집행위원으로 임명했다. 집행위원의 임무는 유엔본부가 있는 도시인 뉴욕시의 역할을 증진하고, 유엔 관리·대표단·직원들에 제공될 수 있는 뉴욕 시정 서비스와 협력사업을 조율하고, 뉴욕시 내 외교공동체를 지원할 수 있도록

---

6 Rand Corporation(랜드연구소). "City Diplomacy Has Been on the Rise. Policies Are Finally Catching Up." https://www.rand.org/blog/2019/11/city-diplomacy-has-been-on-the-rise-policies-are-finally.html(검색일: 2021.6.15).

7 NYC Mayor's Office for International Affairs. "About." https://www1.nyc.gov/site/international/about/about.page(검색일: 2021.6.15).

글로컬 시대 지방정부 외교와 공공외교

지역사회 내 자원봉사 조직의 지원을 이끌어내는 것이었다.

1966년 존 린제이John Lindsay 시장은 뉴욕시 UN위원회the New York City Commission for the United Nations라는 공식 위원회를 설치하여 '유엔담당 뉴욕시 집행위원' 사무실 기능을 확대하였다. 1970년 행정명령을 통해서 '뉴욕시 영사단위원회the Consular Corps Committee of the City of New York'를 뉴욕시 공공행사부Department of Public Events에서 뉴욕시 UN위원회로 이관하여 뉴욕시 '유엔·영사단 위원회the Commission for the United Nations and the Consular Corps'를 설립하였다.

1992년 데이비드 딘킨스David Dinkins 시장은 '유엔·영사단 위원회'에 국제사업부Division for International Business를 설립했다. 뉴욕 소재 외국 정부의 영사관들은 뉴욕에 사무실을 여는 데 관심이 있는 외국기업을 지원하는 상무관trade commissioner을 두고 있다. 국제사업부는 상무관, 외국정부 대표, 미국-해외국가 합작 상공회의소bi-lateral chambers of commerce, 그리고 때에 따라서 외국기업과 직접 협력사업을 진행하였다. 뉴욕시 '유엔·영사단 위원회' 국제사업부가 제공하는 서비스에는 뉴욕시에서 외국기업이 사업을 열거나 확장하는 데 도움이 되는 맞춤형 정보 제공과 외국기업에 대한 컨시어지 서비스가 포함되었다.

1997년에는 뉴욕시 의전담당 부서가 '유엔·영사단 위원회'에 합쳐져서 뉴욕시 '유엔·영사단·의전 위원회the Commission for the United Nations, Consular Corps and Protocol'가 되었다.

마이클 블룸버그Michael Rubens Bloomberg 시장은 2012년 행정명령을 통해서 '유엔·영사단·의전 위원회'를 '뉴욕시장 직속 국제교류부Mayor's Office of International Affairs8'로 명칭을 변경하였다.

출처: NYC Mayor's Office of International Affairs 2016

뉴욕시장 직속 국제교류부는 뉴욕 소재 외교·영사인력을 대상으로 한 뉴욕시 가이드북을 발간하여 뉴욕 소재 외교·영사인력의 뉴욕시 생활 적응을 돕고 있다.

뉴욕시장 직속 국제교류부는 SNS 소통채널 확보를 위해서 유튜브 채널, 페이스북, 트위터, 텀블러Tumbler 등을 운영하고 있다. 그러나 오랜 기간 유튜브 채널을 운영했음에도 구독자가 44명에 불과하

---

8 NYC Mayor's Office for International Affairs. "History of the Office." https://www1. nyc.gov/site/international/about/history-of-the-office.page(검색일: 2021.6.15).

〈그림 7-4〉 뉴욕시장 직속 국제교류부 페이스북

출처: NYC Mayor's Office of International Affairs[9]

고, 페이스북의 팔로우 숫자는 3,230명에 불과하였다. 뉴욕시는 도시
외교와 공공외교활동에서 점차 중요성을 더욱 확대하고 있는 SNS
소통방식에 대해서 좀 더 심도있게 고민해야 할 필요가 있다.

---

9 NYC Mayor's Office of International Affairs, "NYC Mayor's Office of International

〈그림 7-5〉 뉴욕시장 직속 국제교류부 유튜브 채널

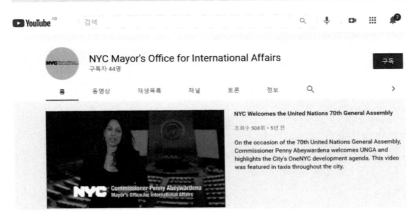

〈그림 7-5〉 뉴욕시장 직속 국제교류부 유튜브 채널

출처: NYC Mayor's Office of International Affairs[10]

III. 뉴욕시의 도시외교

1. 뉴욕시의 도시 간 교류의 개념

1956년 9월 11일, 아이젠하워 대통령은 시민외교에 대한 백악관 회의를 워싱턴 D.C.에서 개최하였고, 본 회의에 각계각층을 대표하는 미국인들이 참석하였다. 본 회의는 본국과 상대국 간 국민 대 국민 프로그램의 초석이 되었다.[11]

Affairs' Facebook." https://www.facebook.com/NYCMayorsInternationalAffairs/(검색일: 2021.6.15).

10 NYC Mayor's Office of International Affairs. "NYC Mayor's Office of International Affairs' YouTube Channel." https://www.youtube.com/channel/UClhWfE7oCO1ErAdIe9kGjrA/featured(검색일: 2021.6.15).

글로컬 시대 지방정부 외교와 공공외교

도시	자매도시 협약 연도
도쿄	1960
런던	2001
로마	1992
마드리드	1982
베이징	1980
부다페스트	1992
산토도밍고	1983
예루살렘	1993
요하네스버그	2003
카이로	1983

출처: City of New York[12]

1956년에 시민외교의 핵심 메커니즘인 시민위원회the Civic Committee 가 결성되었다. 1956년 시민위원회가 결성되었을 때 40여 건에 불과했던 자매도시 결합이 1967년에는 미국 내 350개 도시가 해외 57개국의 도시와 자매도시로 연결될 정도로 자매도시 수가 증가하였다. 이 시기에 뉴욕시도 해외 도시와 자매도시Sister City 협정을 체결하였다.

2006년 뉴욕시 자매도시 프로그램은 일반적인 도시문제와 관련하여 추가적인 외국 도시들과 교류하기 위해 재구성되고 '뉴욕 글로벌 파트너 프로그램NYC Global Partners'으로 이름이 변경되었다. 이에 따라서 뉴욕시 해외교류를 담당하는 비영리법인 형태의 기구가 '㈜

11 Sister Cities International. "THE BIRTH OF THE PEOPLE-TO-PEOPLE PROGRAM." https://www.sistercities.org/1956/09/11/birth-people-people-program/(검색일: 2021.6.15).
12 City of New York. "The Sister City Program of the City of New York." http://www.nyc.gov/html/rwg/mcp/html/scp/scptokyo.html(검색일: 2021.6.15).

〈표 7-7〉 뉴욕 글로벌 파트너 프로그램 참여도시

아프리카/중동	홍콩	부쿠레슈티	오슬로	몬테레이
아크라	자카르타	부다페스트	파리	몬트리올
아디스아바바	카라치	코펜하겐	프라하	오타와
케이프타운	마닐라	더블린	프리슈티나	파나마시티
카이로	멜버른	뒤셀도르프	로마	필라델피아
두바이	뭄바이	에든버러	로테르담	산토도밍고
이스탄불	서울	제네바	상트페테르부르크	토론토
예루살렘	상하이	글래스고	스톡홀름	밴쿠버
요하네스버그	선양	함부르크	헤이그	위니펙
라고스	싱가포르	하이델베르크	빈	
나이로비	시드니	헬싱키	바르샤바	남아메리카
텔아비브	도쿄	이스탄불		보고타
	타이페이	키이우	북아메리카	부에노스아이레스
아시아·태평양		리스본	볼티모어	카라카스
벵갈루루	유럽	런던	보스턴	코르도바
방콕	암스테르담	룩셈부르크	캘거리	쿠리치바
베이징	안트워프	리옹	시카고	리마
델리	바르셀로나	마드리드	쿠에르나바카	메데인
다카	벨파스트	밀라노	에드먼턴	리우데자네이로
광저우	베를린	모스크바	로스앤젤레스	산티아고
호치민시	브뤼셀	뮌헨	멕시코시티	상파울루

출처: City of New York[13]

뉴욕 자매도시 프로그램the Sister City Program of the City of New York, Inc.'에서
'㈜뉴욕 글로벌 파트너NYC Global Partners, Inc.'로 변경되었다. 해외 10개
도시가 참여했던 자매도시 프로그램에 비해서 뉴욕 글로벌 파트너
프로그램에는 96개 도시가 참여하였다. 뉴욕시의 글로벌 파트너 프
로그램은 경제적 기회 제공, 민주적 가치 전파, 창의적 영감 제공,

---

13 City of New York. "NYC's Partner Cities." https://web.archive.org/web/201302012
21257/http://www.nyc.gov/html/unccp/scp/html/partner/partner.shtml(검색일: 2021.
6.15).

문화적 다양성을 도모하는 데 주력하고 있다.[14]

예를 들어, 소외된 도시 청소년을 위해 뉴욕 학생과 파트너 도시 학생들에게 동일한 교과과정을 온라인으로 전수하는 '글로벌 파트너스 주니어Global Partners Junior'를 통해 50개 이상의 도시가 참여하였고, 파트너 도시들의 우수사례를 모아 온라인 자료은행을 운영하는 '혁신교류 Innovation Exchange' 프로그램을 통해 36개 도시가 참여하였고, 12회의 국제정상회의international summits를 통해서 그리고 90개 도시가 참여하였다(장지인 2013, 132).

뉴욕 글로벌 파트너 프로그램을 담당하는 ㈜뉴욕 글로벌 파트너를 2018년 6월 공식적으로 해체했다.

현재 뉴욕시는 기존의 도시 대 도시 간 자매도시 관계를 계속 유지하고 있지만, 더 이상 새로운 자매도시 협약을 맺지 않고 있다. 대신, 뉴욕시의 각 기구들NYC agencies은 모범사례의 교류를 확고히 하기 위해서 주요 현안을 중심으로 다른 도시와 직접 협력하고 있다. 뉴욕시장 직속 국제교류부는 일련의 프로그램들을 통해서 다른 도시와 교류하고 있다.[15]

---

14 NYC Mayor's Office for International Affairs. "History of the Office." https://www1.nyc.gov/site/international/about/history-of-the-office.page(검색일: 2021.6.15).

15 NYC Mayor's Office for International Affairs. "History of the Office." https://www1.nyc.gov/site/international/about/history-of-the-office.page(검색일: 2021.6.15).

2. 뉴욕시와 국제기구 및 뉴욕 소재 외국정부 대표부와의 협력관계

뉴욕시가 다른 도시와 차별성을 갖는 점은 뉴욕시 내에 전 세계 최대의 외교·영사 커뮤니티가 있다는 점이다. 실제로 뉴욕의 도시외교가 발달한 계기는 뉴욕시에 유엔본부가 소재하고 있다는 점이었다. 현재 뉴욕시장 직속 국제교류부 업무는 1962년 로버트 와그너 시장이 '유엔담당 뉴욕시 집행위원' 직책을 신설하면서 시작되었다.

　뉴욕에는 유엔본부 외에도 193개의 상주대표부와 115개의 영사관, 75개의 무역관이 있다. 뉴욕시는 아래와 같은 프로그램을 유엔과 협력하여 운영하고 있다.

- **Connecting Local to Global 프로그램**: 본 프로그램은 뉴욕시 외교·영사 커뮤니티를 뉴욕 거주 외교관들과 영사들이 거주하는 뉴욕시와 연결시켜주는 프로그램으로, 뉴욕시장 직속 국제교류부는 뉴욕시 산하기관과 협력하여 뉴욕시의 114개 영사관이 뉴욕시 기관의 업무에 대해서 배울 기회를 제공하고, 뉴욕시의 프로그램을 영사 커뮤니티에 공유하여 뉴욕시가 외교가들로부터 해외 모범사례를 배울 기회를 갖도록 한다.
- **NYC Junior Ambassadors 프로그램**: 본 프로그램은 뉴욕시의 7학년[16] 학생들을 위한 학습자원으로, 유엔을 활용하여 학생들이 유엔활동과 세계에서 가장 시급하게 해결해야 할 유엔의 목표에 동참하도록 한다.

---

16 미국의 교육제도: 초등학교 5년(1-5학년), 중학교 3년(6-8학년), 고등학교(9-12학년)

● **Global Vision ‖ Urban Action 프로그램:** 본 프로그램은 글로 벌 지속가능발전 목표^{SDGs}와 뉴욕시의 OneNYC 비전에 포함된 뉴욕시 차원의 지역 지속가능 및 개발 이니셔티브 간의 시너지를 발휘하도록 하는 것이 목표이다. Global Vision ‖ Urban Action 프로그램은 뉴욕시와 국제사회의 전문가들이 함께 지역사회와 세계에서 채택할 수 있는 혁신적인 솔루션과 정보를 공유하는 플랫폼이다.

또한 뉴욕시장 직속 국제교류부는 뉴욕 소재 외교·영사 공동체가 맡은 바 업무를 수행하는 데 도움이 되는 중요한 서비스와 정보를 제공한다. 외교사건 및 비상상황에 대응하며, 뉴욕시나 미국 국무부가 담당하는 외교관 및 영사 대상 주차 프로그램 관련 행정업무를 수행하고, 외국정부, 유엔 및 미국 국무부의 요청사항을 관리하고 있다.

직속 국제교류부는 그 외에도 도시의 국기게양정책, 시장 선물 mayoral gifts 및 '뉴욕시 상징 열쇠 증정식'을 담당하며, 뉴욕시장 직속 국제교류부는 뉴욕시 기관과 시민에게 의전관련 안내를 제공한다. 외국정부 관계자, 영사단, 외국정부의 유엔대표부 및 국제기구도 뉴욕시장 직속 국제교류부로 연락하여 시장과의 면담을 요청하거나, 시장을 행사에 초대하거나, 시장의 서신이나 시장의 선언문을 요청할 수 있다. 매년 9월 개최되는 유엔 총회 고위급회의 및 기타 행사기간 동안 뉴욕 경찰국, 국무부, 미국 비밀경호국, 유엔 및 기타 파트너들과 협력하여 모든 뉴욕 시민의 안전을 보장하는 업무도 수행하고 있다.

IV. 뉴욕시의 공공외교

1. 도시기후리더십그룹(C40) 가입과 뉴욕의 역할

도시기후리더십그룹C40은 세계 대도시들이 기후변화의 심각성을 인식하고 이에 대응하기 위해 자발적으로 구성한 협의체이다. 지구 면적의 2퍼센트에 불과한 도시들이 지구온난화의 주범인 온실가스를 80퍼센트 이상 배출하고 있는 현실을 직시하고 이에 구체적으로 대응하기 위하여 2005년 10월 켄 리빙스턴Ken Livingstone 런던시장이 세계 18개 메가시티의 대표들을 소집해 온실가스배출 감축을 위한 협정을 만들고, 'C20'을 출범시키면서 시작되었다. 2006년, 빌 클린턴Bill Clinton 전 미국 대통령의 도움으로 리빙스턴 런던시장과 클린턴 기후변화 이니셔티브CCI: Clinton Climate Initiative가 시너지를 발휘하여, 참여도시를 40개 도시로 확대하고 참여도시를 위한 프로젝트와 프로젝트 관리기법을 제공하여 배출가스 배출량을 개선하는 데 도움을 주었다.

C40의 첫 번째 의장이었던 리빙스턴은 런던에 C40 사무국the C40 Secretariat과 C40 운영위원회the C40 Steering Committee를 설립하고, 참여도시 간에 모범사례를 교환하기 위해 C40 워크숍을 활용하였다.

2007년, C40 시장 정상회의the C40 Cities Mayors Summit가 2007년 5월 14일부터 17일까지 뉴욕에서 열렸다. 본 행사는 마이클 블룸버그 뉴욕시장이 주관하였고, 뉴욕시 글로벌 파트너 프로그램, 영국 런던 소재 다국적 비영리기구 '기후그룹The Climate Group', 록펠러형제재단 Rockfeller Brothers Fund, 이클레이17 미국사무소ICLEI USA 등의 지원을 받아 마련되었다. 포괄적인 대화형 세션 프로그램을 통해, 참석한 세계

〈그림 7-6〉 도시기후리더십그룹(C40) 참여도시

출처: C40(도시기후리더십그룹)[18]

각 도시대표들은 기후변화문제를 해결하기 위한 모범사례를 공유하고, 협력 프로젝트를 모색하였다.

2008년, 토론토 시장인 데이비드 밀러David Miller가 C40 의장으로 취임했다. 그의 재임기간 중 2009년 코펜하겐 기후변화 시장 정상회의와 2009년 서울 C40 시장 정상회의the C40 Steering Committee가 개최되었다. 또한 기후긍정개발프로그램Climate Positive Development Program 및 탄소재정역량강화프로그램Carbon Finance Capacity Building Program과 같은 참여도시들을 위한 실천 이니셔티브도 그의 재임기간 중에 개시되었다.

3선의 전 뉴욕시장인 마이클 블룸버그는 2010년부터 2013년까

---

17 이클레이(ICLEI: International Council for Local Environmental Initiatives)는 1990년 자치단체국제환경협의회라는 이름으로 설립되었으며, 각국 지방정부 및 기관이 참여하여 지속 가능한 성장 가능성을 논의하고자 하는 통합 협의체이다
18 C40. "Cities." https://www.c40.org/cities(검색일: 2021.6.15).

지 도시기후리더십그룹^{C40} 의장을 지냈다. 그는 3년의 재임기간 동안 전문조직을 구축하고, 참여도시들의 기후변화대응 성공을 위해 측정 가능하고 균일한 벤치마크 기준을 확립하기 위한 노력을 기울였다. 또한 기후변화대응에서 유사한 우선순위를 갖고 있는 도시와 협력기관 사이에 지식공유를 확대하기 위한 변함없는 노력을 보여주었다. 블룸버그 시장의 C40 의장 재임기간에 C40 참여도시는 63개 도시로 확대되었다.

현재 전 세계 97개 도시가 참여하고 있는 도시기후리더십그룹 ^{C40}에 속해 있는 뉴욕을 비롯한 전 세계 주요 12개 도시는 기후변화대응을 가속화하고 생태계 회복을 촉진하려는 목적으로 화석연료 기업에 대한 투자를 중단하고 재생 가능한 에너지 투자를 확대하기로 공동 선언하였다. 선언에 참여한 도시는 뉴욕, 베를린, 케이프타운, 더반, 런던, 브리스틀, 밀라노, 밴쿠버, 로스앤젤레스, 뉴올리언스, 오슬로, 피츠버그이며, 이들 12개 도시의 전체 인구는 3,600만 명에 이른다.

특히, 이 12개 도시들은 코로나19 $^{COVID-19}$ 여파에 따른 경기 둔화 가운데 친환경을 고려한 경제회복의 필요성을 강조하며, 석유화학과 관련된 투자 중단 선언에 참여했다. '에너지정책추적 $^{Energy\ Policy}$ ^{Tracker}'에 따르면, 전 세계적으로 코로나19 복구 자금으로 약 2000억 달러의 투자가 석유화학 기업에 이뤄지도록 예정돼 있지만, 이는 기후변화를 더 가속화시킬 수 있는 주요 요인으로 지적받고 있다. 따라서 도시기후리더십그룹 ^{C40}에 속해 있는 전 세계 주요 12개 도시의 화석연료 투자 중단 선언은, 코로나19 복구 자금 집행이 화석연료 부분에서 이루어짐으로써 기후변화문제가 심각해 질 수 있는 상황에서, 큰 의미를 주는 것이다.[19]

2. 블룸버그 시장의 PlaNYC 어젠다

2002년부터 2013년까지 뉴욕시장을 역임한 블룸버그는 2007년에 '더 푸르고 더 큰 뉴욕a greener, greater New York'을 향후 20년 뉴욕의 미래 비전으로 설정하고 6개 부문별 10개 목표를 제시하였다.

〈표 7-8〉 PlaNYC의 6개 부문별 10개 목표

▶토지
①[주택] 약 100만 명의 인구증가에 대비하여 지불가능하고 지속가능한 주택건설
②[오픈 스페이스] 모든 시민이 공원으로부터 10분 이내에 거주
③[오염지대] 뉴욕의 모든 오염된 토지 정화

▶수자원
④[수질] 수질오염 저감과 자연지역 보존을 위해 90퍼센트의 물길을 개선
⑤[수자원 네트워크] 주요 복구시스템 개발을 통해 노후화된 수자원 네트워크 정비

▶교통
⑥[교통혼잡] 추가적인 100만을 위해 교통용량 증가 및 통행시간 향상
⑦[시설정비] 역사상 최초로 뉴욕의 도로·지하철·철도의 완벽한 정비 실시

▶에너지
⑧깨끗하고 신뢰할 수 있는 에너지 인프라를 업그레이드하여 모든 뉴욕 시민에게 제공

▶대기질 개선
⑨미국의 어떤 대도시보다 맑은 공기 만들기

▶ 기후변화
⑩지구온난화를 조장하는 온실가스 배출 30퍼센트 감소

출처: 반정화·송미경 2013. 74

---

19 IMPACT ON. "12개 세계 주요 도시, 화석연료 투자 중단 선언."
   https://www.impacton.net/news/articleView.html?idxno=631(검색일: 2021.6.15).

뉴욕시의 PlaNYC는 뉴욕시가 당면하고 있는 지속적인 성장, 노후화된 기반시설, 기후변화 등 환경문제에 대응하기 위해 수립된 계획으로, 전략계획적 성격을 가지고 있으며, 유엔 차원의 수립하여 글로벌 어젠다를 시정목표에 반영하여 이를 선도하였다. PlaNYC 수립은 시장 직속부서Mayor's Office of Operations가 담당하고, 계획의 수립을 위해 도시계획국을 비롯한 모든 관련 부서들이 참여하고 있다(반정화·송미경 2013, 74).

〈그림 7-7〉 PlaNYC 보고서

PlaNYC 2007년 보고서   PlaNYC 2011년 보고서   PlaNYC 2013년 보고서

출처: City of New York

뉴욕시의 지속가능한 종합계획인 PlaNYC는 2030년 시의 온실가스 배출을 2005년 수준에서 30퍼센트까지 줄이는 공격적인 전략을 수립하였으며, 그 전체 목표의 일부분으로서 뉴욕시 전체 온실가스 배출의 22퍼센트를 차지하고 있는 교통부문 배출을 2030년 44퍼센트까지 줄일 계획에 있다. 또한 뉴욕시 공기 질을 개선하기 위해 오염원과 해로운 특정 가스배출 수준을 감소하는 것을 목표로 하고

글로컬 시대 지방정부 외교와 공공외교

있다.[20]

3. 드블라지오 시장의 OneNYC 어젠다

2014년 1월 1일에 취임한 드블라지오 시장은 뉴욕의 도시기본계획 어젠다와 유엔의 SDGs를 연계하고 있다. 2015년 유엔차원에서 SDGs가 발표되기 몇 달 전에 뉴욕 차원에서 OneNYC 비전이 제시되었다. 그리고 유엔차원의 SDGs의 목표 중 상당수가 이미 OneNYC에 반영되었다.

　　2015년 뉴욕시는 뉴욕시민 기업 시민지도자, 정책 전문가 및 지역 사회지도자로 구성된 자문위원회를 개최하여 성장, 형평성, 지속가능성 및 탄력성을 원칙으로 하는 OneNYC^{One New York: The Plan for a Strong and Just City} 비전을 발표하였다. 대부분의 국가들이 국가수준의 SDGs에 초점을 두었으나, OneNYC와 SDGs 사이의 시너지 효과를 인식한 뉴욕은 도시기본발전계획인 OneNYC의 기본 틀을 사용해서 SDGs와 연계하였다. 2015년 4월 출범한 플랜OneNYC은 성장·형평성·지속가능성·탄력성 등 4대 상호의존적 비전에 초점을 맞추었다.

　　OneNYC의 비전1인 'Our Growing, Thriving City'는 뉴욕시가 '가족, 기업, 동네가 번창하는 세계에서 가장 역동적인 도시경제가 될 것'을 의미한다. OneNYC의 비전1은 SDGs 목표의 1번, 2번, 3번,

───────

20　국토교통과학진흥원. "[미국] 뉴욕시의 전기차 도입 실험."
　　http://www.kaia.re.kr/mobile/reports/view.do?searchCnd=&searchWrd=&menuN
　　o=200430&sdate=&edate=&sTyp=&pageUnit=6&viewType=&searchStyle=&cate1=&
　　cate2=&cate3=&sClass=&country=&countryEu=&euMore=&gubn=&rgubnCheck=all
　　&ygubnCheck=all&cgubnCheck=all&pageIndex=470&seqno=939(검색일: 2021.6.15).

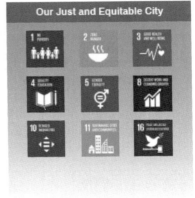

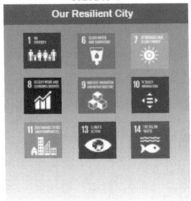

출처: NYC Mayor's Office for International Affairs 2018, 19

4번, 5번, 7번, 8번, 9번, 10번, 11번, 13번을 다루고 있다.

OneNYC의 비전2인 'Our Just and Equitable City'는 뉴욕시가

'모든 뉴욕 시민들이 존엄하고 안전하게 살 수 있는 좋은 일자리와 기회를 제공하는 포용적이고 공평한 경제를 가질 것'을 의미한다. OneNYC의 비전2는 SDGs 목표의 1번, 2번, 3번, 4번, 5번, 8번, 10번, 11번, 16번을 다루고 있다.

OneNYC의 비전3인 'Our Sustainable City'는 뉴욕시가 '세계에서 가장 지속 가능한 대도시일 것이며 기후변화대응에서 글로벌 리더가 될 것'을 의미한다. OneNYC의 비전3은 SDGs 1번, 2번, 3번, 6번, 7번, 10번, 11번, 12번, 13번, 14번, 15번과 짝을 이룬다.

OneNYC의 비전4인 'Our Resilient City'는 '우리의 지역, 경제 및 공공서비스가 기후변화 및 이외의 21세기 도전을 견뎌내고 더욱 강하게 일어설 준비가 되어 있을 것'을 의미한다. OneNYC의 비전4는 SDGs 1번, 6번, 7번, 8번, 9번, 10번, 11번, 13번, 14번과 짝을 이룬다.

〈표 7-9〉 SDGs의 17대 목표

① 모든 곳에서 모든 형태의 빈곤 종식
② 기아 종식, 식량 안보 달성, 개선된 영양상태의 달성, 지속가능한 농업 강화
③ 모든 연령층의 모든 사람을 위한 건강한 삶 보장 및 복지증진
④ 포용적이고 공평한 양질의 교육 보장 및 모두를 위한 평생학습 기회 증진
⑤ 성평등 달성 및 모든 여성과 소녀의 권익 신장
⑥ 모두를 위한 물과 위생의 이용 가능성 및 지속가능한 관리 보장
⑦ 모두를 위한 저렴하고 신뢰성 있으며 지속가능하고 현대적인 에너지에 대한 접근 보장
⑧ 모두를 위한 지속적이고 포용적이며 지속가능한 경제성장 및 완전하고 생산적인 고용과 양질의 일자리 증진
⑨ 회복력 있는 사회기반시설 구축, 포용적이고 지속가능한 산업화 증진 및 혁신 촉진
⑩ 국가 내 및 국가 간 불평등 완화
⑪ 포용적이고 안전하며 회복력 있고 지속가능한 도시와 정주지 조성
⑫ 지속가능한 소비 및 생산 양식 보장
⑬ 기후변화와 그 영향을 방지하기 위한 긴급한 행동의 실시
⑭ 지속가능개발을 위한 대양, 바다 및 해양자원 보존 및 지속가능한 사용

⑮ 육지 생태계의 보호, 복원 및 지속가능한 이용 증진, 산림의 지속가능한 관리, 사막화 방지, 토지 황폐화 중지, 생물다양성 손실 중지
⑯ 모든 수준에서 지속가능개발을 위한 평화롭고 포용적인 사회 증진, 모두에게 정의에 대한 접근 제공 및 효과적이고 책임 있으며 포용적인 제도 구축
⑰ 이행수단 강화 및 지속가능개발을 위한 글로벌 파트너십 활성화

출처: 지속가능발전포털[21]

2015년 SDGs의 중요성을 인식한 뉴욕시는 Global Vision ㅣ Urban Action platform을 창설하여 국가 간에 우수 실천사례를 공유하고 있다. 이를 통해서, SDGs 분야의 전문가들인 유엔본부의 외교관들이 뉴욕시의 5개 자치구역(맨해튼·브루클린·퀸스·브롱크스·스태튼아일랜드)에서 뉴욕시의 기구들이 어떻게 지속가능성 정책sustainability policies을 실천하는지 참관하도록 한다. 또한 SDGs 주제로 진행된 뉴욕시의 프로그램들을 통해서 다양한 국가의 대표들이 '성별에 따른 폭력'에서부터 '지속가능한 폐기물 관리'에 이르기까지 도전적인 주제를 다루기 위해 함께 모임을 가지고 있다.

뉴욕시장 직속 국제교류부에 따르면, 2015년부터 시작된 OneNYC는 현재 모든 이니셔티브가 진행 중에 있으며, OneNYC 지표의 80퍼센트가 안정적으로 운영되거나 개선되었다. 2017년 말로 설정된 564개의 이정표 중 86퍼센트가 완료되거나 부분적으로 완료되었다.[22]

---

21 지속가능발전포털. "지속가능발전목표(UN-SDGs)." http://ncsd.go.kr/unsdgs?content=2(검색일: 2021.6.15).
22 NYC Mayor's Office for International Affairs. "NYC Leads Global Voluntary Local Review Movement." https://www1.nyc.gov/site/international/programs/voluntary-local-review.page(검색일: 2021.6.15).

또한 뉴욕시는 2018년 5월 1일 도시로서는 세계 최초로 유엔 경제사회이사회ECOSOC 주관 고위급정치포럼HLPF: High-Level Political Forum 기간 중 유엔에 직접 '추진상황에 대한 검토서VLR: Voluntary Local Review'를 제출한다고 선언하였다. 이후 뉴욕시는 국가별 SDGs 진행상황 보고VNR: Voluntary National Review에서 OneNYC와 SDGs 간의 연계성을 확인하고 강화하기 위해서 VLR를 발표하고 그간의 성과를 공유하고 있다.

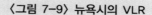

〈그림 7-9〉 뉴욕시의 VLR

출처: Local 2030[23]

---

23 Local 2030. "NEW YORK CITY PRESENTS ITS SECOND VOLUNTARY LOCAL REVIEW ON ITS SDG PROGRESS." https://www.local2030.org/story/view/310(검색일: 2021.6.15).

뉴욕시는 2019년 4월 22일, 그린뉴딜Green New Deal정책과 관련된 장기 플랜 'OneNYC 2050'을 수립하고, 2019년 4월 18일 관련 실행법인 기후대응법Climate Mobilization Act을 만들어 그린뉴딜 추진을 강화하고 있다.

뉴욕의 OneNYC2050 비전은 8개의 목표와 30개의 이니셔티브로 구성되어 있다. '활기찬 민주주의A Vibrant Democracy', '포용경제An Inclusive Economy', '지역사회가 번성하는 도시Thriving Neighborhoods', '건강한 삶 Healthy Lives', '교육의 평등 및 우수성Equity and Excellence in Education', '살기 좋은 기후A Livable Climate', '효율적인 이동성Efficient Mobility', '현대적인 인프라Modern Infrastructure'가 뉴욕 OneNYC2050 비전의 8개 목표이다.

〈표 7-10〉 OneNYC2050 비전의 8개 목표와 30개 이니셔티브

활기찬 민주주의
① 모든 뉴욕시민이 민주주의에 참여할 수 있도록 힘을 실어준다.
② 세계 각지에서 온 새로운 뉴욕시민들을 환영하고, 이들이 시민생활에 완전히 참여할 수 있도록 한다.
③ 정의와 평등한 권리를 증진하고, 뉴욕시민과 시정부 간의 신뢰를 구축한다.
④ 세계무대에서 민주주의와 시민혁신을 촉진한다.

포용경제
⑤ 보수가 좋은 일자리를 통해 경제를 성장시키고 뉴욕시민이 이러한 일자리를 획득할 수 있도록 역량을 키운다.
⑥ 공정한 임금과 혜택확대를 통해 모든 사람들에게 경제적 안정을 제공한다.
⑦ 근로자와 지역사회의 목소리, 소유권, 의사결정력을 확대한다.
⑧ 현재와 미래의 수요를 충족시키기 위해서 시의 재정건전성을 강화한다.

활기찬 민주주의
① 모든 뉴욕시민이 민주주의에 참여할 수 있도록 힘을 실어준다.
② 세계 각지에서 온 새로운 뉴욕시민들을 환영하고, 이들이 시민생활에 완전히 참여할 수 있도록 한다.
③ 정의와 평등한 권리를 증진하고, 뉴욕시민과 시정부 간의 신뢰를 구축한다.
④ 세계무대에서 민주주의와 시민혁신을 촉진한다.

글로컬 시대 지방정부 외교와 공공외교

포용경제

⑤ 보수가 좋은 일자리를 통해 경제를 성장시키고 뉴욕시민이 이러한 일자리를 획득할
　수 있도록 역량을 키운다.
⑥ 공정한 임금과 혜택확대를 통해 모든 사람들에게 경제적 안정을 제공한다.
⑦ 근로자와 지역사회의 목소리, 소유권, 의사결정력을 확대한다.
⑧ 현재와 미래의 수요를 충족시키기 위해서 시의 재정건전성을 강화한다.

지역사회가 번성하는 도시

⑨ 모든 뉴욕시민이 안전하고 주거부담이 적은 주택을 이용할 수 있도록 보장한다.
⑩ 모든 뉴욕시민이 거주지역의 열린 공간과 문화자원에 접근할 수 있도록 보장한다.
⑪ 지역사회 안전에 대한 공동책임을 촉진하고 치안유지 활동을 강화한다.
⑫ 장소기반 공동체 계획수립 및 전략을 도모한다.

건강한 삶

⑬ 모든 뉴욕시민들에게 접근성이 좋고 합리적인 양질의 의료서비스를 보장한다.
⑭ 모든 지역사회의 건강 및 정신건강 문제를 해결함으로써 형평성을 개선한다.
⑮ 모든 지역사회가 건강한 생활습관을 쉽게 누릴 수 있도록 한다.
⑯ 건강 및 복지를 위한 필요조건을 성립하는 물리적 환경을 설계한다.

교육의 평등 및 우수성

⑰ 뉴욕시가 유아교육 측면에서 선도적 국가모델로 자리매김하도록 한다.
⑱ 유치원에서 고등학교까지(K-12)의 기회와 성취측면에서의 형평성을 개선한다.
⑲ 뉴욕시 학교의 통합, 다양성, 진학률을 개선한다.

살기 좋은 기후(A Livable Climate)

⑳ 탄소중립성과 100퍼센트 청정전기 사용을 달성한다.
㉑ 지역사회, 건물, 인프라, 해안가의 회복탄력성(resilience)을 보다 강화한다.
㉒ 기후변화대응을 통해 모든 뉴욕시민에게 경제적 기회를 창출한다.
㉓ 기후변화에 대한 책임과 정의를 위해 투쟁한다.

효율적인 이동성

㉔ 뉴욕시의 대중교통망을 현대화한다.
㉕ 뉴욕시의 거리가 안전하고 높은 접근성을 갖도록 보장한다.
㉖ 교통혼잡과 온실가스 배출량을 줄인다.
㉗ 지역과 세계와의 연결을 강화한다.

현대적인 인프라

㉘ 핵심적인 물리적 인프라 및 위험완화에 대한 미래지향적 투자를 수행한다.
㉙ 21세기의 요구를 충족시키기 위한 디지털 인프라를 개선한다.
㉚ 자산관리 및 주요 프로젝트 이행을 위한 모범사례를 구현한다.

출처: OneNYC 2050[24]

뉴욕시는 2019년 4월 18일, 「기후활성화법Climate Mobilization Act」
을 통과시켜서 OneNYC2050 비전에서 제시된 목표들의 추진기반을
강화하려 하였다. 「기후활성화법」은 2050년까지 뉴욕시의 중대형
빌딩에서 배출되는 온실가스를 80퍼센트 감축시키기 위해 수립된 법
적 규제이다. 중대형 빌딩은 뉴욕시 온실가스 배출량의 1/3을 차지
하고 있어 저감 대책이 시급하였다. 「기후활성화법」은 10개의 패키
지 법안으로 구성되어 있으며, 온실가스 배출에 대한 규제뿐만 아니
라 온실가스 저감을 위한 평가시스템 및 재정혜택 구축 등을 지원하
는 내용까지 포함하고였다.[25]

또한 뉴욕시는 기후변화대응을 선도하고 있다. 미국 트럼프 대
통령 재임 당시인 2017년 6월 미국이 파리협약 탈퇴를 공식선언 한
직후 드블라지오 뉴욕시장은 뉴욕시가 파리협약의 원칙을 준수한다는
행정명령에 서명하였다. 그리고 뉴욕시의 행동에 다른 미국도시도
동참을 하였다. 뉴욕시는 2017년 파리협약준수계획Paris Agreement-compliant
plan을 발간하는 세계 최초의 도시가 되었다.

4. 뉴욕시의 '이주 글로벌 컴팩트' 이니셔티브

뉴욕시장은 이민문제에 관련해서도 재임 당시 반이민정책을 펼쳤던
트럼프 대통령과 대립각을 세웠다. 트럼프 행정부는 2017년 9월 5일

---

24 OneNYC 2050. "The Strategy." http://onenyc.cityofnewyork.us/initiatives/the-strategy/
(검색일: 2021.6.15.)
25 이정찬. "뉴욕시 그린뉴딜 정책 및 시사점: One NYC 2050 및 기후활성화법(Climate
Mobilization Act)을 중심으로". 국토연구원. 2019. 4.

불법 입국 부모를 따라 미국에 들어온 88만 명의 불법체류 청년들의 추방을 유예하는 '다카DACA 프로그램'을 폐지한다고 공식 발표했다. 다카란 'Deferred Action for Childhood Arrivals'의 약자로 어렸을 때 부모를 따라 미국으로 들어와 불법체류하는 청년들을 강제추방의 위협으로부터 보호하기 위해 만들어졌다. 버락 오바마 전 대통령은 미 의회에서 가족과 집, 직장을 가진 수백만 불법체류자의 지위에 관한 법률안 통과가 무산되자 2012년 6월 다카 프로그램을 대통령 행정명령으로 공표했다.26

반면에 뉴욕시는 이민자의 법적 지위에 관계없이 모든 뉴욕시민이 뉴욕시 행정서비스를 이용하기 위해서 신분증 대신 사용할 수 있는 IDNYC를 발급받을 수 있는 프로그램을 2015년 1월 1일자로 개시하였다. 이는 뉴욕시에 56만 명가량의 불법체류자가 주민으로 있는 상황을 무시할 수 없다는 점에서 실행된 조치이다.

또한 트럼프 행정부가 2017년 '이주 글로벌 컴팩트' 협상을 포기했을 때, 뉴욕시는 '이주 글로벌 컴팩트'에 지역의 견해가 들어가는 것을 지지하기 위해서 국내외의 50여 개의 도시와 연합체coalition를 결성하였다.

'이주 글로벌 컴팩트'의 배경은 2016년 9월 19일 유엔 총회에서 진행된 이주Migration와 난민Refugee에 관련 정상회의로 거슬러 올라간다.

---

26 불법체류자 가운데 2012년 6월15일 현재 만 31세 미만으로 2007년 이후 계속 미국에 거주했으며, 16세 이전부터 미국에서 자란 청년이 이 프로그램 적용 대상이다. 아울러 학교에 재학 중이거나, 대학 졸업장을 받았거나, 미군에서 복무 중이며, 중범죄로 기소된 전과가 없어야만 다카의 혜택을 받을 수 있다. 프로그램 대상자로 선정됐다가 나중에 중범죄를 저질러 체포될 경우 고향으로 추방된다.

〈그림 7-10〉 2016년 9월 19일 유엔 총회에서 진행된 이주와 난민에 관련된 회의

출처: IOM 유엔 국제이주기구[27]

193개의 유엔 회원국은 인간의 이동Human Mobility에 대한 포괄적인 접근법과 강화된 국제협력의 필요성에 목소리를 모았고, 이에 대한 대응책으로 '난민과 이주자를 위한 뉴욕 선언New York Declaration for Refugees and Migrants'이 채택되었다. 뉴욕 선언에는 다음의 주요 약속이 포함되었다.[28]

- 언제든지, 체류 자격에 관계없이 모든 이주자의 안전과 존엄성, 인권 그리고 기본적인 자유를 보호한다.
- 난민과 이주자를 구조하고 받아들이는 국가들을 지원한다.

---

27 IOM 유엔 국제이주기구. "안전하고, 질서 있고 정규적인 이주를 위한 글로벌 컴팩트." http://iom.or.kr/index.php/%EC%9D%B4%EC%A3%BC-%EA%B8%80%EB%A1%9C%EB%B2%8C-%EC%BB%B4%ED%8C%A9%ED%8A%B8-2/(검색일: 2021.6.15).
28 이주 글로벌 컴팩트(Global Compact for Migration)에 대해서는 아래의 IOM 유엔 국제이주기구 자료를 인용하였다.
    IOM 유엔 국제이주기구. "안전하고, 질서 있고 정규적인 이주를 위한 글로벌 컴팩트." http://iom.or.kr/index.php/%EC%9D%B4%EC%A3%BC-%EA%B8%80%EB%A1%9C%EB%B2%8C-%EC%BB%B4%ED%8C%A9%ED%8A%B8-2/(검색일: 2021.6.15).

글로컬 시대 지방정부 외교와 공공외교

- 이주자뿐만 아니라 이주자와 함께하는 커뮤니티의 필요에 대응하고, 역량을 지원함으로써 이주자를 인도적 지원 및 개발 계획에 적극적으로 포함한다.
- 외국인 혐오, 인종차별과 모든 이주자에 대한 차별에 맞선다.
- 국가가 주도하여 취약한 이주자 보호 지원을 위해 자발적이고 법적 구속력이 없는 가이드라인을 수립한다.

위의 내용과 같은 '이주 글로벌 컴팩트'는 유엔의 지원 하에 세계 각국이 이주를 효과적으로 관리하고, 이주자를 보호하기 위한 국제사회 차원의 첫 합의문이었다. '이주 글로벌 컴팩트'는 18개월 동안의 협상과정을 거쳐 2018년 12월 10일 모로코 마라케시에서 개최된 유엔 회원국 정부 간 회의에서 채택되었고, 12월 19일 유엔 총회에서 정식 승인을 받았다. '이주 글로벌 컴팩트'는 이주의 모든 측면에 대응하기 위해서 아래와 같이 크게 세 가지 목표를 지향하고 있다.[29]

- 국제이주 거버넌스에 대한 국제협력을 지원한다.
- 국제이주에 관련된 문제들에 대응하기 위해 국가가 시행할 수 있는 정책 방안을 담은 포괄적 이행안을 제시한다.
- 각국이 마주한 이주 현실과 역량에 맞추어 이주 정책을 이행할 수 있도록 충분한 공간과 유연성을 제공한다.

---

29 2018년 12월 10일 모로코 마라케시에서 개최된 유엔 회원국 정부간 회의에서 채택되고 2018년 12월 19일 유엔 총회에서 정식 승인을 받은 이주 글로벌 컴팩트의 세 가지 목표는 아래의 IOM 유엔 국제이주기구의 자료를 인용하였다.
IOM 유엔 국제이주기구. "안전하고, 질서 있고 정규적인 이주를 위한 글로벌 컴팩트." http://iom.or.kr/index.php/%EC%9D%B4%EC%A3%BC-%EA%B8%80%EB%A1%9C%EB%B2%8C-%EC%BB%B4%ED%8C%A9%ED%8A%B8-2/(검색일: 2021.6.15).

'이주 글로벌 컴팩트'는 주권존중의 원칙에 따라 수립부터 채택에 이르기까지 각국 정부의 자발적인 참여로 진행되었다.

〈표 7-11〉 이주 글로벌 컴팩트의 목표

---

① 실증적 근거에 기반한 정책을 위해 정확하고 세분화된 데이터를 수집하고 활용한다.
② 출신국을 떠날 수밖에 없게 만드는 이주의 부정적 원인과 구조적 요인을 최소화한다.
③ 이주의 모든 단계에서 시기적절하고 정확한 정보를 제공한다.
④ 모든 이주자가 법적 신분증과 적절한 관련 서류를 가지고 있도록 보장한다.
⑤ 정규적 이주로 이르는 경로의 이용가능성과 유연성을 강화한다.
⑥ 공정하고 윤리적인 채용을 촉진하고 양호한 근로를 보장하는 여건을 보호한다.
⑦ 이주와 관련한 취약성에 대응하고 이를 감소시킨다.
⑧ 이주자의 생명을 살리고 실종된 이주자에 대해 국제사회가 공동으로 노력한다.
⑨ 이주자 밀입국 알선에 관한 초국가적 대응을 강화한다.
⑩ 국제이주의 맥락에서 휴먼 트래피킹(인신매매)을 방지하고, 이에 맞서고, 이를 근절한다.
⑪ 통합적이며 안전하고 잘 조정된 방식으로 국경을 관리한다.
⑫ 스크리닝, 평가 및 연계가 적절하게 이루어지도록 이주 관련 절차의 확실성과 예상가
   능성을 강화한다.
⑬ 이주자 구금은 최후의 수단으로만 사용하며 구금의 대안을 마련하기 위해 노력한다.
⑭ 이주 과정 전반에 걸쳐 영사 보호·지원·협력을 강화한다.
⑮ 이주자에게 기본적 서비스에 대한 접근을 제공한다.
⑯ 완전한 포용과 사회통합을 실현하기 위하여 이주자와 사회의 역량을 강화한다.
⑰ 모든 종류의 차별을 철폐하고 이주에 대한 인식 형성을 위해 실증적 근거를 기반으로
   하는 공공담론을 장려한다.
⑱ 직업 숙련도 향상에 투자하고 기술·자격·역량의 상호인정을 촉진한다.
⑲ 이주자와 디아스포라가 모든 국가에서 지속가능한 개발에 온전하게 기여할 수 있는
   환경을 형성한다.
⑳ 더욱 신속하고 안전하고 저렴한 이주자 해외 송금을 촉진하고 이주자의 금융 포용성
   을 증진한다.
㉑ 안전하고 존엄성을 존중하는 귀환 및 재입국, 그리고 지속가능한 재통합을 촉진하기
   위하여 협력한다.
㉒ 사회보장 자격과 취득한 혜택의 이동성을 위한 메커니즘을 수립한다.
㉓ 안전하고 질서 있고 정규적인 이주를 위한 국제협력과 글로벌 파트너십을 강화한다.

출처: IOM 유엔 국제이주기구 2019. 4

그러나 이민문제에 대해서 강경책을 추구하였던 트럼프 행정부는 2017년 '이주 글로벌 컴팩트' 협상을 포기하였고, 트럼프 행정부

글로컬 시대 지방정부 외교와 공공외교

와 정치적으로 대척점에 있었던 드블라지오 시장이 이끄는 뉴욕시는 본 어젠다를 주도하였다.

5. 2017년 난민·이민정책과 실무 관련 세계 시장 정상회의

뉴욕시는 2017년 유엔총회 기간에 '난민·이민정책과 실무 관련 세계 시장 정상회의Global Mayors Summit on Refugee and Migration Policy and Practice' 를 개최하였다. 본 정상회의에서 새로 도착한 이민자와 난민의 요구를 충족시키기 위해서 난민과 이민 수용의 최전선에 있는 도시들이 어떻게 장기적으로 다양성과 포용력을 키우는 장기적인 도시정책을 만들 것인지에 대해서 논의되었다.

　　본 회의에는 독일 알테나Altena, 그리스 아테네, 미국 애틀랜타, 미국 오로라Aurora, 미국 오스틴, 스페인 바르셀로나, 콜롬비아 보고타, 미국 보스턴, 영국 브리스틀, 벨기에 브뤼셀, 미국 버펄로, 스테인 카탈루냐, 미국 시카고, 미국 클라크스턴Clarkston, 미국 컬럼비아Columbia, 미국 달라스, 미국 데이턴Dayton, 스웨덴 예테보리, 독일 함부르크, 우간다 캄팔라, 필리핀 레가스피Legazpi City, 영국 런던, 미국 로스앤젤레스, 미국 매디슨, 이탈리아 밀라노, 미국 미니애폴리스, 벨기에 몰렌베이크Molenbeek, 캐나다 몬트리올, 호주 모어랜드Moreland, 미국 뉴욕, 노르웨이 오슬로, 프랑스 파리, 미국 필라델피아, 미국 프로비던스Providence, 에콰도르 키토, 미국 샌프란시스코, 브라질 상파울루, 모로코 수스마사Souss Massa, 대만 타이베이, 미국 워싱턴 D.C. 등이 참여하였다.

출처: City of New York[30]

출처: Global Policy Initiative 2017, 26-27.

30 NYC. "Transcript: Mayor de Blasio Delivers Keynote Address at the Global Mayors Summit." https://www1.nyc.gov/office-of-the-mayor/news/595-17/transcript-mayor-de-blasio-delivers-keynote-address-the-global-mayors-summit/#/0(검색일: 2021.6.15).

V. 결론

뉴욕은 미국 이민의 역사에서 중요한 지역이다. 전체 인구 중 이민자의 비중도 높고 언어적·문화적 다양성이 보장된 지역이다. 860만 뉴욕시민 중 330만 명이 해외출생이다. 뉴욕주 전체 해외출생 주민이 440만 명임을 감안하면 매우 높은 수치이다. 언어적 측면에서도 860만 뉴욕시민들이 구사할 수 언어는 800가지 이상이 된다.

미국에서 뉴욕, 애틀랜타, L.A. 3개 도시가 도시외교를 지휘하기 위해서 시장 직속으로 국제교류부를 두고 있다. 그리고 뉴욕에는 유엔본부가 있어서, 뉴욕시 내에 전 세계 최대의 외교·영사 커뮤니티가 있다. 이를 통해서 뉴욕시는 1960년대부터 유엔 등 외교가와 뉴욕시와의 관계를 발전시켜나가려 하였다.

그리고 뉴욕시는 유엔의 어젠다에 민첩하게 대응하면서, 지역차원의 SDGs와 기후변화, 이민, 난민 문제의 어젠다에서도 능동적으로 대응하고 있다. 특히 난민문제에 관련해서는 '난민·이민정책과 실무 관련 세계 시장 정상회의'를 개최하였다. 이는 전 세계 난민문제의 최전선에 대도시가 있음을 인식한 것으로 전 세계 도시외교의 새로운 지평을 열었다.

특히 트럼프 행정부 아래서 연방정부가 이민·난민문제에 포용적인 대응을 하지 않게 된 반면, 뉴욕시는 이민·난민문제에 보다 적극으로 대응하고 있다. 트럼프 행정부가 파리협약에서 탈퇴를 하였지만, 뉴욕시는 뉴욕시가 파리협약을 준수한다는 행정명령을 실시하였다.

도시외교가 조약의 권한이 있는 중앙정부의 외교를 능가할 수는 없지만, 글로벌 어젠다에 대해서 보다 폭넓고 보다 세부적으로 전문적인 접근이 가능하다는 장점을 가지고 있다. 또한 국가의 이미지를 구축하는 최전선에서 도시는 한 국가의 이미지를 전 세계에 확산할 수 있는 공공외교에 기여할 수도 있다.

이러한 점에서 뉴욕시의 접근은 한국의 대도시에 주는 시사점이 크다. 활발한 해외출생 주민과의 소통과 국제기구 유치를 통한 외교인력풀을 구축하고 이를 바탕으로 도시 또는 지역의 이미지를 개선하고 글로벌 어젠다에 적극적으로 참여하는 것은 가장 명료하면서도 확고한 도시외교의 방식이 될 수 있기 때문이다.

1 뉴욕시는 도시외교의 주안점을 SDGs에서 찾고 있다. 한국형 도시외교 모델은 어떤 어젠다가 바람직한가?

2 뉴욕시는 도시외교 및 공공외교의 발달에 UN 등 국제기구가 위치하고 있는 영향이 주효하였다. 한국의 도시외교 및 공공외교의 동력으로 작용할 수 있는 요인은 무엇인가?

추천 문헌

김병호, 마영삼, 손선홍, 연상모, 이상덕, 한의석, 한충희, 홍승목, 황순택(2020). 『공공외교의 이해』 명인문화사.

이민규. 도시외교 메커니즘과 발전방향(2021). 서울연구원.

이민규, 박은현(2021). 한중관계 30년 진단과 전환기 서울시 대중국 도시외교 전략. 서울연구원.

이정찬(2019). 뉴욕시 그린뉴딜 정책 및 시사점: One NYC 2050 및 기후활성화 법(Climate Mobilization Act)을 중심으로. 국토연구원.

참고 문헌

반정화, 송미경(2013). "세계 주요 도시의 미래비전 변화와 시민참여." 『세계와 도시』(1,2)

유엔 국제이주기구 한국대표부(2019). 안전하고 질서 있고 정규적인 이주를 위한 약속 Global Compact for Migration 이주 글로벌 컴팩트.

이정찬(2019). "뉴욕시의 그린 뉴딜 정책과 OneNYC 2050." 2019 서울에너지
　　포럼 I.

이정찬(2019). "뉴욕시 그린뉴딜 정책 및 시사점: One NYC 2050 및 기후활성화법
　　(Climate Mobilization Act)을 중심으로." 국토연구원. 2019.

장지인(2013). "해외 주요도시들의 진출 전략과 사례." 『세계와 도시』(1,2).

City of New York. PlaNYC. 2007.

City of New York. PlaNYC. 2011.

City of New York. PlaNYC. 2013.

Global Policy Initiative (Columbia University). Global Mayors Summit on
　　Migration and Refugee Policy and Practice Report, 2017.

Kearney. "2020 Global Cities Index: New priorities for a new world." https:
　　//www.kearney.com/global-cities/2020(검색일: 2021.6.15).

NYC Mayor's Office of Immigrant Affairs. 2016 New York City Guide for
　　the Diplomatic & Consular Corps. 2016.

NYC Mayor's Office of Immigrant Affairs. State of Our Immigrant City. Annual
　　Report. March 2018.

NYC Mayor's Office for International Affairs. 2018. Global Vision | Urban
　　Action. Voluntary Local Review. 2018.

Z/Yen and CDI. The Global Financial Centres Index 29. 2021.

국토교통과학진흥원. "뉴욕시의 전기차 도입 실험." http://www.kaia.re.kr/mobi
　　le/reports/view.do?searchCnd=&searchWrd=&menuNo=200430
　　&sdate=&edate=&sTyp=&pageUnit=6&viewType=&searchStyle=
　　&cate1=&cate2=&cate3=&sClass=&country=&countryEu=&euMor
　　e=&gubn=&rgubnCheck=all&ygubnCheck=all&cgubnCheck=all&
　　pageIndex=470&seqno=939(검색일: 2021.6.15).

유엔 국제이주기구. "안전하고, 질서 있고 정규적인 이주를 위한 글로벌 컴팩트."
　　http://iom.or.kr/index.php/%EC%9D%B4%EC%A3%BC-%EA%B8%

80%EB%A1%9C%EB%B2%8C−%EC%BB%B4%ED%8C%A9%ED%8
A%B8−2/(검색일: 2021.6.15).

지속가능발전포털. "지속가능발전목표(UN−SDGs)." http://ncsd.go.kr/unsdg
s?content=2(검색일: 2021.6.15).

C40. "Cities." https://www.c40.org/cities(검색일: 2021.6.15).

City of New York. "NYC's Partner Cities." https://web.archive.org/web/20
130201221257/http://www.nyc.gov/html/unccp/scp/html/partner/
partner.shtml(검색일: 2021.6.15).

City of New York. "The Sister City Program of the City of New York." http:/
/www.nyc.gov/html/rwg/mcp/html/scp/scptokyo.html(검색일: 2021.
6.15).

history.com. "Ellis Island." https://www.history.com/topics/immigration/ell
is−island(검색일: 2021.6.15).

IMPACT ON. "12개 세계 주요 도시, 화석연료 투자 중단 선언." https://www.im
pacton.net/news/articleView.html?idxno=631(검색일: 2021.6.15).

Local 2030. "NEW YORK CITY PRESENTS ITS SECOND VOLUNTARY LOC
AL REVIEW ON ITS SDG PROGRESS." https://www.local2030.org/
story/view/310(검색일: 2021.6.15).

NYC Mayor's Office for International Affairs. "About." https://www1.nyc.go
v/site/international/about/about.page(검색일: 2021.6.15).

NYC Mayor's Office for International Affairs. https://www1.nyc.gov/site/int
ernational/about/about.page(검색일: 2021.6.15).

NYC Mayor's Office for International Affairs. "History of the Office." https:/
/www1.nyc.gov/site/international/about/history−of−the−office.pa
ge(검색일: 2021.6.15).

NYC Mayor's Office for International Affairs. "NYC Leads Global Voluntary
Local Review Movement." https://www1.nyc.gov/site/international
/programs/voluntary−local−review.page(검색일: 2021.6.15).

NYC Mayor's Office of International Affairs. "NYC Mayor's Office of Internat
ional Affairs' Facebook." https://www.facebook.com/NYCMayorsI

nternationalAffairs/(검색일: 2021.6.15).

NYC Mayor's Office of International Affairs. "NYC Mayor's Office of Internat
ional Affairs' YouTube Channel." https://www.youtube.com/chann
el/UCIhWfE7oCO1ErAdle9kGjrA/featured(검색일: 2021.6.15).

OneNYC 2050. "The Strategy." http://onenyc.cityofnewyork.us/initiatives/
the-strategy/(검색일: 2021.6.15).

PEW Research Center. "20 metropolitan areas with the largest number
of immigrants in 2018." https://www.pewresearch.org/fact-tank/2
020/08/20/key-findings-about-u-s-immigrants/ft_2020-08-20
_immigrants_07a/(검색일: 2021.6.15).

Rand Corporation. "City Diplomacy Has Been on the Rise. Policies Are
Finally Catching Up." https://www.rand.org/blog/2019/11/city-dipl
omacy-has-been-on-the-rise-policies-are-finally.html(검색일:
2021.6.15).

Sister Cities International. "THE BIRTH OF THE PEOPLE-TO-PEOPLE PR
OGRAM." https://www.sistercities.org/1956/09/11/birth-people-p
eople-program/(검색일: 2021.6.15).

제8장

벨기에 브뤼셀의 도시외교와 공공외교*

고주현 ● 연세대학교

[요약문]

    이 글은 유럽연합의 수도이자 벨기에 연방국가의 수도인 브뤼셀의 도시
외교적 기능과 제도적 특징을 검토하고 도시외교 속 공공외교의 개념과 추진
전략, 내용과 강점 및 한계 등을 분석하는 것을 목적으로 한다. 특히 브뤼셀
지역의 공공외교 거버넌스와 제도적 특징을 대EU 외교의 측면에서 분석하기
위해 도시외교와 공공외교를 담당하는 내부 행정력과 부서 간 관계를 역량,
강도 및 조정의 측면에서 검토하였다. 브뤼셀 수도 지역의 외교업무를 담당
하는 기구는 연방정부 외교부서와 수평적 협력관계 하에서 높은 제도화의
수준을 이루고 있다. 인력 구성면에서도 도시외교 전담 부서가 타 지역 도시
외교 전담 인력보다 역량이 큰 것으로 나타났다. EU 차원의 사업과 네트워킹
참여 측면에서도 단발적 사안에 따른 실행보다는 장기적 계획에 따른 프로젝
트 중심적 운영 형태를 보이고 있다. EU 사안들을 다루는 조정 측면에서 브
뤼셀 수도 지역의 대외협력을 담당하는 전체 부처 간 조율을 책임지는 별도
의 부서가 마련되어 있으며, 특히 EU 브뤼셀 상주대표부에 브뤼셀 수도 지역
대표부가 별도로 소재하여 지역의 이해를 반영하고 있다. 한편 브뤼셀의 도
시외교 속에서 공공외교가 갖는 국제전략의 특징은 세 가지로 요약된다. 첫
째, 브뤼셀이 공공외교를 통해 추구하는 강조점이 가치 중심, 포용적이고 지
속가능한 개발협력에 있다는 점이다. 둘째, 도시의 외교적 사안에 대한 부처
간 조율이 효율적으로 이루어지고 있다. 셋째, EU와 국제기구의 수도로서의
지위를 적극적으로 활용하는 전략을 취하고 있다는 것이다.

* 이 글은 고주현(2020), "외교의 도시 브뤼셀: 도시외교 거버넌스와 대외관계 전략",『유
  럽연구』, vol.38, no.4 pp.169-196와『제주평화연구원의 도시외교 시리즈: 브뤼셀 편』
  을 통해 출판된 원고를 기반으로 하고 있으며, 이 장을 통해 일부 내용을 수정·보완하
  였고, V. 브뤼셀의 공공외교에 관한 절을 추가하였음을 밝힙니다.

[핵심어]

공공외교   도시외교   브뤼셀 지방 외교
유럽연합 수도   가치외교   유럽연합
국제협력

I. 서론

이 글의 핵심 목표는 벨기에 연방국가의 수도 브뤼셀의 도시외교와
공공외교적 기능과 제도적 특징을 검토하고 도시외교 속 공공외교가
갖는 개념과 추진 전략, 내용과 강점 및 한계 등을 분석하는 것이다.
지방정부의 도시외교와 공공외교는 그 대상의 측면에서 다르다. 외
국의 대중을 대상으로 브뤼셀이 추진하고 있는 공공외교적 실행은
전통적인 대외관계 정책과 구별될 수 있다. 하지만 브뤼셀의 경우
유럽연합의 수도로서의 기능과 역할로 인해 도시의 공공외교 정책들
은 지역의 전반적 외교 정책 속에 깊게 연계되며 보다 가치중심적인
정책외교적 특징을 갖는 것으로 보인다.

플리즘Rogier Van der Pluijm과 멜리슨Melissen에 의하면 도시외교란
'도시가 자신의 이해관계를 국제무대에서 대표하는 제도 및 과정'을
의미한다(Pluijm & Melissen 2007, 11). 도시외교의 범위는 자매결연,
공무원 해외연수, 행정교류와 문화교류 같은 통상적인 도시 대 도시

의 국제교류 관계보다 포괄적인 것으로 파악할 수 있으며 국제협력과 국제통상, 지역의 국제화 등을 포함한다. 따라서 해외 대중을 대상으로 하는 공공외교도 일종의 도시외교의 일환으로 볼 수 있다. 정치적 정체성 각인과 경제적 이득을 도시외교의 주요 목적으로 보는 시각에서 도시는 자체 외교활동을 통해 존재감을 제고하고자 한다. 이를 위해 지역의 개성과 정체성에 걸맞은 대규모 국제회의나 문화행사의 유치와 홍보를 통해 국내외 관광인구를 유입한다. 이는 결국 지역의 경쟁력 제고와 지역경제 성장으로 이어질 수 있다. 그런데 브뤼셀의 경우 EU 주요 기구들과 국제기구가 밀집되어 있는 외교의 중심지인 탓에 여타 다른 도시들이 의도적으로 추진하려는 정책적 목표들을 보다 용이하게 달성 가능한 것으로 보여질 수 있다. 하지만 다른 한편으로 생각해보면 브뤼셀의 경우 EU 기구와의 연대와 EU 가치와의 연계성 강화를 보다 적극적으로 추진함으로 인해 정치적 정체성과 존재감을 더욱 배가시킬 수 있다. 실제로 브뤼셀이 주도하거나 참여하는 도시 네트워크는 EU의 정책적 우선순위와 결부되는 사안들 위주이고, 나아가 국제교류협력 대상 국가들도 인도주의적 지원을 필요로 하는 개발협력 지원 대상국이 다수 포함되어 있다는 점은 브뤼셀 도시외교의 배경이 되는 가치가 EU통합의 가치와 상당히 연계되어 있다는 점을 보여준다.

이와 같은 점에 주목했을 때 브뤼셀의 도시외교와 공공외교 연구는 두 가지 측면에서 의의를 갖는다. 먼저 브뤼셀은 분권화된 국가의 지방 권한과 다층적 거버넌스 개념 적용에 적합하다. 다층적 행위자가 여러 층위에서 상호관계를 형성하는 유럽통합의 속성과 연방제국가로 대외관계 권한을 보유한 벨기에의 지방정부가 중앙정부 및

EU 기구들과 얼마나 주도적으로 관계를 맺고 외교활동을 수행해나
가는지를 확인하는 것은 의미 있다. 둘째로 같은 연방국가라 할지
라도 지방의 권한 및 특색에 따라 도시외교 체제의 제도화 정도와
전략적 특징은 다를 것이다. 따라서 EU와 국제기구의 수도로서의
지위를 갖는 브뤼셀이 국제사회에서 추구하는 가치와 외교 방식을
파악하고 외교정책 담당 기구의 거버넌스적 특징을 검토하는 데 또
다른 의미가 있다. 이는 브뤼셀의 전통적인 대외관계 정책과도 연
관되지만 크게 공공외교의 영역으로 파악할 수도 있다. 환경·노동
·기후 문제 등은 일반 대중의 삶에 영향을 미치는 중요한 외교적
사안인 동시에 외국의 대중과 시민사회가 개별 국가의 이행 여부를
기준으로 해당 국가에 대한 긍정적 인식을 가질 수 있다는 측면에서
그렇다.

 이 연구는 다음의 순서로 진행한다. II절에서는 유럽 지역들의
공공외교와 도시외교에 관한 이론적 논의들을 검토한다. III절에서는
벨기에 지방의 자치권한과 대외관계 정책들을 살펴보고 IV절에서는
브뤼셀 도시외교의 거버넌스와 제도적 특징을 대EU 외교의 측면에
서 분석한다. V절에서는 브뤼셀 공공외교가 도시외교 속에서 갖는
개념과 목표 및 비전, 추진전략 및 프로그램들을 검토한다. VI절에서
는 브뤼셀 공공외교와 도시외교의 국제전략적 특징과 현황을 검토하
고 우리 지방의 공공외교에의 함의를 제시한다.

II. 이론적 논의

연방국가 벨기에의 하위정부 외교에 관한 기존 연구들은 크게 두 가지로 구분된다. 하나는 EU 다층통치체제 관련 지방정부의 역할을 중심으로 하나의 지역에 초점을 맞춰 그 특징을 분석하는 연구이다. 예컨대 브란데Luc van den Brande의 지방 외교에 관한 연구는 중앙과 지방 간 분업화된 외교를 다층 거버넌스 개념에 적용해 국가정부와 도시정부가 각각 다른 책임과 전문성에 따라 외교활동 추진이 가능하다고 본다. 또한 이를 위해 지방 외교 수행주체의 전문성 확보를 강조한다(Brande 2020, 199-210).

또 다른 하나는 입법 권한을 갖는 각 지방정부의 외교권 획득 여부와 중앙정부와의 관계를 중심으로 연방국가 사례들을 비교분석하는 연구로 지방정부가 얼마나 정교하고 체계적이며 제도화된 대외정책 수단을 가지고 있는가에 관한 것이다. 대외정책에 있어 중앙정부와 맺는 관계를 4가지로 유형화한 크릭만David Criekeman의 연구는 제도화의 측면에서 플란데런, 퀘벡과 왈롱, 카탈루냐, 스코틀랜드와 바이에른 지역을 상호비교했다. 이를 통해 스코틀랜드와 바이에른, 왈롱과 퀘벡, 플란데런 및 카탈루냐를 각각 수평적, 수직·수평적, 수직에 가까운 수평적, 수직적으로 향하는 수평적 성격의 하이브리드 모델로 유형화한다(Criekeman 2018, 138).

벨기에의 경우, 왈롱과 플란데런이 각각 수직적, 수평적 형식을 모두 취하거나 보다 수직적인 구조를 갖는 것으로 설명되어 진다. 그렇다면 브뤼셀의 경우 이와 유사한 권한을 가질 수도 있고 또는 수도이자 이중언어권에 속하는 지역으로 두 지역과는 차별적인 특성을 보일 수도 있을 것이다. 한편 브뤼셀 수도 지역의 경우 중앙정부와의 근접성으로 인해 벨기에 전체의 이익을 대변할 것으로 예상해 볼 수도 있다.

유럽 지역의 공공외교에 관한 그 외의 연구들로는 네트워크 외교의 유용성에 관한 연구와 지방 외교의 종류를 구분한 연구들도 있다. 메츨Jamie Metzl은 2001년 학술지Georgetown Journal of the International Affairs에 '네트워크 외교'를 통해 세계화와 정보혁명이 탈중앙화된 네트워크를 권력화하고 국가중심의 위계에 도전한다는 이슈를 제기한 바 있다(Metzl 2001). 그에 따르면 과거 전통적인 국가중심의 외교와 비교해 지방 외교는 보다 유연하고 민첩하게 이슈에 대응 가능하다는 장점을 갖는다. 지방정부들은 더 이상 중앙정부의 외교정책 유형을 모방하는 형식에 그치지 않고 국가 외교와 상호보완적인 관계를 구축하여 서로 다른 목표를 위해 활동하는 것을 목표로 한다. 따라서 도시외교의 역할은 국가로부터 외교권을 빼앗는 것이 아니라 국가 외교와 도시외교가 공동의 발전 목표를 가지고 서로를 지원하고 보완하는 방향으로 전환되어가고 있다.

한편 유럽 지역이 수행하는 지방 외교의 종류를 구분한 연구들도 있다. 지방 외교의 형태로는 리더십 역할론, 자매도시, 네트워크, 스마트 시티와 하위정부 외교paradiplomacy 등이 있다. 레펠과 아쿠토B. Leffel and M. Acuto는 도시가 네트워킹을 통해 얻을 수 있는 장점으로 모범사례 공유를 통한 정책학습을 꼽았다(Acuto & Morissette & Tsouros 2017, 14-22; Leffel & Acuto 2018, 1-21; Gutierrez-Camps 2013, 49-61; Heo 2018, 372-402). 나아가 도시 네트워킹의 긍정적 효과로 국제적 지명도 개선과 공동 프로젝트를 위한 파트너 물색 및 전문성 있는 정보교환 등을 강조했다. 특히 자원이 적은 소규모 국가의 경우 도시와 지역별 정보 획득의 기회가 제한적일 수밖에 없다. 따라서 그들에게 특정 주제의 도시 네트워크 참여기회는 더욱 의미를 갖는다. 레펠과 아쿠토는 도시 간 위계적 입지는 경제 성장 잠재력에 영향을 미치는 것으로 파악했다(Leffel & Acuto 2018, 1~21). 또한 네트워크 참여가 긍정적 결과로 이어지기 위해서는 동기부여와 능력 제고 및 적절한 참여기회가 필요한 것으로 보았다. 오버빅F. Van Overbeek은 도시외교가 프로젝트 참여기회의 확대와 연관이 있음을 밝히고 있다. 그는 도시 네트워크 참여가 프로젝트 참여기회를 증가시킨다고 보았으며, 브뤼셀의 경우 EU 프로젝트에의 참여기회는 다른 도시에 비해 정보 접근성과 거버넌스적 요인들로 인해 보다 증가할 것으로 예상했다(Overbeek 2007).

마지막 접근은 하위정부 외교paradiplomacy로 라 포르트와 테루소 같은 학자들은 갈등이 고조하는 시기에 정부와 국제법이 갖는 약점을 지적하며 국가의 효율성에 대해 의문을 제기한다(La Porte 2013; Terruso 2016). 찬D. K. Chan에 따르면 국가는 더 이상 국내 유일의 합법적이고 효과적인 정치 기구가 아니다. 세계화 시대에 복잡 이슈의 경계는 모호하고 문제해결 방식은 다층적으로 작동한다(Chan 2016, 134-160). 게다가 강대국의 경우 민주적 국제질서의 주요 원칙들을 거부할 가능성도 있다(Schweller 2018, 133-143). 하지만 지방이나 도시들은 보편적 가치 구현을 위해 분쟁 시 토론을 촉진하는 등 평화롭고 조화로운 공동행동을 취할 수 있다. 그 과정에서 시민들은 특정 이익을 달성하고 공공외교 이니셔티브를 개발하기 위한 대안을 제공할 수 있다(Chan 2016, 134-160; Yamin & Utami 2016; Terruso 2016,

325-334). 특히 평화 구축에 있어 지방 외교의 역할은 중요하다. 도시와 지방 간 자매결연 방식의 다양화와 기술 지원 및 자문 시 정책 개발, 시민사회와의 협력 조직, 인식 제고 활동, 상호이해 증진과 역량 강화 프로그램 전개 등 국내 및 국제 수준에서 옹호 및 로비 활동을 통해 갈등해소에 기여할 수 있다(Overbeek 2007, 63).

이처럼 유럽 지역의 공공외교를 포함한 도시외교 유형과 연방국가의 지방자치 권한 및 제도적 측면들을 분석하는 위의 선행연구들은 유용하다. 하지만 브뤼셀 수도 지역을 집중적으로 다룬 연구는 국내외적으로 거의 없는 것으로 보인다. 따라서 이 글은 브뤼셀 수도 지역의 환경적 특수성을 고려해 대EU 외교를 중심으로 검토하고자 한다.

먼저 브뤼셀 지역 공공외교 유형을 파악하기 위해 도시의 내부 행정력과 부서 간 관계를 검토할 것이다. 이를 위해 역량, 강도 및 조정의 측면을 살펴볼 것이다. 역량은 도시가 EU 사안에 참여하기 위해 실제로 활용 가능한 자원을 의미한다. 행정인원의 수와 같은 양적인 지표와 EU 사안에 대한 시장의 정치적 참여와 같은 질적인 평가가 가능하다. 하지만 역량은 도시의 규모와는 별개이다. 자원이 많은 지역이라도 적극적 공공외교에 그 자원의 상당 부분이 투입된다는 보장은 없다. 강도intensity는 공공외교 수단 활용의 지속성과 도시 정책의 타당성을 의미한다. 얼마나 자주 또 어느 정도의 기간 동안 정책이 수행되었는지, 단발적인 사안 중심적으로 이루어졌는지 계획적인 세부 전략에 통합되었는지를 살펴볼 수 있다. 시의성을 고려해 목적 중심으로 수단을 사용하는 경우 낮은 강도로, 도시 전략의 일부로 도시 공공외교를 포함시킨 경우에는 높은 강도로 측정 가능하다. 조율은 EU 사안에 대해 여러 도시 부서가 협력하는 방식을 의미한다. 만약 각 부서가 EU 사안에 대해 고립적으로 관여한다면 낮은 조율로 추정할 수 있다. 하지만 만약 EU 사안에 대해 여러 부처 간 협력적 정책 수행이 가능하다면 높은 조율로 이해할 수 있다. 이러한 요소들에 따라 세 가지 시나리오 중 하나가 적용될 수 있다. 낮은 역량, 강도 및 조율을 보이거나 중상 역량과 강도 및 낮은 조정 또는 중상 역량, 강도 및 조율을 보이는 경우로 분류 가능할 것이다.

브뤼셀의 경우 여러 유럽 도시들이 브뤼셀에 대표사무소를 개설하고 상주하고 있다. 또한 EU 정책결정 과정에 참여하거나 상호 신뢰 확보를 위해 수시로 네트워킹과 로비를 수행하고 있다. 따라서 EU에 영향을 미치기 위해 여러 다른 지역들과 공동행동을 취하는 경우에 있어서도 접근성 면에서 상대적으로 유리한 위치에 있기도 하고, 한편으로는 브뤼셀에 상주하는 여타 기관들을 상대하는 방법에 있어서 이미 외교적 전략을 취하고 있다. 그렇기 때문에 유럽연합과의 관계는 더욱 중요할 수밖에 없고 강도와 역량, 조율 면에서 더 수월할 것으로 예상된다. 또한 다양한 유럽 도시들이 브뤼셀에 모여 전개하고 있는 외교 전략들은 해당 지역의 존재감 확보와 경제적 이익 및 상호 신뢰 기반 평화도모에 기여한다는 측면에서 상호 원원으로 작동할 수 있다. 그럼에도 불구하고 앞에서 언급했듯이 지역 규모나 역량 등 하나의 요소만으로 도시 공공외교의 수월성이 담보되는 것은 아니기에 역량, 강도와 조율이라는 각각의 측면에서 브뤼셀이 어떻게 도시 공공외교를 전개해나가고 있는지를 면밀히 검토해보아야 한다.

벨기에는 1831년 독립 당시 제헌헌법에 의한 중앙집권식 제도를 채택하였으나 양대 언어권의 갈등이 심화되면서 연방제를 목표로 네 차례의 국가개혁을 추진(1970, 1980, 1988-89, 1993년)했다. 1993년 헌법 개정으로 언어권을 기준으로 지역을 나눈 연방제 국가로 전환하였다. 이로 인해 네덜란드어, 프랑스어 및 독일어를 사용하는 3개 언어공동체Community와 플란데런, 왈롱 및 브뤼셀(이중언어계) 등 3개 지역Region 정부가 각기 대등한 자격으로 중앙정부와 연합국가를 이루고 있으며, 그 아래 전국은 11개 주Province와 586개 구Commune로 구성된다.

언어공동체 정부는 주로 교육·문화·방송 등 사람과 관련된 문제를 다루며 지방정부는 경제·환경·관광 등 영토와 관련된 문제를 처리하는 등 독립적 자치권을 부여받았다. 이들 언어공동체와 지방은 각자 독립정부와 의회를 가지고 있는데 네덜란드어 지방 및 언어공동체의 경우는 통합되어 1개 정부 및 의회만으로 구성된다. 각 지방 및 언어공동체 정부는 배타적 관할권을 보유하고 있다.

〈표 8-1〉 벨기에 지방별 인구 규모(2019년 기준)

지방	언어권	인구(명)
플란데런	네덜란드언어권	6,553,000
왈롱	프랑스언어권	3,547,000
	독일언어권	77,000
브뤼셀	이중언어권	1,208,542

출처: Mini-Bru, La Région de Bruxelles-Capitale en chiffres 2020. 7

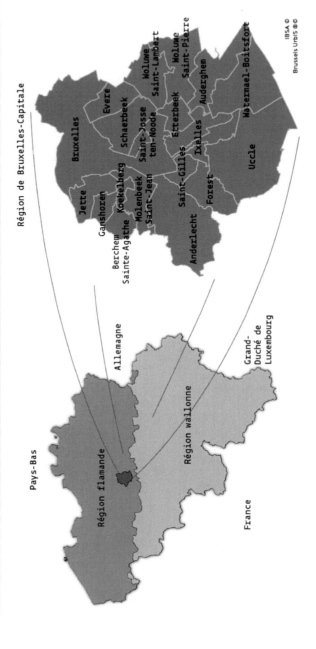

〈그림 8-1〉 벨기에 지방과 브뤼셀 수도 지역 19개 구

Région de Bruxelles-Capitale

Bruxelles
Evere
Schaerbeek
Saint-Josse ten-Noode
Woluwe Saint-Lambert
Woluwe Saint-Pierre
Etterbeek
Auderghem
Watermael-Boitsfort
Ixelles
Uccle
Jette
Ganshoren
Berchem Sainte-Agathe
Koekelberg
Molenbeek Saint-Jean
Saint-Gilles
Forest
Anderlecht

IBSA ©
Brussels UrbIS @®

Pays-Bas
Allemagne
Région flamande
Région wallonne
Grand-Duché de Luxembourg
France

글로컬 시대 지방정부 외교와 공공외교

벨기에의 플란데런과 왈롱 지역의 외교 권한과 특징들이 구분되는 시점은 1993년으로, 그 이전에는 벨기에 지역정부의 외교정책들은 주로 국제적 문화활동과 교육 부문의 협력활동들에 집중되었다. 1993년은 벨기에가 '세인트마이클스협정Saint Michales agreement'을 통해 지역이 입법 권한을 갖는 연방제 국가체제로 전환된 시점이며, 벨기에 지역의 대외활동들은 이 시기부터 내부 자치 권한으로 포함되었다. 이 시기에 경제나 환경과 같은 하드 이슈에서부터 청소년 예방보건 분야와 같은 소프트한 이슈 영역까지를 아우르는 지역 권한의 확대가 이루어졌다. 1995년부터 99년 사이 플란데런 정부나 왈롱 정부의 대외정책은 이미지 빌딩과 대외관계를 중심으로 전개되었다. 대외 권한이 정립되고 수년이 지난 후에야 그 성격이 다면화되고 복잡성을 띠게 되었다. 두 지역 모두 문화적 성격의 대외정책에서 외국인 직접투자 관련 조약을 포함한 대외무역, 교육적 목적의 교류, 정치협정과 개발협력 분야로 대외정책 영역을 확대하는 경향을 보였다.

대외정책의 내용에 있어서 벨기에 지방들은 중동유럽의 전환경제 지원을 우선으로 하는 활동들을 초기에 전개해 나갔으며 2008년 경제위기 이후 경제외교를 우선순위로 전환했다. 경제적 개방성이 높은 플란데런의 경우 정치적 대표성을 갖는 사무소보다는 경제적 대표성을 갖는 사무소의 수가 5-6배 많은 것을 확인할 수 있다. 지방이 입권 권한을 보유한 다른 여타 지역들, 예컨대 퀘벡과 카탈루냐의 경우 문화 분야에 중점을 두고 외교활동을 전개하는 반면 플란데런의 경우에는 문화 분야의 외교 대표성은 제한적이다. 이를 통해 지역의 민족 정체성이 뚜렷한 경우 문화 분야를 중심으로 대외활동을 전개하는 경향성이 높다고 볼 수도 있다. 한편 왈롱 지방은 교육협력에

보다 집중하고 있는 것으로 나타났다.[1]

IV. 브뤼셀 도시외교의 거버넌스와 제도적 특징

브뤼셀 수도 지역의 대외관계는 세 개의 기둥으로 구성된다. 국제적으로 브뤼셀을 대표하는 대외관계부와 유럽 내에서 브뤼셀을 대표하는 브뤼셀 유럽연합 대표부 및 브뤼셀 내에서 국제 사안을 다루는 브뤼셀-유럽 리에종 사무소로 나뉜다.[2]

이들 중 국제 및 유럽 층위에서 대외관계를 담당하는 도시외교 전담 기구는 브뤼셀 인터내셔널Brussels International, BI이다.[3] 동 기구는 브뤼셀 수도 지역의 양자 및 다자 관계와 EU 관련 사안, 나아가 무기와 기술의 수출입 관련 사안을 전담한다. 브뤼셀 인터내셔널은 8개 부서로 구성(2021년 7월 기준)되는데 그중 브뤼셀 수도 지역 대표부는 EU 기구들에 지역을 대표한다.

브뤼셀 인터내셔널 총국은 브뤼셀 수도 지역을 대표하는 일관된 외교 정책 개발을 목적으로 설립되었다. 브뤼셀 지역 공공 서비스 내에서 지역의 국제적 대표성을 강화하고 지역과 유럽 간의 관계 및

---

1 한편 카탈루냐의 경우 지역 수도인 바르셀로나의 지명도를 이용해 관광을 통한 도시외교를 전개해나가고 있으며, 왈롱 지역의 경우에도 왈롱 브뤼셀 인터내셔널이란 국제적 지명도가 높은 수도의 명칭을 활용해 대외정책 전담 기구를 운영하고 있다.
2 유럽연합의 수도인 브뤼셀 수도 지역에는 다양한 국제기구와 조직이 상주하고 있다. 국제적 중심지로 1989년부터 역동적인 외교정책을 추구해오고 있다.
3 브뤼셀-유럽 리에종 사무소는 브뤼셀에 거주하는 외국인들의 정착 지원과 브뤼셀 시민과 유럽 시민들 간의 교류를 촉진함으로써 국제적 직업 기회에 대한 홍보 제고 역할을 맡고 있다.

이행 의무들을 조정한다. 총국은 한 명의 국장 하에 대외관계부와 유럽지역개발기금-벨리리스ERDF-Beliris부의 두 부서체제로 나뉜다. 총국에는 이외에도 재무회계와 홍보를 담당하는 두 개의 조정 부서가 소속되어 있고 라이센스부와 유럽연합에 대해 브뤼셀 수도 지역의 이익을 대표하는 브뤼셀 대표부도 각각 독립 부서로 소재한다. 이외에 조율부가 전체 부서를 지원하고 조정하는 역할을 맡고 있다. 각각의 구성과 역할은 다음과 같다.

먼저 양자관계 및 개발협력부는 브뤼셀 수도 지역과 양자협력 협정을 체결한 도시·지역·국가 간의 관계 및 교류협력을 담당한다. 또한 일련의 협정에 대한 후속조치를 시행한다. 주목할 점은 협력 대상 도시와 지역의 다수는 개발도상국들이며 파트너십 협정의 이니셔티브 중 일부는 '개발협력'이라는 표제 하에 있다. 브뤼셀 개발협력은 개발도상국 국민의 생활조건을 개선하는 동시에 공정하고 포용적인 국제사회를 구축하기 위해 포괄적이고 지속가능한 개발과 인권존중을 목표로 하고 있음을 명시하고 있다. 이 부서는 홍보와 대외관계 업무, 도시방문단 환영 의전과 대표단 파견 업무와 더불어 국제회의와 전시회, 브뤼셀 데이, 브뤼셀 페스티벌, 국제 심포지엄 및 국가 방문과 같은 주요 행사에 지역의 참여를 조직하거나 조정하는 역할도 맡고 있다.

유럽 및 다자간 사안부는 브뤼셀 수도 지역이 소속된 국제 네트워크와의 관계 발전을 모색하는 활동들을 전개해 나가고 있다. 이를 위해 유럽 지역 총회, 유로시티와 도시개발을 위한 글로벌 펀드를 조성하는 등 수도 및 지역 네트워크의 조직과 참여를 도모한다. 나아가 브뤼셀 수도 지역이 대표되는 국제기구(예: 경제협력개발기구(OECD), 베네룩스, 유럽평의회(CoE) 및 여러 UN 기구)들과의 관계를 조정하고 모든 다자간 정책 사안에 대해 연방 간 협의 메커니즘에 참여한다. 이 부서는 유럽 수준에서 세 가지 주요 업무를 담당하고 있다. 먼저 지역 권한에 해당하는 유럽 및 국제 조약의 서명 및 비준 절차를 담당하며, 지역의 권한과 관련된 내용을 정기적으로 보고한다. EU 법안의 지역법(이전, 위반 등)으로의 이행을 조정한다. 또 다른 업무로 범유럽적 정책 사안, 예컨대 회원국들의 예산을 사전 점검하는 유럽 학기제European Semester나 다년간 예산계획Multi Financial Framework 등을 다룬다. 나아가 브뤼셀 수도 지역의 참여 증진을 위해 유럽 프로그램 및 네트워크의 후속조치를 보장한다.

주유럽연합 브뤼셀 수도 지역 대표부는 주유럽연합 벨기에 대표부 내에 브뤼셀 수도 지역만의 대표부로 별개 운영되고 있다. 대표부는 주유럽연합 벨기에 대표부에 소속되어 있지만 EU 내에서 브뤼셀 수도 지역을 대표하고 EU 기구와 브뤼셀 수도 지역의 이해관계를 조율하는 역할을 맡고 있다. 지역 이해당사자들에게 유용한 정보를 전달하고 처리하며 공동체 규정 초안과 프로그램을 분석하여 각료이사회에 제출할 지역적 권한 관련 문서를 작성하는 업무를 담당하고 있다. 브뤼셀 수도 지역 대표부는 행정적 측면에서 브뤼셀 수도 지역 대외관계부 산하 부서인 반면 외교적 측면에서는 주유럽연합 벨기에 대표부의 권한 하에 있어 외교부장관의 정치적 감독 하에 있다. 부서는 유럽 사안을 담당하는 팀과 브뤼셀 기업인들과의 연락업무를 담당하는 경제자문관으로 구성된다. 유럽 문서와 정책에 관한 자문과 지원을 정부와 브뤼셀 지역의 공공 서비스, 초국가기구, 기업인과 브뤼셀 수도 지역 거주민에 제공한다. 이를 통해 양자와 다자 관계 모두에서 유럽 정책과 브뤼셀 수도 지역의 국제협력의 시너지를 창출하는 데 기여하고 있다.

유럽지역개발기금ERDF은 유럽연합의 통합 및 지역개발 정책에 대한 재정적 레버리지 역할을 한다. ERDF의 목표는 지속 가능하고 포용적인 경제성장을 목표로 하는 공동자금 조달 프로젝트를 통해 유럽연합 27개 회원국 간의 경제적·사회적·영토적 불균형을 조율하는 것이다. 재정 프레임워크의 경우 다양한 유럽 지역에서 프로젝트를 완료하기 위해 7년의 사업 기간을 두고 있으며, 필요한 경우 프로젝트 완료기간을 2~3년 유예하기도 한다. 2020년 하반기에는 브뤼셀 수도 지역 내에도 ERDF 관리 및 조정에 특별히 초점을 맞춘 브뤼셀 지역 공공 서비스 부서가 마련되었다. 브뤼셀 인터내셔널 하의 ERDF부는 운영 프로그램에 대한 준비단계에서부터 수행, 후속조치까지의 전 단계를 맡는다. 프로그래밍 시작단계에서는 프로젝트에 대한 요구서 작성 및 발행과 프로그램 선택이 이루어진다. 프로젝트 수행단계에서 ERDF 부는 프로그램의 원활한 수행을 보장하기 위해 각 프로젝트 리더를 지원하고 지출을 관리한다. 이 부서는 또한 유럽 기구와 각 지역 이해당사자뿐만 아니라 유럽 자금 지원 수혜자와 벨기에의 다른 두 지역 및 유럽 지역위원회의 해당 부서에 대한 연락 창구 역할도 맡는다.4

한편 ERDF부는 벨리리스Beliris 프로젝트의 행정에 관한 조정도

---

4 2020년 하반기 신설된 ERDF는 2021-2027년 프로그램의 5가지 주요 목표를 다음과 같이 정한 바 있다. 보다 지능적인 유럽(혁신, 디지털화), 친환경적이고 탄소중립적인 유럽, 더 나은 연결성을 갖는 유럽(전략적 운송 및 디지털 통신 네트워크), 보다 사회적인 유럽(사회적 권리 강화) 및 시민들에게 더 가까운 유럽(지역 수준의 개발 전략과 범유럽적 지속가능한 도시개발).

담당한다. 벨리리스는 벨기에와 유럽의 수도로서 브뤼셀의 이미지 홍보를 목적으로 한 연방 당국과 브뤼셀 수도 지역 간의 협력 프로그램이다. 벨리리스 유닛Beliris Unit은 지역정부에 대한 자문역할을 담당하고 지역 및 연방정부의 이니셔티브 수행 여부를 확인하는 역할을 맡는다. 벨리리스 등의 프로그램을 통해 중앙과 도시가 수평적 관계에서 협력을 제도화하고 있음을 확인할 수 있다.

재정 및 관광부는 국제관계와 관광을 통한 브뤼셀 수도 지역의 이미지 개선을 위해 모든 공공조달과 재정지원에 관한 행정 후속조치를 담당한다. 또한 지역 관료들의 국제교류협력을 위한 외국 방문을 기획한다.

라이센스부는 2003년 이래로 지방에 권한이 이양된 기술과 무기, 방위산업 자재와 평화적 목표와 군사적 목표에 동시에 사용되는 자재들의 수출입과 허가 관련 일체 업무를 담당한다.

홍보부는 브뤼셀 인터내셔널의 대내외 커뮤니케이션을 담당한다. 브뤼셀 인터내셔널 전체 부서, 특히 대외관계부와 ERDF-Beliris부의 내부 및 대외 커뮤니케이션을 담당한다. 브뤼셀 인터내셔널 웹사이트와 무료 BI 디지털 뉴스레터The Brussels Globe 관리 등의 홍보활동과 더불어 대외관계 부서의 트위터 피드와 ERDF부의 페이스북 페이지, 인스타그램 계정관리 등 SNS 홍보도 이 부서의 업무이다. 그 외에도 유럽 연대의 사례들을 보여주기 위해 브뤼셀 수도 지역 내에서 진행 중인 ERDF 프로젝트를 그림에 넣어 ERDF 프로그래밍으로 가능해진 브뤼셀 도시개발 사례 매핑mapping 서비스도 제공하고 있다.

〈그림 8-2〉 브뤼셀 인터내셔널의 8개 부서

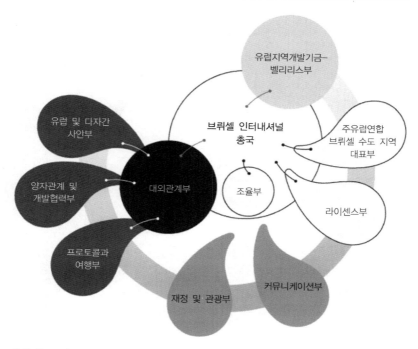

유럽지역개발기금-
벨리리스부

유럽 및 다자간
사안부

브뤼셀 인터내셔널
총국

주유럽연합
브뤼셀 수도 지역
대표부

양자관계 및
개발협력부

대외관계부

조율부

라이센스부

프로토콜과
여행부

재정 및 관광부

커뮤니케이션부

출처: Brussels International

〈표 8-2〉 브뤼셀 인터내셔널의 부서별 업무 현황

UNIT	담당 업무	인원(명)
양자관계, 공공외교, 의전 및 홍보 유럽 및 다자간 문제	- 브뤼셀 수도 지역과 양자협력협정을 체결한 도시, 지역 및 국가 간의 관계 및 교류협력 담당, 일련의 협정에 대 한 후속 조치 - 이들 도시와 지역 중 다수는 개발도상국들이며 파트너십 협정의 이니셔티브 중 일부는 '개발협력'이라는 표제 하 에 있음 - 브뤼셀 개발협력은 개발도상국 국민의 생활조건을 개선 하는 동시에 공정하고 포용적인 국제사회를 구축하기 위 해 포괄적이고 지속가능한 개발과 인권존중을 목표로 함 - 대외관계 및 의전(예: 환영, 대표단) 담당	- 대외관계 2 - 유럽 및 다자사안 8 - 양자 및 개발협력 6 - 프로토콜 4

	- 국제회의 및 전시회, 브뤼셀 데이, 브뤼셀 페스티벌, 국제 심포지엄 및 국가 방문과 같은 주요 행사에 지역의 참여를 조직하거나 조정 - 브뤼셀 수도 지역이 소속된 국제 네트워크와의 관계 발전 모색 - 유럽 지역 총회, 유로시티, 도시개발을 위한 글로벌 펀드, 수도 및 지역 네트워크 등 - 브뤼셀 수도 지역이 대표되는 국제기구(예: 경제협력개발기구, 베네룩스, 유럽평의회 및 여러 UN 기구들과의 관계를 조정하고 모든 다자간 정책사안에 대해 연방 간 협의 메커니즘에 참여 - 지역 권한에 해당하는 유럽 및 국제 조약의 서명 및 비준 절차 담당 - EU 법률의 지역법(이전, 위반 등)으로의 이행 조정	
유럽개발 기금	- 유럽지역개발기금은 유럽통합 및 지역개발 정책에 대한 재정적 레버리지 역할 - 2020년 하반기 브뤼셀 수도 지역 내에도 ERDF 관리 및 조정에 특별히 초점을 맞춘 브뤼셀 지역 공공 서비스 부서설립 - 유럽 기구와 각 지역 이해당사자뿐만 아니라 유럽 자금 지원 수혜자와 벨기에의 다른 두 지역 및 유럽 지역위원회의 해당 부서에 대한 연락 창구 역할 - ERDF 부서는 벨리리스 프로젝트의 행정에 관한 조정도 담당, 벨리리스는 벨기에와 유럽의 수도로서 브뤼셀의 이미지 홍보를 목적으로 한 연방 당국과 브뤼셀 수도 지역 간의 협력 프로그램 - 벨리리스 등의 프로그램을 통해 중앙과 도시가 수평적 관계에서 협력을 제도화하고 있음을 확인	- ERDF, Beliris 15
주유럽연합 브뤼셀 수도 지역 대표부	- 주유럽연합 벨기에 대표부 내에 브뤼셀 수도 지역만의 대표부 별개 소재 - 대표부는 주유럽연합 벨기에 대표부에 소속 - 유럽연합에서 브뤼셀 수도 지역을 대표하고 유럽연합 기구와 브뤼셀 수도 지역의 이해관계 조율 역할 - 브뤼셀 수도 지역 대표부는 행정적 측면에서 브뤼셀 수도지역 대외관계부 산하 부서인 반면 외교적 측면에서는 주유럽연합 벨기에 대표부의 권한 하에 있어 외교부장관의 정치적 감독 하에 있음 - 유럽 사안을 담당하는 팀과 브뤼셀 기업인들과의 연락업무를 담당하는 경제자문관으로 구성 - 유럽 문서 및 정책에 관한 자문과 지원을 정부와 브뤼셀 지역 공공 서비스, 초국가기구, 기업인과 브뤼셀 수도 지역 거주민에 제공 - 양자와 다자 관계 모두에서 유럽 정책과 브뤼셀 수도지역의 국제협력의 시너지 창출	- 결속정책, 디지털 등 5

재정 및 관광	- 국제관계와 관광을 통한 브뤼셀 수도 지역의 이미지 개 선을 위한 모든 공공조달과 재정지원에 관한 행정 후속 조치 담당 - 지역 관료들의 국제교류협력을 위한 외국 방문 기획	- 재정 조정 5 - 대외관계 5
커뮤니케이션	- 브뤼셀 인터내셔널(BI)의 대내외 커뮤니케이션을 담당 - BI 웹사이트, e-뉴스레터 *The Brussels Globe*(무료 구독) 관리 및 Twitter 계정관리	- 홍보 2
라이센스	- 기술과 무기, 방위산업 자재 및 이중용도 자재 등의 수출 입과 허가 관련 일체 업무 담당(2003년 이래로 지역에 권한 이양)	- 허가 4
조정	- 브뤼셀 인터내셔널 국장을 지원 - 관리 및 평가 관련 정기적 실행 감독 - 전제 사업의 원활한 운용을 위한 자원 관리	- 지원, 관리 2

출처: Brussels International 참조. 저자 작성

그 외에 도시 공공외교 관련 부서로 도시의 문화관광과 자원 보존 및 개발을 담당하는 어반 브뤼셀urban.brussels이 있다. 이 기구는 도시재생 및 문화유산 보존을 목적으로 설립되었으며 도시화와 이동성 및 부동 문화유산과 관련된 지역 정책을 구현하고 도시 활성화를 위한 운영 프로그램을 관리한다. 무엇보다 지속가능한 방식으로 브뤼셀 수도 지역의 개발을 지원하는 것이 사업의 주목적이다. 구체적인 내용으로 리노베이션 보조금, 주택 전면 개조, 특히 브뤼셀도시계획법CoBAT의 개혁과 관련한 법률 자문업무와 행정업무 등을 수행한다. 또한 이에 대한 대중의 인식 제고 활동을 시행한다. 이를 통해 건축, 역사, 문서 및 규정과 관련된 광범위한 내부 전문지식에 의존해 시민과 사용자의 기대를 효과적으로 충족시킨다고 평가받고 있다.

브뤼셀 도시 공공외교 거버넌스와 제도화 특성을 정리하면 다음과 같다. 먼저 도시외교 담당 독립기구 하에 지역과 양자 및 다자

관계를 설정하고, 유럽연합과의 상설적인 관계 설정을 담당하는 부서와 유럽연합에 지역을 대표하는 상설대표부가 상호 교환 가능한 문서의 개발과 협력 이슈의 의제를 채택하고 지역의 이익에 기여 가능한 방식을 탐구하며 세부 정책을 모색한다. 또한 유럽지역개발기금을 통한 프로젝트 성사와 효율적 관리 및 운용을 맡는 독립 부서를 도시외교 담당기구 하에 신설했다. 특히 중앙정부와 브뤼셀 수도 지역 간의 외교적 현안에 대한 공동의 협의 채널로서의 벨리리스 프로그램의 시행은 연방 당국과 지역 간 협력 이슈를 협의하고 의제화하는 제도화의 성과로 평가할 수 있다. 또한 브뤼셀 수도 지역 상설대표부의 경우 행정적 관리와 외교적 권한이 지역과 연방 당국 간에 공유된다는 점에서 중앙과 지역 간 지속적인 협의 채널이 마련되어 있고 수평적 관계에서 협력을 제도화하고 있는 것으로 보인다.

V. 브뤼셀의 공공외교

1. 브뤼셀의 도시외교 속 공공외교 개념

브뤼셀의 도시외교Diplomacy of Cities는 공공외교Public Diplomacy의 한 형태로 이해될 수 있으며, 브뤼셀의 공공외교는 브뤼셀 인터내셔널의 '양자관계, 공공외교, 의전 및 홍보, 유럽 및 다자간 사안' 부서에서 주로 담당한다. 공공외교를 통해 브뤼셀은 국제적인 중심지로서의 역할과 영향력을 활용하여 다양한 주체와의 관계를 구축하고 유지하기 위한 노력을 하고 있다. 이는 정부, 국제기구, 비정부기구, 외국

글로컬 시대 지방정부 외교와 공공외교

대사관, 기업 외에도 시민사회 조직 등과의 협력을 통해 이루어지고 있다. 앞서 언급했듯이 벨기에는 유럽의 지방정부들 중에서도 중앙정부로부터의 독립성과 자치도가 높기 때문에 대외정책적 영역에서 상당한 역량을 발휘한다. 브뤼셀 인터내셔널 홈페이지에 따르면, 역동적이고 국제적인 지역으로서의 브뤼셀의 이미지를 추구한다. 특히, 브뤼셀은 유럽연합의 수도로서, 브뤼셀 수도 지역은 다양한 국제기관과 조직의 본거지인 이점을 적극 활용하여 국제 지향적인 지역으로서 공공외교 정책 측면에서 역동적인 정책을 펼치고 있음을 알수 있다. 공공외교를 국민에게 홍보하기 위한 수단으로는 주로 웹사이트와 더불어 페이스북과 트위터 같은 소셜미디어를 활용하고 있다. 이는 EU의 수도로서 EU 공공외교 이니셔티브가 전략적 커뮤니케이션, 언론, 허위 정보에 대한 대응을 포함한 광범위한 커뮤니케이션 및 적극적 아웃리치 활동을 통해 실현됨을 확인할 수 있다.[5]

2. 브뤼셀 도시 공공외교 정책의 전개 과정

브뤼셀의 경우 도시 차원에서 외교정책을 시작한 1989년부터 현재에 이르기까지 30여 년에 걸쳐 다양한 제도화 과정을 경험하였다. 먼저 취급 의제의 측면에서 초기에는 도시의 문화적 홍보와 관련된 사업들이 주를 이루었다. 이후 지역이 대외관계의 자치권한을 획득한 1993년 이후 행정 및 운용과 관련된 다양한 세부적 과제들과 도시

---

5 EU는 공공외교를 위한 전략으로 'EU Global Strategy'를 채택하여 공공외교의 다양한 분야에 투자, 정확한 뉴스를 전달하는 일관성과 속도 개선, 허위 정보에 대한 신속하고 사실에 기반한 반박, EU 역내외 개방적인 미디어 환경 육성을 강조한다.

간 자매결연과 지방정부의 국제화 기반에 중요한 도시 재정, 자율성, 다른 지역 및 국제기구들과의 유대 형성 등이 이루어졌고 2000년대 들어 개발협력 의제와 스마트 도시를 통한 지역별 도시문제 해결 등의 이슈들이 도시 차원에서 적극적으로 논의되고 정책화되었다. 국제적인 협력과 문화교류를 목적으로 자매결연을 맺고, 매년 국제회의 및 전시회, 브뤼셀 데이, 브뤼셀 페스티벌, 국제 심포지엄 및 국가 방문과 같은 주요 행사에 지역의 참여를 조직하거나 조정했다.

3. 목표 및 비전

유럽연합의 공공외교 이니셔티브는 신뢰와 상호이해를 구축하고 전 지구적 보편 과제를 해결하기 위해 미래 협력을 촉진하고 전 세계 시민 및 잠재적 파트너와 장기적으로 협력하는 것을 목표로 한다. 브뤼셀은 EU의 공공외교 목표와의 연계성 강화를 위해 국제적인 관계와 소통 강화, 협력과 이해 증진을 목표로 하는 동시에 브뤼셀이라는 도시 자체의 국제적인 역할과 도시의 가치를 중심으로 공공외교 정책을 전개해 나가고 있다. 브뤼셀은 EU의 수도라는 국제적인 역할과 위치를 활용하여 도시의 가치와 역량을 홍보하고자 한다. 또한 문화교류, 경제협력, 교육교류 등 다양한 분야에서 국제적인 네트워크를 형성하며, 국제 이슈에 대한 전문성과 리더십을 발휘하여 국제사회에 영향력을 행사하고자 한다. 개발협력 측면에서는 지속가능한 개발, 도시화, 기후변화 등과 관련된 정책과 활동을 국제사회와 공유하고 협력한다. 이와 같은 목표 하에 브뤼셀은 공공외교 영역에서 다음과 같은 비전을 갖는다.

- **국제 도시로서의 역할 강화**: 브뤼셀은 EU 및 국제기구들의 본부가 위치한 중요한 도시로, 국제적인 회의와 행사를 유치하고 국제적인 중재 역할을 수행하며, 국제사회와의 연결성을 강화하고자 한다.

- **유럽연합과의 협력 강화**: 브뤼셀은 유럽연합과의 긴밀한 협력을 추구한다. 이는 EU의 정책 및 프로그램에 대한 이해도를 높이고, EU의 의사결정 과정에 참여하고 영향력을 행사하기 위함이다.

- **다자간 협력과 네트워킹**: 브뤼셀은 다자간 협상과 문제해결에 기여하며, 국제사회와의 연대와 협력을 증진하기 위해 다양한 국가와 지역, 국제기구와의 협력과 네트워킹을 강화하고자 한다.

- **브뤼셀의 가치와 이점 강조**: 브뤼셀은 다양한 문화적·언어적·정치적 특성을 지닌 도시라는 배경을 바탕으로 다양성과 포용성을 강조하며, 국제사회에 브뤼셀의 가치와 이점을 알리고자 한다.

- **경제발전과 국제적인 이미지 강화**: 브뤼셀은 경제적인 중심지로서의 역할을 강화하고 국제적인 이미지를 향상시키기 위해 노력하며, 외국 투자 유치, 지역 경제의 성장과 일자리 창출을 촉진한다.

4. 부문별 추진전략

브뤼셀은 지역정부 간 협력 강화를 위해 지역 간 정보 공유 및 정책 협조를 도모하고 공동 프로젝트를 추진한다. 특히 경제 및 상업 분야에서의 협력을 강화하여 외국 투자 유치와 국제 경제 네트워크의 일원으로 역할 강화를 모색한다. 이를 위해 국제 비즈니스 이벤트 및 전시회를 개최하고, 외국 기업과의 파트너십을 구축한다.[6] 또한 브뤼셀은 문화와 교육 분야에서의 국제교류를 촉진한다. 예술 전시, 문화축제, 교육 프로그램 등을 통해 다양한 문화를 소개하고 국제적인 문화교류를 증진한다.[7] 나아가 환경보호 및 지속가능한 개발의 중요성을 강조하며 국제적인 환경 협력에 주력한다. 기후변화 대응, 에너지 효율성, 친환경 기술 등의 분야에서 국제기구 및 다른 국가와 협력을 추진한다. 자매결연 도시 중 대다수가 개발도상국인 점에서 브뤼셀이 지속가능한 개발을 추구한다는 점을 알 수 있다. 한편 브뤼셀은 인권과 사회정의 증진을 위한 국제적인 인권기구와의 협력에도 적극적이다. 인권보호와 사회적 평등을 위한 프로그램을 개발하고 국제 인권 문제에 대한 의식 제고 활동을 지원한다.

5. 공공외교 자원

유럽연합의 중심지로서 여러 EU 기구들이 위치하고 있다는 점은 브뤼셀이 국제적인 정치의 요충지이자 범유럽 차원의 중요한 의사결정의 중심지로서 유럽시민들뿐만 아니라 전 세계 시민들에게 긍정적 유인을 줄 수 있는 중요한 공공외교 자산이다. 또한 브뤼셀은 정치적 중심지일 뿐 아니라 다양한 다국적기업과 비즈니스 네트워크가 형성되어 있는 경제 중심지이기도 하다. 이는 외국 투자 유치와 국제 경제활동을 촉진하는 자원이 된다. 나아가 브뤼셀은 다중언어국가로,

---

6 브뤼셀 허브 https://hub.brussels/en/(검색일: 2023.5.20).
7 문화·체육 활동 지원사업 https://international.brussels/newsletter-the-brussels-globe/?lang=en(검색일: 2023.5.20).

다양한 문화적 배경을 갖고 다국어를 사용한다. 이는 국제교류 및 문화적 이해 증진에 유리한 환경을 제공하며, 다양한 문화적 행사와 축제를 통해 국제사회에 브뤼셀의 다양성과 문화적인 가치를 알리는 역할을 수행한다. 또한, 브뤼셀에는 유럽대학연합European University Association, EUA, 로베르 슈만 연구소Robert Schuman Centre for Advanced Studies 등 다양한 국제 학술기관과 연구소가 위치해 있다. 이는 학술적인 교류와 지식 공유를 촉진하며, 국제적인 연구협력과 교육 프로그램을 발전시키는 데에 기여하는 자원이 된다.

한편, EU의 유럽대외협력청European External Action Service, EEAS 본부 역시 브뤼셀에 위치하여 Procurement Concerning Actions on Information Outreach on EU External Relations의 아웃리치 전략에 따라 전세계에 홍보물, 출판물 배포를 통한 공공외교를 이어가고 있다.[8] 예컨대 2022년 러시아-우크라이나 전쟁에서 식량안보와 관련한 소셜미디어 캠페인을 이어가는 데에 예산을 할당하기도 했다.

브뤼셀 지방정부는 각 유럽연합 기관 및 조직의 공공외교 담당 부서(유럽위원회, 유럽대외관계청, 유럽의회 등 유럽연합 내의 주요 기관)와 유럽연합 대표부를 통해 공공외교활동을 지원한다.

6. 국내외 목표 대중 및 주요 프로그램

브뤼셀은 소셜 미디어의 활발한 운영을 통해 브뤼셀 시민뿐 아니라 범유럽 시민들에게도 정책과 프로그램을 홍보하고자 한다. 대외관계

---

8 https://fpi.ec.europa.eu/system/files/2023-01/C_2023_211_1_EN_annexe.pdf(검색일: 2023.5.20).

DG^{Directorate-General}를 중심으로 전문가 중심의 청중뿐만 아니라 유럽 대중에게도 정보 및 커뮤니케이션 활동을 제공하기 위해 노력하고 있다. 민주성 결핍에 대한 유럽연합의 고민에 따른 유럽위원회와 유럽의회의 공공외교적 노력은 유럽 시민들과의 거리를 좁히고 EU 정책의 투명성과 신뢰확보를 위한 노력으로 이어지고 있다. 이는 또한 브뤼셀 지역의 공공외교에도 유사한 형태로 반영되고 있다. 또한 EU 외교 정책의 규범적 구성요소를 추구하기 위해 노력하며, 공공 커뮤니케이션 활성화를 위해 주로 웹사이트를 개선하고 현대적인 정보 및 커뮤니케이션 도구를 활용하는 등 다양한 플랫폼을 통해 의견을 수렴하고 조율한다.

한편 유럽의회는 EUVP(유럽연합 방문자 프로그램)를 통해 유럽연합 역외 지역 차세대 전문가들을 초청해 그들의 의견을 청취하고 유럽의 지향점을 공유하는 등 상호 간 네트워크를 강화한다. 또한 EU 역내외 시민사회와의 대화를 장려하기 위한 다양한 유형의 이동성 강화 전략을 활용하고 국제기구와의 협력을 통해 EU의 입장을 확립하고 영향력을 행사한다.

브뤼셀이 EU의 수도로 국제사회에서의 이점을 취하는 만큼, 공공외교 측면에서도 브뤼셀은 2021-2027 프로그램 런칭^{ERDF Programme}을 통해 EU와의 긴밀한 협력관계를 유지하고자 한다. 또한 브뤼셀 내에서는 'A young and dynamic Region'과 같은 문화·체육 프로그램, 브뤼셀 데이, 국제문화외교포럼 등 문화교류, 학술행사를 주최한다. 그리고 직접적으로 지원을 하지는 않지만, 브뤼셀자유대학^{Vrije Universiteit Brussel, VUB}과의 협업을 통해 브뤼셀 외교 아카데미^{Brussels Diplomatic Academy}에서의 교육과 트레이닝 기회를 제공하여 공공외교에 대한 시민들의 접근 가능성을 제고한다.

VI. 국제교류 전략, 특징 및 현황

첫 번째 특징은 브뤼셀이 도시외교와 공공외교를 통해 추구하는 강조점이 가치 중심, 포용적이고 지속가능한 개발협력에 있다는 점이다. 기술했듯이 브뤼셀 인터내셔널은 브뤼셀 수도 지역과 양자협력 협정을 체결한 도시, 지역 및 국가 간의 관계 및 교류협력을 담당하고 일련의 협정에 대한 후속조치를 책임지고 있다. 이들 도시와 지역 중 다수는 개발도상국들로 구성되어 있으며 파트너십 협정의 이니셔티브 중 일부는 '개발협력'이라는 표제 하에 있다. 즉 브뤼셀이 중점을 두고 추진하고 있는 외교의 목표와 방식이 개발도상국 국민의 생활조건을 개선하는 동시에 공정하고 포용적인 국제사회를 구축하기 위해 포괄적이고 지속가능한 개발과 인권 존중을 목표로 하는 협력의 방식을 채택하고 있는 것이다. 최근의 협력 지원 사례로 COVID-19 사태에 따른 빈곤 지역 지원, 특히 양자협정체결 지역인 콩고 킨샤사 지역 보건 기관에 15만 유로와 의약용품을 전달하는 등의 국제연대활동을 전개해 나가고 있는 것을 확인할 수 있다.

〈표 8-3〉은 브뤼셀 수도 지역이 양자협정을 체결한 30여 개의 도시, 지역 및 국가를 보여준다. 주목할 점은 그들 지역 중 다수가 개발도상국이라는 점이다. 특히 인도주의적 관점에서 도움이 필요한 도시 및 지역과 문화·교육·의료·환경·인권·기술 분야에서 포괄적 협력을 모색하고 있다.

도시	지역	국가
베이징	아이치현(일본 혼슈)	룩셈부르크
베를린	브라티슬라바주(슬로바키아)	
브라질리아	첸나이(인도)	
부다페스트	일드프랑스	
아바나	마조비아주(폴란드)	
키이우(우크라이나)	퀘벡주	
릴(프랑스)	라바트살레케니트라 지방(모로코)	
류블랴나(슬로베니아)	쓰촨성	
모스크바	시안	
파라마리보(수리남)		
프라하		
서울		
소피아(불가리아)		
빈		
빌뉴스(리투아니아)		
워싱턴 D.C.		
킨샤사(콩고)		
알제(알제리)		

출처: Brussels International 참조. 저자 작성

　　두 번째 특징은 도시의 외교적 사안에 대한 부처 간 조율이 효율적으로 이루어지고 있다. 브뤼셀 인터내셔널 내부 조직을 통해서도 EU 사안에 대한 대처와 조응이 부서 간 협력적으로 이루어지고 있는 것으로 확인되었다. 한편 브뤼셀 수도 지역 전체 차원에서도 각 부처 장관 간 EU 이니셔티브에 대해 공동의 대응과 협력이 이루어지는 것으로 보인다. 예컨대 매년 개최되고 있는 '유럽 지역과 및 도시 주간European Week of Regions and Cities'에서 각 부처가 개별 주제에 맞는

지원과 홍보활동을 하고 있다. 2020년 10월에는 코로나 사태에도 불구하고 동 주간에 참가 예정인 브뤼셀 인터내셔널은 ERDF의 지원을 받는 지속가능한 프로젝트들을 시각화 워크숍을 통해 소개할 예정이다. 또한 브뤼셀 기후변화와 환경, 에너지 및 참여 민주주의 장관인 마롱Alain Maron은 에너지 효율 중심 건물에 대한 지역 이니셔티브 발표를 예정하고 있다. 브뤼셀 도시 문화유산과 유럽 및 국제관계를 총괄하는 스메Pascal Smet 국무장관도 녹색전환 도시 및 지역 세미나에서 수도권의 녹색전환을 주제로 발표할 예정이다. '유럽 지역 및 도시 주간'은 도시와 지역이 성장과 일자리를 창출하고, 유럽연합의 통합정책을 구현하며 지역 수준에서 범유럽적 굿 거버넌스의 가능성을 입증할 수 있는 기회로 평가받고 있다.

세 번째 특징은 EU와 국제기구의 수도로서의 지위를 십분 활용하는 전략을 취하고 있다는 것이다. 브뤼셀은 도시 자체의 성격상 시민사회와 로비스트 및 국제 전문가들이 모이는 국제행사가 빈번히 개최되는 지역이라는 점에서 여타 소규모 도시들이 도시 자체의 홍보에 몰두해야 하는 것과는 차이가 있다. 또한 EU 기구와 각종 국제기구들이 밀집한 지역으로 유럽의 수도로서의 유럽연합이 추구하는 가치 중심적 정체성을 추구해 나가고 있다. 2020년 6월 발간한 "브뤼셀 수도 지역의 국제적 차원에 대한 새로운 영향 연구"에 의하면 실제로 지역의 경제적 효과가 상당한 것으로 나타났다. 보고서는 유럽 및 국제기구가 지역에 미치는 경제적 영향에 주목해 브뤼셀이 실제로 국제적 입지(존재감)로 인해 브뤼셀 경제의 최대 20퍼센트, 지역 고용의 최대 23퍼센트와 16만 2,000개 이상의 일자리 창출에 기여한 것으로 평가하고 있다. 〈그림 8-3〉 동 연구는 브뤼셀대학(VUB R &

D 학과)과 브뤼셀 통계 및 분석 연구소^{BISA}가 제공한 통계 데이터에 기반하고 있다. 〈표 8-5〉와 〈그림 8-3〉은 브뤼셀에 거주하는 외국 국적자의 수와 비율을 보여준다. 브뤼셀 수도 지역 전체 인구 중 외국인 수는 2019년 기준 42만 여 명으로 그중 유럽연합 회원국 국적자가 278,944명에 달한다.

〈표 8-4〉 브뤼셀 주재 국제기구로 인한 경제효과

		총 영향	지역경제 비중(%)
매출 (백만 유로)	낮은 시나리오	8.732백만 유로	12.7
	높은 시나리오	13.935백만 유로	20.3
직업 (FTE)	낮은 시나리오	123.413	17.6
	높은 시나리오	162.536	23.2

출처: Brussels, International Capital THE FIGURES 2020, 23

〈그림 8-3〉 2019년 외국인 국적자 비율(%)

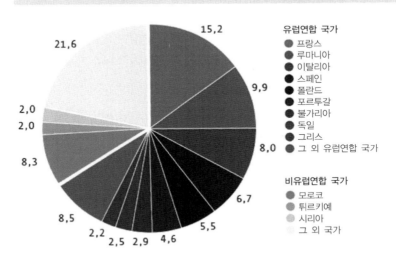

출처: IBSA, Statbel(국가등록)
* 벨기에 국적이 아닌 외국 국적 인구 비율

〈표 8-5〉 외국인 인구 구성

1월 1일 기준 주거자 수	2019
남성	210,145
여성	211,952
18세 미만	78,720
18세 이상 64세 까지	315,131
65세 이상	28,246
EU 국적(벨기에 제외)	278,944
기타 국적	144,153
외국 국적 전체 인구	**422,097**

출처: Mini-Bru, La Région de Bruxelles-Capitale en chiffres 2020. 9

〈표 8-6〉은 브뤼셀 수도 지역 내 국제기구에 근무 중인 고용자 수와 대사 및 외교관 수 등을 보여준다. 현재 브뤼셀에는 65개 정부 간 조직 사무소, 38개 EU 기구, 48,909명의 국제기구 직원, 그중 EU 기구 직원은 37,236명에 해당한다. 7,000~25,000명의 로비스트, 33개의 국제학교, 730명의 기자, 300개의 지역 대표들이 상주하고 있으며 이는 브뤼셀의 높은 국제화 지수를 보여준다.

〈표 8-6〉 브뤼셀 수도 지역 내 국제기구 고용인구

12월 31일 기준 고용자 수	2018		
	남성	여성	총합
유럽연합 기구	16,149	21,087	37,236
국제기구	1,932	1,372	3,304
대사 및 외교관	4,843	2,866	7,709
유럽 학교	244	416	660
총합	23,220	25,689	48,909

출처: Mini-Bru, La R gion de Bruxelles-Capitale en chiffres 2020. 13

EU 본부 외에도 브뤼셀에 본부 또는 사무소를 둔 국제기구는 〈표 8-7〉과 같다.

〈표 8-7〉 브뤼셀 주재 국제기구 현황

브뤼셀에 본부를 둔 국제기구	브뤼셀에 사무소를 둔 국제기구
- 북대서양조약기구(North Atlantic Treaty Organization, NATO) - 세계관세기구(The World Customs Organisation, WCO)	- 유럽평의회(The Council of Europe) - 유엔(The United Nations, UN) - 유네스코(United Nations Educational, Scientific and Cultural Organization, UNESCO)
- 베네룩스 사무국(The Benelux General Secretariat) - 유로콘트롤, 유럽 항공교통안전청 (Eurocontrol, the air-traffic safety agency in Europe)	- 유엔난민기구(United Nations High Commissioner for Refugees, UNHCR) - 세계보건기구(World Health Organisation, WHO) - 국제노동기구(International Labour Organization, ILO) - 유니세프(United Nations Children's Fund, UNICEF) - 유엔개발계획(United Nations Development Programme, UNDP) - 세계은행(World Bank) - 아프리카연합(African Union) - 국제이주기구(International Organization for Migration, IOM) - 유럽지역총회(Assembly of the European Regions, AER)

출처: Brussels International 참조, 저자 작성

〈그림 8-4〉 브뤼셀 수도 지역 국제화 순위의 경우 유럽 내 이벤트 개최 선호지역이자 정치적 관여 및 정치적 컨퍼런스가 활발히 이루어지고 대사관 및 영사관이 밀집되어 있는 유럽 내 가장 국제화된 도시로 평가받고 있다. 유럽연합 기구와 국제기구의 집결로 인한 파생효과도 커서 경제적으로도 긍정적인 기여를 하고 있다.

N°1
preferred "events" destination
for associations in Europe¹

N°1
city for political
engagement²

N°1
city for
political conferences²

N°1
city for embassies
and consulates²

N°1
most cosmopolitan
city in Europe, N°2 worldwide³

N°5
city in Europe for
research & development⁴

¹International Association of Lawyers   ²2019 Global cities index by Kearney   ³2015 World Migration Report
⁴2019 Global power city index by the Institute for urban strategies, Mori Memorial foundation

출처: Brussels, International Capital THE FIGURES 2020, 21

VII. 결론 및 함의

앞에서 살펴보았듯이 브뤼셀 수도 지역의 외교업무를 책임지는 조직은 현재 7개 부서로 조직되어 연방정부 외교부서와 수평적 협력관계 하에서 높은 제도화의 수준을 이루고 있다. 인력 구성면에서도 도시외교 전담 부서가 총 58명의 인원으로 구성되어 타 지역 도시외교 전담 인력보다 역량이 큰 것으로 보인다. EU 차원의 사업과 네트워킹 참여 측면에서도 단발성 사안에 따른 실행보다는 장기적 계획에 따른 프로젝트 중심적 운영 형태를 보이고 있다. EU 사안들을 다루는 조정 측면에서 브뤼셀 수도 지역의 대외협력을 담당하는 전체 부처 간 조율을 책임지는 별도의 부서가 마련되어 있으며, 특히 EU 브뤼셀 상주대표부에 브뤼셀 수도 지역 대표부가 별도로 소재하여 지역의 이해를 반영하고 있다.

브뤼셀 도시 공공외교 거버넌스와 제도화 특성을 정리하면 다음과 같다. 먼저 도시외교 담당 독립기구 하에 지역과 양자 및 다자 관계를 설정하고 유럽연합과의 상설적인 관계 설정을 담당하는 부서와 유럽연합에 지역을 대표하는 상설 대표부가 상호교환 가능한 문서의 개발과 협력 이슈의 의제를 채택하고, 지역의 이익에 기여 가능한 방식을 탐구하며 세부 정책을 모색한다. 또한 유럽지역개발기금을 통한 프로젝트 성사와 효율적 관리 및 운용을 담당하는 독립 부서를 도시외교 담당기구 하에 신설했다. 특히 중앙정부와 브뤼셀 수도 지역 간의 외교적 현안에 대한 공동 협의 채널로서의 벨리리스 프로그램의 시행은 연방 당국과 지역 간 협력 이슈를 협의하고 의제화하는 제도화의 성과로 평가할 수 있다. 또한 브뤼셀 수도 지역 상설 대표부의 경우, 행정적 관리와 외교적 권한이 지역과 연방 당국 간에 공유된다는 점에서 중앙과 지역 간 지속적인 협의 채널이 마련되어 있고 수평적 관계에서 협력을 제도화하고 있는 것으로 보인다.

브뤼셀의 경우 도시 차원에서 외교정책을 시작한 1989년부터 현재에 이르기까지 30여 년에 걸쳐 다양한 제도화 과정을 경험하였다. 먼저 취급 의제의 측면에서 초기에는 도시의 문화적 홍보와 관련된 사업들이 주를 이루었다. 이후 지역이 대외관계의 자치권한을 획득한 1993년 이후 행정 및 운용과 관련된 다양한 세부적 과제들과 도시 간 자매결연과 지방정부의 국제화 기반에 중요한 도시 재정,

글로컬 시대 지방정부 외교와 공공외교

자율성, 다른 지역 및 국제기구들과의 유대 형성 등이 이루어졌고, 2000년대 들어 개발협력 의제와 스마트 도시를 통한 지역별 도시문제 해결 등의 이슈들이 도시 차원에서 적극적으로 논의되고 정책화되었다.

이상과 같이 브뤼셀 도시 공공외교가 갖는 국제전략의 특징은 세 가지로 요약된다. 첫째, 브뤼셀이 도시 공공외교를 통해 추구하는 강조점이 가치 중심, 포용적이고 지속가능한 개발협력에 있다는 점이다. 둘째, 도시의 외교적 사안에 대한 부처 간 조율이 효율적으로 이루어지고 있다. 셋째, EU와 국제기구의 수도로서의 지위를 십분 활용하는 전략을 취하고 있다는 것이다.

한편 유럽연합이 지역의 참여를 독려하고 도시 네트워크를 강화하는 동시에 도시 네트워크가 다시 유럽연합에 실천적이면서도 상징적인 정체성을 부여하는 상호 강화 현상이 최근 들어 두드러지게 나타나고 있다. 브뤼셀 도시외교도 같은 맥락에서 유럽통합으로 인한 EU의 도시외교 정책과 상호 강화 현상을 보여준다. 이는 지역에 권한을 부여하는 유럽의 전통과 특징에 따른 발전 방향으로도 해석할 수 있지만 한편으로 도시외교의 역량이 도시의 규모나 경제력과 일치하진 않는다는 점을 고려했을 때 브뤼셀이 국제 사안을 수행할 도시 전략으로 그들의 역량과 강도 및 조율에 있어 어떤 선택을 했는지를 확인하는 것은 의미 있는 작업이라 할 수 있다. 브뤼셀은 과학기술, 정보통신의 허브, 지속가능한 이동, 도시 변혁을 정책의 주요 표어로 채택하고(브뤼셀 통계분석연구, IBSA 2020), 지속가능하고 포용적인 개발협력을 중심으로 도시외교를 전개해나가고 있었다. 이는 유럽연합의 정책 이니셔티브와 상호 조응하는 브뤼셀의 전략적 선택이라 볼 수 있다.

브뤼셀 공공외교의 가장 큰 장점은 유럽연합과 국제기구의 중심지로, 외교 담당기관이 집중되어 있으며 지리적으로 다른 유럽 국가들과의 교류가 쉽다는 점이다. 또한 다양한 국가 및 국제기구의 대표부, 외교관, 기업, 시민사회단체 등 이해관계자들이 모여 있는 도시이기 때문에 다양한 관점과 의견 수렴, 네트워킹과 협력 방면에서의 강점을 갖는다. 그 외에도 외교·국제정치·경제·학술 등 다양한 분야의 전문가들이 모여 있는 지역이기 때문에 공공외교활동에 필요한 전문적인 지식과 노하우를 활용할 수 있다는 강점을 갖는다.

그러나 브뤼셀은 유럽연합의 정치적인 협상과 의사결정 과정에 종속되어 있기 때문에 지방정부 자체만의 결정에서 자율성과 독립성에 제약과 한계가 있을 수 있으며, 정책 실행에 있어서 유연성과 적응력이 필요한 경우가 있다. 그리고 공공외교 측면에서 브뤼셀은 다양한 국가와 문화가 혼재하는 도시라는 점이 강점이자 한계가 될 수 있다. 언어 및 문화 차이로 인해 의사소통과 이해에 어려움을 겪을 수 있기에 공공외교를 통한 시민의식 교육이 필요하다. 또한 다양한 국가 및 국제기구의 존재로 인한 경쟁과 다양성은 브뤼셀 공공외교의 목표를 추구하는 과정에서 협력과 조정에 어려움을 초래할 수도 있다.

끝으로 브뤼셀의 도시외교와 공공외교를 통해 우리 도시와 공공외교에의 함의를 찾는다면 다음과 같다. 먼저 장기적 관점에서 도시 공공외교가 이루어져야 한다. 브뤼셀의 경우 유럽연합과 국제기구의 수도로서 그들의 가치 중심적 정책 이니셔티브와의 정치적 연대를 유지함으로 인해 대내외적 인지도 제고와 경제효과의 긍정적 기여를 모색할 수 있었다. 따라서 한국과 각 지역별 정체성에 기반한 도시 공공외교 정책의 연속성이 필요하며 우리의 정체성을 명확히 보여주되 주변국과의 정치적 갈등을 최소화할 수 있는 중도적 가치 중심의 이슈를 의제화할 수 있어야 한다.

나아가 국가 내에서도 중앙정부와 지역정부 사이의 정부 간 관계의 제도화 필요성이 제기될 수 있다. 협력협정 등을 통해 동일한 외교 사안에 대해 공동 소유가 가능하다는 점을 명확히 할 필요가 있으며 공동의 목표에 대한 중앙정부와 지방정부 당국자 간의 명확한 이해가 필요하다. 이를 위해서는 실질적 책임 인원 간의 긴밀한 교류와 협력 관계 및 원활한 조율이 담보되어야 한다. 주요 행위자 간의 신뢰를 토대로 한 협의 채널이 제도화되어 있을 때 비공식적 사안들도 원활히 작동할 수 있을 것이다.

1 브뤼셀의 도시외교와 공공외교는 어떤 관계가 있나?

2 브뤼셀에서는 어떤 종류의 공공외교가 이루어지나?

3 어떤 정부 기관이나 국제기구가 브뤼셀에서 공공외교를 주도하고 있나?

4 브뤼셀 공공외교는 어떤 주제나 이슈에 초점을 맞추고 있나?

5 브뤼셀에서 공공외교를 수행하는 기관이나 단체는 어떤 방식으로 협력하고 국제 커뮤니티와 소통하고 있나?

6 브뤼셀의 공공외교가 다른 유럽 지역의 공공외교와 다른 점은 무엇일까?

7 브뤼셀에서의 공공외교활동은 어떻게 국제정치 및 경제에 영향을 미치고 있나?

추천 문헌

윤석준(2021). "유럽 지역의 네트워크형 지방정부 공공외교 – CoR, CLRA, CEMR 사례를 중심으로." 『EU연구』 60. 83–108.

Davis Cross, Mai'a K(2013). *European public diplomacy : soft power at work*. New York: Palgrave Macmillan.

Evangelos Fanoulis and Kyriakos Revelas(2023). "The conceptual dimensions of EU public diplomacy." *Journal of Contemporary European Studies* 31(1). 50–62.

Kuus, Merje(2015). "Symbolic power in diplomatic practice: Matters of style in Brussels." *Cooperation and conflict* 50(3). 368–384.

Melissen, Jan(2005). "The New Public Diplomacy: Between Theory and Practice." Melissen, J. eds. *The New Public Diplomacy. Studies in Diplomacy and International Relations.* Palgrave Macmillan, London.

Michalski, Anna(2005). "The EU as a Soft Power: the Force of Persuasion." In Melissen, J. eds. *The New Public Diplomacy. Studies in Diplomacy and International Relations.* Palgrave Macmillan, London.

Szondi, Gyorgy(2008). *Public diplomacy and nation branding: Conceptual similarities and differences.* Clingendael Institute.

Teresa La Porte(2013). "City Public Diplomacy in the European Union" *European Public Diplomacy.* Palgrave Macmillan Series. 85–111.

참고 문헌

고주현(2020). 『제주평화연구원의 도시외교 시리즈: 브뤼셀 편』.

고주현(2020). "외교의 도시 브뤼셀: 도시외교 거버넌스와 대외관계 전략". 『유럽연구』 38(4). 169–196.

Acuto, Michele(2013). *Global cities and diplomacy. The urban link.* London/ New York: Routledge.

Acuto, Michele(2016). "City diplomacy." In C. Constantinou, P. Kerr, & P. Sharp eds. *The SAGE Handbook of diplomacy.* London: SAGE, 510 –520.

Acuto, Michele & Morissette, Mika & Tsouros Agis (2017). "City diplomacy: Towards more strategic networking? Learning with WHO healthy cities." *Global Policy* 8(1). 14–22.

Allegretti, Giovanni(2019). "Cities, citizens and demodiversity: An overview of two generations of city networks." H. Abdullah & A. Fernandez de Losada eds. *Rethinking the ecosystem of international city networks. Challenges and opportunities.* Barcelona: CIDOB. 19–29.

Barber, Benjamin R.(2013). *If mayors ruled the world: Dysfunctional nations, rising cities.* New Haven/London: Yale University Press.

Barnes, Trevor. J., and Christopers, Brett(2012). *Economic geography: A critical introduction* (1st ed). Chichester: John Wiley & Sons Ltd.

Berridge, Geoff R.(2015). *Diplomacy: Theory and practice,* New York: Palgrave Macmillan.

Beukman, Eduard Francois(2017). "Return of the city state? An assessment of city international relations." *Southern California International Review* 7(2). 90–109.

Biswas, Rita. and Ofori, Eric(2015). "Democracy and Stock Market Development: The African Experience." *Overlaps of Private Sector with Public Sector around the Globe* (Research in Finance, Vol. 31). Emerald Group Publishing Limited. 65–86.

Bogilovic, S., and Primož Pevci(2018). "How Small City is stimulating creativity and innovation: The Case Study of Ljubljana and Selected European Cities." NISPAcee conference paper IASI, Romania.

Brande, Luc Van Den(2010). "Sub–State Diplomacy Today." David Criekemans ed. *Regional Sub–State Diplomacy Today.* Brill, Martinus Nijhoff Publishers. 199–210.

Brussels Diplomatic Academy. https://brusselsdiplomaticacademy.eu/

Brussels International. http://international.brussels/

Brussels, International Capital THE FIGURES 2020.

Chan, Dan Koon–hong(2016). "City diplomacy and 'glocal' governance: Revitalizing cosmopolitan democracy." *Innovation: The European Journal of Social Science Research* 29(2). 134–160.

Criekeman, David(2018). "The Diplomatic Activities of Regional Substate Entities: Towards a Multilevel Diplomacy." Guy Lachapelle and Pablo Oñate eds. *Borders and Margins: Federalism, Devolution and Multi–Level Governance.* Barbara Budrich Publishers. 138.

Dvorak, Jaroslav, Valentina Burkšienė, and Laura Sadauskaitė(2019). "Issues in the implementation of cultural heritage projects in Lithuania: The case of Klaipeda region." *Cultural Management: Science and Edu cation* 3(1). 23-37.

Gutiérrez-Camps, Arna(2013). "Local efforts and global impacts a City-diplomacy initiative on decentralisation." *Perspectives: Review of International Affairs* 21(2). 49-61.

Heo, Inhye(2018). "The Paradox of Administrative Decentralization Reform in Young Asian Democracies: South Korea and Indonesia." *World Affairs* 181(4). 372-402.

Herrschel, Tassilo, and Peter Newman(2017). *Cities as international actors. Urban and regional governance beyond the nation state.* London: Palgrave Macmillan UK.

International Cultural Diplomacy Forum 2022, https://ui.org.ua/en/news-en/brussels-to-host-international-cultural-diplomacy-forum-20 22/

Jańczak, Jaroslaw(2017). "Town twinning in Europe. Understanding manif estations and strategies." *Journal of Borderlands Studies* 32(4). 477-495.

Joenniemi, Pertti(2014). "City-twinning as local foreign policy: The case of Kirkenesnickel." *CEURUS EU-Russia paper* 15. 1-23.

Leffel, Benjamin, and Michele Acuto(2018). "Economic power foundations of cities in global governance." *Global Society* 32(3). 1-21.

Metzl, Jamie, 2001. "Network Diplomacy," *Georgetowm Journal of international affairs* Winter/Spring.

Mini-Bru, La Région de Bruxelles-Capitale en chiffres 2020.

Procurement Concerning Actions on Information Outreach on EU External Relations. https://fpi.ec.europa.eu/system/files/2023-01/C_2023 _211_1_EN_annexe.pdf

Pluijm, Rogier van der, and Jan Melissen(2007). *City Diplomacy: The Explai ning Role of Cities in the International Politics.* Hague: Netherland Institute of International Relations Clingendael.

Schweller, Randall(2018). "Three cheers for Trump's foreign policy." *Foreign*

Affairs 97(5). 133-143.

Terruso, Filippo(2016). "Complementing traditional diplomacy: Regional and local authorities going international." *European View* 15(2). 325-334.

Van Overbeek, Fons(2007). *City diplomacy: The roles and challenges of the peace building equivalent of decentralized cooperation.* Utrecht: Universiteit Utrecht.

Yamin, Muhammad, and Arum Tri Utami(2016). "Towards Sister City Cooperation between Cilacap and Mueang Chonburi District." *2016 international conference on public management.* Atlantis Press.

제9장

한국 서울특별시의 공공외교:
도시외교 발전추세와 특징을 중심으로

이민규 • 서울연구원 도시사회연구실

[요약문] ─────────────────

서울시 공공외교는 도시외교를 구성하는 하나의 외교 형태로서 추진되고 있다. 도시외교 기본계획에 따라 다른 형태의 외교와 유기적으로 결합하여 인적 교류부터 우수정책 공유까지 다양한 활동을 펼치고 있다. 주요 특징을 도시외교 발전추세를 기준으로 살펴보면 다음과 같다.

첫째, 남·북한 분단을 포함한 복잡한 동북아 정세로 인해 전통적 교류협력 형태인 자매·우호도시 협정 체결에 더해 다자외교를 강화하고 있다. 2020년 말 기준, 서울시는 총 71개 도시와 자매·우호도시 협정을 체결하여 양자관계를 구축하고 있다. 다자외교 같은 경우는 총 23개 도시 간 국제기구에 공식적으로 가입하여 경제발전·불평등, 환경, 민주주의·자치권 등의 이슈에 공동으로 대응하고 있다. 그리고 국제회의를 정기적으로 개최하여 혁신, 스마트시티, 인권, 기후변화 등의 이슈를 함께 논의함과 동시에 시의 정책을 홍보하고 있다. 이와 함께 외교부 등 유관 부처와 협력하여 국제기구를 유치하기 위해 활발히 활동 중에 있다.

둘째, 지역단위 국제기구 활동보다는 지속가능한 양자 교류협력 모델 구축에 집중하고 있다. 대표적인 예로, 2013년 서울시는 베이징시와 합의하여 서울-베이징 통합위원회를 설립한다. 서울·베이징 통합위원회는 사드배치 이슈와 코로나19 등과 같은 외부 변수에도 불구하고, 공동이익과 전문성 기반의 제도화가 강화된 한중 수도 간 도시외교 모델로 발전 중에 있다.

셋째, 외교의 '멀티-전문화' 특성에 대응하기 위해 도시외교 통합조정 기능과 전문성 강화에 힘쓰고 있다. 도시외교 기본계획 1기에 '통합조정 기능 강화 및 전문성 제고' 및 전담기능 강화를 주요 정책으로 제시하였고, 행정기구 설치 조례에 국제교류담당관의 첫 번째 업무를 국제교류협력 총괄·조정으로 규정하고 있다. 한편, 국내적으로는 민·관·학 협력체계 구축을 핵심 정책으로 도시외교 자문단, 서울클럽, 명예시민 등의 제도를 통해 국내외 인적 네트워크를 형성하고 있다.

서울시의 도시외교 체계 수립과 이와 연계된 공공외교 추진은 국제적으로 긍정적인 평가를 받고 있다. 해외 기관의 도시 경쟁력 비교에서 상위권에 랭크되고 있으며, 2006~19년 사이 총 51종 75회 국제적인 상을 수상하는 가시적 성과를 냈다. 또한 정책 공공외교의 결과가 경제외교와 비즈니스외교의 성과로 이어져서, 2019년 말 기준 35개국에 총 86개의 정책을 수출하는 실적을 올렸다.

[핵심어]

서울시	도시외교	공공외교,
정책공공외교	도시 간 국제기구	국제회의
국제경쟁력	다자외교	다층 거버넌스

I. 서론

서울시 공공외교는 2017년 '서울시 도시외교 기본계획(2017~2020)'이 수립되면서 도시외교를 구성하는 하나의 외교 형태로서 추진된다. 지방정부의 국제교류협력을 단순히 공공외교의 한 형태로 인식했던 것에서 벗어나기 시작한 것이다. 다르게 표현하면, 중앙정부-외교부 중심의 전통외교traditional diplomacy의 보조 역할이 아닌 지방정부를 핵심 행위체main actor로 하는 도시 특색의 국제교류협력 모델을 구축해 가고 있다.

서울시의 도시외교에 대한 인식 형성은 세계화와 도시화의 필연적 결과이다. 구체적으로는 높아진 도시 경쟁력뿐만 아니라 남·북한 분단 상황과 직결되어 있다. '한강의 기적'이라 불릴 정도로 급속한 산업화를 이룬 한국의 수도로서 서울시는 제고된 국제적 위상만큼 각종 도시화 문제에 직면하게 된다. 이로 인해 기후변화와 전염병 등 비전통안보non-traditional security 이슈 해결을 위한 국제교류협력의 중요성을 인지하게 된다. 세계화의 영향으로 국제적 이슈가 국내문제가 되고, 국내 이슈가 국제적 문제가 되면서 특정 국가와 지역의 힘으로는 문제를 해결할 수 없음을 인지하게 된 것이다(이민규 2020, 10). 국제사회의 서울시 역할에 대한 요구가 커진 것도 인식 변화를 촉진시키는 요인으로 작용한다. 국제사회 행위체의 다층화로 글로벌 거버넌스 구축이 중요해지면서 선진도시의 리더십이 중요해졌기 때문이다. 이와 함께, 민주화의 결과로 분권화가 추진되면서 지방정부 주도의 외교활동 요구가 더해진 것도 주요 추동 요인 중 하나이다. 다른 한편, 분단국가의 수도라는 정체성도 서울시로 하여금 국제교류협력의 중요성을 인식케 한다. 한반도 평화가 시민의 생존, 안전 그리고 행복과 직결된 사안인 만큼 도시 차원의 '평화구축peace building' 역시 간과할 수 없게 되었기 때문이다(이민규 2018, 51-54).

　서울시의 인식 전환은 2017년 발표한 도시외교 기본계획에 '글로벌 도시문제 해결', '동북아 평화·번영 기여', '민관협치형 도시외교' 그리고 '도시외교 기반조성'을 4대 기본방향으로 제시한 것에서 확인할 수 있다. 단순 인적 및 사회문화 교류 수준을 넘어 다양한 분야의 국제교류협력을 체계적으로 추진하겠다는 것이고, 공공외교 역시 도시외교라는 큰 틀에서 다른 형태의 외교활동과 연계하여 유기적으로 실행하겠다는 것이다.

　본 연구에서는 서울시 국제교류협력을 도시외교 발전추세 관점에서 분석한다(〈표 9-1〉 참조). 이를 통해, 한편으로는 지방정부의 국제교류협력을 단순히 공공외교로 규정함으로써 발생할 수 있는 해석상의 오류를 최소화하고, 다른 한편으로는 공공외교가 도시외교의 틀 속에서 다른 형태의 외교와 어떻게 유기적으로 연계되어 작동하는지 살펴보고자 한다. 이와 함께, 서울시 도시외교가 전 세계 주요 도시와 비교하여 어느 수준의 어떠한 특징을 보이고 있는지도 점검해 보고자 한다.

〈표 9-1〉 도시외교 발전추세

발전추세	주요 특징
다자외교	• 자매·우호도시 교류 형태에서 공동문제 해결 중심의 다자외교로 전환 - 도시 네트워크(도시 간 국제기구) 기반의 다자외교 활성화
지역협력	• 지역 단위 국제협력 증가 - '글로컬' 현상과 지역 단위 도시 네트워크 급증
다층 거버넌스	• 다층 거버넌스 구축과 시장외교 부각 - 다양한 어젠다 대응, 효율적 멀티채널 활용, 행위체 간 역할분담과 이익관계 조정 중요 - 권력의 단편화와 함께 집중화 현상 발생으로 시장 등 지도자 개인의 리더십 부각

출처: 이민규(2020. 72-76)의 내용을 바탕으로 저자 작성.

II. 자매·우호도시 다변화와 다자 공공외교 활성화

서울시는 자매·우호도시 다변화와 함께 도시 네트워크 구축을 통한 공공외교 중심의 다자 도시외교를 확대하고 있다. 전통적 지방정부 국제교류협력 형태인 자매·우호도시 협정 체결과 비전통안보 이슈의 실질적 해결을 위한 국제적 연대를 동시에 강화시키고 있다. '다자외교 중심으로 전환'이라는 도시외교 발전추세와 달리 자매·우호도시 중심의 교류협력을 여전히 중시하고 있는 주요 원인은 다음과 같다.

첫째, 남·북한 분단을 포함한 복잡한 동북아 정세의 영향으로 냉전시대 사고방식이 팽배해 있기 때문이다. 이로 인해, 외교를 소수에 의해 이루어지는 단기적·단발성 활동이자 '합의 서명' 등으로 인식하는 경향이 여전히 남아 있다(전통외교 방식에 대해서는 Cooper et al. 2015, 23).

둘째, 도시외교 주요 목적을 공동문제 해결보다는 국제경쟁력 제고에 방점을 두고 있기 때문이다. 글로벌 도시문제 해결을 위해 우수정책 공유를 주요 정책으로 추진 중이지만, 이 역시 정책 수출과 연계가 되면서 양자 간 실질적 경제협력이 더욱 중시되고 있다.

셋째, 외교의 전문화 영향으로 국제기구 활동이 각 실국에서 '독자적'으로 추진되면서 도시외교 전담부서 사업이 양자 교류협력에 집중되는 것 역시 주요 원인 중 하나이다. 서울시의 자매·우호도시 협정 체결과 주요 다자외교 활동 현황을 살펴보면 다음과 같다.

1. 자매·우호도시 다변화와 유럽 도시와의 체결 증가

2020년 말 기준, 서울시는 총 71개 도시와 자매·우호도시 결연을 한 상태이다. 이중 자매도시가 23개이고, 우호도시가 48개이다.[1] 서울시는 1968년 3월 23일 대만 타이베이와의 자매도시 결연을 시작으로 도시 간 국제교류협력을 추진한다. 자매·우호도시 협정 체결은 냉전종식과 함께 급속히 증가하는데, 1980년대까지 8개에 불과하던

---

[1] 서울시는 2020년 12월 31일 「서울특별시 국제교류협력 증진에 관한 조례」 일부개정을 통해 자매도시를 친선도시로, 우호도시를 우호협력도시로 명칭을 변경하였음을 특별히 밝힘.

글로컬 시대 지방정부 외교와 공공외교

〈표 9-2〉 서울시 자매도시 현황

형태	시기	지역	국가(도시)	계
자매	1968 ~ 2016	미주	• 미국(호놀룰루, 샌프란시스코, 워싱턴 D.C.) • 브라질(상파울루), 콜롬비아(보고타), 멕시코(멕시코시티)	6
		아시아	• 중국(베이징), 일본(도쿄), 대만(타이베이), 몽골(울란바토르) • 인도네시아(자카르타), 베트남(하노이), 태국(방콕) • 우즈베키스탄(타슈켄트), 카자흐스탄(누르술탄) • 호주(뉴사우스웨일스)	10
		유럽	• 프랑스(파리), 이탈리아(로마), 그리스(아테네) • 러시아(모스크바), 폴란드(바르샤바)	5
		중동	• 터키(앙카라)	1
		아프리카	• 이집트(카이로)	1

출처: 서울시 내부자료를 참고로 저자 작성.

것이 1990년대에만 총 12개(자매도시 9개, 우호도시 3개)로 늘어난다.

주요 특징을 살펴보면, 〈표 9-2〉에서 알 수 있듯이 서울시는 아시아 지역 도시와의 교류협력을 가장 활발히 진행 중에 있다. 아시아 지역 자매도시와 우호도시는 각각 10개와 16개로 36.6퍼센트를 차지한다. 그 다음으로 많은 지역은 유럽으로 21개(29.6%) 도시와 교류협력 중에 있다. 한 가지 주목할 점은 2017년 이후 결연한 우호도시 중 유럽 지역이 6개로 가장 많다는 사실이다(〈표 9-3〉 참조). 이는 도시화가 먼저 진행된 유럽 도시와의 교류협력이 서울시 정책에 주는 시사점이 크기 때문에 적극적으로 추진된 결과이다. 다른 한편으로는 유럽 지역의 도시외교 발달로 도시 간 교류협력이 '일상화'된 이유이기도 하다.

〈표 9-3〉 서울시 우호도시 현황

형태	시기	지역	국가(도시)	계
우호	1968 ~2016	미주	• 미국(로스앤젤레스, 휴스턴), 캐나다(오타와, 몬트리올) • 아르헨티나(부에노스아이레스), 브라질(브라질연방특구)	6
		아시아	• 중국(산둥성, 장쑤성, 광둥성, 저장성, 쓰촨성, 상하이, 텐진), 일본(홋카이도) • 라오스(비엔티안), 인도네시아(반둥), 베트남(호치민) • 스리랑카(콜롬보), 네팔(카트만두) • 뉴질랜드(웰링턴)	14
		유럽	• 독일(베를린), 이탈리아(밀라노), 네덜란드(암스테르담), 스페인(바르셀로나), 덴마크(오덴세, 코펜하겐), 영국(런던) • 헝가리(부다페스트), 벨로루시(민스크), 루마니아(부쿠레슈티)	10
		중동	• 터키(이스탄불)	1
		아프리카	• 모잠비크(마푸토), 남아공(츠와네), 에티오피아(아디스아바바)	3
	2017 ~2020	미주	• 파나마(파나마시티), 콜롬비아(메데진)	2
		아시아	• 중국(충칭) • 인도(델리)	2
		유럽	• 벨기에(브뤼셀), 이탈리아(롬바르디아주), 스페인(빌바오), 스위스(취리히) • 세르비아(베오그라드), 에스토니아(탈린)	6
		중동	• 이란(테헤란), 오만(무스카트), 이스라엘(텔아비브)	3
		아프리카	• 우간다(캄팔라)	1

출처: 서울시 내부자료를 참고로 저자 작성.

2. 도시 네트워크 기반 다자외교 점진적 확대

서울시의 다자외교 강화는 도시 간 국제기구 활동, 국제회의 개최 그리고 국제기구 유치 등을 통해 주로 이루어지고 있다. 우선, 서울시는 도시 간 국제기구 가입, 즉 도시 네트워크를 통해 비전통안보

이슈에 대응하고 있다.[2] 2020년 말 기준, 서울시는 총 23개 도시 간 국제기구에 공식적으로 가입하여 활동 중에 있다(〈표 9-4〉 참조).[3] 구체적으로 살펴보면 다음과 같이 여섯 가지 특징을 보인다.

〈표 9-4〉 서울시 가입 도시 간 국제기구 현황

기구명	가입연도	기구명	가입연도
아·태관광협회(PATA)	1970년	유네스코창의도시네트워크(UCCN)	2010년
세계대도시협의회(METROPOLIS)	1987년	세계관광도시연합회(WTCF)	2012년
시티넷(CITYNET)	1989년	국제협회연합(UIA)	2012년
세계지방자치단체연합(UCLG)	1998년	세계도시문화포럼(WCCF)	2013년
이클레이-지속가능성을 위한 세계지방정부(ICLEI)	1999년	유엔글로벌콤팩트(UNGC)	2014년
아시아대도시네트워크(ANMC 21)	2001년	글로벌기후에너지시장협약(GCoM)	2014년
위기관리네트워크(NCM)	2003년	국제사회적경제협의체(GSEF)	2014년
WHO서태평양지역건강도시연맹 (AFHC)	2004년	열린정부파트너십(OGP)	2016년
세계대중교통협회(UITP)	2005년	글로벌도시대기오염관측망(GUAPO)	2018년
C40기후리더십그룹 (C40 Climate Leadership Group)	2006년	국제박물관협의회(ICOM)	2019년
국제도시조명연맹(LUCI)	2007년	세계옴부즈만협회(IOI)	2020년
세계스마트시티기구(WeGO)	2010년	-	

출처: 서울시 내부자료를 참고로 저자 작성.

---

2 도시 네트워크는 학계 용어로 서울시는 준정부 혹은 도시 간 국제기구로 부르고 있음. 본 연구에서는 상황에 따라 두 가지 용어를 함께 사용함을 특별히 밝힘.
3 광역지자체별 정의가 상이하여 도시 간 국제기구(도시 네트워크) 인정 여부가 다름. 본 연구에서는 서울시가 공식적으로 인정한 도시 간 국제기구만을 분석 대상으로 하였음을 특별히 밝힘.

첫째, 최근 10년 도시 간 국제기구 활동이 증가하고 있다. 2011년 이후 가입한 도시 간 국제기구는 총 11개로 전체의 약 47.8퍼센트를 차지한다. 도시외교 1기 기간인 2017년부터로 한정해서 살펴봐도 3개 기구에 추가 가입하였음을 알 수 있다.

둘째, 도시 간 국제기구 활동이 주요 업무로 '내재화'되었다고 평가할 수 있다. 2017년 이후 서울시 담당자의 도시 간 국제기구 총회와 실무자 회의 참석률은 약 87퍼센트를 보인다. 도시 간 국제기구 활동을 일회성 행사 참여가 아닌 '일상 업무'의 하나로 인식하고 있는 것이다. 주목할 부분은 도시 간 국제기구 활동이 각 실·국별로 개별적으로 이루어지고 있다는 점이다. 즉, 국제교류 전담 부서가 아님에도 불구하고 대부분 실·국에서 다자외교 활동의 필요성을 인지하고 있다고 할 수 있다.

셋째, 국제international 단위 도시 간 국제기구가 전체 중 약 82.6퍼센트로 높은 비중을 차지하고 있다. 한국 광역지자체가 활동 중인 도시 간 국제기구 77개(중복 제외) 중, 국제 단위가 약 61퍼센트라는 점을 감안하면 상대적으로 높다고 할 수 있다. 서울시의 국제 단위 도시 간 국제기구 중심의 활동은 전 세계 202개 주요 도시 네트워크 현황과 비교하면 더욱 두드러진다(〈그림 9-1〉과 〈그림 9-2〉 참조). 202개 도시 네트워크 중 국제 단위는 약 20퍼센트로 지역 단위 약 26.5퍼센트보다 낮다(국내 단위 약 53%). 심지어 2001년 이후 신설된 도시 네트워크 중, 국제 단위는 약 28퍼센트에 불과하다(Acuto & Leffel 2021, 1762).

넷째, 경제 이슈에 대한 관심이 상대적으로 높다. 서울시가 활동 중인 23개 도시 간 국제기구의 어젠다를 살펴보면, 경제발전·불평

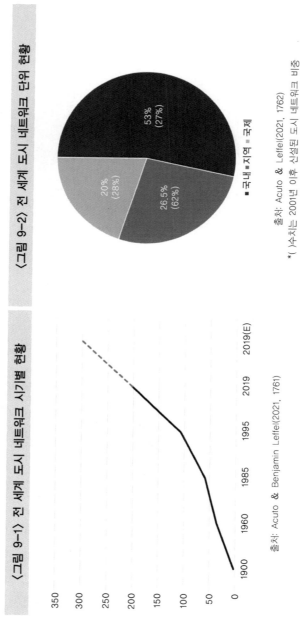

<그림 9-1> 전 세계 도시 네트워크 시기별 현황

<그림 9-2> 전 세계 도시 네트워크 단위 현황

출처: Acuto & Benjamin Leffel(2021, 1761)

출처: Acuto & Leffel(2021, 1762)
*( )수치는 2001년 이후 신설된 도시 네트워크 비중

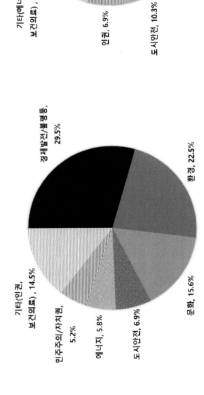

〈그림 9-3〉 한국 광역지자체 가입 도시 간 국제기구 어젠다

경제발전/불평등, 29.5%

환경, 22.5%

문화, 15.6%

도시안전, 6.9%

에너지, 5.8%

민주주의/자치권, 5.2%

기타(인권, 보건의료), 14.5%

출처: 한국 광역지자체 내부 자료와 인터넷 검색 결과를 참고로 저자 작성.

〈그림 9-4〉 서울시 가입 도시 간 국제기구 어젠다

경제발전/불평등, 19%

환경, 19%

민주주의/자치권, 13.8%

문화, 10.3%

도시안전, 10.3%

인권, 6.9%

기타(에너지, 보건의료), 20.7%

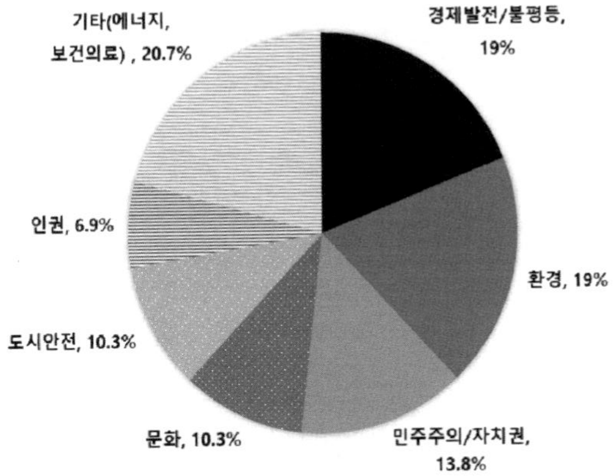

출처: 서울시 내부자료를 참고로 저자 작성.

글로컬 시대 지방정부 외교와 공공외교

등과 환경 이슈 대응을 주요 목적multi-purpose으로 하는 곳이 각각 약 19퍼센트로 가장 높은 비중을 차지하고 있다. 이 두 가지는 전 세계 202개 주요 도시 네트워크에서도 가장 중요하게 다루어지고 있는 어젠다로 서울시의 다자외교 활동이 국제적 발전추세에 부합하고 있다고 평가내릴 수 있다(환경 약 29%, 빈곤·불평등 약 18.5%). 한 가지 주목할 차이점은 서울시는 경제발전/불평등 이슈(약 19%)를 환경만큼 중시하고 있다는 점이다. 이는 〈그림 9-3〉에서 알 수 있듯이 한국 광역지자체의 도시 간 국제기구 활동에서도 공통적으로 나타나는 특징이다(경제발전·불평등 약 29.5%, 환경 약 22.5%). 이 밖에 민주주의·자치권(약 13.8%)과 도시안전(약 10.3%) 분야 어젠다를 다루는 도시 간 국제기구의 가입 비율이 상대적으로 높은 것 역시 두드러진 특징이다(〈그림 9-4〉 참조).

다섯째, 서울시는 국제회의 개최를 통해 다자외교 활동을 주도적으로 추진 중에 있다. 국제협회연합UIA이 발표한 자료에 의하면, 2018년 기준 서울은 전 세계에서 세 번째로 국제회의가 많이 열리는 도시이다. 1위인 싱가포르(도시 국가)를 제외하면 벨기에 브뤼셀 다음으로 국제회의가 활발히 개최되는 곳이다(브뤼셀 733건, 서울 431건). 실제로 서울시는 매년 활발한 국제회의 개최로 주요 현안을 논의하고 정책공공외교를 추진하고 있다. 2019년을 기준으로 살펴보면, 서울시는 약 100~600명(약 79%)이 참여하는 국제회의를 총 41번(주최·주관 36건, 후원 5건) 개최한다. 주요 개최 목적으로는 혁신, 스마트시티, 인권, 기후변화, 그리고 평화 등 현안에 대한 학술적 논의가 약 44퍼센트로 가장 큰 비중을 차지하였다. 이와 함께 서울시의 관련 정책을 홍보하고 국제적 인지도를 향상 시키고자 하는 것 역시 약 35퍼

〈표 9-5〉 서울 소재 유엔 및 정부 간 국제기구 현황

기구명	개소연도	관련부처	기구명	개소연도	관련 부처
유엔공업개발기구(UNIDO) 한국투자진흥사무소	1987	외교부	한중일3국협력사무국(TCS)	2011	외교부
국제백신연구소(IVI) 본부	1997	교육부	유엔인권최고대표사무소 (OHCHR) 서울사무소	2015	외교부
국제이주기구(IOM) 한국대표부	1999	외교부	국제적십자위원회(ICRC) 한국사무소	2015	외교부
유네스코 아태국제이해교육원 (UNESCO APCEIU)	2000	교육부	한·중앙아협력포럼사무국	2016	한국국제교류재단
유엔난민기구(UNHCR) 한국대표부	2001	법무부	유엔아동기금(UNICEF) 서울사무소	2017	외교부
유엔세계식량계획(WFP) 한국사무소	2005	외교부	세계은행그룹(IFC, MIGA) 서울연락사무소	2017	기획재정부
경제협력개발기구(OECD) 대한민국 정책센터	2007	총리실	아셈노인인권정책센터 (AGAC)	2018	국가인권위원회
아시아산림협력기구(AFoCo) 사무국	2009	산림청	유엔식량농업기구(FAO) 협력연락사무소	2019	농림축산식품부
한·아세안센터 (ASEAN-Korea Centre)	2009	외교부	세계보건기구(WHO) 아태환경보건센터	2019	환경부, 서울시
유엔개발계획(UNDP) 서울정책센터	2010	외교부	유엔인구기금(UNFPA) 한국 사무소	2019	외교부
글로벌녹색성장기구(GGGI)	2010	외교부	-		

출처: 서울시 내부자료를 참고로 저자 작성.

센트를 나타냈다. 도시외교의 핵심 목적인 공동문제 해결과 이를 위한 공공외교 즉, 이미지 제고가 동시에 고려되었다고 할 수 있다. 개최 방식과 관련하여 주목할 특징은 약 26퍼센트의 국제회의가 국제기구와 연계되어 정기적으로 열리고 있다는 점이다(문인철 외 2020, 7-12).

여섯째, 서울시는 글로벌 도시 어젠다를 선도하고 아시아 국제기구 허브도시로 발전하기 위해 외교부 및 관련 부처와 협력하여 국제기구 유치 정책을 적극적으로 펼치고 있다. 2020년 12월 기준, 서

울에는 총 39개의 국제기구가 상주하고 있다. 이 중 유엔 및 정부 간 국제기구가 21개로 가장 큰 비중을 차지하고 있다. 2015년부터 2020년 코로나19로 국제교류협력이 제약을 받기 전까지 매년 유치하였음을 알 수 있다(구체적인 기구는 〈표 9-5〉 참조). 이중 서울시의 주요 다자외교 무대라고 할 수 있는 준정부 및 도시 간 국제기구는 총 10개로, 약 80퍼센트를 서울시가 직접 담당하고 있다. 대표적인 도시 간 국제기구인 메트로폴리스, 이클레이 그리고 세계 스마트시티 기구와 시티넷 등의 본부 및 지부가 서울에 소재함으로써 다자외교 경험 축적의 중요한 자산으로 평가되고 있다(구체적인 기구는 〈표 9-6〉 참조). 이 밖에 8개의 국제비정부기구가 서울시의 지원을 받으면서 상주하고 있다(구체적인 기구는 〈표 9-7〉 참조).

〈표 9-6〉 서울 소재 준정부 및 도시 간 국제기구 현황

기구명	개소연도	관련부처	기구명	개소연도	관련부처
메트로폴리스 여성 국제 네트워크 서울지부	2009	서울시	시티넷 본부	2013	서울시
아시아정당 국제회의(ICAPP)	2009	외교부	메트로폴리스 국제연수원 본원	2013	서울시
세계 스마트시티 기구	2010	서울시	국제사회적경제협의체 본부	2014	서울시
이클레이 동아시아 본부(EAS)	2012	서울시	아시아헌법재판소연합 (AACC) 연구사무국	2017	헌법재판소
아시아·유럽간 국제연구망 (TEIN 협력센터)	2012	서울시	국제도시조명연맹 아시아지역사무소(ROA)	2017	서울시

출처: 서울시 내부자료를 참고로 저자 작성.

기구명	개소 연도	관련 부처	기구명	개소 연도	관련 부처
유엔글로벌콤팩트(UNGC) 한국협회	2007	서울시	유엔협회세계연맹(WFUNA) 서울시무국	2015	서울시
세계변호사협회(IBA) 아시아 사무소	2014	서울시	칼폴라니연구소(KPI) 아시아지부	2015	서울시
아이팩(IIPAC) 조정중재센터	2014	서울시	싱가포르 국제중재센터(SIAC) 서울사무소	2016	서울시
세계자연기금(WWF) 한국본부	2014	서울시	휴먼라이츠워치(HRW) 한국지부	2017	서울시

출처: 서울시 내부자료를 참고로 저자 작성.

서울시의 국제기구 유치와 관련하여 한 가지 눈여겨 볼 부분은 유치한 국제기구에 대한 단순한 금전적 지원을 넘어 기구 간 상호 시너지 효과를 기대할 수 있는 장소를 제공하고 있다는 점이다. 서울시는 서울글로벌센터라는 국제기구 전용 빌딩 운영을 통해 국제기구 활동 공간의 안정적 확보는 물론 실질적 교류협력의 기반을 마련하고 있다. 2020년 기준 총 13개 국제기구가 서울글로벌센터에 상주하며 활동을 펼치고 있다.

III. 지역 단위 지속가능한 양자 교류협력 모델 구축

서울시는 지역 단위 국제기구 활동보다는 지속가능한 양자 교류협력 모델을 구축하면서 주요 지역 도시와의 관계를 강화시키고 있다. 이는 서울시의 도시 간 국제기구 활동이 국제 단위에 집중되어 있음을 의미하는데(약 82.6%), 국제적 위상과 지역적 특색의 영향이라 할 수 있다. 아시아 패러독스Asia Paradox 현상이 지방정부 간 국제교류협력에도 일정 부분 영향을 끼치면서 지역 단위 다자협력이 유럽과 미국 등에 비해 발달되지 못한 것이 주요 원인 중 하나이다. 서울시의 대표적인 제도화 기반 양자 교류협력 모델인 서울·베이징 통합위원회를 구체적으로 살펴보면 다음과 같다.

1. 서울·베이징 통합위원회 설립 목적

2013년 서울시와 베이징시는 자매도시 결연 20주년을 맞아 서울·베이징 통합위원회를 설립한다. 1993년 자매도시 협정 체결 이후, 두 도시는 한중 양국의 급속한 발전에 발맞추어 정치·경제·문화 등 각 분야에서 활발한 교류협력을 전개한다. 하지만 증가한 교류협력에 비해 이를 뒷받침해 줄 제도적 기반이 제대로 갖추어지지 않으면서 일회성 짙은 교류 형태의 한계점을 인지하게 된다. 1995년부터 2005년까지 매년 체결되었던 「서울·베이징 간 우호교류사업에 관한 합의서」의 중단으로 인한 상호 구속력 약화와 1995년 3월 체결된 베세토BESETO가 실질적 성과 없이 유명무실해 지는 상황이 발생하면서 제도화의 필요성이 대두되게 된 것이다.

서울·베이징 통합위원회의 핵심 설립 목적은 공동이익과 전문성 기반의 지속가능한 한중 수도 간 공공외교 모델 구축(후에 도시외교로 변경)이다. 일회성의 단순 교류가 아닌 지속적이고 체계적인 교류협력 가능한 플랫폼을 설립하여, 제도화 수준이 높은 한중 도시외교 모델을 제시하겠다는 것이다. 구체적인 목적은 공동이익 추구의 어젠다 기획·관리와 전문성 기반 인적 네트워크 시스템 마련이다. 전자는 두 도시의 필요에 맞춘 실질적인 협력 방안을 공동 기획 및 관리함과 동시에 합의한 교류협력 계획을 정기적으로 공동 점검한다는 것을 핵심으로 한다. 후자는 실무 부서 간 상호 카운트 파트너 지정을 통해 실무 교류의 효율화 제고는 물론 전문성이 요구되는 업무의 연속성을 강화시키겠다는 것이 골자이다(이민규·박은현 2020, 10-13).

2. 서울·베이징 통합위원회 제도화 수준

서울·베이징 통합위원회는 2013년 설립 이래 공동이익 추구의 한중 양자 도시외교 모델로 발달하고 있다. 두 도시 관계자 모두 통합위원회에 대한 '내집단 정체성in-group identity이 점차 형성되고 있고, '일반화된 행위원칙generalized principles of conduct'을 규정하고 있으며, '불가분성과 포괄적 호혜성indivisibility and diffuse reciprocity'이 커지고 있다(개념에 대한 이론적 설명은 Caporaso 1993, 53-54).

사드배치 이슈와 코로나19 등 부정적 외부 요인에도 불구하고, 서울·베이징 통합위원회 관계자 모두 통합위원회 틀에서 이루어지는 교류협력의 필요성에 대한 인식은 오히려 높아지고 있다. 통합위원회를 와해시킬 수 있는 외부적 변수가 발생하였을 때 상호 양해를 통해 취소가 아닌 연기를 선택하였고, 조직을 지속적으로 확대시키고 있다. 2018년 개최된 3차 전체회의까지의 현황을 분석해 보면, 두 도시는 설립 이래 2~3년마다 정기적으로 전체회의를 개최하고 있다. 그 과정에서 조직의 내외적인 확대가 이루어지는데, 2차 때부터 시장급 회의로 격상된다. 사무국 위상도 상승하여, 서울시는 국제협력관(3급)이 담당하게 되고, 베이징시는 외사판공실 주임이 참석한다. 이와 함께, 팀별 참석 간부의 직급도 전반적으로 상승한 것으로 나타난다. 다른 한편, 2차 전체회의에서 환경팀이 신설되면서 기존 3개 팀(경제팀·문화팀·교육팀) 체제에서 4개 팀 체제로 확대된다. 전체회의 공식 참석 인원도 매회 증가한다(1차 60여명, 2차 75명, 3차 77명)(이민규·박은현 2020, 54-58).

　　서울시와 베이징시는 위원회뿐 아니라 팀 간 양해각서MOU 체결을 통해 지속가능한 교류협력을 위한 행위 규범, 원칙 그리고 의사결정 절차를 규정하고 있다. 그 결과로 교류협력안 추진율과 이행률이 점차 높아지고 있다(팀별 추진율과 이행률은 〈그림 9-5〉 참조). 추진율은 1차 시기 55.4퍼센트에서 2차 시기 77.3퍼센트로 21.9퍼

〈그림 9-5〉 1, 2차 서울·베이징 통합위원회 팀별 추진율과 이행률 현황

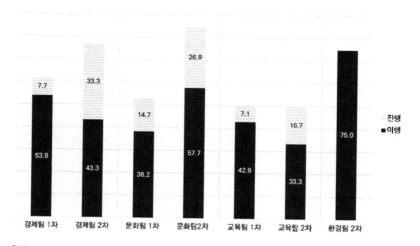

출처: 이민규·박은현(2020, 62)

센트포인트 상승하였고, 이행률은 44.6퍼센트에서 50퍼센트로 5.4퍼센트포인트 상승하였다. 주목할 결과는 환경팀은 2차 기간 추진율과 이행률 모두 75퍼센트로 높게 나타났다는 점이다(이민규·박은현 2020, 58-62).

서울·베이징 통합위원회의 제도화 수준이 높아지고 있다는 것은 절대이익 추구 경향이 높은 '공동'안 비중이 커지고 추진율이 상승하고 있다는 점에서도 확인할 수 있다. 두 도시 간 합의한 교류협력안 중 '공동'안 비중이 다른 형태('단독', '파견', '지원')보다 높게 나타났다(1차 50%, 2차 62.1%, 3차 55.4%). 사드배치 이슈로 인해, 3차 때 환경팀(83.3%)을 제외하고 다른 팀의 '공동'안 비중이 다소 낮아졌지만 30퍼센트 이상을 유지하고 있다(교육팀은 2차 때 16.7%까지 하락하지만, 3차 때 다시 33.3%로 증가). '공동'안 추진율 역시 상승하는데, 1차 기간 59.4퍼센트에서 2차 기간 78퍼센트로 18.6퍼센트포인트 증가한다. 팀별 상황 역시 교육팀을 제외하고는 '공동'안의 추진율이 상승하였고, 이행률 역시 경제팀이 다소 감소하였지만(18.8%p 하락) 환경팀과 문화팀 모두 상승하였음을 확인할 수 있다. 다른 한편, 교류협력안의 유지율이 전반적으로 상승하였음을 발견할 수 있다. 정책의 연속성이 점차 보장되고 있는 것이다. 교류협력안 유지율은 2차 시기 39.2퍼센트(29/74개)에서 3차 시기 62.1퍼센트(18/29개)로 22.9퍼센트포인트 상승한 것으로 나타났다(이민규·박은현 2020, 63-75).

IV. 국내외 공공외교 중심 인적 네트워크 구축과 사무국 역할 인식

서울시 역시 외교 어젠다의 '멀티-전문화' 특성에 맞게 각 실·국이 분야별로 국제교류협력을 '독자적'으로 추진 중에 있다. 하지만 각 실·국별로 추진 중인 국제교류협력사업 간 불필요한 충돌을 막고, 상호 시너지 효과를 내기 위해 도시외교라는 큰 틀에서 통합조정 기능 강화와 전문성 제고에 힘쓰고 있다. 비록 조직개편과 인사 등의 요인으로 구체적인 정책의 연속성이 보장되지 않는 한계도 보이고 있지만, 필요성에 대한 공감대는 커지고 있다.

1. 도시외교 통합조정 기능 필요성 인식

서울시는 2017년 도시외교 기본계획 1기에서 '통합조정 기능 강화 및 전문성 제고'와 '효율적 도시외교 추진을 위한 전담기능 강화'를 도시외교 기반조성 차원에서 제시한다. 서울시 각 실·국뿐 아니라 26개 투자·출연기관에서 '서울'이라는 이름으로 다양한 국제교류협력을 추진하게 되면서 분야별 전문성은 제고시키면서 통합조정 기능을 강화시켜야 한다는 인식을 반영한 것이었다. 실제로 국제회의 시기와 어젠다 중복 등의 문제가 지속적으로 발생하면서 '국제회의 통합관리 시스템'과 같은 구체적인 통합조정 방안이 제기되기도 하였다(문인철 외 2020, 23).

　서울시는 2021년 6월 기준, 기획조정실 산하에 국제교류담당관과 해외도시협력담당관 2개 부서로 구성된 국제협력관을 설치하여

시 도시외교 전반을 기획 및 관리하도록 하고 있다. 「서울특별시 행정기구 설치 조례 시행규칙」(시행 2020.7.30.)에 국제교류담당관의 첫 번째 업무를 '국제교류·협력 총괄·조정'으로, 해외도시협력담당관의 첫 번째 업무를 '우수정책 해외교류 전략 수립 및 조정·지원 총괄'로 규정함으로써 '사무국' 역할 요구와 함께 권한을 부여하고 있다. 이에 따라 국제교류담당관은 '국제교류 관계부서 협업회의'를 개최하여 국제사업 조율 및 발생할 수 있는 의전상의 문제들을 논의하는 역할을 수행하고 있다.

2. 국내외 인적 네트워크 구축과 전문성 제고

서울시는 국내외 인적 네트워크 구축을 통해 민·관·학 도시외교 협력체계 구축과 함께 전문성 제고를 주요 정책으로 추진 중에 있다. 국내 인적 네트워크 구축 차원에서 서울소재 국제기구는 물론 대학교, 연구소 그리고 민간단체와 긴밀한 업무상 협업 관계를 맺고 있다. 그리고 기존의 국제행사심의위원회, 명예시민심사위원회, 기금운용심의위원회 등에 더해 도시외교 자문단을 구성하여 시의 국제정세 파악과 국가별 정책 수립에 전문성을 강화시키고 있다. 이와 함께, 서울시는 서울연구원 내에 도시외교연구센터를 설립하여 시의 정책을 뒷받침할 수 있는 도시외교 전반에 관한 연구를 체계적으로 수행할 수 있도록 하였다.

국외 인적 네트워크는 서울클럽과 명예시민제도 그리고 연수 프로그램 운영 등을 통해 구축 중에 있다. 다양한 계층의 국외 인사들은 핵심 공공외교 대상으로 다른 형태의 도시외교 활동과 직결되는 만큼 주요 정책으로 추진 중이다. 먼저, 서울클럽은 서울에 유학 또는 체류경험이 있는 해외 인사가 대상으로 그 범위는 전직 주한대사부터 대학원생까지 다양하다. 서울클럽의 대표적인 운영 사례로 서울시는 오프라인 모임의 한계를 보완하기 위해 중국 내 서울클럽 인사들이 참여하는 온라인 단체대화방을 개설하여 주요 정책을 홍보하는 등 상시적으로 소통하고 있다.

다음으로 명예시민제도 같은 경우는 시정 발전에 공로한 외국인을 선정하여 서울시를 홍보하고 국제협력을 증진시키고자 실행 중인 제도이다. 명예시민 누적 수여현황을 살펴보면, 1958년에서 2020년까지 총 99개국 878명(1972~90년 한시적으로 국제대회 참석 인사 등 170명에 수여됨)에게 수여되었다. 그중 외국 귀빈(특별수여)이 173명이고, 시정 유공(일반수여)이 535명이다.

마지막으로, 자매·우호도시를 포함 주요 도시 공무원을 대상으로 하는 연수 프로그램은 서울시가 정기적으로 운영 중에 있는 대표적인 정책 공유와 사회문화 체험 목적의 공공외교 활동이다. 서울시는 2001년부터 자매·우호도시 및 발전 잠재력이 높은 외국도시 공무원을 대상으로 하는 연수 프로그램을 진행해오고 있다. 서울시는 2001년부터 2012년까지 매년 15명 내외의 외국도시 공무원들을 초청하여 시의 우수정책 공유뿐만 아니라 주요시설 견학과 문화체험 그리고 시청 직원 홈스테이 기회를 제공함으로써 서울의 발전상과 전통과 현대 문화를 몸소 경험할 수 있게 하였다. 2001년 개설 당시 3개 도시 3명의 공무원만 참여했던 연수 프로그램은 2010년 이후 14~15개 도시 15~16명 규모로 확대가 된다. 2013년부터는 연수 내용의 전문성 제고를 위해 연수 프로그램을 분야별로 구분하고 서울시

인재개발원 주관으로 운영되고 있다.

앞서 살펴본 자매·우호도시 공무원 초청연수에 더해 2008년 서울시립대학교에 도시행정 해외 공무원 석사학위과정MUAP: Master of Urban Administration and Planning을 신설하여 우수정책 중심의 행정교류의 전문성을 한층 강화시키고 있다. 서울시는 본 학위과정을 통해 ① ODA사업의 일환으로 자매·우호도시 특히 개발도상국의 발전에 기여할 수 있는 인재를 양성하고, ②시의 도시행정모델 홍보 및 전파로 국제적 위상을 제고시킬 뿐만 아니라, ③(지한·친한 인사 저변확대를 통한) 효율적인 대외협력과 우수정책 수출의 인적 발판 마련을 주요 목적으로 하고 있다. 주요 현황을 살펴보면, 서울시는 매년 약 20명의 자매·우호도시와 외교부 중점협력국가 출신 공무원을 초청하여 13개월 동안 서울에 체류하면서 어학부터 도시계획·설계·행정 등 다양한 교육과 문화체험 기회를 제공하고 있다. 2020년 기준 총 46개국 70개 도시 260명이 참여했을 정도로 서울시의 대표적인 공무원 대상 공공외교 프로그램으로 자리 잡았다(이민규·박은현 2021, 47-49).

V. 결론

서울시 공공외교는 도시외교라는 큰 틀에서 추진 중에 있다. 다른 형태의 외교와 유기적으로 결합하여 분야별 정책 실현을 넘어 시에서 수립한 도시외교 기본 목적을 달성하기 위해 인적 교류에서 정책 공유까지 다양한 활동을 전개하고 있다. 핵심은 기존의 일회성 행사와 의전 중심에서 벗어나 높아진 국제적 위상에 걸맞은 체계적인 국제교류협력을 지향하고 있다는 점이다. 주요 도시외교 발전추세와 한반도 상황 등을 종합적으로 고려한 도시외교 기본계획을 수립하였고, '사무국' 역할을 할 부서를 정비하는 등 제도적 기반을 마련 중에 있다.

　도시외교 틀 속에서 추진 중인 서울시 공공외교의 가장 두드러진 특징은 우수정책 공유와 지원이다. 전통적 공공외교 형태인 사회문화교류를 유지하면서 소위 말하는 정책공공외교를 강화시키고 있다. 서울시의 정책공공외교는 앞서 살펴본 도시 간 국제기구, 국제회의 등을 통해서도 이루어지지만, 기획조정실 산하에 해외도시협력담당관을 신설하여 다른 부서 및 서울시정책수출사업단 그리고 서울연구원 등과 연계하여 시의 핵심 정책으로 추진되었다. 우수정책 공유·지원 정책은 기반강화Making, 정책공유Sharing, 정책수출Solving 3단계로 추진되었는데, 공공외교Making과 Sharing와 경제외교 및 비즈니스외교Solving를 결합한 형태라고 할 수 있다(이민규·박은현 2018, 103-104). 정책공공외교 주요 추진 상황을 살펴보면, 기반강화 단계에서 민관협력 포럼을 매년 개최하였다. 정책공유 단계에서는 다자개발기구를 통한 정책공유, 해외도시협력관 해외 파견, 세계도시 정책공유 온라인 플랫폼 운영, 그리고 해외도시 공무원 초청 연수 등의 사업을 실행하였다.

　서울시의 도시외교 체계 수립과 이와 연계된 공공외교 추진은 가시적인 성과를 내고 있다. 서울시는 주요 도시 경쟁력 평가기관으로부터 높은 평가를 받고 있다. 일본 모리기념재단The Mori Memorial Foundation 산하 도시전략연구원Institute for Urban Strategies이 발표한 전 세계 48개 주요 도시의 경쟁력Global Power City Index 순위에 의하면, 서울은 2011년부터 2020년까지 6~8위에 랭크되어 있다. 특징으로는 2019년 대비 2020년 환경 분야 순위(34위→15위)가 급상승한 점이다. 국제적 연계Global engagement 정도를 비즈니스 활동business activity, 인적 자본human capital, 정보교환information change, 문화 경험cultural experience 그리고 정치적 연계political engagement 등 5개 영역에서 전 세계 151개 도시를 대상으로 평가한 글로벌 경영 컨설팅 회사 커니Kearney의 평가Gobal Cities Index에서도 서울시는 2015~2020년 사이 11~17위(2020년 코로나 19와 리더십 부재 등의 영향으로 13위에서 17위로 하락)에 랭크되었다. 세부적으로 살펴보면, 정치적 연계와 인적 자본 대비 비즈니스 활동 영역에서 상대적으로 높은 평가를 받고 있는 것으로 나타났다.

　　서울시의 정책공공외교 성과는 수상 내역을 통해서도 확인할 수 있다. 서울시는 2006년부터 2019년 사이에 75회에 걸쳐 도시 거버넌스와 정책 관련한 국제적인 상 51종을 수상한다. 대표적인 수상 내역을 살펴보면, 2013년, 2015년, 2019년 UN 공공행정상 총 6회, 2018년 리콴유 세계도시상, 2017년과 2019년 세계대중교통협회 국제상 2회 등을 들 수 있다.

　　또한 서울시의 정책공공외교는 경제외교와 비즈니스외교 실적으로 이어지는 성과도 내고 있다. 2019년 12월 기준, 서울시는 총 35개국에 86개 정책을 수출한다. 분야별로 보면, 교통이 33건으로 가장 많고, 그 다음이 전자정부와 도시철도로 각각 20건과 16건 수출한다. 지역별로는 아시아가 총 50건으로 약 58퍼센트를 차지하고 있다. 유형을 살펴보면, 컨설팅·교육과 시스템 구축 등이 각각 71퍼센트와 29퍼센트의 비율을 보이고 있다.

　　마지막으로, 서울시는 2021년 7월 도시외교 '사무국' 역할을 담당하는 국제교류담당관을 기획조정실에서 시장실 직속 시민소통기획관 산하로 이동시킨다. 그리고 해외도시협력담당관을 시민소통기획관 산하 도시브랜드담당관 내 글로벌 마케팅팀으로 배치한다. 이는 총괄관리보다는 해외도시 및 국제기구와의 소통 강화를, 정책수출보다는 정책공유를 더욱 강조한 조직개편이라 할 수 있다. 다층 거버넌스 구축과 사무국 역할 부분이 약화될 가능성은 있지만, 외교 어젠다의 다양화와 전문화의 필연적 결과라는 점은 부정할 수 없는 사실이다.

1 지방정부 도시외교와 공공외교의 차이점은 무엇인가?

2 세계화 시대 도시외교가 지향해야 할 목적은 무엇인가?

3 지방정부는 어떠한 차별화된 공공외교 정책을 추진해야 하는가?

4 국제사회에서 지방정부의 역할 기대가 커지고 있는 이유는 무엇인가?

5 국제기구를 유치했을 때 기대할 수 있는 정치·경제적 효과는 무엇인가?

6 다층 거버넌스 구축 과정에서 지방정부는 어떠한 사항들을 중시해야 하는가?

7 도시외교 추진 과정에서 지방정부는 중앙정부와 어떠한 관계를 형성해야 하는가?

8 어젠다별 부서의 전문성을 인정하면서 통합조정 할 수 있는 방법에는 어떠한 것이 있는가?

추천 문헌

이민규(2020). 『도시외교 메커니즘과 발전방향』. 서울: 서울연구원.

이민규·박은현(2020). 『서울−베이징 통합위원회 발전현황과 제도화 수준 제고 방안』. 서울: 서울연구원.

이민규·박은현(2021). 『한중관계 30년 진단과 서울시 대중국 도시외교 전략』. 서울: 서울연구원.

Acuto, Michele(2016). *Global Cities, Governance and Diplomacy: The Urban Link.* Routledge.

Acuto, Michele, & Benjamin Leffel(2021). "Understanding the Global Ecosystem of City Networks." *Urban Studies* 58(9). 1758-1774.

Acuto, Michele & Steve Rayner(2016). "City Networks: Breaking Gridlocks or Forging (new) Lock-ins?" *International Affairs* 92(5). 1147-1166.

Constantinou, Costas M., Pauline Kerr & Paul Sharp eds.(2016). *The SAGE Handbook of Diplomacy.* SAGE Publications Ltd.

Cooper, Andrew F., Jorge Heine & Ramesh Thakur eds.(2015). *The Oxford Handbook of Modern Diplomacy.* Oxford University Press.

Kuznetsov, Alexander S.(2015). *Theory and Practice of Paradiplomacy: Subnational governments in international affairs.* Routledge.

Lee, Min-gyu(2023). "City Diplomacy in South Korea: Trends and Characteristics." *Analyses & Alternatives* 7(1). 171-200.

Sevin, Efe & Sohaela Amiri(2020). *City Diplomacy: Current Trends and Future Prospects.* Palgrave Macmillan.

참고 문헌

문인철 외(2020). "서울시 주최 국제회의, 기획·설계 가이드라인 마련 중장기로 '국제회의 통합관리 시스템' 구축 필요." ISSUE PAPER, 2020-OR-02. 서울연구원.

이민규(2018). 『서울시 남북교류협력 추진전략: 지방자치단체 역할 중심으로』. 서울: 서울연구원.

＿＿＿(2020). 『도시외교 메커니즘과 발전방향』. 서울: 서울연구원.

이민규·박은현(2018). 『서울시의 중국 동북3성 도시외교 전략과 정책』. 서울: 서울연구원.

＿＿＿＿＿＿(2020). 『서울-베이징 통합위원회 발전현황과 제도화 수준 제고 방안』.

서울: 서울연구원.

_____(2021). 『한중관계 30년 진단과 서울시 대중국 도시외교 전략』. 서울: 서울연구원.

Acuto, Michele & Benjamin Leffel(2021). "Understanding the Global Ecosystem of City Networks." *Urban Studies* 58(9). 1758–1774.

Acuto, Michele & Steve Rayner(2016). "City Networks: Breaking Gridlocks or Forging (new) Lock-ins?" *International Affairs* 92(5). 1147–1166.

Caporaso, James A.(1993). "International Relations Theory and Multilateralism: The Search for Foundations." Ruggie, John G. ed. *Multilateralism Matters: The Theory and Praxis of an Institutional form*. New York: Columbia University Press.

Constantinou, Costas M., Pauline Kerr & Paul Sharp eds.(2016). *The SAGE Handbook of Diplomacy*. SAGE Publications Ltd.

Cooper, Andrew F. et al.(2015). "Introduction: The Challenges of 21st-Century Diplomacy." Cooper, Andrew F., Jorge Heine & Ramesh Thakur eds. *The Oxford Handbook of Modern Diplomacy*. Oxford University Press.

Curtis, Simon & Michele Acuto(2018). "The Foreign Policy of Cities." *The RUSI Journal* 163(6). 8–17.

Kuznetsov, Alexander S.(2015). *Theory and Practice of Paradiplomacy: Subnational governments in international affairs*. Routledge.

Leffel, Benjamin(2018). "Animus of the Underling: Theorizing City Diplomacy in a World Society." *The Hague Journal of Diplomacy* 13(4). 502–522.

Tarry, Sarah(1999). "'Deeping' and 'Widening': An Analysis of Security Definitions in the 1990s." *Journal of Military and Strategic Studies* 2(1). 1–13.

제10장

전라북도 지방정부의 공공외교*

이영호 ● 전 주예멘공화국대사

[요약문]

전 세계적 트랜드로서 지자체의 국제교류협력은 나날이 증대하고 있다. 전라북도 지방정부로서도 세계화, 지식정보화, 네트워크화 등의 급격한 환경 변화에 대응해야 한다. 이러한 지방의 생존 및 발전 전략의 일환으로서 지방정부 외교 자체 및 지방정부 공공외교 활동 전개를 통하여 지역사회의 문화·경제·사회적 역량 강화를 통한 전라북도의 발전과 도민의 복리 향상을 꾀하고 있다.

이러한 방향성을 가지고 세계 속의 전라북도를 선도하는 공공외교 전문기관으로 성장해 나간다는 비전을 시현해 나가는 전라북도국제교류센터는 전북국제화진흥, 글로벌프론티어전북, 전북매력알리기, 도민공공외교, 프랜들리전북 사업 등을 전개하고 있다. 특히, 2020년부터 대두된 코로나19 사태에 신속한 대응으로 방호물품 지원 등을 통한 민간국제 보건연대협력을 적극 전개하여 전라북도의 국제적 위상을 강화하였으며, 다양한 국비공모사업 선정으로 재정자립도를 높이고 있다. 또한 해외새만금한글학당, 전라북도테마답사, 청소년모의유엔회의, 국제교류이해교실 운영 등에서 타 지자체와 대비되는 전북형 비교우위 공공외교 활동을 전개하고 있다.

우리나라 Soft Power의 증강을 위한 공공외교의 비전, 즉, "국민과 함께, 세계와 소통하는 매력한국" 또는 "도민과 함께, 세계와 소통하는 매력전북"이란 목표와 비전 달성을 위해 중앙정부와 지방자치단체 간의 효율적 협업체계 운영의 필요성을 재삼 강조한다. 중앙정부–지방정부(지자체) 간 최대한 협업이 잘 이루어지는 가운데, 일반 국민, NGO등 민간부문의 공공외교 역량의 최적 활용으로 대한민국 공공외교의 시너지 효과가 극대 창출될 수있기를 바라며, 전라북도 지방정부 공공외교 수행 전문기관인 전라북도국제교류센터의 중장기 발전계획을 제시해본다.

* 이 글은 전라북도 지방정부 공공외교 추진기관인 전라북도국제교류센터(2015. 8. 12~2023. 6. 8)의 활동에 한정하여 작성되었다. 전라북도국제교류센터는 2023년 6월 9일 전북국제협력진흥원으로 명칭이 변경되고 조직과 사업·프로그램이 확대·개편됨에 따라 일부 변경된 내용이 있을 수 있음을 양해하기 바란다.

지방정부 공공외교   지자체 국제교류(협력)

지방정부-중앙정부 공공외교 협업   전북 국제화진흥

글로벌프론티어 전북   전북 매력알리기

프렌들리 전북(전북친화 외국인지원)   도민공공외교

I. 서론

전라북도국제교류센터는 전북도청 출연기관 재단법인으로서 광역
지자체로는 2005년 부산시에 이어서 두 번째로, 도단위로는 전국에
서 첫번째로 2015년 8월에 설립된 지방정부 공공외교 전문기관이다.
최고 의결기구로 이사회가 운영되고 있으며, 전라북도 정무부지사가
이사장을 맡고 있다.

전라북도와 도내 민간부문의 국제교류 증진을 통해 전북의 글
로벌 이미지 제고와 국제적 우호친선관계 증진을 미션으로 하며, 세
계 속의 전라북도를 선도하는 공공외교 전문기관으로 성장해 나간다
는 비전을 가지고 있다.

신뢰와 협력, 성장과 혁신, 공감과 소통, 책임과 투명성의 4대
가치를 설정하고, 비전과 미션을 달성하기 위한 4대 전략 방향으로
국제협력 네트워크 확충, 전북의 국제경쟁력 강화, 맞춤형 공공외교
확대, 지속가능한 미래성장 기반 구축을 제시하고 있다.

지방정부와 연계성을 가지고 있는 공공외교라 함은 "국가가 직접 또는 지방자치단체 및 민간부문과 협력하여 문화·지식·정책·비전을 통하여 대한민국에 대한 외국 국민들의 이해와 신뢰를 증진시키는 외교활동"(공공외교법 제2조), "우리나라에 대한 진정성있는 설명과 설득을 통해 외국 국민의 신뢰를 확보함으로써 우리나라에 대한 이미지를 높이고 해당 국가와의 외교관계를 증진시키며, 나아가 우리 국민 및 기업의 해외 진출에도 도움을 주는 환경을 조성하기 위한 외교활동"[1]으로서 비군사·비정치 분야에서 중앙정부, 지방정부, 민간부문의 협력과 국민외교 등을 통해 외국 국민의 이해와 지지를 증진시키는 외교활동으로 정의할 수 있다.

따라서 공공외교는 지방정부를 비롯한 다양한 주체들의 자발적인 참여 속에 국민 개개인, NGO, 기업, 지자체 및 외교부를 비롯한 각급 정부기관들 간 네트워크를 형성하고 유지하는 가운데 서로의 이해를 증진하고 상호교류협력을 할 때 그 효과가 제대로 발휘될 것이다. 전라북도 지방정부로 국한해서 공공외교를 정의한다면, 상기 기술 내용에서 '대한민국 또는 우리나라에 대한'을 '전라북도에 대한'으로 대체하면 될 것이다. 전 세계적 트랜드로서 지자체의 국제교류협력은 나날이 증대하고 있는바, 전라북도 지방정부로서도 세계화, 지식정보화, 네트워크화 등의 급격한 환경 변화에 대응해야 하는 지방의 생존 및 발전 전략의 일환으로서 국제교류와 상호협력을 통하여 지역사회의 문화·경제·사회적 역량 강화를 통한 전라북도의 발전과 도민의 복리 향상을 꾀하고 있다. 즉, 전라북도 지방정부 외교

---

1 외교부 홈페이지 http://www.publicdiplomacy.go.kr/ 참조.

자체 및 지방정부 공공외교 활동 전개를 통해 달성하고자 하는 목적은 아래와 같이 설명할 수 있다.

첫째로, 전라북도의 국제적 역량 강화이다. 지자체 공공부문의 글로벌 역량 강화는 국제적 개방화 시대에 적합한 지방행정체제를 갖추는 데 필수적인 요소로서 미국·일본·중국·베트남 등 자매결연 또는 우호협력 협정체결 국가 해당 지자체 및 싱가포르 등 공공부문 선진국으로 전라북도 공무원의 파견, 상호연수 또는 대표사무소 운영 및 선진행정기법 공유와 정례 교류행사를 적극적으로 전개하고 있다. 이 부문의 국제적 역량 강화는 진정한 의미의 지방자치를 실현하기 위한 기반을 구축하는 것을 의미한다.

둘째로, 민간부문의 글로벌 역량 강화도 이루어져야 한다. 이를 위해 도내 민간단체의 국제교류협력에 대한 지원, 공공-민간 공동 국제교류협력사업, 도민의 글로벌 역량 강화를 위한 강좌 및 문화교류, 청소년의 해외 상호교류연수 등을 추진하고 있다.

셋째로, 전북 지역경제 활성화를 도모한다. 경제교류 협정, 해외시장 개척, 도내 비교우위 특화산업의 국제경쟁력 강화 등을 통해 지역경제 발전을 도모하고 일자리 창출 및 청년 해외진출 등을 통해 도민의 복지증진을 기대할 수 있다.

넷째로, 전라북도를 방문하거나 도내 체류 및 거주하는 외국인 관광객, 유학생, 기업인, 근로자와 다문화가족에 매력 전북 홍보 및 도내 안정적 정착 지원사업 전개도 전라북도 지방정부 공공외교의 중요한 목적이다. 전라북도를 외국 및 외국인들에게 널리 잘 알리고 많은 외국인들이 전라북도로 오게 하는 것이 일차적으로 중요하지만, 전라북도 내 체류 또는 거주하는 그 외국인들이 즐겁고 보람있게 지낼 수 있도록 함으로써 그들이 자발적인 친전북 홍보대사가 되도록 하는 것이 무엇보다도 전라북도의 국제적 신인도와 이미지 제고에 매우 중요한 역할을 할 것이다.

끝으로, 전라북도 지방정부 외교 차원에서 중앙정부의 공공외교와 연계하는 사업뿐만 아니라 세계지방정부연합UCLG, 동북아자치단체연합NEAR과 같은 국제기구 및 한러지방정부포럼에 적극 참가하는 한편, 베트남·라오스·몽골 등 개도국에 대한 국제개발협력(ODA 공적개발원조)을 통한 국제적 위상 강화를 도모하고 있다.

II. 지방정부-중앙정부 연계 공공외교 협업의 필요성

1. 지자체-중앙부처 연계 공공외교의 현황 및 문제점

공공외교는 중앙부처 외에 지자체를 비롯한 민간부문 등 다양한 주체가 수행하고 있으며, 한류뿐 아니라 우리의 역사, 전통, 국민 대 국민 간 유대 등 소프트파워의 자산이 다각화되고 있고, 외국 국민의 한국에 대한 관심과 교류에 대한 수요도 증대되고 있는 가운데, 지방정부의 역할 및 지방정부 공공외교의 중요성이 더욱 부각되고 있다.

중앙정부도 공공외교법 상 공공외교란 '지자체 및 민간부문과의 협력'을 통한 외교활동임을 명시함으로써 지방정부의 역할을 필수적으로 인정하고 있다. 특히 지방정부 공공외교는 비정치적 비군사적 교류가 주를 이루기 때문에 주변 국제정세의 영향에서 비교적 자유롭고 중앙부처 차원에서 민감한 부분을 완화시켜 줄 수 있다는 장점이 있다. 예를 들면 한일관계가 악화되어 있는 상황에서 전라북도와 자매 우호협력 관계에 있는 일본 이시카와현 및 가고시마현과의 지방정부 외교 및 민간차원의 공공외교를 지속적으로 전개하여 한일 간 교류협력의 안전성을 높여주고 있다.

한편, 다양한 주체들이 공공외교를 수행하고 있는 가운데 문제점 노정에 따라 특히, 지방정부와 중앙정부 간 공공외교 협업의 필요성이 강조되고 있다. 현재 외교부를 비롯하여 문화체육관광부, 교육부 등 중앙부처, 한국국제교류재단Korea Foundation, 국립국제교육원 등 정부 소속기관 및 산하기관, 그리고 지방자치단체, 민간단체 등 다양한 국내 부처·기관들이 공공외교활동을 수행하고 있다. 중앙부처의 경우 소관업무와 연계하여 국제교류 차원에서 이뤄지고 있고, 지자체도 국제화 역량 강화와 함께 외국인 투자 및 관광객 유치 등 경제활성화 차원에서도 공공외교를 추진 중에 있다. 민간부문에서도 문화교류 중심의 공공외교활동이 자체적으로 또는 중앙부처 및 지자체와 공조하여 진행되어 왔다. 또한 과거에 비해 모든 부처나 기관들의 국제교류업무 증대 및 활동영역의 지평확대 등으로 인해 공공외교 성격의 활동도 자연스럽게 증가하고 있다.

외교부가 발간한 제1차 대한민국 공공외교 기본계획(2017-2021) 보고서에 따르면, 이러한 현상 속에서 다음과 같은 문제점 및 한계점이 발생하고 있는 실정이다. 중앙부처, 지자체, 민간의 공공외교활동이 상호 조율 없이 각각 나름대로 수행되고 있음에 따라, 유사·중복·편중 및 누락 문제가 발생한다. 범정부 차원의 공공외교 총괄·조정체계가 부재하여 공공외교활동 현황 파악이 쉽지 않고 업무가 중복되는 등 비효율성이 존재해왔다.

아울러 '공공외교'라는 개념이 국내에 본격적으로 알려진 것이 오래 되지 않아 공공외교에 대한 인식이 낮은 편이며, 사실상 공공외교에 해당하는 활동 혹은 사업임에도 불구하고 이를 공공외교로 인지하지 못하여 우리의 외교적 목적에 맞게 적극 활용하지 못하고 국익증대로 이어지지 못하는 경우도 있었다. 또한 민간의 경우 대상 국가의 상황이나 국민적 특성을 감안하지 못한 채 일방적으로 추진되어 우리나라에 대한 긍정적 인식이나 호감도로 효과적으로 이어지지 못하는 경우도 있다.

2. 문제점 해결을 위한 공공외교 협업체계 구축 및 우수사례

2016년 8월 공공외교법 발효를 통해 공공외교 수행을 위한 법적 기반이 마련되었으며, 공공외교법의 내실 있는 이행을 위하여 특히 공공외교에 대한 인식 제고 및 공공외교 추진체계 강화가 절실한 것으로 판단되었다.

우선, 공공외교에 대한 정의를 명확히 하고 이에 따른 공공외교 활동 현황을 정리하여 중앙정부와 지방정부 및 민간부문 등 공공외교 수행주체에게 알리는 한편, 각 주체 간, 특히 중앙부처와 지자체 간의 긴밀한 협업을 통한 공공외교 효과 제고 도모가 필요한 상황이다. 무엇보다 대한민국 공공외교 통합조정기구로서 공공외교위원회의 역할정립 및 범정부 차원의 협업체제 구축이 최우선 과제였다. 또한 국민참여형 공공외교 활성화를 통해 일반국민의 공공외교에 대한 인식 및 사회적 공감대 확산 도모도 지속적으로 필요할 것이다.

상기와 같은 과제들을 해결하고 보다 효율적인 공공외교 수행

글로컬 시대 지방정부 외교와 공공외교

을 위해 구체적인 가이드라인으로 활용할 수 있는 공공외교 5개년, 2017-2021년간 기본계획이 수립되었다. '국민과 함께, 세계와 소통하는 매력 한국'을 비전으로 하며, 그 목표는 다음과 같다. 풍부한 문화자산을 활용한 국격 제고 및 국가 이미지 강화, 한국에 대한 올바른 인식과 이해 증진, 우리 정책에 대한 우호적 전략환경 조성, 공공외교 주체의 역량 강화와 상호협업체계 정착이다. 그리고 문화공공외교, 지식공공외교, 정책공공외교, 국민과 함께하는 공공외교, 공공외교 인프라 등 5가지의 추진전략 체계를 갖추고 있다.

이러한 대한민국 공공외교의 비전과 목표, 그리고 추진전략 하에 지방정부 및 중앙정부가 연계하여 수행할 수 있는 공공외교활동에서의 중점 추진과제는 중앙부처와 지자체, 그리고 민간 간 협업 및 조율체계 확립이다. 대한민국 공공외교 통합조정기구로서 외교부장관을 위원장으로 하는 '공공외교위원회'를 정례 개최하여 공공외교 기본계획의 수립과 평가 등 공공외교 정책 전반을 심의·조정한다. 공공외교 분야에서 부처 간 협업방안 모색 및 유사·중복업무 조정, 사업 추진현황 파악, 모범사례 공유 등 범부처 협업체계 구축과 함께 공공외교 종합시행계획의 수립 및 평가에 따른 환류feedback 체계 강화를 위한 것이다.

특히 중앙정부와 지방정부 간 공공외교 협업체계 구축 사례를 구체적으로 살펴보면 아래와 같다. 그 첫째로, '중앙-지방 국제교류 협의회' 운영 활성화다. 공공외교 및 국제교류 관련 정보공유, 지자체 애로사항 청취, 지자체 공공외교 역량 강화 방안 논의, 유관기관 간 협업방안 모색, 중앙-지방 간 유사·중복 혹은 충돌되는 업무조정 등을 다루며, 중앙행정기관과 지자체 간 주요 정책 협의 기능을 강화하기 위해 행안부 주최로 정례 개최하며, 안건 관련하여 외교부 등 중앙행정기관 및 17개 시도의 국제교류담당관 등이 참석하였다.

둘째로, 대한민국 시도지사협의회의 공공외교활동 지원이다. 일본·중국·호주·미국·프랑스·영국 등 6개국 주재 해외사무소 및 재외공관과의 협업 강화를 위한 것이다. 1999년부터 'K2H^{Korean Heart to Heart}' 프로그램을 통해 국내외 각급 지자체 간 교류 및 공무원 상호 파견을 추진하였으며, 2013년부터는 '지방의 국제화 우수사례 공모전'을 개최한 바 있다.

셋째로, 외교부에서는 지방정부 국제교류 지원, 외교 현안과 외교정책 방향 설명 및 대외교류 노하우 공유 등을 위해 2017년부터 지자체 대상 공공외교 워크숍을 매년 개최하였으며, 특별시 및 광역시, 도 등 15개 지방정부의 국제화 역량 지원을 위해 재외공관장 역임 인사를 국제관계대사 직함으로 파견하고 있다. 지자체의 국제교류 방향 설정 시 재외공관의 의견 반영 및 공공외교 효과를 최대화할 협력체계를 구축하고자 공관 발령 직원의 출국 전, 근무파견지역의 도시와 자매결연 중인 지자체 담당관과의 협의회도 개최하였다. 또한 외교부는 지자체 독자 브랜드 해외홍보도 지원하고 있다. 지자체 주최 국제행사 유치 지원, 지역별 이점과 특색을 살린 페스티벌과 문화·지식·정책 공공외교 행사 접목 등으로, 2024년 세계지질과학총회 부산시 유치, 2023년 세계잼버리대회 전북새만금 유치 등의 사례가 있으며, 창원의 K-Pop 월드페스티벌 사업 등도 지원한 바 있다.

특히 전라북도는 중앙정부-지방정부 우수 협업사례인 재외공관 한(韓)스타일 공간연출 사업으로 그 명성을 쌓아가고 있다. 2015년 이래 외교부·전북도·전주시 3자간 협업으로 매년 재외공관 청사 및 공관장 관저 5~6개소 정도를 선정하여 전주 전통 한지 및 한지 공예품·조명등·가구 등을 활용한 공공외교 문화공간 연출을 하고 있다. 그간 연도별 시행 대사관 및 총영사관으로는 연도순으로 오만, 광저우, 시애틀, 몽골, 프랑스, 모로코, 싱가포르, 중국, 콜롬비아, 제네바, 샌프란시스코, 가나, 시드니, 폴란드, 사우디아라비아, 체코, 태국, 말레이시아, 캐나다 등이 있다. 이러한 전통문화 공공외교를 대한민국의 한(韓)문화 우수성을 널리 홍보하고 세계와 소통할 수 있는 수단으로 활용함으로써, 지역 브랜드와 국가경쟁력의 동반상승 효과와 함께 직간접적 전시사업을 통한 관련 산업 발전과 다양한 부가가치 및 고용창출 등 경제적 파급효과도 기대되고 있다.

그리고 교육부 주관으로 전국 시·도 교육청의 공공외교활동 지원을 하는바, 국내 교육기관과 재외공관 및 한국교육원과의 협업도 강화하고 있다. 중앙부처-지방자치단체 간 공공외교 부문별 협업 예시 및 우수사례를 좀더 구체적으로 살펴보면 다음과 같다.

첫째로, 외교관계 수립 기념, 특별한 외교 계기 등을 활용한 종합적 한국 알리기 행사 개최다. 지자체 예술단의 해외 진출 등 공공외교활동 기회 제공의 주요 사례로 한·독 수교 130주년 및 파독광부 50주년 기념 '부산 시립국악관현악단'공연과 한·ASEAN 특별정상회의 계기 '충남국악관현악단' 공연 등 해외공연 협업을 들 수 있다.

둘째로, 외국 현지의 한국에 대한 이해도나 선호도 상황을 반영한 정무·경제·문화 융복합 종합 한국홍보를 위한 외교부, 문체부, 농식품부, 지자체 간 협업이다. 공연, 전시, 세미나·포럼, 강연회, 한식 시연 및 체험 등 다양한 프로그램으로 구성되며, 자매결연 중인 우리 지자체나 현지 진출 우리 기업 등의 참여 확대를 기할 수 있다.

셋째로, 풍부한 우리 문화자산을 활용한 호감도 증진 사업으로, 해당 자산에 특화된 지자체의 적극적인 참여와 중앙부처의 협업 지원이 요망된다. 중국, 일본 문화와 차별되는 한국 문화의 역사와 전통음악, 무용 등의 전파를 위해 한국문화주간, 코리아 페스티벌 등을 활용할 수 있으며, 재외공관 국경일 행사, 월드 한식 페스티벌 등 주요 행사를 계기로 전주비빔밥, 전주한옥마을 등 다양한 지자체 특화 한국 대표 한식 및 관광지 홍보 행사 개최도 가능할 것이다. 또한, 주한외교단 등을 대상으로 지방 문화 소개 및 관광지 탐방 등의 팜투워 지원도 주요 협업사례가 되겠다.

넷째로, 각 지방자치단체 주관 하의 관할지역 내 체류 및 거주하고 있는 외국인들에 대한 정착지원 프로그램 활성화 관련 사업 또한 중앙부처와의 협업사항이다. 외국 또는 외국인들에게 우리나라, 그리고 각 지자체 지역을 잘 홍보하고 매력 자원을 널리 알리는 것도 중요하지만, 그에 못지않게 그들이 한국어, 한국문화를 잘 이해하고, 유학생, 근로자, 다문화가족, 여행객 등 그 신분상태별로 한국 내 생활에 불편함이 없도록 잘 지원해주는 것이 매우 중요하다는 점도 잘 인식해야 한다. 한국 문화체험 및 관광지 방문 등의 기회 제공, 지자체 축제나 대학축제에 외국인들의 자국 문화 소개 프로그램 편성 등 쌍방향 문화교류 추진, 'Quiz on Korea' 등 글로벌 콘텐츠 공모전 활성화, 외국인들의 성향 및 현지 사정을 감안한 사업 발굴 등을 통해 그 외국인들이 한국과 해당 지자체 지역을 위한 자발적 홍보대사가 될 수 있도록 노력을 기울여야 할 것이다.

III. 전라북도 지방정부의 공공외교 사례

1. 전라북도국제교류센터 주요 업무 추진 현황

우리나라 지자체의 국제교류, 즉 지방정부 외교 또는 지방정부 공공외교 대상지역을 보면, 중국, 일본 등 지리적 인접성과 미국 등 전통적 우호관계가 국제교류협력의 중요 요인임을 알 수 있다. 그러나 지자체 국제교류의 대부분이 중국·일본·미국 등 특정 국가에 집중되어 있기 때문에 이들과 외교적 갈등이 발생할 경우 국제교류가 위축될 위험이 우려된다. 발전 가능성이 높을 것으로 예상되는 여타 지역과의 교류는 대체로 미미한 상황임을 감안하면 이에 대한 면밀한 배경 분석과 국제교류 공공외교활동의 대상 지역 다변화 등 전반에 걸친 개선보완책이 강구되어야 할 것이다.

전라북도의 경우도 지방외교 자체 및 공공외교 대상지역이 2021년 6월 현재, 중국 4개(장쑤성: 1994년 자매결연협정 체결, 상하이: 2005년, 산둥성: 2006년, 윈난성: 2009년 우호협력협정 체결), 일본 2개(가고시마현: 1989년, 이시카와현: 2001년 우호협력협정 체결), 미국 2개(워싱턴주: 1996년, 뉴저지주: 2000년 자매결연협정 체결), 베트남 2개(닥락성: 2017, 까마우성: 2019년 우호협력협정 체결)로 4개국에 한정되어 있어서 국제교류 대상국가 다변화를 적극 추진 중에 있다. 전북도정 국제화 역량 강화의 일환으로 러시아(연해주), 영국, 독일, 인도네시아, 라오스, 미얀마 등과의 자매우호협정 체결을 위한 공공부문 및 민간부문에서의 각종 교류를 전개하고 있으며, 여타 아시아 및 유럽지역, 오세아니아 및 중남미지역과 아프리카 국가로까지의 공공외교 다변화를 모색하고 있다.

이러한 방향성을 가지고 세계 속의 전라북도를 선도하는 공공외교 전문기관으로 성장해 나간다는 비전을 시현해 나가는 전라북도 국제교류센터는 전북 국제화진흥사업, 글로벌프론티어전북사업, 전북매력알리기사업, 도민공공외교사업, 프랜들리전북사업 등을 전개하고 있다.

전북국제화진흥사업은 첫째, 해외 '새만금(2023년 세계스카우트 잼버리대회 개최지)' 한글학당운영사업으로서 해외 한국어 교육 활성화에 기여함과 아울러 전라북도 사진, 설명 등이 담긴 한국어능력시험Test of Proficiency in Korean, TOPIK 교재 편찬 및 해외 교류협력 지역에 교재 발송과 새만금학당 운영지원을 통한 전라북도 유학생 유치 환경조성 및 친전북 인재육성을 도모하는 것이다. 둘째, 공공외교 인프라 및 유관기관과의 협업체계 구축을 통한 지속가능한 해외교류 네트워크 강화를 도모하고 있다. 셋째, 전라북도 내 대학생 및 취업준비생 등의 국내외 인턴십, 봉사, 현장체험 등을 연계하고 다양한 교육지원을 통해 글로벌 경쟁력 제고 및 취업역량 강화를 추진하여 글로벌 스탠다드에 부합하는 글로벌 리더 양성 지원사업을 수행한다. 끝으로, 전라북도 청소년을 대상으로 외교관 등 전문가를 초청하여 국제교류 이해 기초교실 운영 및 모의유엔회의를 매년 개최하여, 유엔 및 국제사회에 대한 도내 청소년들의 인식 제고와 함께 세계시민으로서의 성장 발판 마련 및 글로벌 마인드를 함양하고자 한다.

다음은 글로벌프론티어전북사업이다. 첫째, 저개발국 등의 발전과 상호교류협력을 도모하고, 전라북도의 강점인 농업과 전통문화 등을 전파하며, 전북형 국제개발협력사업을 통한 국제사회에의 기여

확대 및 친전북 우호지역 조성을 도모하고자 하는 사업이다. 그간 베트남 닥락성 지역 전북 우정마을 조성사업으로 전북대학교 대학생 및 전북도민 대표단의 하비타트 노동봉사와 함께 주택 개량 및 신축, 마을회관 및 유치원 개보수, 장애인재활 및 모자보건복지 지원이 있었으며, 네팔 농촌지역 역량 강화를 통한 소득창출, 몽골 내 해외작은도서관 운영 지원을 하였고, 전북의 비교우위분야인 스마트팜Smart Farm 관련 몽골 전문인력 초청연수사업도 전개할 예정이다. 둘째로는, 해외 신흥교류지역 대상 전북 전통문화체험 프로그램 운영사업으로서 전라북도에 대한 관심 유도 및 이미지 제고를 통한 양 지역 간 우호관계 조성 환경 구축을 목적으로 한다. 그간 기존 자매결연 또는 우호협력 지역인 미국·중국·일본·베트남 외에 국제교류협력 대상지역의 전 세계적 거점 확대를 위해 몽골, 라오스, 오세아니아 지역인 호주의 시드니, 서남아시아 지역인 네팔의 카트만두, 중앙아시아 지역인 우즈베키스탄의 타슈켄트와 카자흐스탄의 알마티, 러시아 블라디보스토크와 아르춈, 중남미권 진출 교두보인 스페인 마드리드와 바르셀로나, 유럽 관문인 독일 프랑크푸르트, 그리고 중동지역인 아랍에미리트 두바이 등지에서 전북 전통문화알리기사업을 적극 전개하였다.

다음으로는, 전북매력알리기사업이다. 첫째, 해외 민간교류 활성화 지원사업으로서 국내외에 전라북도 글로벌 이미지 제고와 전북의 국제교류 활성화에 필요한 해외 친전북인 확보를 위한 인적 교류 활성화를 도모한다. 주로 미국, 중국, 일본, 베트남 등 기존 자매우호 지역과의 민간단체 문화예술, 교육 및 스포츠 분야 등의 교류를 지원한다. 둘째, 전라북도 테마답사인데, 국내외 오피니언 리더, 외교단

등의 외국인들을 대상으로 전북의 매력을 널리 알리는 다양한 문화
관광 콘텐츠 프로그램을 제공하여 전라북도 글로벌 이미지 제고와
외국인 유치 확대 및 지역경제 활성화를 도모한다. 계절 및 지역적
특성에 따른 풍광과 지역축제 등 다양한 전라북도의 모습과 한옥마
을, 비빔밥, 한지공예, 농업박물관, 2023새만금세계잼버리대회 개최
지 등'한국 속의 한국'이라는 전북의 이미지에 어울리는 비교우위성
요소와 국가적 국제행사를 참가자가 SNS 등을 통해 자발적으로 소개
함으로써 매력 전북을 홍보하도록 하는 효과도 거두고자 한다. 셋째
로는 전북국제교류페스티벌 개최로서 다양한 공연·체험 등을 통해
세계 각국의 다양한 문화에 대한 이해 증진을 도모하며, 외국인과
도민 간의 상호교류 및 소통·공감·화합을 위한 교류의 장을 마련하
는 것이다. 그 주요 내용은 ■ 나라별 부스, 전통음식, 놀이체험, 공연
등을 통한 세계문화 소개, ■ 전북의 세계화 이미지 홍보, ■ 외국인
유학생 및 근로자 등의 한국어 말하기대회, K-Pop 경연 등을 통한
교류마당 조성, ■ 해외 외빈 및 주한 외교사절단 초청 팜투어 연계
방문 등이다.

다음은 도민공공외교사업이다. 그 첫번째 사업은 전북 공공외
교단 운영이다. 해외교류에 관심 있는 도내 학생 및 도민을 자발적이
고 상시적인 공공외교단으로 성장시키고, 이를 발판으로 전라북도
민간국제교류 활성화를 도모하고자 한다. 구체적 내용은 ■ 2023전
북아태마스터스대회 및 새만금세계잼버리대회 등 주요 국제행사 대
비 국제교류 서포터즈 운영, ■ 외국어 Master Class 운영, ■ 영어 통
·번역 자격취득 지원, ■ 도내 14개 시·군 국제교류행사 지원, ■ 국
제교류 관련 전문가 및 유명인사 초청 강연 및 공공외교 포럼 개최

등이다. 두번째 사업은 민간교류단체의 우수사업 발굴 및 지원을 통한 전북 민간국제교류 활성화 도모이다. 문화예술, 스포츠, 음식요리 등 다양한 분야의 지원을 통한 민간 국제교류 기반 확보 및 네트워크 강화로서, 특히 민·관·학 공공외교 클러스터 구축과 소위 풀뿌리 우리동네 공공외교 적극 지원 등 공공외교의 수행주체와 수혜집단 및 추진방법의 다양화를 통한 민간 국제교류 활성화를 위해 전라북도국제교류센터가 공공외교의 플랫폼 역할을 강화해 나가는 것이다. 셋째로는 한국농어촌공사 도농교류협력사업에 연속 선정되어 도시민과 외국인들의 도농교류 활성화 및 농촌 이해 증진과 함께 도내 농어촌 글로벌 역량 강화에 기여한바, 도시·관광지 위주의 기존 관광 흐름을 농어촌으로 유도하여 방문 체험활동을 통하여 전북 농가소득 증대 도모에 그 의의가 있다.

전라북도국제교류센터 주요 업무 중 마지막인 프렌들리전북사업은 아래와 같다. 첫째, 전라북도 유학생홍보단 운영이다. 도내 유학환경 및 대학생활 등을 유학생들 스스로 SNS 등을 통해 자국 포함 해외에 홍보하여 전라북도 이미지 제고와 유학생 및 관광객의 유치 확대를 도모하고자 한다. 둘째, 영문 및 중문으로 된 전라북도 홍보 잡지의 제작 및 배포 사업이다. 국내외 외국인들에게 외국인 기고자 및 편집자의 시각으로 접하는 전라북도의 매력 알리기와 도내 생활과 관련한 유용한 정보 제공을 목적으로 연 4회 2,000부씩 발간하여 국내외 대학, 원어민 강사소속 고등학교, 주한외교단, 재외공관, 자매결연 및 우호협력교류 대상지역 유관 공공단체, 외국인 선호 식당 등의 밀집 장소에 배포하거나 해외 출장 또는 국내 유관 국제교류행사 시 배포·활용하고 있다. 셋째, 전북 친화 외국인 지원사업이다.

외국인 커뮤니티 동호회 모임 지원을 통한 도내 외국인들 삶의 질적 향상 및 사회공동체의 일원으로서의 참여를 유도한다. 문화, 예술축제, 체육대회, 연말 불우이웃돕기 자선활동 등 다양한 외국인 커뮤니티 자체 행사를 지원한다. 또한 안정적 생활 정착을 위한 맞춤형 지원사업도 펼치고 있다. 도내 거주 외국인들에게 전북에 대한 긍정적 인식을 부여하고, 그들의 정주 여건 개선을 위한 사회적응력 향상 프로그램을 제공하는 사업으로서 ▪ 외국인 한국어교실 운영, ▪ 외국인 대표단 및 봉사단 운영, ▪ 외국인 근로자 화합마당 행사 개최 ▪ 외국인 유학생 및 근로자들 대상 출입국체류 및 노무문제 상담 서비스 프로그램 등을 운영해오고 있다.

2. 전라북도국제교류센터 주요 업무 성과 및 평가

전라북도국제교류센터는 2020년부터 대두된 코로나19 사태에 신속히 대응하여 사업이 변경·조정되는 가운데 부가적 성과를 창출하였다. 범세계적으로 코로나19 바이러스 감염이 급속도로 대량 전파되고 국가적 연대가 약화된 상황에서 민간국제 연대협력을 선도한바, 자매우호교류 국가에 인도적 차원의 방호복, 마스크 등 방역물품을 신속하게 지원하고, 베트남 닥락성 전북우정마을에 장애인 인식개선과 재활 및 모자보건증진 프로그램 지원사업을 추진함으로써 시의적절하게 보건안보협력을 강화하였다.

이에 따라 미국·러시아·베트남·라오스의 교류대상 지방정부로부터 감사서한을 수여받는 한편, 베트남 닥락성 인민정부로부터 전북형ODA 국제개발협력 지원활동에 대한 공로상을 수상함으로써 전라북도의 국제적 위상 제고에 기여하였다. 또한 단절 없는 비대면 디지털 공공외교 활성화 체제로 전환하여 화상회의실 구축과 함께 언택트(온택트) 교류사업을 적극 전개함으로써 시간과 장소의 제약 없이 국제교류의 외연 및 참가자 확대를 가져오는 성과를 거두었다. 전통요리와 문화체험 동영상 및 관련 키트 배포, 랜선투어 영상물 홍보, 외국인 한국어 말하기대회 및 전북 홍보 영상콘텐츠 공모전의 대면·비대면 개최 등 지속가능한 언택트(온택트) 국제교류 본격화와 기존 대면교류와의 효율적 복합추진을 통해 공공외교활동을 강화하고 있다.

또한 사업예산을 전액 전북도 출연금에 의존하고 별도의 수익사업을 할 수 없는 공공기관의 특성을 가지고 있는 전라북도국제교류센터의 입장에서는 국비 공모사업 선정으로 재정자립도를 높이는 일이 매우 중요하였다. 그간 한국농어촌공사 주관 도농교류사업, 한국국제협력단KOICA 주관 영프로페셔널 운영 및 개도국(몽골) 농업분야 연수사업, 외교부 주관 한일민간공공외교 활성화 지원 사업 등에 연속 선정되는 성과를 거두고 있다.

한편, 전북형 비교우위 국제교류 공공외교 활동 전개로 평가될 수 있는 특화사업을 살펴보면 다음과 같다. 첫째로, 새만금한글학당 운영사업이다. 전라북도 내용이 담긴 한국어 교재의 발간·배포 및 교육센터 운영으로 전라북도에 대한 관심을 유발하고 향후 잠재적인 유학생, 관광객, 산업인력을 만들 수 있는 특화사업으로 타 지방정부 차원에서는 시행되지 않고 있다. 해외에서 높은 호응을 보이고 있는 바, 라오스에서는 새만금한글학당이 한국어능력평가를 위한 토픽시험 검정장으로 지정되었으며, 러시아 연해주에서는 우수리스크 고려인 민족학교의 한국어 교재로 채택되는 성과를 거두었다. 둘째로, 전라북도 테마답사를 들 수 있다. 계절별·주제별로 테마를 정해서 전라북도의 특색있는 명소 탐방 및 문화체험을 하고 국내외 외국인 참가자를 통한 매력 전북 홍보 및 글로벌 이미지 제고, 도내 관광산업 발전 및 지역경제 활성화를 도모하는 점에서 여타 유관가관에서 운영하는 초청 팸투어Familiarization Tour와는 차별되는 특성이 있다. 셋째로, 민간 공공외교의 기본적 소양 내지 자산이 될 수 있는 글로벌 마인드 함양이라는 측면에서 전라북도 청소년모의유엔회의와 찾아가는 국제교류이해교실을 꼽을 수 있다. 전국적으로 대학생이 아닌 중고등학생을 대상으로 모의유엔회의를 연례 개최하는 곳은 지자체 중 전라북도국제교류센터가 유일하다. 또한 여타 지방 공공외교 수행기관들이 시도민들을 대상으로 글로벌 역량 강화를 위한 외부강사 초청 강연 등을 하고는 있지만, 전라북도국제교류센터와 같이 접근성이 떨어지는 관내 시골 지역 등의 초중고생을 대상으로 국제교류 및 국제정세 관련 강좌를 진행하는 곳은 없다.

IV. 전라북도 지방정부 공공외교의 발전 방향

이상 살펴보았듯 대한민국 공공외교의 비전 및 목표를 달성함에 있어 지자체의 역할이 매우 중요함은 의심의 여지가 없다. 또한 국가 전체 외교활동의 영역에서 공공외교가 차지하는 비중이 커져가고 있음과 함께 중앙정부와 지방정부 간 공공외교 협업 전개의 중요성도 나날이 증대되고 있다. 전통적인 정무외교, 경제외교로 구성되는 하드파워에 공공외교를 바탕으로 하는 소프트파워 증대를 통한 우리나라 총합 스마트파워 증강을 위해, 그 어느 때보다도 더욱 중앙정부-지방정부 간 공공외교의 효율적 협업체계 운영이 절실히 요망된다.

우리나라의 GDP, 군사력 등 하드파워가 10위권 안팎임에 비해, "The Soft Power 30 Report"에 의하면, 한국의 소프트파워는 아직 20위권에 머물고 있는 것으로 평가되고 있다. 우리의 경쟁상대이자 벤치마킹 대상국인 일본의 소프트파워는 최근 수년간 10위권 내에서 그 순위가 매년 상승되고 있는 반면에 우리나라는 계속 20위권에 머물고 있는 실정이다. 그럼에도 우리에게는 희망과 가능성이 있다. 아시아에서는 소프트파워의 순위에서 싱가포르·중국·대만·태국·인도 등을 제치고 일본 다음의 2위를 지키고 있는 것이다. 또한 사물인터넷, 인공지능, 빅데이터로 상징되는 4차 산업혁명 시대의 도래에 발맞추어 필수적으로 요구되는 ICT 정보통신기술 등 우리나라의 우수한 자원과 문화적 자산을 최대한 잘 활용하여 공공외교 소프트파워 증강을 이룰 수 있다고 생각한다. 전 세계 상위권의 ICT 기술, 최근 전 세계 음악계에 돌풍을 일으키고 있는 BTS(방탄소년단) 및 방송드라마 등으로 대표되는 한류문화, 각종 국제 스포츠대회에서의 우리 선수들의 선전, 그리고 한반도 대화 및 평화 분위기 등 정치적 요인의 성숙과 함께 한국의 공공외교 소프트파워가 10위권으로 조속 진입할 수 있기를 기대해 보며, 분명 그렇게 되리라 믿어 의심치 않는다.

우리나라 소프트파워의 증강을 위한 공공외교의 비전, 즉 "국민과 함께, 세계와 소통하는 매력 한국"을 지자체에 대입하면,"시민과 함께, 세계와 소통하는 매력 서울", 또는 "도민과 함께, 세계와 소통

단계	태동기 (2015~2019년)	성장기 (2020~2022년)	도약기 (2023~2025년)
단계별 전략	센터 기능 및 역할 강화	센터 위상제고 및 네트워크 협력 고도화	국제교류 전문기관으로 재도약

비전	세계 속의 전북을 선도하는 공공외교 전문기관	우호국가 지역목표: 13개국, 20개 지역		
		국내외 네트워크 활성화 및 공공외교 클러스터 구축 및 강화		

전략방향			태동기	성장기	도약기
	국제교류 네트워크 확충		친전북 네트워크 구축	협력기관과 차별적 협업 강화	전북 글로벌 브랜드 구축
	전북의 국제경쟁력 강화		전북형 ODA 발굴	글로벌 비즈니스 네트워크	지속가능형 국제교류
	맞춤형 공공외교 확대	AS IS	민간교류 거점 확보	민간교류 특성화 ▽ 공공외교 클러스터 구축	자발적 공공외교 활성화 ▽ 공공외교 클러스터 확대
		TO BE			
	지속가능한 미래성장 기반구축	AS IS	내외부 만족 증진	이해관계자 소통 활성화 ▽ 조직 및 경영시스템 개선	이해관계자 협력발전체계 구축 ▽ 조직 및 인력 강화
		TO BE			

고객전략			태동기	성장기	도약기
	자매우호 지역	AS IS	국제교류 관계자 네트워크	자매도시 교류 및 신규도시 확대 ▽ 자매도시 교류 정례화 및 신규도시 확대	참여형 국제교류 활성화
		TO BE			
	외국인 주민 및 유학생		전북 체험형 사업	사업대상 맞춤형 사업	친전북 인재 확보·활용
	제3세계	AS IS	ODA 기관 연계 네트워크	전북형 ODA사업 발굴 및 추진 ▽ 전북형 ODA사업 강화 및 공모 대응	전북형 ODA 자생력 확보
		TO BE			
	도민(청소년)		글로벌 역량 강화	전북형 글로벌 미래인재 육성	민간교류 매개 및 지원

개선방향	-도내 국제교류 단체·기관의 해외 매칭, 컨트롤 타워 역할 수행 기반 확보 -조직·인력·지원체계 구축으로 내부 경영기반 고도화 -일방적·단편적 교류가 아닌 정례적·쌍방향 교류 -공모사업 대응력 강화로 재정자립도 확보 노력

출처: 필자 작성

하는 매력 전북"이 될 것이다. 이러한 목표와 비전 달성을 위해 중앙정부와 지방자치단체 간의 효율적 협업체계 운영의 필요성을 재삼 강조한다. 중앙정부-지방정부(지자체) 간 최대한 협업이 잘 이루어지는 가운데, 일반 국민, NGO 등 민간부문의 공공외교 역량의 최적 활용으로 대한민국 공공외교의 시너지 효과가 극대 창출될 수 있기를 바라며, 전라북도 지방정부 공공외교 수행 전문기관인 전라북도 국제교류센터의 중장기 발전계획을 제시하면서 본 소고를 마친다.

1 전라북도 지방정부 공공외교활동 전개의 효율성 제고를 위하여 전라북도국제 교류센터를 통한 전문적 기능 강화 외 민간부문 활성화 방안은?

2 중앙정부, 지방정부 및 민간부문의 공공외교활동의 상호 조율 없는 유사·중복·편 중 문제의 해결이 범정부 공공외교위원회 운영만으로 가능할까?

3 전라북도 내 거주 유학생, 근로자 등 외국인 주민 및 다문화가족 대상 중앙 유관 정부부처와의 맞춤형 정착지원 협업의 효율적 이행방안은?

4 전라북도 국제화 풀뿌리 기반 구축을 위한 도 차원의 공공외교 방향성 및 전략 과제에 대한 도내 14개 시군 기초자치단체와의 효율적 협업방안은?

5 포스트(Post)/위드(With) 코로나19 시대에 지속가능한 효율적 대면·비대면 전라북도 지방정부 국제교류 공공외교 강화 방안은?

6 전라북도의 글로벌 이미지 제고 및 브랜드 확산을 위한 한(韓)스타일 전파 및 농생명분야 협력 등 비교우위 특화 맞춤형 공공외교사업 추가 발굴 방안은?

7 유관기관 협업 및 민·관·학 거버넌스 증진을 통한 전라북도국제교류센터의 공공외교 중심기관화 및 플랫폼 역할 강화방안은?

추천 문헌

외교부(2017). "제1차 대한민국 공공외교 기본계획"

전북연구원(2017). "전라북도국제교류센터 조직진단 및 발전계획"

오경택·이진영(2017). "외교부–지자체간 공공외교 협업사업 개발연구"(외교부 연구
　　　과제/ 전남대학교 산학연구단 위탁)

외교부(2018). "재외공관과 함께 하는 지자체 공공외교"

한국국제교류재단(2019). 『그래서 공공외교가 뭔가요?』

전북연구원(2019). "전라북도 국제화 역량 강화방안 연구"

문경연·송기돈·박지연 외(2020). 『공공외교: 이론과 사례』 서울: 오름

참고 문헌

전라북도국제교류센터(2020). "전라북도국제교류센터 경영실적보고서"

임형택(2020). "전북국제교류센터 경영체계 개산 및 중장기발전방안 수립." 서울:
　　　비손파트너스

3부
문제영역별 지방정부의 외교와
공공외교

제11장

세계평화협력과 지방정부 공공외교:
제주특별자치도의 세계평화의 섬 구상 사례*

한인택 • 전 제주평화연구원장

[요약문]

　　제주도는 '특별자치도'이며 '국제자유도시'이고 '세계평화의 섬'이다. 특별자치도로서 제주도의 공공외교, 국제자유도시로서 제주도의 공공외교, 세계평화의 섬으로서 제주도의 공공외교는 각기 다른 특색이 있다. 그뿐만 아니라 제주도가 추구하고 있는 '평화'의 개념이나 제주도가 추진하고 있는 세계평화의 섬 '모델'에 관해서도 다양한 관점들이 있다. 예를 들어 「제주특별자치도 설치 및 국제자유도시 조성에 관한 특별법」에서 추구하는 평화는 소극적 평화이나 평화실천 17대 사업에서 추구하고 있는 평화는 적극적인 평화를 포함하고 있다. 제주도의 구성원은 평화나 제주도의 발전에 관해 다양한 생각을 하고 있고, 그런 차이는 제주도의 국제교류협력, 세계평화의 섬 관련 사업, 제주국제자유도시 관련 사업의 추진에 있어서 각기 다른 선택과 상이한 평가를 낳는다. 그 결과 제주도의 공공외교는 다채로우며, 제주도의 공공외교를 이해하기 위해서는 정책뿐만 아니라 그 저변에 있는 인식의 다양성을 함께 이해하는 것이 필요하다.

* 탈고 이후의 변화, 특히 재외동포재단의 해산과 재외동포청 및 재외동포협력센터의 설치, 부산국제교류재단과 부산영어방송재단의 통합과 부산글로벌도시재단의 출범은 원고에 반영되어 있지 않다.

특별자치도	국제자유도시	세계평화의 섬
17대 평화실천사업	소극적 평화	적극적 평화
한국국제교류재단	제주포럼	

「제주특별자치도 설치 및 국제자유도시 조성을 위한 특별법」

I. 서론

2021년 현재 제주도 인구는 67만 3000여 명으로서 남한 전체인구의 1.3퍼센트에 불과하다.[1] 한편, 제주도청 홈페이지에서 '공공외교'를 검색해 보면 단 1명의 직원이 공공외교 업무를 담당하고 있는 것으로 나온다.[2] 제주도의 인구 규모나 제주도청에서 공공외교 업무를 담당하는 직원 수로 본다면 제주도의 공공외교는 규모도 작고 단순할 것으로 예상된다.

　하지만 자세히 들여다보면 제주도는 공공외교적으로 흥미롭고

---

[1] 제주도는 17개 광역자치단체 중 마지막에서 2번째로 인구가 적다. 인구가 최소인 광역자치단체는 세종특별시이다.

[2] '공공외교법 관련 업무 추진'이 바로 그것인데, 이 업무는 해당 직원이 담당하고 있는 8개 업무 중 하나에 불과하다. 하지만 제주도의 국제교류협력 업무를 담당하고 있는 평화대외협력과의 인원은, 평화사업 담당 5명, 국제교류 담당 7명, 재외도민 담당 4명 등 총 16명으로, 인구나 예산 상으로 월등한 서울시의 39명에 비해서 상대적으로 적지 않다.

중요한 사례이다. 공공외교의 중요한 목적이 해외에 자신을 알리고 이해시키는 것이라고 한다면 제주도는 적은 인구와 작은 면적에도 불구하고 다른 시도보다 이미 많이 앞서고 있다. 제주도는 해외에 널리 알려진 관광지로서 해마다 제주도 인구의 20~30배가 되는 관광객이 제주도를 방문하는데, 이 중에서 해외 관광객의 수가 꾸준하게 증가해 왔다. 또 제주도에는 여러 개의 국제학교가 있으며, 부동산 투자를 대가로 영주권을 받은 외국인들도 거주하고 있다. 이런 면에서 제주도는 한국 속에 있는 작은 '해외'라고도 볼 수 있다.

더욱 중요한 점은, 비록 공공외교라고 부르지는 않더라도 공공외교에 해당하거나 공공외교적으로 함의가 큰 다양한 활동과 사업을 제주도청, 제주국제자유도시개발센터JDC, 그리고 제주도의 민간부문에서 수행하고 있다는 점이다.[3] 그뿐만 아니라 외교부 산하기관이자 가장 대표적인 공공외교 추진기관인 국제교류재단도 2018년에 제주도로 이전하여 제주도를 거점으로 공공외교 사업을 하고 있다. 재외동포재단도 제주도로 이전하였으며, 외교부와 제주특별자치도가 공동으로 출연하여 2006년에 설립한 제주평화연구원도 제주도 서귀포시 중문단지에 자리 잡고, 매년 국내 최대 공공외교 포럼이라고 할 수 있는 '평화와 번영을 위한 제주포럼'을 주관하고 있다. 즉, 제주도는 인구나 면적에 대비해서 국제적으로 지명도가 높고, 외국인 유동인구와 외국인 정주인구가 적지 않으며, 공공외교 관련 주요 기관들이 제주도를 거점으로 다양한 공공외교 사업을 수행하고 있

---

3 제주국제자유도시개발센터(JDC)는 「제주국제자유도시기본계획」 및 「제주특별자치도 설치 및 국제자유도시 조성을 위한 특별법」에 따라 제주도를 지원하고 제주국제자유도시 개발을 촉진시키기 위하여 설립된 국토교통부 산하의 특수법인이다.

다. 이러한 이유로 제주도의 공공외교는 눈여겨봐야 할 사례이다.

제주도 사례를 흥미롭고 중요하게 만드는 또 다른 중요한 요인은 제주도가 추진하는 정책과 사업의 성격이다. 많은 지자체들은 국제교류협력을 통해서 보통 지자체의 홍보나 브랜드화를 추구하고 있다. 제주도도 물론 그러한 노력을 하고 있지만, 그에 추가하여 평화증진을 위한 '세계평화의 섬' 비전의 실현과 홍콩이나 싱가포르('홍가포르') 같은 '국제자유도시'로의 발전을 추구하고 있다. 제주도의 국제교류협력, '세계평화의 섬' 관련 활동과 사업, '국제자유도시' 관련 활동과 사업이 모두 공공외교에 해당하는 것은 아니지만, 공공외교적으로 중요한 함의를 갖고 있다. 예를 들어 국제학교의 인가나 비자의 면제는 공공외교 정책은 아니지만 제주도와 한국에 대한 외국인의 인식과 경험에 중요한 영향을 끼친다.

국가가 나서도 성취하기 힘든 평화증진을, 그리고 지자체에게 직접적이거나 즉각적 이익이 되는 것도 아닌 평화증진을 제주도가 목표로 삼은 이유와 배경, 그리고 구체적 수행 전략이나 성과는 흥미로운 연구주제이다. 마찬가지로 제주도가 '무비자, 면세, 무규제, 영어통용'의 '21세기 동북아 중심도시'가 되고자 하는 이유와 배경, 그리고 구체적 전략과 성과에 대해서도 상세한 이해가 필요하다. 이 글에서는 먼저 제주도가 수행하고 있는 교류협력에 대해 살펴본 후, 제주도가 추진해온 '세계평화의 섬' 관련 활동과 사업, '국제자유도시' 관련 활동과 사업에 대해서 알아보고자 한다. 마지막으로 제주도 내 위치한 공공외교 기관의 활동과 사업에 대해서도 살펴볼 것이다.

II. 제주도의 교류협력 활동

1. 국제교류협력

대한민국시도지사협의회 지자체별 국제교류현황 DB에 의하면 2021년 5월 19일 검색일 기준, 제주도(기초자치단체 포함)는 총 698건의 국제교류를 한 것으로 나오는데 이중 307건이 행정교류로서 가장 비율이 높고, 문화예술교류가 그다음으로 많은 148건을 차지하고 있는 것으로 파악된다(정지형·이동윤 2021, 38~39). 행정교류가 1위, 문화예술교류가 2위를 차지하는 것은 지자체 국제교류협력에서 일반적인 현상이다.

〈표 11-1〉 교류의 유형 및 예시

유형	예시
행정교류	대표단 상호방문, 행정정보교류, 교류 10주년 기념식 등
인적 교류	공무원(상호)파견, 공무원연수, 청소년 상호방문, 홈스테이, 대학생교류 등
문화예술교류	축제 참가, 예술단 공연, 바둑 및 서예교류전, 미술전시회, 한복패션쇼행사 등
관광교류	관광물 선전, 수학여행, 의료관광 유치 등
청소년교류	홈스테이, 수학여행, 청소년 스포츠 교류, 어학연수, 국제인턴십
스포츠교류	친선축구대회, 친선야구대회, 국제육상대회 등
기술·학술교류	행정정보 관련 세미나, 국제심포지엄 개최, 농업기술연수, 산업관련 연수 등
경제교류	경제교류협정 체결, 시장개척단 파견, 경제상담회 개최, 국제인턴십, 상공
회의소 간 교류	투자설명회, 직항로 개설, 기술이전 협의 등
민간단체교류	상공회의소 간 교류, 예술협회·의사회 등 민간단체 간 교류, 대학생 교류사업 등
상징사업	공원조성, 거리 명명식, 자매도시 전시관 개관, 명예시민증 수여 등
기타	의료봉사, 성금전달, 원조, 동물기증 등

출처: 정지형·이동윤 2021, 8

지자체가 추진하는 국제교류협력의 대상이 꼭 외국의 지차체가 되어야 할 필요는 없지만 외국 지자체를 대상으로 한 양자교류가 일반적이다. 국제교류는 보통 방문 또는 초청으로 이루어지는데, 종종 일회성이고 실질적인 협력으로 이어지지 않는 경우가 많다. 따라서 지자체 간에 국제교류를 제도화하고 향후 협력의 근거를 마련하기 위하여 자매결연이 체결되는 경우가 많다. 제주도도 예외가 아니어서 제주도와 외국도시 간 교류협력에 관한 조례를 제정하여 운영하며 해외 도시와 자매결연을 하고 있다.

제주도는 1986년 미국 하와이주와 교류를 시작한 이래로 2021년 1월 현재 6개의 자매도시, 8개의 우호도시 등 총 8개국 14개 도시와 공식적인 친선교류관계를 맺고 있다. 기초자치단체인 제주시와 서귀포시는 13개 자매도시, 12개 우호도시 등 총 5개국 25개 도시와 친선교류관계를 맺고 있다. 제주도(기초자치단체 포함)의 자매우호도시 39개의 지역별 분포를 살펴보면 아시아 지역의 도시가 31개로 대다수를 차지하고 있다. 국가별로 세분하면 중국 소재 도시가 17개, 일본 소재 도시가 10개로 과반수로서 중국과 일본에 대한 집중현상이 현저하다(정지형·이동윤 2021, 14~30).

〈표 11-2〉 제주도(기초자치단체 포함)의 자매우호결연 현황

지자체명	유형	국가명	외국 도시명	결연일자
제주특별자치도	우호교류	대만	타이베이시	1997-08-11
		호주	태즈메이니아주	1997-10-27
		일본	시즈오카현	2000-11-15
		중국	다롄시	2001-03-24
		베트남	끼엔장성	2008-05-21

		중국	상하이시	2009-09-25
		중국	헤이룽장성	2013-06-14
		일본	홋카이도	2016-01-12
	자매교류	미국	하와이주	1986-11-25
		인도네시아	발리주	1989-06-16
		러시아	사할린주	1992-01-17
		중국	하이난성	1995-10-06
		포르투갈	마데이라제도	2007-01-23
		일본	아오모리현	2016-08-08
제주시	우호교류	중국	양저우시	2000-11-04
		중국	쑤저우시의 쿤산시	2002-11-20
		일본	벳푸시	2003-01-17
		일본	아라카와구	2006-02-17
		중국	훈춘시	2007-10-17
		독일	로렐라이시	2009-11-28
		중국	진화시의 이우시	2015-05-07
	자매교류	일본	와카야마시	1987-11-12
		중국	옌타이시의 라이저우시	1995-12-1
		미국	샌타로자시	1996-10-22
		일본	산다시	1997-07-31
		중국	구이린시	1997-10-29
		프랑스	루앙시	2004-10-14
서귀포시	우호교류	중국	싼야시	1999-11-19
		중국	친황다오시	2000-10-19
		중국	진화시의 이우시	2015-09-07
		중국	상하이시 충밍구	2018-06-20
		필리핀	푸에르토프린세사시	2019-10-04
	자매교류	일본	기노카와시	1987-02-20
		일본	가라쓰시	1994-09-14
		중국	후루다오시의 싱청시	1996-11-12
		중국	옌타이시의 룽커우시	1999-04-20
		중국	항저우시	2002-10-12
		일본	카시마시	2003-11-26
		미국	살리나스시	2018-06-25

출처: 박나라 2021, 24-25

글로컬 시대 지방정부 외교와 공공외교

〈표 11-3〉 제주도(기초자치단체 포함)의 국제기구 가입 현황(가입 연월순)

단체명	국제기구(영문명)	분야	가입 연월
제주특별자치도	아태관광협회(PATA: Pacific Asia Travel Association)	관광	1985/2
	한일해협연안시도현지사교류회의(KOJASTRAIT: Korea-Japan Strait Coastal Region Governor's Meeting)	친선교류	1992/8
	미주여행업협회(ASTA: American Society of Travel Agents)	관광	1995/4
	동북아자치단체연합(NEAR: Association of North East Asia Regional Governments)	친선교류	1996/9
	세계과학도시연합(WTA: World Technopolis Association)	과학·기술	1997/6
	WHO 서태평양지역건강도시연합(AFHC: Alliance for Healthy Cities)	보건·안전	2003/10
	세계지방정부연합(UCLG: United Cities and Local Governments)	친선교류	2004/1
	자치단체국제환경협의회(ICLEI: International Council for Local Environmental Initiatives)	자연·환경	2005/3
	세계평화사절도시연합회(IAPMC: International Association of Peace Messenger Cities)	친선교류	2006/1
	아시아태평양차별반대도시연합(APCARD: Coalition of Cities against Racism and Discrimination in Asia and the Pacific)	인권·가치	2007/10
	한미경제협의회(KUSEC: Korea-U.S. Economic Council)	경제	2008/1
	세계자연보전연맹(IUCN: International Union for Conservation of Nature)	자연·환경	2008/3
	한-아랍소사이어티(KAS: Korea-Arab Society)	친선교류	2008/5
	아시아태평양도시서밋(APCS: Asian-Pacific City Summit)	친선교류	2008/9
	환태평양평화공원도시협의체(Pacific Rim Park City Members)	친선교류	2012/6
	도시환경협약(UEA: Urban Environmental Accords)	자연·환경	2013/5
서귀포시	자치단체국제환경협의회(ICLEI: International Council for Local Environmental Initiatives)	자연·환경	2012/3

출처: 박나라 2020. 20-21

　　지자체들은 양자적 교류뿐만 아니라 다자적 교류도 하고 있다. 제주도도 마찬가지로, 1985년 아시아태평양관광협회PATA: Pacific Asia Travel Association 가입을 시작으로, 한일해협 연안 8개 시도현 교류 지사회의, 세계지방정부연합UCLG, 세계자연보전연맹IUCN, 세계스마트

시티WeGO 등 17개 국제기구 및 협의체에 가입해 있다(정지형·이동윤 2021, 30-31).

정지형·이동윤은 제주도가 중국·일본과는 비교적 활발하게 교류협력하지만 UCLG를 제외한 국제기구 활동은 미흡하다고 평가하고 있다(정지형·이동윤 2021, 2). 최경준은 제주도의 자매도시들이 하와이·발리·하이난 등 대부분 섬이고, 제주도의 우호도시들은 대부분 경제적 가치가 큰 도시로서, 제주도의 해외 지자체 교류가 관광과 경제협력을 위주로 추진되었다고 지적하고 있다. 아울러 국제기구의 가입에 있어서도 제주도가 경제적 목적을 가진 국제기구에 치중하고 있다고 지적하고 있다(최경준 2021, 21). 제주도의 국제교류활동이 평화증진보다는 관광이나 경제협력에 치중한다는 최경준의 비판은 한편으로 제주도의 국제교류협력이 갖는 보편성을 잘 보여주고 있다. 지자체들의 국제교류협력이 공통성이나 이익에 기반한 경우가 많은데 제주도도 이에 있어서 예외가 아니라고 할 수 있기 때문이다.

2. 남북교류협력

제주도는 북한과 접경하지도 않았고 거리상으로도 가장 멀리 위치하고 있다. 하지만 제주도는 의외로 남북교류협력을 가장 선도적으로 추진한 지자체이다. 남북교류협력사업을 공공외교라고 생각하기는 어렵겠지만, 공공외교에서처럼 남북교류협력에 있어서도 인사교류와 인도적 지원이 중요한 역할을 하였다.

제주도는 2000년 사상 최초의 남북정상회의가 개최되기도 이전인 1998년부터 북한으로 감귤보내기 운동을 시작하여, 2010년까지 꾸준하게 감귤과 당근을 보내는 운동을 전개하였다. 2000년 남북정상회의 이후로는 품목을 다양화하여, 의약품에서 목초 종자, 흑돼지까지 다양하게 대북지원을 하였다. 대북지원사업을 수행하기 위해서 제주도 내에서는 '새천년맞이 북한에 감귤 보내기 제주도민운동', '북한동포돕기 제주도민운동본부', '남북협력 제주도민운동본부' 등의 단체가 결성되었고, 제주특별자치도 출범 이후로는 제주도청 내에 '평화협력과(현 평화대외협력과)'가 설치되어 대북교류업무를 담당하기 시작했다. 제주도 의회에서도 '제주특별자치도 남북교류협력에 관한 조례안'을 통과시켰고, '남북교류협력위원회', 그리고 최근에는 의회 내 한시적으로 '남북교류협력특별위원회'를 설치하였다. 북한은 제주도의 대북지원에 화답하여 2002년부터 2007년까지 제주도의 '남북협력 제주도민운동본부'와 북한의 '민족화해협의회'가 주관하여 4차례에 걸쳐 총 800여 명의 제주도민 대표단의 방북이 이루어졌다. 또한 2003년에는 제주도에서 '남북민족통일평화체육문화축전'이 개최되어 190명의 북한대표단이 참가하였다(최경준 2021, 22-25).

지자체의 주도 하에 이러한 규모의 인적 교류가, 그것도 양방향으로 이루어졌다는 것은 특기할 만한 사실이다. 이러한 사실에서 볼 수 있듯이, 공공외교의 측면에서 본다면 제주도의 대북지원사업은 커다란 효과를 거둔 것으로 보인다. 이러한 공공외교적 성과 외에도 제주도의 남북교류협력사업은 최초의 남북 정상회의도 개최되기 이전에 시작해서 남북관계의 해빙을 선도하였다는 긍정적인 평가가 존재한다. 지자체의 외교가 남북 지도자 간 외교를 촉진하였다는 것이다. 하지만 북한의 핵개발, 천안함 사건, 연평도 포격 등으로 남북관계가 경색되면서 결국 제주도의 남북교류협력사업도 중단될 수밖에

없었다. 5·24 조치가 아직 해제되지 않았고, 북한에 대해 국제제재
가 걸려 있으며, 북한이 코로나를 이유로 국경을 봉쇄하고 있는 상태
에서 지금 제주도가 할 수 있는 역할은 많지 않다. 아울러 지자체의
공공외교이든 중앙정부의 공공외교이든 공공외교만으로는 국가 간
군사적 대립을 해소하는 데에는 한계가 있다.

3. 제주도 교류협력의 보편성과 특수성

지자체들이 서로 유사한 지역, 국가를 대상으로 서로 유사한 사업을
중복적으로 추진하고 있어서 차별화가 시급하다는 지적이 많다. 제주
도의 교류협력 활동도 마찬가지로서, 다른 지자체의 교류협력 활동과
부분적으로는 차이가 있지만 전체적으로 보면 크게 다르지 않다.

하지만 제주도는 다른 시도에서는 추진하기 어려운 차별적인
사업과 활동을 시행할 수 있다. 제주도는 특별자치도이기 때문이
다.4 제주도는 2006년 특별자치도로 승격되었는데, 이에 따라서 국
방, 외교 등을 제외한 4,537건의 중앙행정기관의 권한이 제주도로
이양되었고, 특별지방행정기관의 사무도 제주도로 이관되었다. 자치
입법 대상이 되는 사무도 확대되었고, 기존에 시행령, 시행규칙에 위
임하던 사항들을 제주도에 한하여 도조례로 위임되었다. 지방채 발
행권한도 이양하여 제주도의 재정자주권도 강화시켰다.

제주도가 이렇듯 다른 지자체와 차별되는 사업이나 활동을 추
진할 수 있는 정책적 자율을 부여 받은 배경에는 제주도가 본토로부

---

4 특별자치도 승격에도 불구하고 국제평화교류 증진을 위한 제주도의 대외적인 권한이
  실제로는 극히 부족하다는 견해가 있다(김부찬 2007).

글로컬 시대 지방정부 외교와 공공외교

터 떨어진 섬이라는 점이 중요하게 작용하였다. 제주도가 본토와 물리적으로 분리되어 있기 때문에 새로운 정책이 도입되어 발생하는 작용 또는 부작용이 본토에까지 영향을 미치지 않을 수 있기 때문이다. 제주도는 제고된 자치권을 갖고 다른 지자체와는 다른 사업과 활동을 할 수 있고, 다음에서 살펴보게 되듯이 실제로도 다른 지자체와 차별되는 사업과 활동을 추진하여 왔다.

III. 세계평화의 섬 비전

1. '신혼여행의 섬에서 평화의 섬으로'

경제적으로 낙후되었던 제주도가 발전하게 된 데에는 감귤산업과 관광업이 중요한 역할을 하였다. 역사적 기록에 의하면 제주도에서 감귤재배의 역사는 1000년이 넘는다고 한다. 일찍이 고려시대에 왕실에 제주도의 귤을 바쳤다는 기록이 있으며, 조선시대에는 진상품인 귤을 생산하기 위한 감귤원이 제주도에 많이 있었다고 한다. 하지만 감귤을 대중도 소비할 수 있도록 대규모 감귤산업이 발전하게 된 것은 박정희 대통령이 제주도에 감귤산업을 조성하도록 지시하고 나서이다. 박 대통령의 지시에 따라 1960년대부터 제주도에서 감귤산업이 정책적으로 육성되기 시작해서, 1964년 재배면적 110헥타르, 생산량 1200여 톤에 불과하던 제주감귤이 1982년에는 재배면적 1만 5,500헥타르, 생산량 32만 톤에 달하게 되었다(강시영 2010).

제주도의 관광업이 발전하게 된 계기도 박정희 대통령의 지시와 관계가 깊다. 박정희 대통령의 직접 지시로 중문관광단지의 개발이 시작되었으며, 전두환 대통령 때에는 중문단지의 개발면적이 확대되었다. 그 결과로 해외여행이 자유화되기 이전에 제주도는 신혼여행지로서 가장 선호되는 목적지였다.

그러한 제주도의 감귤산업과 관광산업이 80년대 말부터 위협받기 시작한다. 민주화와 국제화로 인해서 해외여행이 자유화되고 농산물시장이 개방되기 시작했기 때문이다(이승욱·조성찬·박배균 2017, 276). 신혼부부들은 동남아로, 하와이로, 유럽으로 신혼여행을 가기 시작했고, 감귤과 경쟁하는 열대과일의 수입이 늘기 시작했다. 이처럼 제주도의 주력산업이 위협받기 시작할 때 노태우 대통령의 북방외교가 성과를 맺어서 1991년 4월에 노태우 대통령과 고르바초프 대통령이 제주도에서 한소 정상회담을 갖게 되는데, 이 회담을 계기로 제주도 내에서는 제주도를 '신혼여행의 섬'에서 '평화의 섬'으로 발전시키자는 논의가 전개되기 시작한다(고성준·김부찬 2005).

한소 정상회담 이후 제주도에서 한미, 한일, 한중 정상회담이 연이어 개최되면서 제주도는 동북아 평화외교의 허브로서 잠재성이 보이기 시작한다. 이에 제주도가 평화외교의 중심지로서 자리잡을 수 있도록 제주도를 공식적으로 평화의 섬으로 지정하려는 노력이 전개되었고, 마침내 2005년 노무현 대통령이 「제주 평화의 섬 지정 선언문」에서 서명함으로써 제주도가 공식적으로 '세계평화의 섬'이 되게 된다.

2. 세계평화의 섬 지정

「세계평화의 섬 지정 선언문」에서 노무현 대통령은 "제주4.3의 비극을 화해와 상생으로 승화시키며, 평화정착을 위한 정상외교의 정신을 이어받아 세계평화에 기여할 수 있도록 제주국제자유도시특별법 제12조의 규정에 의하여 제주도를 세계평화의 섬으로 지정한다"고 밝혔다. 이에서 알 수 있듯이 제주도가 세계평화의 섬으로 지정되고, 제주도가 평화 증진을 목적으로 하는 공공외교를 추구하게 된 데에는 4·3이라는 역사적 경험이 자리잡고 있다. 국가폭력에 희생되었던 비극적 경험, 그리고 화해와 상생으로 그 비극을 승화시킨 제주도의 경험은, 제주도가 평화를 창출·확산·정착하는 데 주도적인 역할을 하기를, 즉 제주도가 세계평화의 섬이 되기를 지역사회가 염원하고 국가가 이를 지원하는 원동력이 되었다.

　국가는 제주도의 세계평화의 섬 비전을 지원함으로써 한반도와 동북아의 평화라는 목적을 달성하기 원하였는데, 그러한 점은 「제주특별자치도 설치 및 국제자유도시 조성을 위한 특별법」 235조(세계평화의 섬의 지정) 2항에서 언급하고 있는 세계평화의 섬에 관련된 사업이 국제협력, 남북협력에 관한 내용이 주를 이룬다는 사실을 통해서 엿볼 수 있다.

　① 국제평화와 협력 관련 기구의 유치
　② 국제협력에 관한 연구소의 설립
　③ 국제평화와 협력 관련 국제회의의 유치
　④ 남북교류와 협력에 관한 사업

⑤ 평화이념 확산을 위한 기념사업
⑥ 그 밖의 국제평화와 협력을 위한 사업

〈참고 11-1〉   세계평화의 섬 지정 선언문

대한민국 정부는 제주도가 삼무(三無)정신의 전통을 창조적으로 계승하고, 제주 4
·3의 비극을 화해와 상생으로 승화시키며, 평화정착을 위한 정상외교의 정신을 이
어받아 세계평화에 기여할 수 있도록「제주국제자유도시특별법」제12조의 규정에
의하여 제주도를 세계평화의 섬으로 지정한다.
대한민국 정부는 제주도가 세계평화의 섬으로서 기능과 역할을 다할 수 있도록 다
음 사항을 실천한다.

– 제주도가 세계평화의 섬임을 대내외에 널리 알리고 세계평화의 섬 구현을 위한
  사업을 차질 없이 실행한다.
– 세계평화의 섬 지정을 통해 제주도를 국가 간 자유로운 교류와 협력이 이루어지
  는 국제자유도시로 육성한다.
– 제주도에서 평화 증진 및 확산을 위한 평화 실천사업이 활발히 이루어지도록
  지원한다.
대한민국 정부는 제주 세계평화의 섬 지정을 계기로 세계평화 증진에 앞장 설 것임
을 대내외에 천명한다.

2005. 1. 27.
대통령 노무현

출처: 대한민국 정책브리핑(www.korea.kr)

235조 2항에 따라서 국가와 제주도는 제주평화연구원을 설립하
고 제주국제훈련센터를 출범시켜서 제주도가 세계평화의 섬으로 역
할하는 데 필요한 인프라를 구축하였다. 제주평화연구원은 국제 평
화와 협력에 관한 연구를 수행하며, 제주포럼과 한중동협력포럼 등
국제 평화와 협력에 관한 회의를 주관하고 있다. 특히 2007년 제4회

제주포럼에서는 헬싱키 프로세스로 대표되는 유럽의 다자안보협력 경험을 동북아에서 재연하기 위한 '제주 프로세스'를 제안하고, 동북 아 다자안보협력체의 구축에 있어서 한국과 제주의 중추적 역할을 제시하는 '제주선언문'을 채택하였다. 제주평화연구원과 제주포럼을 통해서 제주도를 거점으로 동북아 평화증진을 위한 비전과 실행방안 이 논의되고 있는 것이다.

한편, 제주국제훈련센터는 평화와 인간안보, 지속가능한 발전에 관한 연수프로그램을 운영하고 있다. 국제 평화와 협력에 관련된 이 러한 연구, 회의, 연수 사업의 수행을 통해서 국제 평화와 협력에 대한 국내외 인식이 제고되고 있고, 국제 평화증진에 기여하는 제주 도의 이미지도 확산되고 있다.

〈참고 11-2〉 제4회 제주평화포럼 제주선언문

제주선언문

2007년 6월 23일

냉전 이후 동북아는 세계에서 가장 역동적인 지역으로 부상하였다. 세계화와 그에 따르는 역내의 상호의존과 협력이 증대되고 있는 반면, 핵문제, 역사인식문제, 영 토문제 등 갈등요소가 지역안보에 심각한 위협이 되고 있을 뿐 아니라 역내 협력과 통합 과정에 장애물로 등장하고 있다.

노무현 대통령 내외분의 참석 하에 '동북아시아의 평화와 번영: 유럽경험의 탐색' 이라는 주제로 2007년 6월 21일부터 23일까지 제주 해비치 호텔에서 열린 제4회 제주평화포럼은 유럽의 지역협력과 통합 경험을 동북아에 적용하는 것이 가능한가 를 탐색해 보았다. 또한 정보통신 기술(IT)이 동아시아공동체의 형성에 미치는 영 향을 살펴보았다.

이번 포럼 참가자들은 동북아·한반도·제주가 당면하고 있는 안보·경제·문화·사 회의 구체적 현안문제들을 살펴보았다. 구체적으로 역사 및 민족주의 문제, 전통적

· 비전통적인 안보 도전, 경제협력, 다자안보 협력을 위한 인식공동체 형성, 그리고 제주특별자치도에 아태지역평화활동센터(POC)를 설립하는 문제 등에 대한 대안들이 심도 깊게 논의되었다.

유럽은 정치안보 공동체를 지속적으로 발전시키고 있고, 경제통합은 물론 다자안보협력에서도 큰 진전을 이루었다. 역사 및 문화 등의 다양성으로 인해 유럽의 경험이 동북아에 그대로 적용되기는 힘들다. 하지만 지난 30여 년간에 걸친 유럽의 성공사례는 개별 국가들이 민족주의와 국가주의를 넘어서 경제안보 공동체를 형성해 감으로써 동아시아에 좋은 선례를 보여주었다.

제4차 제주평화포럼은 다음을 천명하는 바이다.
유럽에 비하여 동북아시아에서의 분쟁해결 및 협력과 통합을 위한 다자주의 노력이 상대적으로 미흡함을 공감한다.
북한 핵위기, 군비경쟁, 역내 구조적 불안정 그리고 새롭게 등장하고 있는 비전통안보 현안 등을 감안할 때, 동북아 지역 다자안보협력의 필요성이 과거 어느 때보다 요청된다.
동북아 다자 안보 협력의 증진을 위해서는 유럽안보협력기구(OSCE)의 다양한 협상과 대화의 경험을 반추할 필요가 있다. 특별히 이러한 다자협력체제 구축에 있어서 강대국의 경합관계로부터 상대적으로 자유로웠던 유럽의 핀란드, 유고슬라비아 및 스위스와 같은 중간 규모 국가의 역할이 매우 중요하였음을 인식한다.
국가의 규모와 지정학적 맥락에서 볼 때, 한국은 동북아시아의 효율적인 안보구축과 정치적 통합을 추진함에 적합한 국가라 할 수 있다.
북한 핵문제 해결을 위한 6자회담과, 그에 따른 9·19 공동성명 및 2·13 합의에 포함된 한반도 평화체제 및 동북아 다자안보협력 관련 사항들은 지역공동체 건설에 긍정적인 기제로 작동할 것으로 기대한다.
동북아 지역의 정부간, 그리고 비정부단체 간의 지속적이고도 신축성 있는 역내 안보대화협의체를 구축하기 위하여 헬싱키 프로세스를 모델로 하는 제주 프로세스의 실현을 촉구하는 바이다.

2005년 1월, 대한민국 정부에 의해 '세계 평화의 섬'으로 지정된 제주에서 이러한 다자안보협의 프로세스가 조속히 실행될 수 있도록 구체적 조치를 취할 것을 천명했다.

출처: 제주포럼 홈페이지(www.jejuforum.or.kr)

3. 17대 평화실천 사업

제주도가 세계평화의 섬으로 지정된 이후 제주도는 국가의 지원 아래 17대 평화실천 사업을 수행해 왔다.

① 제주평화연구원 설립
② 국제평화센터 밀랍인사 섭외
③ 제주국제평화센터 콘텐츠 확보
④ 모슬포 전적지 공원 조성(가칭 제주평화대공원)
⑤ 남북장관급회담 개최
⑥ 북한감귤보내기 운동
⑦ 제주평화포럼 정례화
⑧ 제주4·3평화공원 조성
⑨ 제주4·3유적지 보존 관리
⑩ 4·3진상보고서 국사교과서 반영
⑪ 제주4·3 추모일 제정
⑫ 동북아 물교육 중심지로 육성
⑬ 평화교육 지원
⑭ 평화 관련 국제회의 제주 개최
⑮ 국제기구 설립 또는 유치
⑯ 동북아평화협력체 창설
⑰ 남북민족평화축전 개최

이들 사업은 특별법에서 규정하고 있는 사업과 일부 중복되며,

제주의 지역적 특성을 반영하고 있다. 평화실천사업은 일부 중단되었거나 구조적인 이유로 아직까지 완료되지 못하고 있지만, 대부분 완료되었다(고경민 2017, 4-6).

4. 추진체계

세계평화의 섬 관련 사업을 추진하기 위해서 민간에서는 '범도민실천협의회'가 결성되었고, 제주도청에서는 '평화협력과(현 평화대외협력과)'가 설치되었다. 평화대외협력과는 현재 문화체육대외협력국 내에 있으며 평화사업, 국제교류, 재외도민 업무를 담당하고 있다. 17대 사업의 결과로 설립된 기관들―제주평화연구원, 국제평화센터, 제주국제훈련센터―도 세계평화의 섬 비전과 실천사업을 수행하기 위한 역할을 하고 있다. 예를 들어서 제주평화연구원은 제주포럼을 정례화하여 주관하고 있으며 제주국제연수센터의 유치에도 기여하였다.

5. 평가

「제주특별자치도 설치 및 국제자유도시 조성을 위한 특별법」 235조 (세계평화의 섬의 지정) 2항에서 규정하고 있는 사업이나 제주도가 추진해온 17대 평화실천 사업은 당초에 공공외교 사업으로 계획된 것이 아니다. 특별법이 제정되고 17대 사업이 계획되었을 당시에는 공공외교란 용어 자체가 생소하였다. 하지만 이들 사업 들은 공공외교에 해당하거나 공공외교적으로 함의가 큰 경우가 많다. 예를 들어서 제주평화연구원을 통해서 제주도를 거점으로 주변국 전문가나 언론인을 대상으로 하는 정책공공외교, 지식공공외교가 가능해졌고, 국내 최대 공공외교 포럼이라고 할 수 있는 제주포럼이 정례화되어 매년 개최되고 있다. 제주국제훈련센터는 매년 주변국가의 실무자, 시민사회 인사를 대상으로 교육을 실시하여 해당 지역사회에서 지속가능한 발전을 실현하는 데에 기여하는 한편, 참가하는 연구생들에게 한국과 제주에 대한 긍정적인 인식을 심어주고 있다.

특별법이나 17대 사업에 포함된 사업들이 제주도가 수행하는 평화 공공외교의 전부는 아니다. 또한 평화 공공외교가 제주도가 수행하는 공공외교의 전부도 아니다. 앞서 살펴보았듯이 제주도도 여느 지자체와 마찬가지로 외국과 경제·문화·과학·기술·체육·환경·관광 등의 분야에서 교류와 협력을 하고 있으며, 이러한 교류협력 사업들은 평화 증진보다는 제주도의 이익을 증진하거나 이미지를 제고하는 것을 목적으로 하는 경우가 많다.

IV. 국제자유도시 조성

제주도를 '한국 속의 외국' 국제자유도시로 만드는 노력은 1998년 김대중 대통령의 국제자유도시 추진방침 발표에 의하여 본격적으로 시동이 걸렸다. 2002년 「제주국제자유도시특별법」이 공포되었고, 2003년 「제주국제자유도시종합계획」이 고시되었다. 제주도가 국제자유도시로서 발전하기 위해서는 특별한 자치권이 필요하다는 인식 하에 2006년에는 「제주특별자치도 설치 및 국제자유도시 조성을 위한 특별법」이 제정되었다.5 특별자치도 승격을 통해 제주도는 강화된 권

한과 자율성을 바탕으로 무비자나 부동산 투자이민 같은 획기적인
제도를 도입하면서 국제자유도시 조성을 추진하고 있다.

　제주도를 자유화된 경제공간으로 만들려는 계획은 실은 김대중
대통령의 추진방침 발표보다 훨씬 전에 구상되어 이미 1963년에 제주
도의 전부 또는 일부를 자유지역으로 지정하는 계획을 검토하였다고
한다(이승욱·조성찬·박배균 2017, 274). 그러한 계획의 목적은 제주도
출신 재외동포의 자본을 유치하기 위한 것이었는데, 성공여부가 불확
실하고 국가안보적으로도 위험이 있어서 계획을 폐기하였다고 한다.

　제주도를 개발시키려는 구상은 그 이후에도 계속 논의되었고,
1991년에는 노태우 대통령의 지시로 「제주도개발특별법」이 제정되
었다. 이 법은 지역적 성격의 특별법의 효시가 되었지만 제주도의
개방이나 자유화를 강조하지 않았다. 그 이후 1990년대 말, 2000년
대 초반에 국제자유도시 구상이 되살아나 실현되게 된 배경에는 냉
전의 종식과 IMF 위기, 그리고 그에 따른 신자유주의의 부상이라는
요소가 있다. 냉전의 종식으로 자유화나 자유지역 설정에 따른 안보
적 리스크에 대한 체감도가 감소하였고, IMF 위기를 계기로 개방,
탈규제, 경쟁력 강화의 필요성에 대한 국내외적 지지가 증가하였기
때문이다. 「제주특별자치도 설치 및 국제자유도시 조성을 위한 특별
법」에서는 국제자유도시를 '사람·상품·자본의 국제적 이동과 기업

---

5 「제주특별자치도 설치 및 국제자유도시 조성을 위한 특별법」 제1조(목적) 이 법은 종
　전의 제주도의 지역적·역사적·인문적 특성을 살리고 자율과 책임, 창의성과 다양성을
　바탕으로 고도의 자치권이 보장되는 제주특별자치도를 설치하여 실질적인 지방분권을
　보장하고, 행정규제의 폭넓은 완화와 국제적 기준의 적용 및 환경자원의 관리 등을 통
　하여 경제와 환경이 조화를 이루는 환경친화적인 국제자유도시를 조성함으로써 도민
　의 복리증진과 국가발전에 이바지함을 목적으로 한다.

활동의 편의가 최대한 보장되도록 규제의 완화 및 국제적 기준이 적용되는 지역적 단위'로 규정하고 있는데, 이러한 정의는 신자유주의적 사고를 깊숙이 반영한 것이었다(이승욱·조성찬·박배균 2017, 275).

제주도는 특별자치도로서 확대된 권한을 바탕으로 제주국제자유도시 계획을 시행하고, 무비자, 내국인 면세쇼핑, 부동산 투자이민 등 제주도를 예외적 공간으로 만드는 각종 조치들을 도입하였다. 무비자나 부동산 투자이민 같은 제도는 엄격한 의미에서 공공외교 정책은 아니다. 하지만 이들 제도는 국제교류와 협력, 그리고 한국과 제주도에 대한 외국의 인식에 영향을 미치는 중요한 요소임에 틀림없다. 특히, 무비자와 부동산 투자이민 제도는 막 부상하기 시작한 중국의 관광객과 투자자에게 그전에는 쉽지 않았던 한국 방문과 투자, 거주의 기회를 제공하였다.

전례가 없는 예외적 조치의 도입을 내용으로 하는 제주국제자유도시 정책이 현실화되게 된 데에는 국가적으로는 IMF라는 경제위기가 크게 작용하였고, 제주도 지역사회에서는 지역경제의 침체라는 당시 경제상황도 중요한 요인이었다. 앞에서 살펴보았듯이 90년대 들어서 제주경제를 견인해온 관광산업과 감귤산업이 위협받기 시작했고, IMF 위기는 지역경제의 위기를 더욱 심화시켰다. 제주도를 신혼여행의 섬에서 평화의 섬으로 업그레이드시키려는 시도는 관광산업의 위기에 대한 창의적 대안이었다. 국제자유도시 구상은, 농산물 수입개방과 해외여행 자유화로 타격을 입은 제주경제를 역설적으로 더 철저히 개방함으로써, 외자를 유치하고 경쟁력을 강화시켜서 궁극적으로 제주도를 발전시킨다는 역발상적인 지역개발 패러다임이라고 할 수 있다(이승욱·조성찬·박배균 2017, 276).

당초의 국제자유도시 구상은 '복합기능'의 국제자유도시를 개발하는 것이었다. 이 구상은 제주도를 사람, 상품, 자본의 이동이 자유롭고, 기업활동이 최대한 보장되는 것뿐만 아니라 관광, 휴양, 첨단 지식산업, 물류, 금융 등도 갖춘 '복합형 특구'로 만든다는 것이다. 하지만 이러한 비전은 지역의 여건과 괴리되어 현실성이 떨어진다는 것이 밝혀지면서 '집중형 특구'로 전환되게 된다. 이는 제주도를 다른 국제자유도시들에 비해 비교우위를 가질 수 있도록 관광과 휴양과 연계된 산업들을 중심으로 국제자유도시를 추진해야 한다는 구상으로, 휴양주거단지, 카지노, 교육, 의료 부문을 육성하고자 하였다 (제주도 2021, 46-47). 이러한 시도가 시기적으로 중국의 부상과 맞물리면서 제주도의 국제자유도시는 관광휴양 중심의 중국 특화형 특구로 변모하게 된다. 하지만 중국 특화형 특구 전략에 대한 도내외의 반발과 사드배치 이후 중국 관광객과 투자자의 급감으로 인해서 '호통무계 호락무한 제주(互通無界 好樂無限 濟州)'의 국제자유도시 비전은 곧 암초에 부딪히게 된다.

국제자유도시 계획은 공공외교 정책은 아니지만 공공외교적으로 함의가 큰 사업이다. 당초 중국인을 대상으로 한 공공외교 정책도 아니었고, 국제자유도시의 비전을 한자성어(互通無界 好樂無限 濟州)로 표시할 정도로 중국에 집중된 구상도 아니었다. 하지만 국제자유도시 2차 계획에서 국제자유도시 비전은 결국 중국의 부상에 이용하여 제주국제자유도시를 '중국화'된 공간으로 만드는 전략이 되었다.

중국인에 대한 공공외교적 효과를 본다면 국제자유도시 계획은 중국인들에게 제주도를 알리고 방문·투자하게 하는 데 크게 기여하였다. 하지만 이러한 전략은 의도치 않은 결과도 낳았는데 제주도민들에게는 정반대로 중국인과 중국 자본에 대한 반감을 발생시켰다. 하지만 국제자유도시 계획의 공공외교적 함의나 효과를 논의하는 것은 곧 큰 의미가 없게 되었다. 왜냐하면 사드문제를 놓고 한중관계가 경색되자 양국 국민 간에 상호인식이 악화되었으며, 설사 인식이 악화되지 않았다고 하더라도 중국 정부의 비공식적인 규제로 인해서 중국인의 제주도 방문이나 투자는 사실상 중단되었기 때문이다. 몇 년 후 사드로 인한 중국의 비공식적인 규제는 좀 완화되었으나, 코로나의 발생으로 인해서 중국인의 제주도 방문이나 투자는 아직도 저조한 상태이다. 이러한 일련의 경험은, 지자체의 정책이 공공외교적인 함의가 크며 종종 공공외교적 함의는 예상치 못한 방향으로 나타날 수 있다는 점, 그리고 무엇보다도 지자체의 정책은 국가정책이나 국제관계라는 더 큰 변수와 상호작용하며 종종 국가적·국제적 변수에 의하여 압도당할 수 있다는 걸 보여준다.

V. 제주도 소재 공공외교 수행기관들

1. 한국국제교류재단과 재외동포재단[6]

한국국제교류재단과 재외동포재단은 외교부 산하 특수법인으로 2018년 9월 10일부로 서귀포에 조성된 '제주혁신도시'에 이전하였다. 한국국제교류재단과 재외동포재단의 제주도 이전으로 '공공기관 지방이전

---

6 탈고 이후인 2023년 6월 1일부로 재외동포재단은 해산되고 재외동포청과 그 산하에 재외동포협력센터가 설치되었다.

정책'에 따른 제주도 이전 대상 9개 공공기관의 제주도 이전이 모두 완료되었다.

한국국제교류재단 설립의 근거가 되는 「한국국제교류재단법」 1조에 의하면 동법은 "대한민국과 외국 간 각종 교류 사업을 시행하게 함으로써 국제사회에서 한국에 대한 올바른 인식과 이해를 도모하고 국제적 우호친선을 증진하는 데에 이바지함을 목적으로 한다"고 명시되어 있다. 이러한 목적을 달성하기 위하여 한국국제교류재단은 네 가지 분야의 교류사업—학술, 문화, 인사교류, 출판 및 자료—을 수행하고 있다.

외국인을 대상으로 공공외교를 수행하는 한국국제교류재단과 달리 재외동포재단은 세계 170여 개국 700만여 명의 재외동포를 지원하기 위해 만든 조직이다. 현지 국적을 취득했지만 한국인의 정체성을 간직하고 있는 이들을 하나로 묶는 글로벌 코리안 네트워크 구축사업과 세계 한상들을 묶는 사업을 추진하고 있다. 해외동포의 자녀들에 대한 한국어 교육지원도 재외동포재단의 사업 중의 하나이다. 재외동포재단의 추진과제 중에는 '재외동포 공공외교 지원 강화' 과제도 포함되어 있다.

한국국제교류재단과 재외동포재단 제주이전 기념식에서 원희룡 제주특별자치도지사는 "드디어 제주혁신도시 공공기관 이전이 모두 마무리됨으로써 국제자유도시이자 평화의 섬으로서 비전을 펼치는 데 조화를 이뤄 상생해 나가겠다"고 밝혔다(윤철수 2018). 원희룡 지사의 환영사에서 볼 수 있듯이, 한국국제교류재단과 재외동포재단은 외교부 산하기관이지만, 제주도에 소재하고 있고 제주도가 국제자유도시이자 세계평화의 섬으로 역할을 하는 데 기여할 것으로 기대되고 있다.

부산시의 경우 부산국제교류재단(현 부산글로벌도시재단)을 설립하여 부산시의 이미지와 브랜드를 제고하고 부산을 위한 공공외교를 추진하게 하고 있다. 하지만 제주도의 경우에는 한국국제교류재단을 활용하여 제주도의 이미지와 브랜드를 제고하거나 제주도를 위한 공공외교를 하게 하지 못하고 있다. 이는 앞에서 언급하였듯이 한국국제교류재단이 외교부 산하기관으로서 제주도의 출자출연기관이 아니기 때문이다. 법적으로 한국국제교류재단은 제주도에 특정하지 않고 한국에 대한 전반적인 인식과 이해를 도모하는 것을 사명으로 하고 있다. 따라서 제주도의 공공외교에 대한 한국국제교류재단의 기여는 간접적인 것으로, 한국국제교류재단이 제주도에 소재하여 활동하고 있다는 사실이 될 것이다. 다보스포럼(세계경제포럼)이 해마다 다보스에서 회의를 개최함으로써 다보스의 존재를 유럽 일각에서만이 아니라 전 세계에서 알 수 있게 만든 것처럼, 한국국제교류재단은 제주도를 거점으로 사업을 함으로써 제주도의 존재를 전 세계에 알리는 데 기여할 것이다. 이러한 점에서는 재외동포재단도 마찬가지이다. 재외동포 사이에서 제주도는 이미 알려져 있겠지만, 재외동포재단이 제주도에 소재한다는 사실을 통해서 제주도에 대한 재외동포들의 호감도나 이해도가 깊어지고 제주도를 방문할 가능성도 높아질 것으로 기대할 수 있다.

2. 제주평화연구원과 제주포럼

제주평화연구원은 「제주특별자치도 설치 및 국제자유도시 조성을 위한 특별법」 235조 (세계평화의 섬 지정) 2항의 2호 "국제협력에 관한 연구소의 설립"에 근거하여, 외교부(당시 외교통상부)와 제주특별자치도의 공동출연으로, 2006년 제주도 중문단지에 설립된 비영리 민간 연구소이다. 세계평화의 섬 지정 취지에 맞게 제주평화연구원은 학술 연구와 교류를 통해서 한반도 및 동아시아 지역의 평화정착과 협력증진에 노력해 왔고, 2007년도부터는 제주평화포럼(현 평화와 번영을 위한 제주포럼)을 주관하고 있다. 제주평화연구원 내에는 제주포럼 업무를 전담하는 '제주포럼사무국'이 설치·운영되고 있다.

제주포럼은 세계 유수의 지도자·전문가·실무자들이 한자리에 모여 한반도와 동아시아의 평화와 협력을 논의하고 구체적 실천방안을 모색하는 논의의 장이다. 제1회 제주포럼은 '6·15 남북 공동선언' 1주년을 기념하기 위하여 2001년 6월 개최되었다. 제1회 포럼부터 제5회 포럼까지는 '제주평화포럼'이라는 명칭으로 개최되었고, 2011년 제6회 포럼을 계기로 현재의 '평화와 번영을 위한 제주포럼'으로 명칭이 변경되었다. 명칭의 변경은 주제의 다양화와 규모의 확대를 반영한 것으로, 명칭의 변경 이후 제주포럼에서 평화와 안보뿐만 아니라 경제·환경·지역 등 다양한 주제가 논의되게 되었다. 또 2011년 제6회 회의부터 제주포럼은 매년 개최되는 연례 포럼으로 발전하였다. 제주포럼의 연례화가 공식화되기 전까지 제주포럼은 격년제로 개최되었고 개최일자도 매번 가변적이었다. 2011년을 계기로 제주포럼은 지금과 같은 규모와 성격의 회의로 제도화가 된 것으로 볼 수 있다. 포럼의 연례화나 명칭의 변경, 주제의 다양화를 통해서 제주포럼에서 평화와 안보문제 대신 다른 문제가 논의되게 된 것은 아니다. 안보문제는 예전처럼 논의되고 그에 추가하여 다른 문제들도 논의되게 된 것이다. 제주포럼의 핵심은 여전히 다자안보대화이다

(한인택 2019).

한반도와 동북아 지역의 평화와 안정은 그동안 군사력과 경제 제재를 통하여 많은 부분 유지되어 왔다. 넓지 않은 지역인데도 북중 동맹, 한미동맹, 미일동맹이 경쟁적으로 체결되어 있고, 도발과 제재 의 악순환이 계속되고 있다. '국제협력'을 연구하는 제주평화연구원 의 설립은, 한반도와 동북아에서도 유럽이나 동남아처럼 협력을 통 한 평화와 안정을 이룩하기 위한 한국과 제주도의 시도이다. 한편, 제주포럼은 대화의 전통이 척박한 동북아에서 대화를 활성화하여 신 뢰를 구축하고 국제협력, 나아가 평화를 증진하려는 한국과 제주도 의 시도라고 할 수 있다. 당장 정부 간 대화가 힘들다면 전직 정부인 사나 민간 전문가들이 먼저 만나서 대화를 할 수 있도록 제주포럼은 Track 1.5 내지 Track 2 회의로 운영되고 있다.

제주평화연구원의 연구를 통해서, 그리고 제주포럼의 개최를 통 해서 한반도와 동북아의 평화와 안정이 얼마나 증진되고 있는지는 엄밀하게 분석해야 할 문제이다. 앞서 지자체의 공공외교의 효과가 국가정책, 국제관계로 인해 압도되는 가능성을 언급하였는데, 지자 체도 아닌 민간연구소 연구와 행사의 효과는 국가정책, 국제관계로 인하여 압도될 가능성이 당연히 더욱 클 것으로 보인다. 그럼에도 중요한 점은, 특히 공공외교적으로 중요한 점은 제주평화연구원과 제주포럼이 평화 연구와 대화의 장으로서 제주도의 이미지를 강화시 켰다는 사실이다. 실질적으로 한반도와 동북아의 평화증진을 낳았는 지는 몰라도, 한국과 제주도에 대한 인식에는 긍정적인 효과를 가져 왔다고 평가할 수 있다.

VI. 결론을 대신하여

제주도를 흔히 섬이라고 생각하지만, 실은 한라산이 제주도 면적의 대부분을 차지하고 있다. 따라서 모순적으로 들릴지는 몰라도 제주도는 섬이면서 산이라고 보는 것이 정확할 것이다. 또 물리적으로는 제주도가 하나이지만 법적·정책적으로 보면 제주도는 적어도 세 개다. 제주도는 '특별자치도'이며 '국제자유도시'이고 '세계평화의 섬'이다. 인구로서, 면적으로서, 그리고 공공외교 담당직원의 수로서 짐작했던 제주도의 공공외교는 규모도 작고 단순한 것이었지만 제주도의 실제 공공외교는 복잡다단하다. 특별자치도로서 제주도의 공공외교, 국제자유도시로서 제주도의 공공외교, 세계평화의 섬으로서 제주도의 공공외교가 있기 때문이다. 그 결과 제주도의 공공외교는 보편적이면서도 특수하고, 이상을 추구하면서도 이익을 좇고, 상충적이면서도 보완적인 모습을 보이고 있다.

　　제주도의 공공외교를 더 흥미롭게 만드는 것은 제주도가 추구하고 있는 '평화'의 개념이나 제주도가 추진하고 있는 세계평화의 섬 '모델'에 관하여 근본적으로 상이한 관점이 존재하고 경합한다는 점이다. 제주도가 지금 추구하여야 하는 평화가 전쟁과 폭력의 부재를 의미하는 '소극적' 평화인지 아니면 소극적 평화를 넘어서 불의·차별·빈곤까지 없는 '적극적' 평화가 되어야 하는지에 대해 합의가 이루어지지 않고 있다(양길현·장원석 2002, 201-206). 이러한 차이는 특별법과 평화실천사업에까지도 반영되어 「제주특별자치도 설치 및 국제자유도시 조성에 관한 특별법」에서 담고 있는 평화는 소극적 평화이지만, 평화실천 17대 사업에서 추구하고 있는 평화는 적극적 평화를 포함하고 있다(고경민 2017, 7).

　　세계평화의 섬이 추구해야 할 모델에 관한 논의도 마찬가지이다. 「제주국제자유도시종합계획(2002-2011)」에 따르면 제주도민의 3/4 이상이 제주도가 평화의 섬으로 지정되는 것이 필요하다고 생각하지만, 구체적으로 세계평화의 섬 제주도가 무엇을 의미하는지에 대해서는 각기 다른 견해를 갖고 있었다(제주도 2003, 122-124; 김부찬 2002, 89-91). 어떤 이들은 세계평화의 섬으로서 제주도가 '평화지대(중립화 또는 비무장화)'가 되어야 한다고 생각했고, 어떤 이들은 '경제특구(국제자유도시화)'가 되어야 한다고 생각하였으며, 어떤 이들은 '국제교류협력의 거점(학술문화관광 중심지화)'이 되어야 한다고 생각했다. 같은 모델 내에서도 생각에 차이가 있다. 예를 들어 경제특구(국제자유도시화) 모델 내에서도 '복합형', '집중형', '중국형'을 놓고 의견이 엇갈렸다. 한편, 어떤 이들은 이들 모델들이 상호배타적이라고 보지 않고, 단기적으로는 제주도가 경제특구와 국제교류협력의 거점이 되는 걸 추진하되 장기적으로는 평화지대가 되어야 한다고 주장하였다(제주도 2003, 124).

　　제주도의 구성원은 평화나 제주도의 발전에 관해 다양한 생각을 갖고 있다. 따라서 제주도의 공공외교를 이해하기 위해서는 그러한 인식의 다양성을 함께 이해하는 것이 필요하다. 평화의 개념과 세계평화의 섬 모델에 대한 생각의 차이가 결국 세계평화의 섬 관련 사업과 활동의 추진, 그리고 제주국제자유도시 관련 사업과 활동의 추진에 있어서 각기 다른 선택과 평가를 낳았기 때문이다.

1 제주도의 공공외교는 어떤 면에서 보편적이고, 어떤 면에서 특수한가?

2 국가와 같은 권한을 갖고 있지 못하면서 국가도 추진하기 힘든 평화증진을 지
   자체가 할 수 있을까? 왜 하려고 할까?

3 소극적 평화와 적극적 평화 중 어느 것을 먼저 추구하여야 할까?

4 세계평화의 섬과 국제자유도시는 어떤 관계일까? 달리 말하면 평화와 번영은
   어떤 관계일까?

5 비자면제 정책과 부동산 투자이민 제도는 어떤 공공외교적 효과를 있을까? 다
   른 지자체에서도 도입해야 한다고 생각하는가?

6 북한 주민도 공공외교의 대상인가? 북한이탈주민은? 제주를 찾는 해외 관광
   객이나 제주에 정주한 외국인은?

7 한국국제교류재단, 재외동포재단, 제주평화연구원은 왜 정부기관이 아닐까?
   만약 정부기관이었다면 공공외교적으로 어떤 영향이 있을까?

8 한국국제교류재단, 재외동포재단, 부산국제교류재단의 차이는?

9 제한된 예산과 인력을 가진 지자체가 공공외교를 하여야 하는 이유는?

10 중국은 THAAD 배치에는 반발했지만 강정해군기지 건설에는 반발하지 않았
   다. 그 이유는 무엇일까?

추천 문헌

고성준·김부찬(2005). "제주 〈세계평화의 섬〉 지정의 배경과 전개과정 그리고 향후 과제."『동아시아논총』. 19-48.

고경민(2008). "동북아 평화번영과 한국 지방외교: 제주특별자치도 사례."『통일정책연구』17(1). 113-141.

이승욱·조성찬·박배균(2017). "제주국제자유도시, 신자유주의 예외공간, 그리고 개발자치『한국지역지리학회지』23(2). 269-287.

박나라(2020). 『지방의 국제화와 제주』. 제주: 제주평화연구원.

참고 문헌

고경민(2008). "동북아 평화번영과 한국 지방외교: 제주특별자치도 사례."『통일정책연구』17(1). 113-141.

_____(2017). "제주의 새로운 평화실천 프로그램을 위한 방향과 과제."『제주발전포럼』63. 3-17.

고성준·김부찬(2005). "제주 〈세계평화의 섬〉 지정의 배경과 전개과정 그리고 향후 과제."『동아시아논총』. 19-48.

김부찬(2002). "제주 평화의 섬 유형과 정책적 과제."『법과 정책』8. 87-106.

_____(2007). "제주특별자치도의 출범과 세계평화의 섬 추진 과제: 국제평화교류 증진 방안을 중심으로."『평화연구』18(1). 103-133.

박나라(2020). 『지방의 국제화와 제주』. 제주: 제주평화연구원.

양길현·장원석(2002). "제주 평화의 섬 구상과 평화적 수단에 의한 평화."『한국과 국제정치』18(4). 199-226.

유현석(2020). 『유현석 교수의 공공외교 수업』. 한울아카데미.

이승욱·조성찬·박배균(2017). "제주국제자유도시, 신자유주의 예외공간, 그리고 개발자치도.”『한국지역지리학회지』23(2). 269-287.

정지형·이동윤(2021).『제주특별자치도 국제교류 다변화 및 다자간 도시외교 전략』. 제주연구원.

제주도(2003).『제1차 제주국제자유도시 종합계획(2002-2011)』.

_____(2018).『제3차 제주국제자유도시 종합계획(안)〈본보고서〉』.

최경준(2021). “제주특별자치도와 공공외교: 평화, 국제교류, 남북협력 부문 성과와 한계.”『공공외교 발전을 위한 지자체 및 민간부문과의 협력 방안 연구』. 외교부 정책용역 연구. 8-31.

한인택(2019). “2018 제주포럼에 나타난 역내 엘리트 인식.”『2018 동아시아지역 평화인식조사』. 제주평화연구원. 51-85

한라일보. “[감귤100년 위기를 기회로](1)프롤로그: 제주 버팀목 감귤산업 ‘미래 100년’ 대전환 활로 찾을 때.” 2010.1.1. http://www.ihalla.com/read.php3?aid=1262271600318857157

헤드라인제주. “제주혁신도시 공공기관 이전 6년 만에 마무리…9개 기관 상주.” 2018.9.10. http://www.headlinejeju.co.kr/news/articleView.html?idxno=344384

제12장

국제개발협력과 지방정부 공공외교:
한국 사례*

문경연 ● 전북대학교

[요약문]

　2024년 우리 정부의 대외원조(공적개발원조, 이하 'ODA') 예산은 2023년 대비 2조 원이 넘게 확대되어 6조 8,000억 원에 달할 것으로 전망된다. 이러한 기조 상황에서 국제개발협력 주체 및 외연 확대는 필수적이다. 지방자치단체는 「국제개발협력기본법」 제2조 '국제개발협력이란 국가·지방자치단체 및 공공기관이 개발도상국의 발전과 복지 증진을 위하여 개발도상국에 직간접적으로 제공하는 유무상의 개발협력'이라는 규정에 의하면 주요 개발협력 주체이다. 국제사회 또한 오랜 기간 개발협력에 있어서 지방정부의 중요성을 강조해왔으며, 지방정부의 개발협력은 지방분권화에 기여, 다양한 주체 참여 활성화, 민주화 성숙 등의 강점이 있을 수 있다는 논의도 있다. 하지만 지자체 ODA는 중앙정부 차원의 ODA 발전과 비교해 제도적·재원적 한계가 있으며, 각 지자체별 소규모 사업 증가는 원조 분절화라는 문제를 발생시킬 수 있다는 우려 또한 존재한다. 비록 우리 정부가 지자체 ODA 추진체계 지원을 위해 2021년 7월 국가-지자체 ODA사업 통합 추진을 위한 역량 강화 계획을 수립한 바 있으나, 해당 영역은 여전히 논의가 부재하다. 이 장에서는 첫째, 한국 지자체의 국제개발협력 논의 참여 동향을 지속가능발전목표(SDGs)의 내재화적 측면에서 분석한다. 둘째, 지방정부의 국제개발협력사업 참여 현황을 살펴본 후, 셋째, 지자체의 국제개발협력에 대한 도전과제와 주요 논의에 대해서 검토하고자 한다.

---

* 이 장은 저자의 '전라북도 ODA(공적개발원조) 중장기 발전계획 연구용역'(전라북도, 2021)과 "전라북도 지속가능발전목표 수립 및 지표 개발 연구"(전북지속가능발전협의회, 2020)를 바탕으로 재구성한 것임을 밝힘.

공적개발원조(ODA)   지방자치단체   공공외교
원조 분절화   전라북도

I. 들어가며

전쟁 피해로 인한 어려움 가운데 최빈국이었던 한국은 국제사회의
원조를 바탕으로 경제성장의 계기를 마련할 수 있었다. 수원 역사
초기 주로 전후복구와 긴급구호를 위해 사용되던 대외원조는 1960
년대에 개발차관 중심의 유상원조로 전환되며 경제개발 정책에 따른
적극적인 외자도입과 함께 고도성장을 위한 소중한 개발재원이 되었
다. 이후 한국은 1980년대부터 대외경제협력기금EDCF과 한국국제협
력단KOICA 설립을 통해 본격적인 ODA를 시작하였으며, 1990년대
OECD 가입 등을 계기로 ODA 규모를 확대해왔다. 이후 지속적으로
국제사회에 대한 ODA 규모를 확대해온 우리나라는 2010년 OECD
개발원조위원회DAC에 가입함으로써 공식적인 공여국으로서 ODA의
질적·양적 성장을 지속해오고 있다.

　한국의 발전은 ODA를 활용한 좋은 모델로 국제사회에서 인식
되며, 한국 ODA는 발전경험 공유를 통한 선진국과 개발도상국 간

핵심적 가교 역할로서 긍정적 평가를 받고 있다. 국제사회의 기대와 요구에 따라 우리나라는 ODA 관련 법적·제도적 체계 구축을 기반으로 효과성 제고를 위한 개선을 지속하고 있다. 또한 지난 10년간 ODA 예산 연평균 증가율은 세계 1위로 11.9퍼센트의 꾸준한 양적 성장도 이어지고 있다. 그러나 국민총소득GNI 대비 ODA 예산은 2021년 기준 0.16퍼센트로 우리나라 경제수준에 맞는 ODA 예산규모와 OECD DAC 국가의 평균인 0.3퍼센트 그리고 국제사회 권고 수준인 ODA/GNI 0.7퍼센트에는 미치지 못하고 있는 상황이다. 이에 한국은 중견 공여국으로서의 책무와 국제사회에 대한 약속을 감안하여 2030년까지 총 ODA 규모를 '19년(3.2조 원) 대비 2배 이상 수준으로 확대할 것을 밝혔다.

ODA 예산확대 기조 상황에서 국제개발협력 주체 및 외연 확대는 필수적이다. 국제개발협력기본법 제2조에서 '국제개발협력이란 국가·지방자치단체 및 공공기관이 개발도상국의 발전과 복지 증진을 위하여 개발도상국에 직간접적으로 제공하는 유무상의 개발협력'이라고 규정하고 있는 바에 의하면, 지방자치단체는 주요 개발협력 주체이다. 국제사회 또한 오랜 기간 개발협력에 있어서 지방정부의 중요성을 강조해왔으며, 지방정부의 개발협력은 지방분권화에 기여, 다양한 주체 참여 활성화, 민주화 성숙 등의 강점이 있을 수 있다는 논의도 있다.

하지만 지자체 ODA는 중앙정부 차원의 ODA 발전과 비교해 제도적·재원적 한계가 있으며 각 지자체별 소규모 사업 증가는 원조 분절화라는 문제를 발생시킬 수 있다는 우려 또한 존재한다. 이러한 우려에 기반해 우리정부는 지차체 ODA 추진체계 지원을 위해 2021

년 7월 국가-지자체 ODA사업 통합 추진을 위한 역량 강화 계획을 수립한 바 있다.

　이 장에서는 첫째, 한국 지자체의 국제개발협력 논의 참여 동향을 지속가능발전목표SDGs의 내재화적 측면에서 분석한다. 둘째, 지방정부의 국제개발협력사업 참여 현황을 살펴본 후, 셋째, 지자체의 국제개발협력에 대한 도전과제와 주요 논의에 대해서 검토하고자 한다.

II. 지속가능발전목표(SDGs)와 지자체

과거 개도국의 사회개발 목표 중심의 새천년개발목표MDGs가 2015년 SDGs로 대체되면서 나타난 획기적인 변화는 ODA의 이행 주체 측면에서 중앙정부를 넘어선 다양한 행위자들(지방정부·기업·NGOs·대학 등)의 역할과 재원의 중요성을 강조한다는 점이다. 아울러 SDGs의 대상이 개도국에 그치는 것이 아니라 발전국가를 포함하는 전지구적인 목표로서의 성격을 가지며 지방정부의 관심을 끌기 시작했다는 점이다. 이 장에서는 이러한 국제개발협력에서의 환경변화가 어떻게 ODA의 이행주체로서 지자체의 부상을 가능하게 하였는지 살펴보고자 한다.

　2012년 리우데자네이루에서 개최된 유엔지속가능발전회의CSD, Rio+20는 빈곤퇴치와 지속가능발전 관점의 녹색경제 이행과 이를 위한 유엔기구 강화 방안을 담은 합의문인 '우리가 원하는 미래The Future Want'를 채택하였다. 여기서 지속가능발전과 관련된 국제사회의 기존 공약을 재확인하고, 2008년 글로벌 경제위기 이후 이를 극복하기 위한 대표적인 노력인 '녹색경제' 관련 정책을 지속가능발전을 위한 중

요한 이행정책 실례로 명시하였다. 또한 지속가능발전목표SDGs 수립을
위한 공개작업반OWG 설치, 지속가능발전 재원조달을 위한 정부 간위
원회 구성, 경제사회이사회 산하 '지속가능발전위원회UNCSD'를 대체한
'고위급 정치포럼HLPF' 설치 등 2015년 후속 개발체제를 구축하였다.

〈표 12-1〉 Rio+20 이후 UN SDGs를 위한 논의 과정

Rio + 20	SDSN	SDGs
1. 빈곤퇴치	1. 기아 등 절대빈곤 퇴치	1. 빈곤 퇴치
2. 식량안보, 영양, 지속가능한 농업	2. 지구적 한계 내에서 국가들 발전 실현	2. 기아 해소와 식량안보 달성 및 지속가능한 농업 발전
3. 물과 위생	3. 모든 아동과 청년들의 생애 주기와 생계를 위한 효과적인 교육	3. 보건 증진
4. 에너지		4. 교육 보장과 평생학습 향상
5. 지속가능한 관광	4. 성평등, 사회적 통합 및 인권의 실현	5. 성평등 및 여성역량강화
6. 지속가능한 교통	5. 생애주기 건강과 웰빙의 실현	6. 물과 위생의 제공과 관리 강화
7. 지속가능한 도시 및 거주지		7. 에너지 보급
8. 보건/건강 및 인구	6. 영농시스템과 농촌생산성의 향상	8. 경제성장과 일자리 증진
9. 생산적인 고용확대, 양질의 일자리, 사회적 보호 촉진	7. 통합적이고, 생산적이며 회복력 있는 도시로의 도시발전 역량 배양	9. 인프라 구축과 산업화 확대
10. 해양		10. 불평등 해소
11. 도서국(sdS) 개발(모리셔스전략)	8. 인간이 유발하는 기후변화 억제 및 지속가능한 에너지 시스템으로의 전환	11. 지속 가능한 도시 구축
12. 최빈국 개발(이스탄불 행동 프로그램)		12. 지속가능 소비와 생산 증진
13. 내륙개도국개발(알마티 행동 프로그램)	9. 생태계 서비스 및 생물다양 성의 확보와 물 및 기타 자연 자원의 관리	13. 기후변화 대응
14. 아프리카 개발(NEPAD)		14. 해양과 해양자원의 보존과 지속 가능 이용
15. 지역적 노력	10. 지속가능발전 지향 거버넌스로의 전환	15. 육상생태계 등의 보호와 지속 가능 이용
16. 재난위험 감소		16. 평화로운 사회 증진과 제도 구축
17. 기후변화		17. 이행수단과 글로벌 파트너십 강화
18. 산림		
19. 생물다양성		
20. 사막화, 토지황폐화, 가뭄		
21. 산, 산악지역 개발		
22. 화학물질 및 폐기물		
23. 지속가능한 소비와 생산		
24. 관업(10-YFP)		
25. 교육		
26. 양성평등 및 여성역량 강화		

출처: Transforming our world: The 2030 Agenda for Sustainable Development(2015.8).

이렇게 탄생한 SDGs는 인간과 지구를 위한 다섯 개 영역에서
향후 15년 동안 국제사회의 일치된 행동을 위한 목표를 제시하였다.
먼저, 사람People 영역에서 모든 형태의 빈곤과 기아의 종식, 모든 인
간이 존엄과 평등 및 건강한 환경을 누리며 잠재능력을 실현하는 사

글로컬 시대 지방정부 외교와 공공외교

〈그림 12-1〉 SDGs의 5P[1]

지구환경(Planet)
⑦ 모두를 위한 깨끗한 에너지
⑫ 지속 가능한 생산과 소비
⑬ 기후변화와 대응
⑭ 해양생태계 보존
⑮ 육상 생태계 보호

파트너십(Partnership)
⑰ 지구촌 협력

SDGs

번영(Prosperity)
⑧ 양질의 일자리와 경제 성장
⑨ 산업, 혁신, 사회기반 시설
⑩ 불평등 감소
⑪ 지속가능한 도시와 공동체

사람(People)
① 빈곤퇴치 ② 기아종식
③ 건강과 웰빙 ④ 양질의 교육
⑤ 성 평등 ⑥ 깨끗한 물과 위생

평화(Peace)
⑯ 정의, 평화, 효과적인 제도

출처: 필자 작성

회를 보장한다는 목표를 제시하였다. 지구Planet 영역에서는 현재와 미래 세대의 요구를 충족하기 위한 지속가능한 생산과 소비, 지속가능한 자연자원의 관리 실현, 기후변화에 대한 긴급조치를 통한 자연과 인간의 공존과 환경의 지속성을 고려한 경제발전이 필요함을 강조하였다. 번영Prosperity 영역에서는 모든 인간이 소외되지 않는 번영과 성취의 삶을 누리고, 자연과 조화로운 경제·사회·기술의 진보를 향유할 수 있어야 함을 제시하였다. 또한 평화Peace 영역에서는 공포

---

1 전국지속가능발전협의회, "지속가능발전 2030의제" http://www.sdkorea.org/contents /sustainability/sustainability_04.php(검색일: 2022.6.25).

와 폭력으로부터 자유롭고, 평화로우며 공정한 포괄적인 사회 육성, 평화를 통한 지속가능발전의 중요성을 강조하였다. 마지막으로 이러한 앞의 요소들을 달성하기 위한 파트너십Partnership 영역에서는 가장 가난한 이들과 가장 취약한 이들을 위한 세계적 연대감을 다지는 지속가능발전 글로벌 파트너십에 입각하여 모든 나라, 모든 이해 당사자들, 모든 사람들의 참여를 통해 앞의 발전 목표의 이행에 필요한 수단들을 동원해야 함을 담았다.

이처럼 포괄적인 영역과 주제, 대상을 담은 SDGs의 채택과 함께 경제적 영역에서의 발전 담론에 빠져 있었던 발전국가(소위 선진국으로 일컫는)와 그 국가들의 지자체에서도 SDGs를 대안적 담론으로 인식되기 시작하였다. 무엇보다도 '의제 21'은 이러한 국제사회의 국제개발협력 담론(소위 SDGs로 대표되는)과 지방정부의 발전 담론이 융합되는 메커니즘으로 부상하였다.

1992년 6월 브라질의 리우데자네이루에서 개최된 'UN환경개발회의UNCED'는 경제뿐 아니라 자연자원을 포함한 생태계 전체가 지속가능할 것을 요구하였으며, 지속가능한 개발을 위한 실천행동계획으로 21세기를 향한 과제라는 의미의 '의제 21'을 채택하였다. '의제 21'은 21세기를 위해 범지구적으로 지속가능한 개발을 목표로 모든 국가와 집단 간에 상호협력체계의 구축이 필요하며, 이를 위한 구체적인 정책과 목표 설정이 필요함을 인식하였다. 그리고 이를 실천적 행동으로 유도하는 지침서로 사회경제적 측면, 개발을 위한 자원의 보전과 관리, 주요 단체의 역할 강화, 실천 수단 등을 주요 내용으로 담았다.

무엇보다도 '의제 21'에서 지속가능한 발전은 정부 혼자만의 힘으로 성취할 수 없으며 사회 각계각층의 광범위한 관심과 참여가 필요함을 언급하고, 주요 그룹major group의 역할을 강조하였는데, 그 주요 그룹에 여성계women, 청소년children and youth, 농민farmers, NGO non-governmental organizations, 근로자와 노동조합workers and trade unions, 기업 및 산업계 business and industry, 과학·기술계scientific and technological communities, 원주민 indigenous people과 함께 지방정부local authorities가 포함되면서 지방정부의 개발담론 논의에서 '의제 21'이 회자되기 시작하였다.

'의제 21'의 제28장에 지방정부를 비롯한 지방 차원의 책임과 역할을 명시하면서 소위 '지방의제 21'이 탄생하게 된다. '지방의제 21'은 "지구적으로 사고하고 지역적으로 행동하라Think Globally Act Locally"라는 말처럼, 지속가능한 발전을 위한 세계 지방정부들의 중요한 실천과제로 자리매김하게 된 것이다. '지방의제 21'은 기존의 중앙정부 주도의 일방적이고 하향적인 계획의 차원을 넘어 민과 관을 포함한 지역사회의 다양한 구성원들의 자발적 참여와 협력을 통해 지역사회의 지속가능한 미래상을 설계하고 실천하려는 상향식 계획을 강조하고 있다.

〈표 12-2〉 의제 21의 구조

구분	분야별	내용
전문	(1장)	전문
제1부	사회경제부문 (2~8장)	빈곤퇴치, 소비형태의 전환, 보건, 인간정주, 인구문제 등에 대한 지속개발 추진 과제
제2부	자원의 보전 및 관리부문 (9~22장)	대기, 토양, 산림, 생물다양성, 해양, 폐기물 등의 환경 청정 관리 및 보전
제3부	주요 그룹의 역할 강화 부문 (23~32장)	지속가능개발과 여성, 민간단체, 지방정부, 산업계, 과학기술계, 노동계 등의 역할 강화
제4부	이행수단부문 (33~40장)	재원, 기술, 능력형성, 국제제도, 국내체재 등 '의제 21' 이행을 촉진하기 위한 이행수단

한국의 '지방의제 21'은 1990년대 들어 지구적인 차원으로 등장한 환경·생태문제에 대한 국제사회의 관심 및 대응이라는 외적 조건과 지방자치의 활성화로 인한 지방 자율성의 증대라는 정치발전이 결합되면서 본격적으로 우리 사회에 확산되었다. 광역자치단체의 경우 1995년 부산을 시작으로 1996년 대구·경북, 1997년 서울·광주·충북·경남에 이어 2002년까지 16곳 모두 '지방의제 21' 수립을 완료한 가운데, 2009년 8월 기준, 전국 248개 지방자치단체 중 89.5퍼센트인 222개 지방자치단체가 '지방의제 21'을 수립하였다. 거버넌스 측면에서는 2000년 대통령자문지속가능발전위원회PCSD 설치, 2004년 6월 '지방의제 21 추진기구 설치 운영 및 지원조례 표준준칙' 제정 하달(환경부), 2008년 「지속가능발전법」 공포 등의 정책 및 제도적 기반이 마련되었으며, '지방의제 21'의 확산과 함께 1999년 9월, 제주에서의 '제1회 지방의제 21 전국대회'를 계기로 2000년 6월에 '전국지속가능발전협의회'의 전신인 지방의제 21 전국협의회가 창립되기도 하였다.[2]

개도국의 빈곤퇴치와 발전을 위한 소위 원조형태로 대표되는 국제개발협력 분야의 목표인 MDGs가 개도국뿐만 아니라 발전국가들까지의 지속가능한 발전 목표를 담은 SDGs로 대체되면서 소위 원조 분야의 목표인 SDGs와 '지방의제 21'이 접촉점을 가지게 되었다. 이러한 맥락에서 '전국지속가능발전협의회'는 웹사이트에서 '지방의제 21'에서 '지방 SDGs 2030'란을 통해서 "(SDGs는) 지속가능발전이

---

2 지속가능발전포털, "의제 21(Agenda 21)" http://www.ncsd.go.kr/lsdgs(검색일: 2022. 6.25).

글로컬 시대 지방정부 외교와 공공외교

〈그림 12-2〉 '지방의제 21'에서 '지방 SDGs 2030'으로

구분	지방의제21(Local Agenda 21)	지속가능발전목표(SDGs) 2030
채택연도	1992년	2015년
회의명칭	유엔환경개발회의	유엔총회(지속가능발전정상회의)
문서명칭	의제21 (Agenda 21)	지속가능발전을 위한 2030 의제 (The 2030 Agenda for SD)
의제구성	I. 전문 : 1장 II. 사회·경제부문 : 2~8장 III. 자원보전·관리 : 9~22장 IV. 주요그룹의 역할 : 23~32장 ① 여성 ② 청소년 ③ 원주민 ④ 민간단체 ⑤ 지방정부 ⑥ 노동조합 ⑦ 산업계 ⑧ 과학계 ⑨ 농촌 V. 이행수단 : 33~40장	I. 서문 : 5P 개요 II. 선언 : 머리말, 비전, 공유원칙과 약속, 오늘날의 세계, 새로운 의제, 이행 수단, 후속조치와 검토, 세계변화를 위한 행동 요구 III. 지속가능발전목표와 세부목표 : 17개 목표, 169개 세부목표, 230개 지표 IV. 이행수단과 글로벌 파트너십 V. 후속조치와 검토 : 국가, 지역, 세계차원
주요 그룹	9개 주요 그룹	이해관계자 그룹(MGoS)
지방정부역할	제28장에 지방정부의 역할 명시 (지방의제21 추진 권고)	대도시와 중소도시, 도시와 농촌 구별없이 모든 지역에서 SDGs 추진 권고
주요특징	ESSD(환경중점) 개념에서 출발하여 지속가능발전을 달성하기 위한 지구차원의 실행계획으로서 구체적인 목표와 지표가 없이 추상적 선언의 성격이 강함	MDGs(사회취중점)에 대한 보완이 필요에서 출발하여 지속가능발전을 달성하기 위한 구체적인 목표(17개 목표)와 169개 세부목표)와 지표(230여 개)를 제시하고, 목표달성기한을 2030년으로 제시함

출처: 지속가능발전포털, "의제 21(Agenda 21)" http://www.ncsd.go.kr/lsdgs(검색일: 2022.6.25)

라는 개념의 추상성을 벗어나 구체적인 의미를 담는 17개의 목표를 제시함으로써 지방 지속가능발전 추진기구들이 구체적으로 무엇을 해야 할지 분명한 방향성과 임무를 재인식하게 되는 전환점을 부여하게 됐다"라고 명시하였다.[3]

이처럼 '지방의제 21'의 활성화는 중앙정부 차원의 관심과 제도적 기반을 조성함으로써 지방의 지속가능한 발전 목표 달성에 기여해 왔으며, 중앙과 지방, 부처 상호 간의 긴밀한 협력체제를 통해 환경적 지속가능성 중심의 의제활동에서 점진적으로 사회·경제적 지속가능성 차원으로 의제 활동의 영역을 확장해 왔다. 이러한 가운데 SDGs는 자연스럽게 '지방의제 21'이 지속가능한 발전을 위해 지역 차원에서 이루어져야 하는 활동들의 목표를 제시하면서 자연스럽게 '지방의제 21'과 융합되는 양상이 전개되었다.

이러한 노력에 따라 SDGs가 제3차 지속가능발전기본계획, 국가 지속가능성 보고서 등 국가정책에 반영되기 시작하였다. 2018년 1월 환경부 지속가능발전위원회는 사회관계장관회의에 K-SDGs 추진계획을 보고하는 한편, 범부처 K-SDGs 협의체, 작업반, K-MGoS^{Korean-Major Groups and other Stakeholders} 등을 구성하여 K-SDGs 수립 절차를 진행하였다. 이후 2018년 12월 국무회의 심의를 통해 K-SDGs를 마련하였다. K-SDGs는 SDGs 17개 목표와 169개 세부 목표를 검토한 후 한국적 여건과 상황을 고려하여 2030년까지 달성해야 할 국제사회의 보편적 가치와 목표를 담아 5대 전략, 17개 목표, 122개 세부 목

---

3 전국지속가능발전협의회, "지속가능발전 2030의제" http://www.sdkorea.org/contents/sustainability/sustainability_04.php(검색일: 2002.6.25).

표, 214개 지표로 구성되었다. 전체 지표 중 UN-SDGs에 포함되지 않는 신규 지표는 122개로 전체의 57퍼센트를 차지하여 글로벌 지표와 국가 특화형 지표의 균형을 이루고 있다는 평가를 받는다. 무엇보다도 과거 국내 관련 지표들은 환경분야 중심으로 구성되어 한계가 있었으나 K-SDGs는 사회·경제부문 지표가 보완되어 균형적인 지속가능발전목표체제를 구성하고 있다고 평가할 수 있다.

III. 지자체의 국제개발협력 현황

지자체 중 ODA사업에 적극적으로 참여하고 있는 곳은 서울·경기·경북·강원 등이다. 이들 4개 지자체별 ODA 집행 규모 추이(2016~2022년)는 다음과 같다.

서울특별시는 2016년 16.6억 원에서 2022년 3.14억 원으로 감소하였다. 이는 다른 지자체도 마찬가지로 시장 및 도지사와 같이 해당 지자체의 최고 의사결정권자의 ODA에 대한 인식에 따라 그 규모가 영향을 받는다. 서울특별시의 주요 ODA사업은 특별시로서 도시경영 관련 다양한 전문성과 노하우를 전수하는 사업 분야에 집중하였다. 반면에 경상북도는 새마을운동 세계화라는 확고한 브랜드사업을 바탕으로 4개 지자체 중에서 가장 많은 예산을 집행하고 있다. 경상북도는 도의 자체 예산도 있으나, 국가 브랜드 ODA사업인 새마을운동 사업의 집행주체로서 중앙정부의 ODA를 집행하고 있다고 평가할 수 있다. 반면 경기도는 2019년도 이후 상승하여 23~26억 원의 예산을 집행하고 있다. 특히 2022년도에는 경기도 23.5억 원으로 4

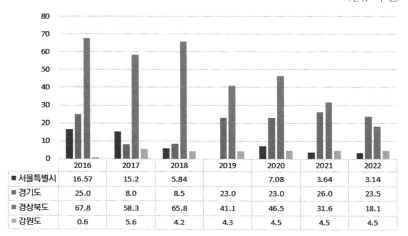

〈그림 12-3〉 주요 지자체의 ODA 예산 총액(2016-2022년)

(단위: 억 원)

	2016	2017	2018	2019	2020	2021	2022
■ 서울특별시	16.57	15.2	5.84		7.08	3.64	3.14
■ 경기도	25.0	8.0	8.5	23.0	23.0	26.0	23.5
■ 경상북도	67.8	58.3	65.8	41.1	46.5	31.6	18.1
▨ 강원도	0.6	5.6	4.2	4.3	4.5	4.5	4.5

출처: 관계기관합동. 2016~2022. 국제개발협력 종합시행계획(확정액 기준).

* 서울시 내부자료(ODA 담당자 자문)에는 2019년 ODA 예산이 8억 8,500만 원, 집행액이 8억 600만 원이나, 국가 ODA 통계(kodaportal.go.kr), '국제개발협력 종합시행계획'에는 서울시의 사업 자료 가 제시되지 않은바, 공식적인 통계자료를 근거로 작성해야 하는 보고서의 특성상 2019년 자료는 삭제한 채로 기술함.

개 지자체 중 가장 많은 예산을 확보하고 있는데, 경상북도와 달리 중앙정부의 예산이 아닌 지자체의 자체 편성 예산이라는 점에서 주 목을 받고 있으며, 주요 사업은 경기도 브랜드 사업으로서 평화 ODA 를 바탕으로 세계지방정부연합UCLG 내 '인도주의-개발-평화HDP Nexus 위원회' 신설 지원 사업, 베트남 평화마을 조성 사업, 난민지원 사업 등 적극적인 사업 발굴에 앞장서고 있다. 끝으로 강원도는 연 약 4.5 억 원을 지속적으로 집행하고 있는데 농업 분야 개도국 연수 사업이 대표적이다.

IV. 지자체의 국제개발협력 과제와 논의

'지방의제 21' 관련 논의의 활성화 속에서 SDGs의 목표 수립은 지속 가능한 발전목표의 공간적 추진 대상으로서 지자체 그리고 ODA 공여의 한 주체로서 지자체의 역할에 관심을 가지게 만들었다. 이러한 가운데 광역 지자체를 중심으로 지자체 SDGs의 목표가 빠르게 수립되고 있다. 서울특별시, 경기도, 광주광역시, 충청남도, 전라북도 등이 각 지자체의 특성을 반영한 SDGs의 목표를 수립한 것이 그것이다. 광역 지자체뿐만 아니라 기초 자치단체인 시·군·구 등도 빠르게 자체 SDGs의 목표를 수립하고 있다. 필자 역시 전북지속가능발전협의회의 요청으로 전주시의 SDGs 목표 수립에 참여한 바 있다.

하지만 이들 광역 및 기초 자치단체 SDGs의 목표상에서 발견되는 한계는 첫째, 지자체의 SDGs가 필연적으로 지자체의 지속가능한 발전을 목표로 하는 정책 문서라는 점에서 어쩔 수 없는 현상이라고 할 수 있겠으나, 개도국의 빈곤문제 해결과 발전을 위해 해당 지자체가 어떠한 역할과 기여를 할 것인가에 대해서는 여전히 수동적이고 미미하게 다루고 있다는 점이다. 앞서 개도국에 대한 ODA에 적극적인 경상북도, 경기도를 제외하면 해당 지자체의 SDGs 계획에 개도국의 저발전 문제와 이러한 문제 해결을 위한 파트너십을 진지하게 고민하고 있는 지자체는 많지 않다고 하겠다.

둘째, 지자체가 ODA의 한 주체로서 성장하는 데 대한 우려의 목소리이다. 한국은 2022년 현재 지자체 포함 약 40여 개의 정부부처가 ODA사업에 참여하고 있는 것으로 알려지고 있으며, 이 때문에 국제사회의 한국 ODA 거버넌스 구조에 대한 평가에서 분절화 문제의 해결을 위한 조정 메커니즘의 강화를 주문받고 있다. 따라서 국무조정실 내에 국제개발협력본부를 신설하고 여러 정부부처의 ODA사업에 대한 조정기능을 강화하고 있는데, 이 조정 메커니즘 내에 지자체의 공식적 참여가 필요하다고 하겠다. 하지만 현재 여러 지자체가 추진하고 있는 ODA사업의 경우 규모의 미미함과 관련 거버넌스 제도에 대한 낮은 이해로 인해 ODA사업임에도 정부 통계에 보고되지 않거나, 통합·조정 메커니즘의 대상 밖에서 이루어지고 있는 경우가 많다.[4] 이러한 상황에 대한 우려에서 지자체가 ODA의 한 주체로 나서는 것은 또 다른 분절화를 조장할 것이라는 주장도 있다. 하지만 필자는 한국의 ODA 분절화 문제가 중앙정부 부처 간의 이해대립에서 발생한 현상이었고, 이를 해결하기 위한 중앙정부 부처들의 의지와 노력이 미미하였다고 판단한다. 따라서 이러한 상황에서 지방정부의 ODA사업 참여가 또 다른 분절화라고 비판하는 것은 사실상 기득권의 자기보호 논리에 가깝다고 하겠다. 아울러 여러 중앙정부 부처들가 ODA사업 참여의 명분으로 내세우고 있는, 소관부처로서의 전문성이 있기 때문에 통합 ODA 추진기관에 의한 ODA 추진보다는 소관부처가 사업을 추진하는 것이 사업의 성과나 효율성 측면에서 더 바람직하다는 논리를 고려할 때, 같은 논리로 지방정부 역시 해당 지자체의 전문성과 개도국 내 파트너십, 도시외교 등 여러 요소를 고려하여 ODA의 한 주체로 나서는 데 대해서 사실상 명확한 반대의 논리를 제시하기 어렵다고 하겠다. 하지만 지자체가 ODA의

---

4 이러한 문제의식에서 정부는 지자체의 ODA를 정부의 통합 조정메커니즘 내에 편입시키기 위한 가이드라인을 수립하여 지자체에 통보한 바 있다.

한 주체로 나설 때 또 다른 분절화를 최소화한다는 측면에서 중앙정부의 통합·조정 메커니즘에 대한 참여가 함께 이루어져야 한다고 하겠다.

셋째, 지자체의 ODA에 대한 지역 주민들의 인식 개선 및 지자체의 전문성 강화이다. 개도국에 대한 ODA사업이 지자체의 전통적인 소관업무가 아니라는 점, 그리고 수도권 주민과 달리 지방지자체 지역 주민들이 해당 지역 공공기관에 기대하는 요소가 주민의 실생활과 직접적으로 관련된 이슈들에 국한되는 경향이 높다는 점에서 볼 때 지방 주민들의 ODA사업에 대한 인식은 저조한 편이며, 지자체 공공기관의 ODA 전문성 또한 낮다고 하겠다. 따라서 지방 주민들에 대한 세계시민교육의 확산이 필요하며, 지자체 공공기관을 대상으로 한 ODA 전문성 강화를 위한 노력 또한 필요하다고 하겠다. 이러한 맥락에서 최근 지방자치인재개발원이 지방정부의 ODA 활성화를 고려하여 지자체 공무원들에 대한 전문성 강화를 위한 커리큘럼을 개설한 것은 긍정적인 발전이라고 평가할 수 있다. 아울러 한국의 무상원조 전담 실시 기관인 한국국제협력단KOICA이 전국 지역에 설치한 국제개발협력센터의 주요 사업에 지방 주민과 대학, 청소년을 대상으로 한 국제개발협력 이해교육은 매우 의미있는 활동이라고 하겠다.

V. 결어

한국은 ODA 규모를 빠르게 그리고 지속적으로 확대하고 있으나, 여전히 그 규모는 OECA DAC의 평균인 0.3퍼센트ODA/GNI를 밑도는

0.16퍼센트(2021년 기준) 수준이다. 이러한 문제의식에서 정부는 2025년까지 해당 목표를 0.2퍼센트까지 확대한다는 계획이며, 2030년까지 0.25퍼센트 수준으로 확대할 필요가 있다. 이러한 가운데 한국적 맥락에서 ODA 수행주체의 다양화는 긍정적 측면과 부정적 측면을 모두 가지는 이슈라고 하겠다.

지자체가 ODA 수행의 한 주체로 나설 경우 지자체의 특정 분야에 대한 강점(예: 전주의 무형문화 보존·발굴 및 생태관광, 경상북도의 새마을운동 등), 도시외교의 측면에서 개도국 파트너 도시와의 긴밀한 협력적 파트너십, 지방 주민들의 세계시민의식 고취 및 ODA 생태계의 확산, 국가 간 관계에서 비롯되는 공식적 외교 부담에서의 자유 등의 긍정적 차별성 및 사업 효과를 기대해 볼 수 있다. 반면에 사업의 분절화, ODA사업에 대한 낮은 전문성에서 비롯될 사업 효율성과 효과의 저하도 간과할 수 없다.

그럼에도 불구하고 중앙정부 부처 중심의 전유물이 되어버린 한국 ODA 수행 거버넌스에서 지자체의 동 분야에 대한 참여가 새로운 환경을 만들어내고 있다고 볼 수 있다. 새로운 행위자로서 지자체의 ODA가 개도국의 빈곤문제 해결과 저발전 문제를 해결에 기여할 수 있기를 기대해 본다.

1 지방정부가 정부와 국제기구, NGO 중심의 국제개발협력사업의 한 주체로 활동하는 것이 바람직한 것인가?

2 지방정부의 국제개발협력을 통한 공공외교 추진 시 핵심 가치나 목표는 무엇이 되어야 하는가?

3 지방정부가 국제개발협력의 한 주체로 역할을 한다고 할 때 정부, 국제기구, NGOs와 차별되는 강점이나 장점은 무엇인가?

4 지방정부의 국제개발협력 활성화를 위한 제도 및 추진체계 개선방안은 무엇인가?

문경연(2020). "제11장 공공외교과 국제개발협력." 『문경연 외, 공공외교: 이론과 사례』. 오름.

송수전(2019). "공공외교(Public Diplomacy) 촉진의 관점에서의 KOICA ODA 활동방안 고찰." 한국국제협력단.

박지연(2020). "한국 지방자치단체의 공적개발원조(ODA) 규모 결정 요인 분석: 중앙정부와의 관계 모델을 중심으로." 『국제개발협력연구』, 14(2).

이정윤 · 안재성(2020). "한국 지방정부 ODA의 공간적 확산 특성과 시사점." 『국토지리학회지』 54(2).

관계기관합동. "국제개발협력 종합시행계획(확정액 기준)"(2016~2022).

문경연·박지연·이효정·임란희(2021). "전라북도 ODA(공적개발원조) 중장기 발
　　전계획 연구용역." 전라북도.

문경연·임란희·김승운 외(2020). "전라북도 지속가능발전목표 수립 및 지표 개
　　발 연구." 전북지속가능발전협의회.

전국지속가능발전협의회. "지속가능발전 2030의제" http://www.sdkorea.org/
　　contents/sustainability/sustainability_04.php(검색일: 2022.6.25).

지속가능발전포털. "의제 21(Agenda 21)" http://www.ncsd.go.kr/lsdgs(검색
　　일: 2022.6.25).

제13장

문화교류협력과 중앙아시아 도시외교:
우즈베키스탄 사마르칸트 사례*

신보람 ● 전북대학교

[요약문]

이 글은 중앙아시아의 중심 도시 사마르칸트의 역사적·문화적 중요성과 실크로드 역사를 대표하는 공간으로서의 역할을 조명한다. 사마르칸트는 고대 페르시아 아케메네스 왕국의 요새 도시로부터 티무르 왕조 시대까지 중앙아시아 실크로드의 중심지로 번영하였다. 19세기 러시아제국과 소비에트연방 시대에도 중앙아시아의 경제와 문화의 중심지로서의 역할을 유지하였다. 이곳의 역사적 유적은 실크로드 문명의 교류와 융합의 흔적을 곳곳에 남겨 놓았다. 사마르칸트는 한국, 중국과 같은 국가들과의 외교관계에서 중요한 역할을 차지하고 있다. 특히 한국의 역사와 문화외교에 상징적인 공간으로 부상하였고, 중국은 일대일로정책을 통해 사마르칸트와의 파트너십을 확대하였다. 이 글은 사마르칸트의 중앙아시아 실크로드 문화와 역사유산을 대표하는 공간으로서의 역할과 오늘날 실크로드 외교의 중심지가 된 배경을 분석한다. 또한 소비에트연방 시절의 실크로드 외교와 유네스코와의 협력을 통한 유산 보존과 관광산업 개발에 대한 영향도 조명한다.

* 이 글은 신보람, "유네스코의 실크로드 프로그램과 사마르칸트 도시외교", 『슬라브학보』 vol.38, no.2 (2023), pp. 241-258을 수정·보완한 글임을 밝힙니다.

[핵심어]

중앙아시아　　　실크로드　　　사마르칸트　　　도시외교도

I. 시작하는 말

중앙아시아는 우리에게 실크로드의 교역로이자 실크로드 문명의 교차로로 알려져 있다. 그리고 중앙아시아의 실크로드 역사와 유산을 대표하는 장소로 사마르칸트를 손꼽을 수 있을 것이다. 우즈베키스탄 중동부에 위치한 사마르칸트는 중앙아시아의 역사적 유적을 보유한 이 지역 주요 도시 중 하나이다. 사마르칸트는 고대 페르시아 아케메네스 왕국의 요새 도시로 형성되었으며, 이후 쿠샨 왕조의 시대에서 티무르 왕조의 시대에 걸쳐 중앙아시아 실크로드 교역의 중심지로 번영을 이루었다. 19세기 러시아제국에 흡수된 이후에도 사마르칸트는 중앙아시아의 경제적 그리고 문화적 중심지로서의 영향력을 유지했으며, 소비에트연방 초기였던 1920년대에는 우즈벡 사회주의 공화국의 초대 수도로 기능하기도 했다.

오늘날 사마르칸트에는 실크로드를 매개로 이루어진 문명교류와 융합의 흔적이 곳곳에 남아 있다. 도시의 북동쪽에는 기원전 7세기에 건설되고 13세기 칭기즈칸의 군대에 의해 파괴된 고대도시 아프라시아브Afrasiab이 고고학 보호구역으로 보존되어 있다. 이 구역에는 중세 실크로드 교역을 주름잡았던 소그드인들의 성채와 요새가 남아 있다. 사마르칸트의 남쪽에는 14~15세기 티무르 왕조 시대 이슬람 건축양식과 예술성을 대표하는 레기스탄 광장, 비비하눔 모스크, 티무르 대제의 묘가 자리잡고 있다. 도시의 서쪽에는 러시아제국이 도시를 지배하던 19~20세기 사이에 지어진 유럽식 건물들이 들어선 구역이 펼쳐진다.

사마르칸트의 역사 유적과 관광자원에 대한 연구는 국내에도 다수 존재한다. 특히 사마르칸트 아프라시아브 궁전 벽화에 삼국시대 한국에서 이 지역을 방문한 것으로 추정되는 인물들이 발견되자, 사마르칸트는 한국의 실크로드 역사와 문화외교에 상징적인 공간이자 중요한 파트너로 부상하였다. 특히 경주는 사마르칸트와 자매도시 협정을 맺음으로써 경주와 실크로드의 연관성을 강조할 수 있었다. 국내 연구자들 또한 한국의 사마르칸트 유적 보존 및 관광산업 개발 지원 방안을 다루어왔다. 한국뿐만 아니라 중국 또한 자국의 실크로드 외교의 상징성을 강조하기 위해서 중앙아시아의 실크로드 역사를 대표하는 사마르칸트와 파트너십을 확대했는데, 한 예로 시진핑이 일대일로를 발표한 2013년 중국의 실크로드 역사도시 시안과 사마르칸트 간의 자매도시 협정을 체결했다(Winter 2019). 이 글에서는 사마르칸트가 중앙아시아의 실크로드 문화·역사 유산을 대표하는 공간이자 오늘날 실크로드 외교의 중심지가 된 배경을 탐구하고자 한다.

2001년 사마르칸트는 '문화의 교차로crossroad of cultures'로서 인류사적 가치를 인정받아 유네스코 세계유산에 등재되었다. 중앙아시아에서 도시 전체가 세계유산으로 인정받은 유일한 사례이다. 그러나 사마르칸트는 도시에 위치한 찬란한 역사 유적들로 인해 이미 1950~60년대부터 소비에트연방의 대아시아 문화외교에 자주 활용되는 공간이었다. 당시 소연방은 동양과 서양의 문명적 충돌을 방지하고 상호이해와 존중에 기반한 세계평화를 구축한다는 취지에서 추진되고 있던 유네스코의 프로젝트에 참여했다. 소비에트 정부는 중앙아시아와 사마르칸트에 남겨진 실크로드 유적을 활용하여 사회주의 국제주의와 동서 문명의 평화로운 공존을 연결시켜 소비에트 실크로드 외교 담론을 형성한다(Winter 2019). 소연방의 실크로드 외교는 중앙정부의 주도로 실행되었지만, 우즈벡 사회주의 공화국은 이를 활용하여 공화국의 국제적 위상을 제고하고 중앙정부를 상대로 제한적이나마 영향력을 행사할 수 있었다.

독립 이후 우즈베키스탄은 이러한 실크로드 도시외교의 경험을 토대로 유네스코와 협력을 통해 중앙아시아 문화를 대표하는 국가 브랜드를 구축하고 나아가 유적지 보존과 관광산업 개발을 위한 국제사회의 지원을 얻어낼 수 있었다. 이 글에서는 우즈베키스탄의 독립 이후, 사마르칸트가 중앙아시아 실크로드 문명을 대표하는 도시로 자리매김하게 된 배경을 살펴보고자 한다. 그리고 그 과정에서 유네스코와 우즈베키스탄 정부의 협력이 어떠한 영향을 미쳤는지를 조명하고자 한다.

II. 중앙아시아의 실크로드 도시외교

1. 도시외교와 중앙아시아

도시외교는 도시가 국제관계와 외교활동을 수행하는 것을 의미한다 (Plujim and Melissen 2007, 6). 도시는 국가 혹은 지역 간의 분쟁을 평화적으로 해결하고, 공동의 이익을 추구하고, 이를 통해 도시의 이익을 실현하기 위해 외교적 노력을 기울일 수 있다(이민규 2020, 36~37). 도시외교는 도시가 가진 특정한 우위성, 경제·문화적 자원을 기반으로 도시의 국제적인 역할과 영향력을 확장시키는 목적으로 이루어지며 경제협력, 문화교류, 교육협력, 과학기술 자원 공유, 환경문제 대응, 도시 계획 및 개발 등 다양한 분야에서 이루어진다. 도시외교의 중요성은 냉전 이후 급격히 가속화된 세계화와 정보통신 기술의 발전으로 인해 국제관계에 다양한 주체들이 등장하면서 재평가되었다 (이민규 2020, 2~3). 이와 더불어 세계화로 인해 기후변화, 전염병, 식량부족과 같은 초국가적이면서도 동시에 특정 도시 혹은 지역의 거주민들에게 직접적인 영향을 미치는 문제들이 더욱 빈번히 발생하면서 이를 해결하기 위한 도시와 지방정부의 역할이 매우 중요해졌다.

라라Ray Lara에 따르면 도시는 1)외부 투영external projection, 2)국제존재감international presence, 3)영토적 매력territorial attractiveness, 그리고 4)글로벌 인지도global recognition 등 4가지 단계를 거쳐 국제사회에 외교적 행위자로 참여해왔다(Lara 2023). 우선 도시정부는 대외적으로 투영시키고자 하는 이미지를 구축하는데, 이 이미지에는 도시의 물리적 공간(영토)이 가진 특징과 매력이 반영된다. 도시는 이렇게 투영된 도시의 국제적 이미지를 활용하여 자국의 경계를 넘어 타국 정부, 국제기구, NGO 등 국제사회의 다양한 행위자들과 관계를 맺을 수 있다. 이를 기반으로 국제사회 참여자들에게 영향력을 인정받는 주체로 부상하게 된다는 것이다(Lara 2023). 이 글에서는 도시가 이러한 단계를 거쳐 외교적 행위자로 부상하는 과정에서 국제기구와의 협력의 중요성에 초점을 맞추고자 한다. 도시와 국제기구는 상호보완적 협력관계를 가지며, 서로의 역할과 목표 달성을 위해 협력한다. 도시는 국제기구와 협력함으로써 도시에 대한 긍정적인 이미지를 보다 효과적으로 외부에 투영시킬 수 있으며, 국제기구의 지원을 받아 대외 네트워크를 확장한다. 그리고 이를 기반으로 외교적 영향력을 행사할 기회를 얻는다. 한편 국제기구는 도시와의 협력을 통해 지역 수준의 문제를 해결하고 글로벌 이슈에 대한 보다 민주적인 논의를 위해 다양한 행위자들을 참여시킬 수도 있다. 그리고 도시가 국제기구의 정책과 가이드라인을 수용하고 이행하도록 유도할 수 있다. 도시와의 협력을 통해 중앙정부와의 협력에서 잘 들어나지 않는 도시 혹은 지역에서 나타나는 문제들을 파악하여 이에 대한 자원과 자문을 제공함으로써 국제기구의 가치와 목표를 보다 효과적으로 실현할 수 있게 된다.

교육·과학·문화·통신 분야에서 국제협력을 지원을 위해 설립된 유엔 산하기관 유네스코United Nations Educational, Scientific and Cultural Organization, UNESCO는 다양한 프로그램을 통해 세계 여러 도시와 긴밀한 협력관계를 맺고 있다. 2023년 현재 유네스코는 세계유산도시 프로그램UNESCO World Heritage Program, 창조도시 네트워크Creative Cities Network, 글로벌학습도시Global Network of Learning Cities 등 총 8가지의 도시

협력사업을 추진하고 있다.[1] 유네스코 세계유산도시 프로그램은 유네스코 산하 세계유산위원회World Heritage Committee 사업의 일환으로 1993년에 출범했다. 유네스코 세계유산도시 프로그램은 인류사적 가치를 지닌 문화유산을 보유한 도시들을 보존하고 관리함으로써 도시의 문화적 가치를 보호하고 발전시킨다는 취지에서 시작되었다. 같은 해에 프로그램 총괄기관인 세계유산도시기구Organization of World Heritage Cities, OWHC가 캐나다 퀘벡에 설립되었다. OWHC의 주요 목적은 도시 유산urban heritage 보존을 위한 개념적 프레임을 구상하고 이에 기반하여 만들어진 가이드라인을 참여 도시들이 실행할 수 있게 지원하는 것이다. 여기서 도시의 유산은 역사적 건축물, 유적지, 경관과 같은 유형 유산과 도시민들의 전통적 생활양식, 전통의식, 문화 활동, 의식주 문화 등 무형 유산을 모두 포함한다. OWHC는 도시 간의 정보 공유와 협력 증진을 위해 세계유산도시 총회를 2년에 1회씩 개최하고 있다. 2023년 현재 101개국의 300여 개의 도시가 세계유산 도시로 지정되어 있다.

1990년대에서 2000년대 초반까지 세계유산도시 프로그램의 주력 분야는 문화역사 유적지 개발을 관광산업 촉진이었다. 그러나 2000년대 이후부터는 문화적 유산 보존과 도시개발이 균형을 이루는 지속가능한 도시 성장이 OWHC의 새로운 목표로 떠올랐다. 2011년

---

1 유네스코의 도시 관련 사업에는 1)UNESCO Creative Cities Network (UCCN), 2)UNESCO Global Network of Learning Cities (GNLC), 3)International Coalition of Inclusive and Sustainable Cities (ICCAF), 4)World Heritage Cities Program, 5)UNESCO Disaster Rick Reduction and Resilience Program, 6)Mega-cities Alliance for Water Climate, 7)Media and Information Literacy Cities (MIL), 8)UNESCO/Netexplo Observatory 가 포함된다.

글로컬 시대 지방정부 외교와 공공외교

UNESCO가 채택한 「역사적 도시 경관에 관한 권고UNESCO Recommendation on the Historic Urban Landscape」에는 무분별한 도시화urbanization로 인해 도시와 주변 지역의 주거환경과 자연환경이 훼손될 수 있으며, 이는 도시공간의 "거주가능성liveability을 향상시키는 핵심 자원"이자 "변화하는 지구환경에 대응하여 경제발전을 촉진하고 사회적 결속력을 강화하는" 도시의 문화유산을 위협한다고 경고한다(UNESCO 2011). 따라서 정부는 도시의 문화유산 보존을 국가정책으로 채택하고 도시개발 전략에 포함시켜야 한다고 제안했다. 그리고 도시민들이 전통과 유산을 활용한 소득 창출 역량을 배양할 수 있도록 국제기구, 국가, 그리고 지역사회가 재정을 마련하고 지원해야 한다고 강조한다.

유네스코 세계유산도시 프로그램을 포함한 유네스코의 도시 프로그램에 참여하는 도시들은 다양한 이점과 혜택을 추구할 수 있다. 유네스코 세계 유산 도시로 등록된 도시들은 도시가 가진 문화·역사적 가치를 인정받았으며, 이를 관광자원으로 개발하여 더 많은 관광객 유치함으로써 경제적 효과를 기대할 수 있다. 세계적으로 가치를 인정받은 도시는 국가 브랜딩에 활용되어 해당 도시뿐만 아니라 국가의 위상을 높이는 기회로 활용하기도 한다. 도시는 중앙정부와 국제사회로부터 문화유산을 보존하기 위한 인프라 구축과 역량 강화에 필요한 지원을 제공받을 수도 있다. 또한 문화교류, 국제학술대회, 국제회의 등을 통해 프로그램에 참여하는 타 도시들과 국제적인 협력을 추진하고 네트워크를 형성하는 기회를 마련할 수 있다. 독립 이후 우즈베키스탄 또한 유네스코의 세계유산 보존사업에 참여함으로써 냉전시대의 고립을 극복하고 다시금 세계와 연결된 실크로드의 본고장이라는 이미지를 구축할 수 있었다.

1991년 소비에트연방으로부터 독립한 우즈베키스탄은 냉전시대의 단절을 극복하고 독립국가로서 외교 인프라를 새롭게 구축해야 하는 매우 어려운 과제에 당면해 있었다. 소비에트 시대 전통적 의미에서 외교활동은 소비에트연방을 대표하는 모스크바의 중앙정부가 담당했다. 소비에트연방 헌법상 공화국들은 자체적인 대외활동을 위한 전담 기관을 공화국 정부 산하에 구축할 수 있었다(Muratbekova 2023, 33). 그러나 현실에서 외교는 전체 연방을 대표하는 중앙정부를 통해서만 이루어졌으며 개별 공화국의 대외적 이익 추구를 위한 자체적인 외교활동은 제한되었다. 우즈베키스탄을 포함한 공화국들은 공화국을 방문하고자 하는 외국인들에게 비자를 발급하는 영사 업무를 담당하는 것 외의 권한을 행사하지 못했기 때문이다(Muratbekova 2023, 33). 따라서 중앙아시아 공화국들은 중앙정부를 우회하여 자체적인 외교활동을 펼칠 창구인 동시에 대내적으로 공화국의 위상을 제고하기 위한 수단으로 도시외교에 주목했다(신보람 2023). 타슈켄트, 사마르칸트, 두샨베, 알마티와 같은 중앙아시아 주요 도시들은 유네스코, 세계보건기구와 같은 국제기구가 주관하는 국제회의를 적극적으로 유치했다. 이를 통해 중앙아시아 공화국들은 국제적인 관계망을 구축하고 중앙아시아 도시들을 아시아를 향한 소련의 문화외교의 주요 무대로 만들었다(신보람 2023). 그리고 이를 위한 도시개발에 대한 중앙정부의 지원 또한 이끌어냈다. 1980년대에 들어서는 자매도시, 쌍둥이 도시를 통한 도시외교가 활발히 이루어졌다. 타슈켄트-시애틀 연대, 세미팔라틴스크-네바다 비핵화 운동과 같은 국제적인 연대 형성을 위한 기반으로도 활용되었다. 공화국 인민은 이러한 도시 간의 연대를 통해 소련 중앙정부에 대항하는 국제적 연대를 구축할 수 있었다. 이처럼 도시를 내세운 중앙아시아 공화국들의 외교 방식은 독립 이후에도 이들 국가의 외교 전략에도 영향을 미쳤다.

독립 이후 중앙아시아 공화국들은 근대 독립국가로 기능하기 위해 자체적인 외교 역량을 구축하기 위한 노력을 기울였다. 이러한 노력의 일환으로 중앙아시아 공화국은 도시 중심의 국제 문화 교류를 확장함으로써 세계와의 연결성을 강화하려 노력했다. 이를 위해 이전에 소비에트 중앙정부의 관리와 통제를 받았던 국내 관광지를 개방하고 관광사업을 개발을 시도했다. 실크로드는 사마르칸트·부하라·히바 등 중앙아시아를 대표하는 역사도시들이 위치한 우즈베키스탄의 국가 브랜딩nation branding 형성에 매우 유용한 내러티브를 제공했다.

2. 유네스코의 실크로드 프로그램과 사마르칸트

1988년 유네스코는 다양한 문화를 연결하는 경로였던 실크로드의 인류사적 가치를 인정하고 관련된 유적을 보존하려는 노력의 일환으로 '실크로드 통합연구: 대화의 길Integral Study of the Silk Roads: Roads of Dialogue' 프로젝트를 발족했다. 실크로드 프로젝트는 유네스코 창립 40주년을 기념하기 위해 선포된 '세계문화 발전 10년World Decade of Cultural Development'의 플래그십 프로그램 중 하나로, 실크로드를 통해 전개된 동서양의 조우와 여기서 비롯된 다층적인 문화적 상호작용을 이해하고 유라시아 민족들이 공유한 공통의 역사 유산을 재건한다는 취지로 추진되었다(UNESCO 2008). 당시 레이건-고르바초프 정상회담 및 고르바초프의 개혁개방정책으로 인해 얼어붙었던 미국과 소비에트 관계에 훈풍이 불기 시작했으며, 국제사회에 진영을 넘어선 대화의 분위기가 조성되고 있었다. 유네스코는 이를 기회로 삼아 역사적 실크로드 재건을 통해 다시금 재개된 '대화의 중요성을 인식하고, 문명 간의 상호적 이해와 소통을 통해 공동번영의 기회'를 마련하는 데에 기여하고자 했다.

유네스코 실크로드 프로젝트의 주된 내용은 실크로드 교역로 재건 및 유적 조사, 학술 세미나 및 회의, 국제공동연구였다. 유네스코는 유라시아 대륙의 다양한 국가와 공조하여 1990년부터 1995년까지 5차례의 대대적인 탐사연구를 진행했다(UNESCO 2008). 1990년 7월부터 8월까지 중국의 시안에서 카슈가르로 이어지는 '사막길' 유적에 대한 탐사가 진행됐으며, 1990년 10월에서 1991년 3월까지 이탈리아의 베니스에서 일본의 오사카로 이어지는 '항해의 길sail route' 유적 탐사가 진행됐다. 1991년 4월에서 8월에 거쳐 진행된 3차와 4차 탐사는 중앙아시아를 주 무대로 다루었는데, 3차에서는 투르크메니스탄 아슈하바드에서 카자흐스탄의 알마티까지 이어진 '초원길'을 그리고 4차에서는 몽골과 중앙아시아의 유목민들의 교역로를 추적하는 '유목민의 길Nomaid route'에 대한 탐사가 이루어졌다. 1995년에 이루어진 5차 탐사에서는 불교가 전파된 경로를 추적하는 '승려의 길Buddhist route'이 다루어졌다. 탐사의 성과를 소개하는 다양한 국제학술대회와 세미나, 전시회가 개최되었으며, 다큐멘터리 영화와 텔레비전 방송 프로그램, 어린이를 위한 학습 포스터 등 실크로드의 대중화를 위한 자료도 제작되었다. 유네스코의 실크로드 프로젝트를 통해 유라시아라는 방대한 대륙을 연결했던 여러 갈래의 지협적 교역 네트워크가 실크로드silk roads라는 하나의 거시적 공간개념으로 정리되었다.

실크로드 프로그램을 운영하기 위해 소비에트 유네스코 위원회
는 모스크바에 워킹그룹을 신설했다. 소비에트의 실크로드 프로그램
워킹그룹은 '초원길'이 실크로드의 여러 루트 중에서 가장 연구가 덜
진행된 분야임을 강조했다. 그리고 소비에트 영내를 관통하여 러시
아의 로스토프에서 아제르바이잔의 바쿠, 투르크메니스탄의 아슈하
바드, 타지키스탄의 두샨베, 그리고 우즈베키스탄의 부하라와 사마
르칸트, 타슈켄트를 거쳐 카자흐스탄의 알마티로 이어지는 이른바
'초원길'의 역사적 가치를 세계에 알리는 것에 초점을 맞췄다
(UNESCO 1989; UNESCO 1991). 워킹그룹은 중앙아시아와 카프카스
지역에 분포되어 있는 실크로드 유적지에 대한 유네스코의 학술 탐
사를 지원했으며, 관련 유적에 대한 소비에트 학자들의 연구 성과를
번역하여 출판하고, 실크로드의 오아시스 루트와 도시를 중심으로
한 학술대회 및 세미나를 개최했다. 그러나 소비에트연방 붕괴 직전
이었기 때문에 소비에트 유네스코 위원회의 참여가 전에 비에 활발
하게 이뤄지지는 못했다.

소비에트 붕괴 이후 실크로드 프로그램은 중앙아시아 개별 독
립국가들의 협력을 통해 이어지게 된다. 1992년 카자흐스탄과 키르
기스스탄이 중앙아시아 독립국가 최초로 유네스코에 가입했으며,
1994년 알마티에 카자흐스탄, 키르기스스탄, 그리고 타지키스탄을
대표하는 유네스코 지부가 설립되었다. 1993년 우즈베키스탄이 유
네스코에 가입했으며, 수도 타슈켄트에 유네스코 국가위원회national
commission를 설치했다. 설립 초기 유네스코 지역 사무소와 국가위원
회의 주요 임무에는 소비에트 붕괴 이후 중앙아시아의 실크로드 유

산을 효율적으로 보존하고 관리하기 위한 체계를 마련하고, 이를 위한 정부의 역량을 강화시키는 것이 포함되었다.

1993년, 우즈베키스탄 정부는 세계유산목록에 추가된 우즈베키스탄의 문화유산을 보존하고 관광 인프라를 구축하기 위한 전략을 개발하기 위해 국제기구에 지원을 요청했다. 당시 우즈베키스탄에서는 히바의 이찬칼라Itchan Kala(1990년 등재)와 부하라 역사지구Historic Centre of Bukhara(1993년 등재)가 유네스코 세계유산에 등재되어 있었다. 1994년 우즈베키스탄 정부와 유네스코, 유엔개발계획UNDP 간에 실크로드 관광자원 개발협정이 체결되었다. 이 사업은 유네스코의 실크로드 프로그램과도 긴밀히 연결되어 있었다. 협정을 통해 유네스코, UNDP, 그리고 우즈베키스탄 정부는 유서 깊은 실크로드 역사도시인 사마르칸트, 부하라, 히바, 코칸트를 재건하고, 도시가 가지고 있는 유형·무형 유산을 관광자원으로 개발하는 데에 협력하기로 합의했다. 이를 통해 문화유산 보존과 경제 성장이 균형을 이룬 도시개발 방안을 모색하는 것이 프로젝트의 주요 목적이었다(UNESCO 1996, 5). 실크로드 유산 복원 및 관광산업 개발은 지속가능한 경제적 이익을 창출할 뿐만 아니라 소비에트 붕괴 이후 새로운 국가 정체성 확립을 위해서도 매우 중요한 과제로 인식되었다(Ibid).

유네스코는 실크로드 사업을 통해 구소련 독립국가들뿐만 아니라 탈냉전과 인종 갈등이 동시에 벌어지는 시대를 맞은 세계가 보다 평화적인 방법으로 정체성에 대해 고찰하는 계기를 마련하고자 했다. 당시 실크로드 프로그램의 총괄 감독이었던 두두 디에네Doudou Diène는 "세계 곳곳에서 사람들이 '정체성'이라는 껍데기 속에 숨어 들어가 이웃을 적대시하는 현시점에서 우리의 주요 성과는 정체성이란 끊임없이 변화를 거듭하는 유동적인 것이라는 점을 보여준 것에 있다"며 실크로드 프로그램을 통해 세계 모든 사람들이 "서로 상호적으로 연결되어 있다는 중요한 사실을 깨달아야 한다"고 강조하기도 했다(UNESCO 1995).

소비에트 시대에는 중앙정부와 유적지가 위치해 있는 지역의 지방정부는 유적지와 역사 유물을 보존하고 관리할 법적 의무를 가지고 있었다. 그리고 지방정부는 이에 필요한 자금을 중앙정부로부터 요청할 수 있었다. 따라서 우즈베키스탄 고고학 발굴·복원 연구는 모스크바와 상트페테르부르크(당시 레닌그라드)를 중심으로 진행되었다. 독립 이후 우즈베키스탄은 소비에트 시대의 역사 유적·유물 보존과 관련된 법제도를 대부분 계승했으나, 중앙정부와 타슈켄트에 위치한 함자예술연구소Khamza Fine Arts Scientific Research Institute가 영내 유적지 발굴 및 보존을 지휘하고 지방정부와 지역에 설치된 소형 워크숍들이 이를 실행하는 체계를 구축했다(Lewcock 1994). 이와 더불어 문화부의 지원을 받아 사설 유적지 복원조합Restoration Association이 설립되었다. 이렇게 기초적인 법제도가 마련되었지만 우즈베키스탄의 실크로드 유적지 복원 및 관리에는 여러 가지 어려움이 있었다. 우즈베키스탄의 실크로드 역사유물은 건조한 기후와 모래가 많은 토질로 인해 비교적 보존상태가 양호하나 재정부족으로 적극적인 발굴이 이뤄지지 않고 있던 상황이었다.

한편 고고학적 유적지는 발굴이 완료된 이후 현장을 유지하거나 보존하려는 사후적 노력 없이 야외 환경에 그대로 노출되어 있었다(Lewcock 1994, 3). 몇몇 유적지는 주민들의 생활 터전인 구도심 깊숙이 위치해 있었다(Lewcock 1994, 4). 따라서 시장경제로의 전환이 빠르게 이뤄지고 있던 당시의 상황에서 상업적 이익 추구를 위한 도시개발로 인해 역사 유적이나 유물이 손상될 가능성이 높았으며, 이를 효과적으로 감시하고 관리하기 위한 정부의 재정적 지원이나 인력은 매우 부족한 상황이었다. 나아가 소비에트 시대에 국가주도로 이뤄진 유적지 발굴 및 복원 사업은 학술적인 목적에서 소수의 전문가들에 의해 이뤄진 반면, 독립 이후에는 관광산업 개발을 통한 경제이익 추구라는 새로운 목적이 생겨났다. 당시 타슈켄트의 함자 예술연구소는 1년에 약 5~6명 복원 전문가를 배출했는데, 이들은 임금이 적은 국가유적지 복원사업보다는 높은 임금을 지불하는 기업에서 일하기를 원했다(Lewcock 1994, 9). 지역 기반의 소규모 워크숍 소속의 장인들도 소비에트 붕괴 이후 정부에서 내려오는 보조금이 크게 감소한 상황이었다(Lewcock 1994).

실크로드 관광자원 개발 지원을 위해 유네스코와 UNDP, 우즈베키스탄 정부는 각 도시마다 도시의 문화·역사 자원으로 집중적으로 개발해야 할 구역을 선별했으며, 구역에 위치한 유적의 상태에 따라 필요한 보수·보원작업에 착수했다. 사마르칸트의 경우 레기스탄 광장 주변으로 박물관, 영화관, 백화점 등을 짓기 위해 훼손된 지역에 예전 도보를 복원하여 광장 옆에 위치한 초르수 바자르와 비비하눔 모스크, 티무르 사원 등 사마르칸트의 주요 유적지를 연결하여 레기스탄을 사마르칸트 실크로드 관광의 중심부로 구성한다는 구상이 제안되었다. 이를 위해 하상지에 건축되어 쉽게 금이 가고 보존이 까다로운 틸라카리 모스크, 쉬르 도르 마드라사, 울루그 베그 마드라사의 지반 강화 작업 및 복원작업이 이루어졌다. 초르수와 마드라사는 복원이 완료되면 문화활동을 위해 활용될 계획이었다. 이 외에도 사마르칸트의 구도심 재건, 사마르칸트 도시 외곽 지역에 위치한 샤흐이진다, 옥사라이, 그리고 이쉬라트 카나 사원 복원 및 개발, 그리고 아가한재단Aga Khan Trust의 역사도시 지원 프로그램Historic Cities Support Program의 지원을 받아 구르에미르 구역에 대한 복원 또한 실행되었다. 이와 함께 관광산업 확장을 위한 제반 시설인 숙소, 식당, 관광객 정보 창구의 수를 확대할 것과, 아직 해외에 잘 알려지지 않은 사마르칸트의 역사 유적지를 1995년 유네스코와 공동으로 사마르칸트에서 개최한 "Civilizations of Great Silk Road"와 같은 국제학술대회 및 세미나를 통해 적극적으로 홍보할 것을 제안했다(Lewcock 1994, 11).

흥미로운 점은 이러한 유적지 복원사업에서 도시의 관광산업 개발과 더불어 신생 독립국가인 우즈베키스탄의 이미지 메이킹이 주요 고려사항이 되었다는 것이다. 한 예로 레기스탄 광장 주변 도보 재건을 제안하며 유네스코의 전문가들은 독립 이후 레기스탄 주위에 지어진 벽을 허무는 것을 추천한다. 소비에트 시대에 레기스탄을 '야외 박물관'으로 만든다는 취지에서 세운 벽들이 레기스탄을 도시에서부터 고립시킨다고 보고 이는 변화와 개방을 추구하는 "신생 민주주의 국가의 분위기에 어울리지 않는다"고 조언한다(Lewcock 1994, 19). 이처럼 사마르칸트는 유네스코와 UNDP 등의 국제기구의 지원으로 실크로드 역사·관광도시로서의 모습을 갖추기 시작한다. 이와 더불어 유네스코와 UNDP는 사마르칸트의 소형 공예 워크숍을 확장하여 공예개발센터Crafts Development Center를 설립했다. 센터에서 다수의 수습생에게 전통 공예 제조법을 전수하도록 했으며, 시장조사 및 상품 디자인 규격화 등 전통공예품을 상품화하는 데에 필수적인 역량을 강화시켰다(UNESCO 1996, 48).

　1994년 사마르칸트에서 개최된 "Civilizations of Great Silk Road"는 유네스코의 실크로드 프로그램뿐만 아니라 실크로드 유적 보존의 가치와 의미를 재해석했다. 이미 앞서 언급한 바와 같이, 소비에트 붕괴와 냉전의 종식으로 인해 1988년 처음 유네스코가 실크로드 프로그램을 발족할 당시 실크로드가 가졌던 정치적 함의가 변화될 수밖에 없었다. 1980년대 후반 실크로드가 이념의 장벽을 넘나드는 소통과 교류의 상징이었다면, 1990년대 중반에 들어서는 이 장벽으로 인해 단절됐던 교류의 회복과 하나로 연결된 세계가 강조되었다. 1994년에 개최된 "Civilizations of Great Silk Road"를 계기로 이러한 변화를 반영하는 새로운 실크로드 프로그램이 채택됐다. 유네스코의 학술적 연구를 기반으로 실크로드 지역, 특히 중앙아시아에 관광산업 증진을 목표로 유네스코와 세계관광기구World Tourism Organization가 공동으로 주관한 「실크로드 관광에 대한 사마르칸트 선언Samarkand Declaration on Silk Road Tourism」은 정부에 국내외 실크로드 관광을 촉진하기 위한 국제적인 공동 전략과 프로그램을 구상하고, 국가 간 그리고 문화 간 장벽을 허물어 실크로드를 따라 하나의 흐름으로 여행할 수 있는 개방적 환경을 조성할 것을 제안한다.[2] 한편 실크로드 여행자들에게는 방문지의 풍습·신념·생활양식에 대한 이해와 자연과 문화환경에 존중을 표할 것을 강조한다. 실크로드 선언을 계기로 우즈베키스탄 정부는 사마르칸트와 부하라, 히바를 위대한 실크로드 관

2　UNWTO. https://aric.adb.org/initiative/world-tourism-organization-silk-road-project
　（검색일: 2023.5.20).

광특구로 지정했다.[3] 이처럼 실크로드는 여행의 즐거움을 통해 상호
적 이해와 존중을 증진시키고 나아가 중앙아시아의 경제발전과 문화
보존에 기여한다는 가치와 목적을 가지고 재탄생한다.[4] 이러한 실크
로드의 새로운 이미지는 사마르칸트라는 공간이 가진 상징성 또한
부각했는데, 선언문 서문에서 사마르칸트는 "동서양 간의 접촉이 이
루어진 역사적인 실크로드의 교차점"으로 그려졌다.

　　1960년대 후반 국제사회의 지원을 받아 중앙아시아 연구를 선
도할 연구소 설립에 대한 논의가 시작되었다. 1991년부터 유네스코
는 실크로드 프로그램의 주요 성과 중 하나로 연구소 설립을 본격적
으로 추진했으며, 중앙아시아 신생 국가들 본국의 국제적 위상을 높
이고 열악해진 학술환경 개선을 위한 국제기구의 지원을 받고자 중앙
아시아 연구소 유치를 위해 적극적인 경쟁을 펼쳤다(UNESCO 1996).[5]
그러나 최종적으로 사마르칸트에 유네스코 산하 중앙아시아연구소
Institute for Central Asian Studies를 설립하는 계획이 1994년 "Civilizations
of Great Silk Road" 회의에서 공식화된다. 연구소 설립의 목적은 중
앙아시아 문명과 문화유산을 널리 알리고자 국제적인 융합연구를 촉
진하고, 관련 자료를 수집·관리하는 것이었다. 연구소는 특히 중앙
아시아 간의 그리고 중앙아시아와 이웃 지역과의 교류와 상호관계
연구에 주력하도록 설계되었다. 따라서 설립 초기부터 프랑스, 독일,

---

3 Presidential Office of Uzbekistan 1995. https://lex.uz/en/docs/-182051(검색일: 2023.
　5.20).

4 International Institute for Central Asian Studies. https://unesco-iicas.org/page/history
　-of-iicas(검색일: 2023.5.29).

5 Ibid.

이탈리아, 대한민국, 일본, 영국, 미국과의 협력관계를 구축했다. 이로써 사마르칸트는 우즈베키스탄을 넘어 중앙아시아의 실크로드 역사와 문화유산을 대표하는 도시로 발돋움하게 된 것이다. 2001년, 실크로드 관광자원 개발협정을 통해 유네스코 전문가들에게 자문을 받은 우즈베키스탄 정부는 사마르칸트를 유네스코 세계유산에 등재하는 데에 성공한다. '사마르칸트—문화의 교차점Samarkand—Crossroad of Cultures'의 등재 이유는 아래와 같이 설명됐다.

> 사마르칸트 역사도시는 13세기부터 현재까지 중앙아시아 문화와 정치, 역사 가운데 가장 중요한 단계들을 예술, 건축물, 도시구조를 통해 보여준다. 비비하눔 모스크와 레기스탄 광장 같은 건축물들은 지중해부터 인도 아대륙에 이르는 전 지역의 이슬람 건축 발전에서 중대한 역할을 했다. 사마르칸트는 세계 문화들의 교차로이며 용광로였다. 기원전 7세기에 고대도시 아프라시아브로 건설된 사마르칸트는 14세기부터 15세기까지의 티무르제국 시대에 가장 큰 번영을 누렸다. 중앙아시아를 가로지르는 큰 교역로들이 교차하는 곳에 자리잡은 사마르칸트는 수천 년의 역사를 간직하고 있다.[6]

III. 맺는말

이 글에서는 유네스코의 실크로드 프로그램을 통해 사마르칸트

---

6 UNESCO. https://heritage.unesco.or.kr/%EC%82%AC%EB%A7%88%EB%A5%B4%E
   C%B9%B8%ED%8A%B8-%EB%AC%B8%ED%99%94-%EA%B5%90%EC%B0%A8%E
   B%A1%9C/(검색일: 2023.5.20).

가 유네스코와 중앙아시아의 실크로드 외교를 대표하는 도시로 부상하게 된 배경과 과정을 추적했다. 사마르칸트는 고대 페르시아, 쿠샨 왕조, 티무르 왕조 등 다양한 문화와 역사를 가진 고대도시로, 유럽, 중앙아시아, 중동 등의 다양한 문화가 교차하는 곳이었다. 또한 이 도시는 한국과 중국 같은 동아시아 국가들의 실크로드 외교의 중요한 상징으로 부상했다. 사마르칸트의 유적 보존과 관광산업 발전에 대한 다양한 연구가 이루어졌으며, 동시에 이 도시는 중앙아시아의 국제적 문화유산을 대표하는 도시로서 그 중요성을 인정받았다. 사마르칸트의 상징성은 유네스코를 포함한 국제기구와의 협력을 통해 효과적으로 강화되었으며, 이를 통해 우즈베키스탄 그리고 중앙아시아는 역사적 실크로드 교역의 주무대이자 유라시아 문화를 연결하는 교착점이라는 공간적 정체성과 외교적 상징성을 구축할 수 있었다.

1998년 유네스코의 실크로드 프로그램은 종결되었으나 실크로드 관광개발 사업은 오늘날까지 계속되고 있다. 2013년 유네스코는 실크로드 연구의 방대한 성과를 수집하고 정리하여 누구나 쉽게 온라인으로 접속할 수 있도록 하고자 실크로드 온라인 플랫폼을 위한 국제네트워크International Networks for the Silk Roads Online Platform사업을 발족시킴으로써 실크로드 프로그램을 부활시켰다. 2023년 35주년을 맞은 유네스코의 실크로드 프로그램은 문화교류를 통해 소통과 상호적 이해를 증진시키고, 나아가 미래 세대를 위해 지속가능한 미래를 함께 상상하고 이를 통해 실크로드의 유산을 온전히 물려주는 것에 초점을 맞추고 있다. 이는 사마르칸트를 포함한 중앙아시아의 실크로드 도시에게 새로운 외교활동의 기회를 제공하며, 도시의 중요성을 재확인하게 해준다.

생각해볼 문제

1 중국의 '실크로드 외교'와 중앙아시아의 '실크로드 외교'의 전략 및 담론은 어떠한 차이를 보이는가?

2 지방 혹은 지방도시의 문화역사 유산은 지방정부의 외교활동에 어떻게 활용될 수 있는가?

3 지방도시 혹은 지방정부는 유네스코와 같은 국제기구와 어떠한 협력관계를 맺으며, 협력관계를 대내외적으로 어떻게 활용할 수 있는가?

추천 문헌

김상철(2009). 『중앙아시아 입문』. 서울. 한국외국어대학교출판부.

Laurent Bourdeau, Maria Gravari-Barbas, and Mike Robinson(2016). *World Heritage, Tourism and Identity: Inscription and Co-production*. London: Routledge.

Timur Dadabaev(2019). *Transcontinental Silk Road Strategies: Comparing China, Japan and South Korea in Uzbekistan*. London: Routledge.

Tim Winter(2019). *Geocultural Power: China's Quest to Revive the Silk Roads for the 21st Century*. Chicago: University of Chicago Press.

유네스코. "사마르칸트-문화 교차로." 유네스코와 유산. https://heritage.unesc
　　o.or.kr/%EC%82%AC%EB%A7%88%EB%A5%B4%EC%B9%B8%E
　　D%8A%B8-%EB%AC%B8%ED%99%94-%EA%B5%90%EC%B0%A
　　8%EB%A1%9C/(검색일: 2023.5.20).

이민규(2020). 『도시 외교 메커니즘과 발전방향』. 서울연구원. 36-37.

신보람(2022). "사마르칸트를 향한 황금여정과 철의 길: 1930년대～1960년대 소
　　비에트 '실크로드 외교'의 탄생." 『중소연구』 45(4). 313-352.

International Institute for Central Asian Studies(2023). "History of IICAS."
　　International Institute for Central Asian Studies. https://unesco-iic
　　as.org/page/history-of-iicas. Accessed May 29, 2023.

Lara, Ray(2023). "How are cities inserting themselves in the international
　　system?" In Efe Sevin and Sohaela Amiri (eds). *City Diplomacy:
　　Current Trends and Future Prospects*. London: Springer, 189-214.

Muratbekova, Albina((2023). "Soviet Science Diplomacy: How Central Asia
　　was Instrumentalised in Soviet Foreign Policy." *Journal of Eurasian
　　Studies* 14(1). 3-85.

O'zbekiston Respublikasi Prezidentining Farmoni, Buyuk ipak yo'lini qayta
　　tiklashda(2023). O'zbekiston Respublikasining ishtirokini avj oldirish va
　　respublikada xalqaro turizmni rivojlantirish borasidagi chora-tadb
　　irlar to'grisida. 02. 06. 1995. https://lex.uz/en/docs/-182051. Acc
　　essed May 29, 2023.

Pluijm, Rogier van der, and Jan Melissen(2007). City Diplomacy: The Explaining
　　Role of Cities in the International Politics. Hague: Netherland Institute
　　of International Relations Clingendael.

UNESCO(1989). Integral Study of the Silk Roads: Roads of Dialogues, News
　　letter Issue. 1, Spring 1989.

_____(1991). Integral Study of the Silk Roads: Roads of Dialogues, News letter Issue. 2, Spring 1991.

_____(1995). Integral Study of the Silk Roads: Roads of Dialogues, News letter Issue. 4, 1995.

_____(1996). Rebuilding the silk road cultural tourism and revival of heritage in Uzbekistan. 1996. UNDP/UNESCO/UZB/94/002.

_____(2002). The Silk Roads Project: Integral Study of the Silk Roads: "Roads of Dialogues" 1988–1997. CLT/CPD/DIA/2008/PI/68.

_____(2011). UNESCO Recommendation on the Historic Urban Landscape. Paris: UNESCO, 2011.

UNWTO(1994). Samarkand Declaration on Silk Road Tourism. https://aric. adb.org/initiative/world-tourism-organization-silk-road-project. Accessed May 29, 2023.

Winter, Tim(2019). *Geocultural Power: China's Quest to Revive the Silk Roads for the 21st Century*. Chicago: University of Chicago Press.

제14장

국제 도시협력사업과 지방정부의 외교 및 공공외교:

일본 요코하마시 국제수도협력 사례

하동현 • 전북대학교

[요약문]

　　본 장에서는 일본 지방정부 공공외교의 기본 틀을 검토하고 지방정부 차원에서 어떻게 운영되고 있는지를 사례분석을 통해 살펴보고 있다. 지방정부가 국제협력에 참여함으로써 지역인재들은 글로벌 역량을 강화할 수 있다. 지역에 한정된 좁은 시각에서 벗어나 지역과 세계 간의 다층적 관점 속에서 지역의 문제를 고민할 수 있게 된다. 일본 외무성과 일본국제협력기구(JICA)는 지방정부가 국제협력 행위자로 나설 수 있도록 다양한 연계 및 제도와 방식을 구축하고 있다. 일본의 공공외교 사례로 요코하마시의 수도국과 수도 사업을 검토하였다. 요코하마시는 JICA와 처음으로 국제협력의 연계 협정을 맺은 도시이다. 지역경제 활성화로서 지역에 거점을 두고 있는 지역기업의 해외활동을 지원하는 사례이다. 단순한 인적 친선 교류에서 탈피하여, 일본 지방정부와 개발도상국 지역 모두에게 발전의 계기를 마련하는 협력사업들이 구성·시도되고 있었다.

| 공공외교 | 국제협력 | 홍보문화 |
| 지방정부 | 거버넌스 | 지역활성화 |

Ⅰ. 들어가며

일본 지방정부의 국제협력이 체계화되기 시작한 것은 1980년대 후
반경이다. 해외 자매도시 협정 체결 등 지방정부의 국제교류는 1950
년대부터 지속적으로 존재했다. 일본 정부(舊자치성, 현 총무성)는
1985년에 「국제화 프로젝트 구상」을 발표하고 국제교류 방식(1987
년), 국제교류 마을 만들기(1988년), 지역의 국제교류 추진 수립(1989
년) 등 각종 지침을 작성해 나갔다. 1988년에는 「지방공무원 해외파
견법」이 제정되면서 각 지방정부들은 국제화 실시 계획을 수립하게
되었다. 국제교류협력을 지원하는 '자치체국제화협회CLAIR'도 창설되
었다(1988년). 관련 제도들이 구축되면서 1990년대 지방정부의 국제
협력 활동은 왕성해지기 시작했다. "교류에서 협력으로"라는 슬로건
에서 알 수 있듯이 단순한 교류를 목표로 하지 않았다.
　　1995년 지방정부 ODA, 2000년 민간단체의 참여 등 다각화·심
층화가 이루어지면서 정책적으로 진화되어 나갔다. 지방정부가 독자

적 또는 국제협력의 일원으로 국제 활동의 한 축을 담당하게 되었는데, 기타큐슈시의 환경국제협력, 환일본해 경제교류나 동북아지자체연합 등이 대표 사례이다. 또한 국제협력 활동은 침체되어 가던 지역경제 활성화 대책으로도 인식되면서 지역발전과 연계된 국제 활동이 왕성해져 갔다. 2000년대 중반에는 리먼 쇼크로 인한 세계경제의 불황, 구조적인 지방의 재정난 등으로 국제교류 사업은 침체기를 맞이하기도 하였다. 하지만 다수의 외국인들이 지역에 이주, 정착하게 되면서 다문화 공생사회의 관점에서 지역의 국제정책은 새로운 질적·양적인 변화 시기를 맞이하고 있다.

한편 일본에서 공공외교Public Diplomacy가 공식적으로 등장한 것은 2004년판 일본 외무성의 '외교청서'부터이다. 영어 표현인 '퍼블릭 디프러머시'를 외래어 표기방식인 가타카나(パブリック·ディプロマシー)로 표현하였다. 공식 표준어는 아직 존재하지 않지만 외무성에서는 홍보문화외교(広報文化)로 번역한다. 공공외교가 확산되면서 외무성에 '홍보문화외교전략과'가 신설되었다. 외무성이 쓰는 일본어 표현법에서 일본적 맥락을 추론할 수 있다. 먼저 가타카나를 사용한다. 일본에서는 종래와는 다름을 강조하고자 할 때 외국어를 가타카나로 표기하는 경향이 있다. 매니페스토도 그 예이다. 9·11테러 이후 미국에서 등장한 공공외교(퍼블릭 디프러머시)는 기존 일본 외교와는 색다른 맥락과 부분적 차별성을 보이고 있다고 인식하는 것으로 보인다. 두 번째는 홍보문화라는 해석이다. 광범위한 국제협력에 비해 홍보문화는 제한적 범위이다. 제2차 세계대전 이후 재편된 전후 질서 속에서 일본은 패전국으로서 외교적 이니셔티브를 취하지 못하였다. 일본 외교는 미일동맹을 축으로 미국의 핵우산 아래에서

후방 지원에 머물렀다. 국방안보의 전통적 외교활동보다는 대외원조, 국가홍보, 문화교류 등 상대적으로 소프트한 국제협력 활동에 주력해 왔다. 최근 부상한 공공외교는 일견 일본 외교가 전후에 지속적으로 해왔던 외교 방식과 크게 다르지 않다. 하지만 국제협력에서 보완이 필요하거나 특화해야 하는 부분이 있는데, 이를 공공외교라는 틀을 빌려 홍보문화로 재구성하여 수용하고자 공공외교(퍼블릭 디프러머시)를 홍보문화로, 협의적으로 규정하게 된 것으로 보인다.

이 장에서는 일본 지방정부의 공공외교 실태를 살펴보고자 한다. 먼저 배경 설명의 차원에서 지방정부가 국제협력에 참여하는 의미를 간략히 정리하고, 일본 정부와 지방정부 간 국제협력의 제도적 방식을 검토한다. 다음으로는 지방정부 공공외교의 사례로 요코하마시를 분석한다. 요코하마시는 JICA와 처음으로 국제협력의 연계협정을 맺은 도시로 일본 지방정부의 공공외교를 파악하는 데 적합한 분석대상으로 판단된다.

II. 일본 지방정부의 공공외교 추진 방식

본 절에서는 지방정부의 독자적인 국제협력 방식보다는 정부와 연계된 협력제도를 중심으로 기술한다.

1. 지방정부의 국제협력 활동 참여의 의미

국제협력 활동에 지방정부가 참여하는 의미는 2가지 차원에서 고찰할 수 있다. 첫 번째는 국제협력 활동의 질적 향상이다. 국제사회에서 정치·경제적으로 지위를 확립한 국가들은 상대적으로 가난에 시달리는 개발도상국가를 대상으로 다양한 원조활동을 벌인다. 일본의 JICA, 우리나라의 KOICA 등도 그러한 정부기관이다. 원조활동을 통해 보건, 의료, 물 공급, 식량 확보 등 인간으로서 생활을 영위하는 데 최소한의 수요를 충족시키려는 의도이다. 개발도상국은 선진국 지방정부의 노하우 또한 매우 필요로 하고 있다. 국가와 지역을 발전시켜 나가는 과정에서 그 사회가 지닌 능력을 초월한 예상외의 심각한 문제 발생과 정책수요, 대응기술, 경험의 결핍 등이 드러난다. 선진국의 지방정부들은 지역 주민들에게 상하수도, 폐기물처리, 보건위생, 모자보건, 사회복지, 농업보급, 초중등 교육, 직업훈련, 환경보전, 공공교통 등 포괄적인 행정서비스를 공급해 오고 있다. 그 과정에서 시행착오를 겪으면서 노하우가 축적되고 전문인력들이 양성되었다. 이러한 경험들이 유사한 과제에 직면하는 개발도상국들에게 유무형의 지혜로 작용할 수 있다. 국제협력의 목적을 달성하기 위해서는 상대국이 처한 상황을 정확히 이해하고 그들의 수요에 대처하는 것이 전제가 된다. 정부와의 역할분담을 통해 지방정부가 지닌 자산을 활용할 때 목적에 맞는 심층적인 국제활동에 더욱 다가갈 수 있다.

두 번째는 지역활성화이다. 사람·물자·돈·정보의 국제화가 진전되면서 각국 간에는 다양한 수준에서의 상호의존과 국제경쟁이 심화되고 있다. 이러한 파고는 지역에도 직간접적인 영향을 미치고 있다. 탄소배출 등의 지구환경문제, 지역산업의 무역과 투자활동, 지역주민의 해외여행이나 외국인의 지역관광, 외국인 주민 등 지방정부에서도 국제사회와 연계할 업무들이 증가하고 있다. 지역의 발전을 위해서도 이러한 문제들에 선제적으로 대응하는 것이 필요하다. 특히 최근 우리나라나 일본은 저출산·고령화 문제가 심화되고 있고 지역 간 불균형 및 격차가 사회문제로 떠오르고 있다. 국제활동은 지역의 활성화에도 중요한 동력이 될 수 있다. 국제협력 활동을 통해 지역을 홍보하고 이미지를 고양함으로써 해외 투자를 확대시키거나 외국인 관광객을 유치할 수 있다. 지역산업의 우수한 기술력을 증명함으로써 관련 인력의 수출도 가능하다. 지역을 홍보하고 국제사회에 공헌하려는 협력활동들로부터 부수적인 효과를 낳을 수 있는 것이다. 일본정부는 ODA에서도 지역활성화를 목적으로 지방정부와 연계한 무상자금 협력을 촉진하고 있다.[1]

　　요컨대 국제협력의 범위는 다변화되고 그 내용도 심층화되고 있다. 주민복리의 향상에 힘써온 지방정부가 국제협력의 일익을 담당함으로써 더욱 적확하고 질 높은 국제활동을 벌일 수가 있다. 또한 그러한 활동을 하는 과정이나 경험을 통해 지역사회의 잠재된 자산을 일깨움으로써 새로운 지역의 활력을 이끌어내는 촉진제로도 작용할 수 있다.

2. 국가와 지방정부의 연계 방식

일본 정부는 다양한 연계방식을 통해 지방정부와의 협력을 강화하고 있다. 먼저 지방정부와 JICA와의 연계협정 및 각서의 체결이다. JICAJapan International Cooperation Agency는 개발도상국의 경제와 사회발전

---

1 JICA, https://www.jica.go.jp/partner/jichitai/partnership/index.html

에 기여하고 국제협력을 촉진할 것을 목적으로 정부개발원조^{ODA}를 실시하는 일본 정부가 설치한 기관이다. JICA는 효과적인 국제협력을 실시하기 위하여 지방정부와 다양한 협력방식의 틀을 구성하게 되는데, 이를 위해 사업 과정에서 협력에 대한 포괄 협정이나 특정 분야에서의 각서를 체결한다. JICA는 2010년 5월에 미야기현과 식량 증산을 목적으로 말라위에 파견하는 청년해외협력대 파견합의서를 체결하였고, 2011년 10월에는 지방정부로서는 최초로 요코하마시와 국제협력 전반의 연계협정을 맺었다.

둘째 소통의 기회를 마련한다. JICA와 지방정부 간의 정보 공유와 의견교환의 자리로 지방정부 국제협력담당조직과 정기모임(블록회의)을 가진다. 또한 지방정부, 지역NGO, 주민이 참여하는 국제협력 행사를 전국 각지에서 개최하고 있다.

셋째 국제협력추진원(国際協力推進員)의 모집과 파견이다. JICA는 1996년도부터 지방정부나 지역 NGO 등과 연계를 추진하는 파이프역으로 '국제협력추진원'을 지방정부에 배치하고 있다. 이들은 국제협력의 노하우를 가진 인재들로 지방정부와 JICA가 공동으로 실시하는 사업을 지원하거나 홍보 및 계몽활동을 한다. 해당 권역의 지방정부와 JICA 지역 거점이 연계하는데, 2023년 5월 현재 전국적으로 15거점이 설치되어 있다. 2020년에는 지역의 외국인인재지원, 다문화 공생 과제에 특화된 국제협력추진원도 신설되었다.

넷째 개발교육(국제이해교육)의 지원이다. JICA는 다수의 시민들에게 국제협력을 이해시키고자 여러 유형의 개발교육(국제이해교육)을 후원하고 홍보 및 계발사업을 추진한다. 예를 들어 '국제협력캠페인'이나 '국제협력시민강좌', '국제협력출전강좌' 등을 전국 각지에서 지방정부와 공동주관으로 개최하고 있다.

3. ODA를 통한 지방정부의 해외활동 지원[2]

지방정부가 국제협력에 참여하면서 지역의 인재들은 글로벌 역량을 강화할 수 있다. 지역에 한정된 시각에서 벗어나 세계 속에서 지역을 고민하는 글로벌 인재로서 지역과 세계의 다층적 관점 속에서 지역의 문제를 다룰 수 있게 된다. 지역경제 활성화로서의 기업의 해외활동 지원이 그 예이다. 이처럼 외무성과 JICA는 지방정부가 국제협력 행위자로 나설 수 있도록 다음과 같은 제도 방식을 제안하고 있다.

먼저 지방정부와 연계된 무상자금협력이다. 지방정부는 JICA의 무상자금협력 담당자에게 협력사업을 제안하고 실현 여부에 관한 자문을 받는다. 실현성이 있다고 판단되면 정식으로 사업제안서를 제출한다. 제안서가 심사를 거쳐 통과되면, 상대국 정부의 정식 요청서와 협력준비조사와 관련된 일본 정부의 승인을 전제로 조건부 채택이 이루어진다. JICA는 지방정부의 협력을 받으면서 안건을 구성하게 된다. 협력준비조사에 지방정부는 자문역이나 수주자로서 참여하게 되는데, 지방정부가 지닌 기술 및 노하우를 살리는 무상자금협력 사업의 내용을 구성해 나간다. 필요에 따라 무상자금협력과 연계된 기술협력사업도 준비한다. 협력준비조사의 결과를 토대로 무상자금 협력사업의 실시 여부가 정식으로 결정된다. 정부 간 교환공무가 체결되고 JICA와 상대국 정부와의 증여계약이 되면, 무상자금협력사업

---

2 ODAを活用した地方自治体の海外展開支援

은 본격적으로 실시된다. 무상자금협력사업은 상대국 정부가 컨설턴트와의 계약 및 상대국 정부와 시공업자, 상사 등과의 계약에 기초하여 실시하게 된다. 이때에도 지방정부는 자문역 또는 시행하는 수주자로서 무상자금협력사업에 참여할 수 있다.

기타규슈시는 1995년부터 캄보디아의 상수도 분야 협력사업을 진행해 왔고 신뢰성을 인정받아 왔다. 이를 바탕으로 무상자금협력으로 실시된 캄보디아 콤포챠무·바탄반 상수도 확장계획에 참여하였다. 에너지효율형 상수도(배수구의 설정, 송배수망의 정비, 모니터링 시스템의 설치 등)로의 개조사업이었다. 사업이 완료되면서 1일당 평균 급수량 및 급수인구가 증가하였고 물의 안전성이 높아지면서 캄보디아 주민의 생활환경이 개선되었다.

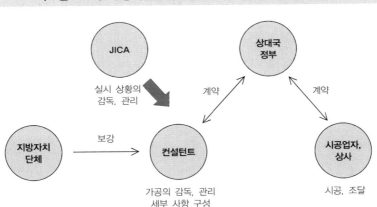

〈그림 14-1〉 무상자금협력사업에 자문역으로 참가할 경우

출처: JICA 홈페이지

글로컬 시대 지방정부 외교와 공공외교

둘째 지방정부의 경험과 노하우가 반영되는 공모형 사업이다. JICA의 공모형 사업(중소기업·SDGs비즈니스 지원사업, 풀뿌리 기술협력 등)을 활용하여 환경·에너지, 물, ICT 등의 분야에서 전문성을 보유한 지방정부가 각종 사업을 제안한다. 요코하마시와 무라타 계측기 서비스(주)(ムラタ計測器サービス株式会社)는 베트남 다낭시 산업배수관리 프로젝트 안건화 조사에 나섰다. 다낭시 공업단지의 산업배수처리 개선을 목표로 기업의 기술력, 행정의 환경감시시스템, 산업배수처리의 컨설팅이 조합된 제안 내용이었다. 사업이 실행되면서 환경모니터링을 살린 행정 능력이 향상되었고 공업단지의 수질 역시 지속적으로 좋아졌다.

셋째 지방정부와 연계한 풀뿌리 기술협력(지역활성형)이다. 일본 NGO, 대학, 지방정부와 공익법인들이 개발도상국 주민을 대상으로 국제협력활동을 하고자 할 때 지원한다. JICA가 지방정부의 제안을 심사, 선정하여 지역활성화형으로 지원하고 공동 실시한다. 후쿠이현 와카사정若狹町은 라오스의 직업훈련학교와 풀뿌리 기술협력을 제안하였다. 라오스의 목재가공·건설산업 인재육성 및 와카사정의 건축산업 활성화를 목적으로 하였다. 라오스의 직업훈련학교 교원과 기술지도원들이 일본에 3개월 동안 체류하면서 와카사정의 빈집 개선사업에 참여하였다. 빈집이 복지시설로 개수되는 과정에서 그들은 기초적인 목재가공·건설기술을 습득할 수 있었다. 와카사정의 지역 기업은 가구의 판로 확대를 위해 라오스 현지법인을 설립하였고 연수생을 직원으로 고용하였다. 서로의 지역발전을 목표로 목재가공·건축산업 인재가 육성되는 프로젝트였다.

넷째 풀뿌리·인간의 안전보장 무상자금협력이다. 외무성에서는 풀뿌리·인간의 안전보장 무상자금협력을 활용하여, 일본 지방정부가 개발도상국에서 활동하는 NGO(로컬 및 국제 NGO)나 현지 지방정부와 협력하여 이들 지역의 경제사회개발에 지방정부의 기술과 노하우를 활용할 것을 권장하고 있다. 1000만 엔 이하의 소규모 금액으로 지역 주민에게 활용될 수 있는 사업이 대상이다.

다섯째 지방정부와의 연계 세미나이다. 선진적인 활동을 벌이는 지방정부의 성과를 다른 지방정부도 학습·공유할 수 있도록 2014년 11월에 '제1회 지자체 해외활동추진을 위한 지자체 연계강화 세미나(第一回地方自治体による海外展開推進のための自治体連携強化セミナー)'가 개최되었고, 2020년에는 연계 세미나가 9건 실시되었다. 코로나 확산으로 주춤하였으나, 앞으로 재개될 전망이다.

III. 일본 지방정부의 공공외교 거버넌스: 요코하마시 수도국을 대상으로

1. 국제협력사업의 전개 과정

요코하마시는 1859년 개항 이후 해외로 문호가 열리면서 도시 근대화가 시작되었다. 이후 태풍 등 자연재해, 태평양전쟁, 급격한 인구 증가, 심각한 공해 등 다양한 도시의 양상을 경험하고 이를 해결하려는 과정에서 근대 도시의 노하우와 경험이 축적되어 나갔다.

요코하마시의 국제협력사업 기점은 1973년 아프가니스탄에 직원을 파견하면서부터이다. 1976년부터 케냐, 1982년부터는 태국에 조사단과 전문가들을 장기간 파견하였다. 1987년 근대 수도 창설 100주년을 기념하여 시 독자적으로 해외연수생 훈련을 기획하였다. 1994년에는 국제협력전문위원회가 설치되었고 2002년에는 JICA 요코하마 국제센터가 개설되었다. 2003년부터 베트남 후에에서 JICA 프로젝트를 시작하였고 이후 풀뿌리 및 기술협력 프로젝트 등으로 확대되어 나갔다. 2009년 8월에는 그동안 신뢰관계를 쌓아온 베트남의 후에, 호치민의 각 수도공사, 건설성 수도훈련센터의 3기관과 요코하마시 수도국이 기술협력 각서를 체결하였다. 또한 2008년을 시작으로 2013년, 2019년에 아프리카개발회의가 요코하마에서 개최되면서 아프리카 국가들을 대상으로 한 '상수도사업 기술자 양성 프로그램'도 매년 실시하여 왔다. 2011년에 지방정부로는 처음으로 JICA와 포괄연계협정을 체결하였다. '요코하마 워터'를 설립하고 Y-PORT 사업과 Y-PORT센터를 출범시키면서 민관협력의 국제활동을 진행하고 있다.

요코하마시는 40년 가까이 아시아와 아프리카 등 개발도상국을 대상으로 수도 관련 국제협력 활동을 진행해 왔다. 2,000명 이상의 연수생을 교육하였고, 요코하마의 수도기술과 노하우를 전파시켰다. JICA의 전문가 및 조사단원 등을 27개국에 약 190명의 직원을 파견하고 있다.

〈표 14-1〉 요코하마시 수도국 국제공헌 활동의 경과

연도	사업 내용
1973	• 일본 ODA사업으로 아프가니스탄에 처음으로 직원을 파견하면서 국제협력 사업을 개시함

1976	• 케냐에 JICA 조사단을 파견함 - 이후 2004년까지 케냐 수자원개발성에 장기전문가 6명, 단기전문가 3명을 파견함
1982	• 태국에 첫 JICA 장기전문가를 파견함 - 이후 1999년까지 7명의 장기전문가, 9명의 단기전문가를 파견함
1982	• 요코하마, 상하이 우호도시 제휴를 토대로 상하이시와의 교류를 시작함
1987	• 근대 수도창설 100주년 기념사업으로 해외연수생 독자수용사업을 개시함 첫해는 태국, 인도네시아, 이후는 케냐, 인도네시아 등에서 수용
1994	• 국제협력전문위원회가 활동을 개시(2월)
2002	• JICA 요코하마국제센터 개설
2003	• 베트남 후에에서 JICA 프로젝트를 개시함 - 이후 풀뿌리 기술협력사업, 기술협력 프로젝트를 실시함
2005	• 인도네시아 반타아체 부흥 지원(수마트라 지진)을 위해 직원파견과 자재 제공 • 국제협력 촉진 및 JICA와의 협력이 인정되어 요코하마시 수도국이 제2회 JICA 이사장 표창 수상
2008	• TICAD(아프리카개발회의) IV가 요코하마에서 개최됨 이후 2013년, 2019년에 요코하마에서 개최 • TICAD의 요코하마 개최를 계기로 JICA 집단연수 '아프리카 지역도시 상수도사업기술자양성' 코스를 시작함
2009	• 베트남의 프로젝트 성과에서 후에 수도공사 창설 100주년을 기점으로 후에 전역의 안전한 물 선언이 실현됨. 동시에 요코하마 수도국과 후에 수도공사를 비롯한 베트남 3기관이 각서를 체결함
2010	• 제1회 아시아지역상수도 사업간부 포럼을 요코하마시와 JICA에서 공동개최(2월) - 이후, 2014년 7월 제3회, 2017년 8월에 제4회가 요코하마에서 개최됨 • 요코하마 워터 주식회사 설립
2011	• 요코하마시와 JICA가 포괄연계협정을 체결함
2013	• JICA 볼런티어 제도를 활용하고 탄자니아에 4명의 직원을 파견함 - 2014년도부터 파견처를 말라위로 2019년도까지 20명을 파견함
2014	• 라오스에서 JICA 프로젝트(MaWaSU1)에 재무분야의 전문가 파견 개시 - 2018년 시작된 후계의 MaWaSU2에도 승계되어 참가하고 있음
2019	• JICA '리롱웨 무수소대책능력강화 프로젝트'에서 말라위에 장기전문가 파견함 • 파키스탄 파이살라바드 수공공사와의 기술교류에 관한 독자적인 각서를 체결함
2020	• COVID-19(코로나 감염병) 유행으로 인적 교류가 제한되는 가운데 ICT를 활용하여 국제사업을 추진

출처: 横浜市(2021)을 정리

2. 추진방향 및 체계

1) 협력사업의 근거와 방향

(1) 수도사업자로서의 책임

후생노동성의 「신수도 비전(新水道ビジョン)」(2013년 3월)이나 「요코하마시 수도사업 중기경영계획」(2020~23년)을 바탕으로 요코하마 워터(주), 국제기관과 민관협력으로 국내외 수도사업체를 지원한다. 개발도상국의 물 문제해결에 기여하면서 워터 비즈니스와의 연동이 중점 방향으로 제시되었다.

(2) 인재육성

개발도상국의 수도사업에 관여하면서 국내에서 경험할 수 없었던 문제해결 능력을 쌓을 수 있다. 이러한 도전은 파견 공무원의 능력을 향상시키고 국제감각을 갖춘 인재로 나아가게 한다. 국제협력은 그러한 능력을 키우는 기회가 되고 있다.

(3) 요코하마시의 정책

요코하마는 개항 이후 해외 도시들과 네트워크를 구축하고 '세계와 함께 성장하는 요코하마'의 실현을 목표로 지방 외교를 강력히 추진해 왔다. '요코하마시 국제전략' 아래, 수도사업을 비롯한 환경·경제·사회의 글로벌 과제 해결을 위해 노력하고 있다. 요코하마시는 일본의 'SDGs 미래도시'로 선정되었고, 시 역시 SDGs를 중기계획에 포함시키는 등 SDGs 기반 행정을 운영하고 있다. 또한 신흥국의 도시 과제 해결과 지역기업의 해외 활동 지원을 목적으로 요코하마의 자원·기술을 활용한 국제기술협력(Y-PORT 사업)을 요코하마 비즈니스 협의회와 제휴하여 실시해 오고 있다.

2) 거버넌스 체계

요코하마의 상하수도사업과 관련된 국제협력 활동은 크게 세 부분의 거버넌스 체계가 독자 혹은 상호 긴밀하게 연계되어 작동한다.

첫째는 요코하마시의 행정이다. 수도 분야에서 상수도를 담당하는 수도국과 하수도를 담당하는 환경창조국이 사업부서로서 개별 혹은 필요시 공동으로 대응한다. 해외 물 관련 사업체와의 업무나 연수생을 파견하는 일도 진행한다. 국제업무인 만큼 국제국과의 연계 또한 필요하다. 국제국은 해외 도시와의 협력하는 업무를 관장하면서 민관협력에 의한 타 부서의 국제활동을 지원한다.

둘째는 요코하마시 소재 기업과의 연계이다. 요코하마시는 100퍼센트 출자하여 '요코하마 워터'라는 기업을 설립하였다. 동 기업은 지역의 관련 기술력을 활용하여 국제시장에서의 비즈니스를 전개한다. 지역기업들이 회원사인 요코하마 물 비즈니스 협의회와 협력하면서 비즈니스 관련 조사, 컨설팅, 공동 프로젝트 등을 진행한다.

셋째는 정부와의 관계이다. 외교정책의 사령탑인 외무성과 국제협력의 실시기관인 JICA와의 관계이다. 정부 자금이 투입되는 정부원조개발ODA인 만큼 기본적으로 국가 대 국가 간의 관계 속에서 지방정부와의 노하우와 경험을 ODA활동에 활용하고자 한다. 지방정부는 JICA에 사업을 제안하거나 자문 혹은 집행 실시기관으로 참여하여 국제협력 파트너로 활동한다.

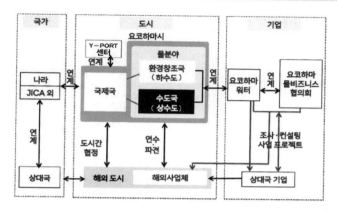

〈그림 14-2〉 요마하마시 상하수도의 국제협력 활동 거버넌스 체계

출처: 山口, 2015

이하에서는 요코하마시 주요 행위자들과 활동들을 구체적으로
살펴본다.

(1) 요코하마시: 수도국·환경창조국·국제국

요코하마 수도국은 경영부, 배수부, 정수부 등 총 8조직으로 구성되
어 있다(2022년 2월 현재). 사업추진부 국제사업과가 국제협력을 담당
한다. 국제 관련 업무는 상대국의 발전에 기여하는 국제공헌 부분과
기술력의 수출 등을 하는 비즈니스 부분으로 나뉜다. 전자는 해외
수도사업자와 교류하면서 지역의 국제사업을 수행할 수 있는 인재
양성에 중점을 두고 있다. 후자는 시가 설립한 요코하마 워터 및 지
역기업들이 상수도와 관련된 세계시장에서 우수한 사업능력을 발휘
하도록 지원하는 업무를 맡고 있다.

수도국 국제사업과	주요 업무
국제공헌 담당	- 해외 수도사업자와의 교류 관련 업무 - 국제사업을 통한 인재육성 관련 업무
국제비즈니스 담당	- 국제사업의 실시 및 국내외의 조정 관련 업무 - 요코하마 물 비즈니스 협의회 관련(상수도 관련 한정) 업무
조정 담당	- 요코하마 워터 주식회사 관련 업무

　　환경창조국은 환경시책, 환경활동과 교육 등을 담당하는 조직으로 총 9부로 구성되어 있다. 이중 하수도계획조정부, 하수도관로부, 하수도시설부 등 하수로 관련 사업부서가 설치되어 있다. 국제협력 업무는 하수도사업 매니지먼트과에서 관장한다. 수도국이 국제사업과가 별도로 조직된 것에 비해, 환경창조국의 국제 관련 업무량은 많지 않은 것으로 보인다. 하수도사업의 계획수립, 정비, 각종 조사 등이 일상적으로 이루어지면서 국제 담당이 관련 업무를 처리한다. 특히 국제활동의 주요 파트너로서 요코하마 물 비즈니스 협의회와의

〈표 14-3〉 환경창조국 하수도사업 매니지먼트과

환경창조국 하수도사업 매니지먼트과	주요 내용
하수도 조정 담당	하수도사업의 주요 정비사업, 예산·결산 관련 업무
하수도 계획 담당	하수도사업의 계획수립 및 정비, 공공하수도관로의 보전과 갱신의 종합 조정
하수도 경영 담당	하수도사업의 경영계획, 어셋트매니지먼트 추진 관련, 하수도 사업 관계단체와의 연락 조정
하수도 기술개발 담당	하수도 관련 통계·조사 및 연구 관련 업무 하수도 관련 기술개발 관련 업무
하수도 국제 담당	하수도 관련 국제교류·국제협력 관련 업무 요코하마 물 비즈니스 협의회 관련 업무

국제국	주요 업무
국제국 국제협력과	요코하마국제협력 센터 관련 업무 국제기관과의 연계 관련 업무
	Y-Port 사업 관련(민관협력에 의한 국제기술협력, 아시아 스마트시티회의 등) 업무
	시티네트(아시아태평양 도시간협력네트워크)사업 관련 업무 *CYO: 시티네트 요코하마 프로젝트 오피스
국제국 국제연계과	국제연계 기획·입안·조정 관련 업무 해외도시와의 연계 관련 업무 국제매너 관련 업무 각국 대사관, 영사관과의 연락 조정 업무 해외 설치 사무소 관련 업무

협력이 주요 업무가 되고 있다.

국제국은 2015년 4월에 요코하마시 국제사업들을 종합 조정하고자 새롭게 설치되었다. 국제국은 국제정책부와 국제협력부로 구분된다. 국제국의 주요 사업인 Y-PORT사업은 국제협력과가 전담한다. 국제국이 설치되면서 Y-PORT사업이 체계적으로 추진될 수 있게 되었다. 2015년에 요코하마시·국제기관·학술기관·기업 등이 참가하여 해외 프로젝트나 국제회의 등을 공동으로 실시하는 'Y-PORT센터'가 구축되었다.[3]

(2) 주식회사 요코하마 워터(Yokohama Water Co., Ltd. 横浜ウォーター 株式会社)의 설립

요코하마시 수도국은 도시 운영에서 축적해 온 수도 관련 기술·경험

---

3 https://www.city.yokohama.lg.jp/kurashi/sumai-kurashi/suido-gesui/suido/torikumi
/koken/kokusai-kyoryoku.html

등을 활용하여 비즈니스 활동을 시작하였다. 자본금 1억 엔을 100퍼센트 출자하여 2010년 7월에 '요코하마 워터 주식회사'를 설립했다. 동 회사는 2013년에는 요코하마시 환경창조국과 협정을 맺어, 국내외 상하수도사업 운영 및 각종 사업들을 발굴하였다. 요코하마시 수도국을 도와 각종 업무를 컨설팅하고 민간기업과 파트너십을 통해 관리한다. 일본 국내의 지역 수도사업 기반이 취약해지고 있는 현실을 감안하여 해외로의 기술이전을 도와 공공성을 강화하는 활동을 벌인다. 즉 전체적으로 수도국의 관리 기반을 강화하는 데 일익을 담당하고 있다.

요코마하 워터는 다음의 업무를 진행한다. 첫째 시설의 정비와 유지관리이다. 수도사업체를 대상으로 급수공사 등을 심의하고 기술을 지원한다. 둘째 관련 지식과 경험을 강좌 및 프로그램으로 구성하여 학습하고 소통하는 기회를 가진다. 셋째 JICA의 수도 관련 조사를 의뢰받아 실시하고 해외 연수생들에게 노하우 체험 및 연수교육을 한다. 해외사업을 컨설팅하기도 한다.

〈표 14-5〉 요코하마 워터의 주요 사업 부문

부문	사업 개요	고객
1. 시설의 정비와 유지관리	• 급수장치공사의 설계심사 및 완료 검사 • 국내 수도사업에의 기술지원	수도사업체
2. 연수사업	• 수도기술, 사업경영 관련 노하우의 연수와 강좌	수도사업체, 민간기업
3. 국제 관련 사업	• JICA로부터의 조사안건, 연수생 수용 사업 • 해외수도사업에 관한 컨설팅 업무	JICA 등 원조기관, 민간기업

글로컬 시대 지방정부 외교와 공공외교

동 회사는 설립 이후 매출과 경영이익이 서서히 상승하였다. 2019년 현재 매출은 약 7억 엔이며, 국제사업은 1억 2000만 엔 수준이다. 국제협력의 경우, JICA의 프로젝트를 수주하며 진행되고 있다. 예를 들어 2011년 하노이 PPP의 하수안건, 아프리카 연수수탁, 2013년 필리핀 세부의 JICA 무상자금협력준비조사, 2015년 JICA 베트남 하수도기술협력프로젝트, 2017년 JICA 무급수프로젝트 연구, 2019년 JICA 말라위 기술협력 프로젝트 등 매년 JICA와 국제협력 업무를 실행하여 왔다4. 2020년 3월 말 현재, 24개국(라오스, 베트남, 필리핀, 인도네시아 솔로몬제도, 스리랑카, 파키스탄, 인도, 네팔, 페루, 탄자니아, 사우디아라비아, 수단 등) 77프로젝트의 성과를 거두었다. 요코하마 워터는 창립 10주년을 맞이하면서 지속적인 사업운영을 구체화하기 위해 경영방침인 중기계획 2023을 수립하였다. ESG(환경·사회공헌·기업통치) 추진을 강화하는 내용이다.

---

4 가나가와신문 2014년 4월 17일자 관련 기사. "요코하마 워터가 JICA 사업을 수주한 필리핀에서 누수 조사 수주": 요코하마 워터는 필리핀의 카가얀데오로시에서 누수 등 수도사업의 과제와 대응책 등을 조사하는 사업을 단독으로 수주했다. 이 사업은 국제협력기구(JICA)가 실시하는 필리핀 지방도시 수도정비사업 원조효과 촉진 조사 사업이다. 2012년도 JICA와 동 회사가 협력하여 실시한 경영세미나에 필리핀 책임자가 참석한 것이 수주로 이어졌다. 해당 지역은 무급수 비율이 54퍼센트(12년)에 달해 심각한 문제가 되고 있다. 그 원인으로 일반적으로 누수와 미터기의 결함, 도수(盜水) 등을 생각할 수 있다. 요코하마시의 무급수(無收水) 비율은 1946년에는 약 70퍼센트였으나 현재는 8퍼센트(12년) 수준으로 개선되었다. 요코하마 워터는 무급수를 줄이기 위해 현황을 조사하고 향후 개선안을 제안할 예정이다.

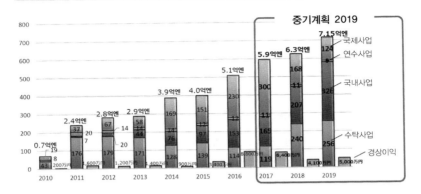

〈그림 14-3〉요코하마 워터의 매출과 경영이익

출처: 横浜市中期4か年計画, 2018~2021

(3) 요코하마 물 비즈니스 협의회(横浜水ビジネス協議会)[5]

요코하마 물 비즈니스 협의회는 지역기업과 요코하마시가 민관협력으로 해외 물 비즈니스 사업을 추진하고자 설립하였다. 협의회는 회원사를 상대로 정보를 공유하고 의견을 교환하며, 공동 프로모션을 실시한다. 정부기관, 민간기업, 지방정부가 연계하여 지역경제를 활성화하는 것이 목표이다. 요코하마시에 활동 거점을 만들어 이 사업에 관심 있는 기업이나 단체가 참여하도록 한다. 2011년 11월에 지역기업 133사와 요코하마시를 구성원으로 출범하였는데 2022년 2월 현재 150사로 증가하였다.

협의회는 행동계획을 수립하고 진행한다. 먼저 회원사들에게 물사업에 관한 정보를 제공한다(메일 매거진 등), 둘째 해외 연수생

---

5 https://www.city.yokohama.lg.jp/kurashi/machizukuri-kankyo/kasen-gesuido/gesuido/torikumi/water_business/

글로컬 시대 지방정부 외교와 공공외교

2021년 3월 4일 15시 30분~17시 온라인 회의

1. 개회 인사
2. 출석자 소개
3. 정보제공

1) 논의의 포인트
2) 하수도 분야 기술협력의 추진상황 보고(환경창조국)
3) 수도분야의 기술협력의 추진상황 보고(수도국)
4) 국제국의 Y-PORT 사업 추진상황 보고
5) 2021년도 대표간사회 개최 예정

(질의응답)

및 상하수도 사업체와의 비즈니스 기회를 이어주며, 셋째 물사업에 관한 연수회 및 기업을 시찰한다. 넷째 국제박람회 참가 및 현지 조사를 진행한다. 회원 간에 네트워크를 구축하고 책자를 작성하여 국제전시회에서 배포하는 등 회원사의 기술을 홍보한다.

(4) 국제인재의 육성: Y-TAP(국제협력전문위원회)

요코하마시 수도국은 1993년도에 국제협력사업을 추진하는 직원들로 구성된 '국제협력전문위원회'를 조직하였다. 2009년도부터 'Y-TAP Yokohama Team of Aqua Profession'으로 불리고 있다. 국제협력 인재를 육성하는 통로가 되고 있다.

위원회는 해외연수생의 강사나 국제회의 스태프를 맡아 여러 국제협력사업들에 참가한다. 해외연수생들이 오면 그들과 소통을 하거나 토론을 벌인다. 해외 현지 업무를 후방에서 지원하거나 연수자료를 재개정한다. 국제협력을 조사하거나 주제별로 팀을 편성하여

활동한다. 세계의 수도사업 세미나를 개최하기도 한다. 국제협력 활동인 만큼 국제어인 영어능력을 향상시키는 학습모임을 조직하고 있다.

IV. 일본 지방정부의 공공외교 사례: 요코하마시의 국제협력 수도사업

1. 국제협력 활동의 주요 성과

1) 요코하마시의 활동 성과

해외연수생의 유치와 직원의 파견 실적으로 주요 성과를 살펴볼 수 있다.

먼저 해외연수생의 유치이다. 요코하마시 수도국은 1987년에 수도국 자체 연수를 시작한 이래, JICA의 요청으로 요코하마 워터 (주)와의 연계사업 등 여러 방식을 활용하여 연수생을 받아들였다. 연수분야는 누수대책, 시설유지관리, 배수관리, 정수처리, 수질관리, 경영, 요금, 고객서비스, 인재육성 등 포괄적이다. 효과적인 연수가 되도록 강의, 시찰, 실습 등 여러 방식을 활용하였다.

〈표 14-7〉 국제사업의 체제

부문	세부
국제공헌의 추진과 해외 물 비즈니스의 전개 지원	-직원파견, 연수원 수용으로 기술협력 -지역기업의 물 비즈니스 전개 지원 -국제회의를 통한 기술력의 홍보
요코하마 워터 주식회사와의 국내외 공헌	

〈표 14-8〉 주요 실적[6]

2021년도까지 실적 (2022년 3월 말 시점)	국가 지역 수	연수생 합계
해외연수생의 수용	137개국	4,277명
직원의 해외파견	34개국	460명

다음으로 직원의 해외파견이다. 1973년 아프가니스탄에 전문가를 파견한 이래, JICA를 비롯하여 WHO, CLAIR(재단법인 지자체국제화협회), JICWELS(공익사단법인 국제후생사업단) 등의 기관들과 연계하여 자문(장기, 단기), 조사, 현지 활동을 위하여 아시아, 아프리카의 각 국에 총 400명 이상(34개국)을 파견하였다. 기술이전 분야는 정수처리, 수질관리, 배수관리 등 수도사업 경영, 요금징수 등 수도사업 전반에 걸치고 있다. 도시 간 협력사업으로 자연재해의 피해지 지원, 독자 사업 등을 위해서도 직원을 파견하여 왔다.

최근에는 ICT를 활용한 교류사업도 이루어지고 있다. 2020년도에는 코로나19가 세계적으로 유행하면서 면대면 외국 교류는 대부분 취소되었다. 대안으로 ICT를 활용한 연수사업이 추진되었다. 연수는 실시간 이외에 동영상 강의와 온라인 세미나를 조합하는 방식으로 실시되었다. 정보 전달, 의견교환, 사전 조정과 정보 수집 등이 세미나의 주요 목적이었다. 기술협력 프로젝트에서는 기술 지도와 OJT도 시도되었다. 지역기업과 해외 수도사업체 간 비즈니스 교류의 장을 촉진하고자 비대면 접촉을 확대하였다.

---

6 전문가·조사단으로서의 직원파견 수를 의미한다. 국제회의 출석, 사무작업을 주로 하는 해외출장은 포함되지 않고 있다.

2021〔令和3〕年3月末現在

출처: 橫浜市 홈페이지[7]

〈표 14-9〉 ICT 활용 실적

사업 내용	국가·지역 수	사업 수	참가자 수
온라인 연수 및 세미나 등	28개국(중국, 베트남, 파키스탄, 남아프리카, 말라위 등)	10사업	총 209명

---

7 https://www.city.yokohama.lg.jp/kurashi/sumai-kurashi/suido-gesui/suido/torikumi /koken/kokusai-kyoryoku.html (검색일 2023.5.31.)

2) Y-PORT사업과 Y-PORT센터[8]

2011년 1월에 요코하마의 자원, 기술을 활용한 민관연계 국제기술협력Y-PORT사업: Yokohama Partnership of Resources and Technologies을 출범시켰다. 신흥국의 도시 문제를 해결하고 요코하마 기업이 해외활동을 지원하며, 요코하마의 해외 인지도를 높일 것을 목적으로 하였다. 이 사업은 '요코하마 중기 4개년계획2018~2021橫浜市中期４か年計画2018~2021'의 정책3을 근거로 하며(「国際ビジネスの促進とグローバル人材の育成・確保」). 3가지의 축으로 구성된다. 먼저 '도시 만들기 어드바이저都市づくりアドバイザリー'이다. 요코하마의 노하우를 해외 도시들에 전수하고 지역기업의 해외 비즈니스를 컨설팅한다. 둘째 지역기업의 해외활동지원市内企業の海外展開支援이다. 요코하마는 관련 지원책에 관한 정보를 기업에 제공한다. 요코하마시, 기업, 정부, 국제관계기관 간의 정보를 교환하는 Y-PORT워크숍을 정기적으로 개최하며 Y-PORT사업을 촉진한다. 셋째 '요코하마의 시티프로모션橫浜のシティプロモーション'이다. 국제회의의 참여, 해외시찰, 연수를 적극적으로 실시한다. 이를 통해 Y-PORT사업을 국내외에 적극 홍보한다. 이러한 활동이 국제적으로도 평가를 받았는데, 2019년 프랑스 마르세유대학이 주최한 플레이즈 마케팅 어워즈 경제개발부문상을 수상했다. 2012년부터는 매년 '아시아 스마트시티회의'라는 국제회의를 개최하였다. 2018년에는 500명 규모에 이르기도 하였다.

　　Y-PORT센터는 민관연계 국제기술협력(Y-PORT사업)을 실시하는 플랫폼으로[9], 2015년 5월 25일에 발족하였다. 다양한 관계자들과

8　自治体国際化フォーラム　Apr. 2015　環境技術を世界に売り込め P11~12.

제휴하면서 새로운 사업체계를 확립하고, 개발도상국 도시들의 과제 해결에 도움을 주고자 하였다. 요코하마 지역기업에게는 비즈니스 기회가 창출되도록 하였다. 지방정부, 기업, 공익재단 등 여러 성격의 기관들이 연계파트너로 구성되었다[10]. 2017년부터는 공동 오피스를 설치하는 등 Y-PORT센터의 기능을 강화하고 있다. 지역의 중소기업이 중심이 된 YUSA(사단법인 YOKOHAMA URBAN SOLUTION ALLIANCE)도 2017년도에 설립되었다.

〈표 14-10〉 Y-PORT센터의 주요 기능[11]

구분	세부 내용
1) 개발도상국에서의 제도 구축을 통한 환경기술의 마켓 형성	- JICA, 아시아개발은행, 세계은행 등 국제원조기관과의 협력에 의한 신흥국 도시의 마스터플랜 - 도시 만들기의 경험을 살린 신흥국 도시의 적정한 규제 만들기 지원 - 신흥국 도시의 마스터플랜 수립 지원
2) 개발도상국 도시와 기업과의 협력에 의한 도시 솔루션 창출	- F/S(실현 가능한 조사), 실증사업을 통한 사업 스킴의 플래사업 - 패키지형 도시 솔루션의 개발 - 다양한 관계기관과의 공동 창조에 의한 Best Available Solution 적정기술의 제안
3) 개발도상국 도시의 수요 파악과 기업에의 정보제공	- 요코하마 지역 기업에게 현지 도시 수요의 정보 제공 - 합동조사 등 현지 수요를 파악하는 자리 제공 - Y-PORT 워크숍[12], 현지 워크숍에서의 매칭 기회 창출

---

9 https://yport.city.yokohama.lg.jp/about/yportcenter
10 연계파트너는 일반사단법인 YOKOHAMA URBAN SOLUTIONALLIANCE(YUSA), 닛키 글로벌 주식회사(日揮グローバル株式会社), JFE 엔지니어링 주식회사(JFEエンジニアリング株式会社), 치요다 화공 건설 주식회사(千代田化工建設株式会社), 주식회사 히타치 제작소(株式会社日立製作所), 공익재단법인 지구환경전략연구기관(IGES, 公益財団法人地球環境戦略研究機関), 시티넷 요코하마 프로젝트 오피스(シティネット横浜プロジェクトオフィス), 요코하마시(横浜市) 등이다.

4) 개발도상국 도시에 대한 요코하마 지역 기업 기술의 소개	- 지역기업이 보유한 기술의 소개 - Y-PORT 워크숍, 현지 워크숍에서 매칭 기회 창출 - 기업과 공동으로 인프라 솔루션 발신
5) 요코하마 브랜드의 가치 향상 및 활용에 의한 국제네트워크 구축	- 아시아 스마트시티회의[13]를 활용한 국제사회에의 발신 - 적극적인 정보발신, 요코하마의 지명도 향상 및 브랜드력 강화 - 아시아 스마트시티 얼라이언스[14]를 통한 지속적인 도시 간 연계

〈그림 14-5〉 Y-PORT센터와 상호 연계

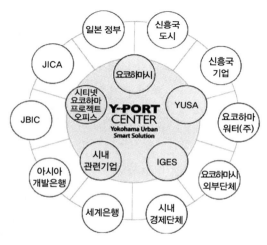

출처: Y-PORT 홈페이지

---

11 https://yport.city.yokohama.lg.jp/about/yportcenter

12 Y-Port 워크숍은 해외 인프라 사업을 촉진하기 위해 요코하마시와 민간기업, 대학, NPO, 정부나 공적기관과의 정보교환, 의견교환을 실시한다. Y-Port 프론트는 기업의 해외인프라 비즈니스에 관한 상담·제안을 접수하는 전문창구이다.

13 아시아 스마트시티회의(ASCC) 아시아신흥국 도시들의 단체장, 국제기관 전문가들이 만나, 지속가능한 도시만들기의 실현을 공유하는 국제회의이다. 요코하마가 주최하였다.

14 아시아 스마트시티 얼라이언스(ASCA)는 제4회 아시아 스마트시티회의선언(요코하마선언)을 통해 다양한 이해관계자 간에 스마트시티 개발에 관한 논의를 공유하고 구체화해나가는 플랫홈이다.

2. 국제협력사업의 구체적 사례

1) 베트남 중남부지역 협력사업

요코하마시는 베트남의 후에^{hue} 수도공사와 2003년도부터 JICA 풀뿌리 프로젝트를 시작하였다. 수도사업 경영개선이 이루어지면서 후에의 수돗물은 개선되기 시작했다. 2007년 9월부터 JICA 기술협력 프로젝트를 진행하면서 수질분석을 추진하였고, 2009년 8월에 후에 수도공사가 제공하는 수돗물이 안전하다는 '물안전 선언'이 가능하였다. 또한 각서를 통해 베트남의 관련 기관들과 기술교류를 하는 MOU(각서)를 체결했다. 후에성 수도공사, 호치민시 수도총공사, 호치민시 건설대학교 남부 수도훈련센터, 다낭시 수도공사, 물·환경분야 연수센터(후에시) 등 5기관들이 그 파트너이다. 기관들 간 세미나를 개최하고 상호연수를 실시하기도 한다.

2014년부터 2016년까지 JICA사업에는 요코하마 물 비즈니스 협의회 소속 기업들도 참여하였다. 참여 기업들은 후에 수도공사와 업무를 제휴하여 직원들을 파견하거나 기술협력을 구체화하였다. 2017년부터 요코하마시는 후에성 수도공사와 상호 독자적인 MOU가 체결되었다.

〈표 14-11〉 요코하마와 베트남, JICA 간의 국제협력

연도	내용	비고
2003.9. ~ 2006.3.	• JICA 풀뿌리 '베트남 수도사업경영 개선계획' - 주요 성과: 베트남 중부지구의 수도사업 인재육성의 토대가 됨	상호교류 개시

글로컬 시대 지방정부 외교와 공공외교

2007.9. ~ 2009.2.	• JCIA 기술협력 '베트남 중부지구 수도사업 인재육성 프로젝트' - 주요 성과: 수질분석기술 수준 향상에 기여하고 물안전 선언과 사업체들 간 직접 교류로 이어짐	물안전 선언	2009년~현재 • 각서를 통한 직접 교류 - 3번의 갱신을 거쳐 현행 각서는 23년까지, 베트남 5기관과 수도 기술교류를 진행 중
2010.6. ~ 2013.6.	• JCIA 기술협력 '베트남 중부지역도시 상수도사업체 능력개발 프로젝트' - 주요 성과: 물 안전계획의 수립에 관해 베트남 중부 18사업체 인재육성을 촉진함	수평 전개	
2014.2. ~ 2016.11.	• JCIA 풀뿌리 요코하마의 민간기술에 의한 베트남 '안전한 물' 공급 프로젝트 - 주요성과: 요코하마 물 비즈니스 협의회 회원기업 2사가 후에 수도공사와 업무제휴를 시작함	물 비즈니스의 지원 2018년 갱신 이후 요코하마 물 비즈니스 협의회의 베트남 물 비즈니스 지원 추진	
2017.7. ~ 2019.12.	• 수도국 독자적으로 "후에 수도공사와의 양자각서사업"		

2) 라오스와의 협력사업

라오스는 2030년까지 도시 90퍼센트가 24시간 동안 안전하고 안정적인 급수를 제공하려는 목표를 가지고 있다. 요코하마시 수도국은 JICA의 기술협력을 통해 라오스와 협력하였다. 요코하마만이 아니라 사이타마시 수도국, 가와사키시 상하수도국, 사이타마현 기업단과 공동으로 라오스의 수질을 개선하고자 하였다. 2가지 사례를 간략히 살펴본다.

수도공사사업 관리능력 향상 프로젝트MaWaSU는 2012년 8월에서 2017년 8월까지 JICA의 지원으로 진행되었다. 요코하마시 수도국은 경영관리 부문에 7명의 직원을 파견하였다. 비엔티안 수도공사, 루앙프라방 지역의 수도공사, 캄안 지역의 수도공사를 파일럿 사업으로 대상으로 예산편성, 결산에 기초한 경영분석, 재정계획 수립, 요금개정 방법 등을 지도하였다. 노하우의 이전이 라오스 전역에 보급되도록 하였다.

수도공사사업 관리능력 향상 프로젝트 페이즈II MaWaSU2는 2018년부터 5년간 JICA 기술협력으로 실시되고 있다. 이 프로젝트는 라오스 수도공사가 중장기적 시야로 독립채산제에 근거한 사업운영을 할 것을 최종목표로 한다. 직원을 지속적으로 파견하고 연수생 훈련을 실시하여 재정분야의 능력을 구비하도록 한다. 코로나의 영향으로 2020년도는 기존 방식으로는 운영되지 못하고 온라인 방식으로 진척도 관리나 인터뷰가 진행되었다.

3) 아프리카와의 협력사업

요코하마시 수도국은 1977년 케냐에 전문가를 처음 파견하였다. 이후 탄자니아와 말라위 등 아프리카 지역의 수도사업체를 지원하였다. JICA의 과제별 연수와 직원파견의 협력사업이 활용되었다.

JICA와의 과제별 연수이다. 요코하마시 수도국은 2008년 5월에 요코하마에서 개최된 제4회 아프리카개발회의TICAD IV를 계기로, JICA 과제별 연수 '아프리카 지역도시 상수도 기술자 양성 프로그램'을 시작하였다. 약 1개월 코스로 2020년도까지 14회(온라인 연수 1회 포함)를 실시하였다. 30개국에서 133명(그 외, 온라인으로 9명)이 참가하였다.

요코하마시 수도국에서는 아프리카 지역에 직원을 파견하였다. 2012년도에 JICA 단기 자원봉사 제도를 통해 탄자니아 잔지바르 수도공사에 직원 4명을 파견하였다. 수도사업의 기술과 사무관리를 개선하고자 하였다. 말라위에서는 2014년도부터 2019년도까지 6년간 브랜타이어 수공사에 20명의 직원을 파견하였다. 누수관리, 요금징수 등을 전수하였다. 브랜타이어 시내에서 모델 지구를 설정하여 물손실(무수 수량, Non-Revenue Water, 물이 새거나 물을 훔치거나 하여 물이 손실됨)의 측정 및 감소 방법이 제공되었다. 또 시공관리 매뉴얼이나 요금관리 매뉴얼의 정비, 고객만족도 조사의 노하우도 전수되었다. 직접 현지에서 수도교실이 개최되기도 하였다.

말라위 브랜타이어 수공사에서의 활동들이 높게 평가받아, 2019년 6월부터 말라위의 수도 리롱웨시 수공사와의 JICA 기술협력 프로젝트에 참여하게 되었다['말라위 리롱웨시 물손실 대책능력 강화 프로젝트LiSCaP', 2019년 6월~2023년 7월]. 프로젝트 수석 어드바이저로서 요코하마시 수도국이 장기 전문가로 배치되었다. 요코하마 물 비즈니스 협의회 회원사인 주식회사 협화協和의 컨설턴트와 요코하마 워터와도 제휴하여 팀 요코하마가 결성되었다. 이 프로젝트에는 물 손실을 줄이는 계획을 수립하고 방법을 습득하며, 각종 교훈을 공유하는 내용들이 포함되었다. 2020년도에서는 잔류 염소를 적절하게 관리하고 감염병 상황에서 업무계속계획BCP을 수립하고 지원하는 대책 등도 추가되었다.

V. 결론

여기에서는 일본 지방정부 공공외교의 기본 틀을 검토하고 지방정부의 수준에서 어떻게 운영되고 있는지를 요코하마시의 사례를 통해 살펴보았다. 단순한 인적 차원의 친선교류에서 탈피하여 양자 모두에게 발전의 계기를 구축하는 협력이 시도되고 있었다. 즉 상대국이 안고 있는 고질적인 문제 해결에 대한 축적된 노하우를 제공하면서도 지역 자원과 연계하여 지역발전의 동력을 생성하려는 복합적인 노력이라고 평가할 수 있다.

2000년대 접어들면서 우리나라에서도 지방분권 개혁이 본격화되고 있다. 정부 주도의 발전전략에서 탈피하여, 지역의 자율성과 책임으로 새로운 패러다임을 착근시키려 하고 있다. 또한 주민자치에 기반한 민주주의 고도화의 방편이기도 하다. 이러한 제도 인프라의 구축으로 최근 지방자치법 전부개정안이 국회를 통과하였다. 지방정부의 공공외교와 관련하여 법적 기반이 강화되었다는 점도 주목할 만하다. 지방자치법 제10장에 3개 조문으로 지방정부의 국제교류·협력을 위한 역할과 활동 가능성이 제시되었다. 지방정부는 국제교류·협력, 통상·투자유치를 위하여 외국의 지방자치단체, 민간기관, 국제기구와 협력을 추진할 수 있다(제193조). 또한 이를 위한 관련 비용 및 인력의 배치(제194조) 그리고 해외사무소를 설치, 운영할 수 있다(제195조). 지방정부의 자치권이 상승되는 만큼 국외에서도 활동의 자율성이 더욱 확대되고 있다. 그렇다면 지방정부의 국제협력 활동은 어떠한 전략과 방향에서 전개해 나갈 것인가? 외교활동, 특히 국가와는 다른 지방정부의 새로운 차원의 주체가 어떠한 범위에서 국제협력을 해 나갈 것인지, 여기에서 검토된 일본 사례는 우리나라 지방 외교의 활동 방향과 양상 구축에 의미 있는 함의를 제공할 것으로 보인다.

1 국가 차원의 외교와는 달리 지방정부의 공공외교가 지닐 수 있는 목표는 무엇으로 볼 수 있는가?

2 지방정부가 공공외교 사업의 일환으로 추진할 수 있는 것에는 무엇이 있는가? 지역의 자원과 특성을 활용하기 위해서는 어떠한 준비와 분석, 노력이 필요한가?

3 지방정부가 공공외교를 추진하기 위해서는 어떠한 내적 거버넌스와 이를 지원하는 행정체계의 정비가 필요한가?

4 정부 혹은 정부기관은 지방정부의 공공외교를 활성화시키기 위해서 정부간관계의 제도적 틀과 협력체계를 어떻게 구축해야 하는가?

渡辺 靖(2011). 『文化と外交 – パブリック・ディプロマシーの時代』(中公新書213
    3). 中央公論新社.

金子 将史, 北野 充, 小川 忠(2007). 『パブリック・ディプロマシー——「世論の時代」
    の外交戦略』 PHP研究所.

川名薫(2012). 横浜市水···道局の国際協力と横浜ウォーター㈱の水···ビジネスの展開. 自治体国際化フォーラム 267. 19~20.

山口俊宏(2015). 海を渡る、横浜ウォーター: 横浜市水道局の国際関連事業について~ https://www.yokohama-cu.ac.jp/ext/movie/ue8n9g000000067r-att/a1484282750559.pdf(검색일: 2021.12.15).

横浜市国際局 https://www.city.yokohama.lg.jp/city-info/yokohamashi/org/kokusai/(검색일: 2022.2.1).

_____ https://www.city.yokohama.lg.jp/city-info/yokohamashi/org/suido/(검색일: 2022.2.1).

横浜市環境創造局 https://www.city.yokohama.lg.jp/city-info/yokohamashi/org/kankyo/(검색일: 2022.2.1).

横浜市(2021). 国際貢献のあゆみ 2021 https://www.city.yokohama.lg.jp/kurashi/sumai-kurashi/suido-gesui/suido/torikumi/koken/kokusai-kyoryoku.files/0027_20210511.pdf(검색일: 2022.2.2).

横浜市中期4か年計画2018~2021 https://www.city.yokohama.lg.jp/city-info/seisaku/hoshin/4kanen/2018-2021/chuki2018-.html(검색일: 2022.2.3).

横浜水ビジネス協議会 https://www.city.yokohama.lg.jp/kurashi/machizukuri-kankyo/kasen-gesuido/gesuido/torikumi/water_business/(검색일: 2021.2.5).

Y-PORT事業の紹介 https://www.city.yokohama.lg.jp/business/kokusaikoryu/yport/yport/(검색일: 2022.2.3).

横浜ウォーター株式会社 Yokohama Water Co., Ltd. https://yokohamawater.co.jp/(검색일: 2022.2.3).

JICA 国際協力・ODAについて https://www.jica.go.jp/aboutoda/index.html(검색일: 2021.12.20).

JICA 持続可能な水資源の確保と水供給 https://www.jica.go.jp/activities/issues/water/index.html(검색일: 2022.2.3).

JCIA 海外協力隊 https://www.jica.go.jp/volunteer/relevant/localgovernme
　　　nt/index.html(검색일: 2021.2.5).

JICA海外協力隊 横浜市水道局 課長補佐 事業推進部 国際事業課 担当係長(国際担
　　　当) 石井 務さん https://www.jica.go.jp/volunteer/relevant/interview
　　　/03/index.html(검색일: 2022.1.20).

外務省 ODAを活用した地方自治体の海外展開支援 https://www.mofa.go.jp/mo
　　　faj/gaiko/oda/about/page23_000707.html(검색일: 2022.1.5).

제15장

중앙·지방 정부 결합형 스포츠 공공외교:
한국의 2018 평창동계올림픽 사례*

문현미 ● 한양대학교 현대한국연구소

[요약문]

　21세기 국제사회는 복잡하고 다층적인 구조를 갖게 되면서 지방정부의 역할이 매우 다양한 형태로 나타나고 있다. 특히 국가보다 큰 유연성과 개방성을 발휘할 수 있다는 점에서 지방정부의 공공외교 역할이 더욱 강화될 전망이다. 궁극적으로 지역민의 삶의 질을 높이는 한편 자국의 외교력과 이익 증대라는 범국가적 측면에서 지대한 공헌을 할 것으로 기대를 모은다.

　하지만 정책의 효율적 수행이라는 측면에서 새로운 연구와 접근이 필요하다. 국가 혹은 지방정부만의 독자적 형태가 아닌, 중앙정부와 연계한 결합형 공공외교의 영역으로 시선을 옮길 필요가 있다. 이에 본 연구에서는 국가 이미지 제고에 큰 영향을 미치는 메가 이벤트 중 하나인 2018 평창동계올림픽 사례를 중심으로 중앙정부와 지방정부 간 '결합형 공공외교'의 다면적 형태와 중요성에 대한 시론적 고찰을 시도해보고자 한다.

---

* 본 장은 문현미(2023), "한국의 중앙-지방 결합형 공공외교에 관한 시론적 고찰: 2018 평창동계올림픽 사례를 중심으로," 『한국동북아논총』 28(1), pp.141-162의 일부를 발췌하여 정리하였음을 밝힌다.

[핵심어]

| 한국 | 평창동계올림픽 | 다층외교론 |
| 중앙정부 | 지방정부 | 결합형 공공외교 |

I. 들어가며

'공공외교Public Diplomacy'란 한 국가의 이미지 또는 가치를 다른 국가에 전함에 있어 한 국가가 가진 다양한 자원과 수단을 사용하는 행위를 뜻한다. 근본적으로 자국민의 이익을 증진하고 가치를 높일 목적으로 다른 국가의 국민들과 직접적인 관계를 맺는 과정과 그 소산이라 할 수 있다(문현미 2018a, 17). 공공외교라는 용어는 1960년대 미국의 외교관 에드먼드 걸리온Edmond Guliion에 의해 처음 쓰였다.[1] 그 후정치·경제·문화·사회 등 다양한 영역에서 광범위한 의미로 사용되었다. 따라서 이에 대한 정의가 명확하게 통일되어 있지는 않다.

1960년대 처음 공공외교가 제기된 당시, 이는 공식적이고 평행적인 방식으로 자국을 직접 상대국 정부에 알리고 영향력을 발휘하

---

[1] Nicholas J. Cull, "'Public diplomacy' before Gullion: the evolution of a phrase." Apr 18, 2006, https:// uscpublicdiplomacy.org/blog/public-diplomacy-gullion-evolution-phrase(검색일: 2022.11.5).

는 것이었다. 반면, 오늘날에는 각 분야의 몇몇 지지자들에 의해 대중문화, 인터넷, 패션, 뉴스, 스포츠 등 광범위한 영역에 걸쳐 진행되고 있다. 이 활동은 반드시 특정한 정치적 의도나 목표가 전제된 것은 아니다. 그러나 결과적으로는 외교정책, 국가안보, 무역, 테러리즘 등 다른 국가의 이익과 안위에 영향을 미칠 수 있다(McDowell 2008, 7-15). 말하자면, 공공외교의 핵심은 한 국가 또는 국민 등 외교의 주체가 외국인을 대상으로 '국제사회에서 어떻게 자신을 표출하여 호감을 줄 것인가, 어떻게 상대의 마음을 사로잡을 것인가'의 문제로 압축할 수 있다. 그렇게 호감을 이끌어낼 방법을 찾고 실행함으로써 최종적으로 국가의 이익을 실현하는 데 목적이 있다.

21세기에 접어들면서 공공외교는 소프트파워의 발달과 함께 우리 삶에 더 가까이 다가왔다. 전통적인 국제정치 행위자로 여겼던 엘리트 중심의 국가 행위자에서 이제는 보다 친숙한 대상인 청소년, 스포츠인, 언론인, 지방정부, NGO, 기업, 국제기구 등 비국가 행위자로 그 범위가 확대되었기 때문이다. 특히 주목할 변화는 지방정부[2]의 달라진 위상이다. 국가와 국민을 잇는 플랫폼으로 높이 부상하면서 새로운 비국가 행위자 중 하나로 주목받기 시작했다. 더불어 국내 민주주의의 함양과 책임성 확보 등 정치적 차원의 지방정부의 역할

---

2 우리나라는 법적으로는 법인격을 가진 '지방자치단체'라고 사용하고 있지만, 일반적으로 외국에서 사용하는 중앙정부와 대비되는 '지방정부'라는 용어를 혼용하여 사용하고 있으며, 중앙정부와 대등한 의미로 '지방정부'라는 용어를 사용하고자 하는 움직임이 증가하고 있다. 최근 「기후위기대응을 위한 탄소중립·녹색성장 기본법」에서는 최초로 법상 '지방정부'라는 용어를 사용하여 지방정부 협의체인 '탄소중립 지방정부 실천연대'를 구성한 바 있다. 본 연구에서는 법률용어를 제외하고는 '지방정부'와 혼용하여 사용하기로 한다.

또한 제고되고 있다. 이와 함께 지방자치와 분권의 필요성 또한 더욱 강조되고 있으며, 이러한 시대적 조류에 따라 관련 법 및 제도적 장치 역시 다양하게 마련되고 있다.

더욱이 21세기 국제사회가 복잡하고 다층적인 구조를 갖게 되면서 지방정부의 역할 또한 매우 다양한 형태로 나타나고 있다. 특히 국가보다 큰 유연성과 개방성을 발휘할 수 있다는 점에서, 지방정부의 공공외교 역할이 더욱 강화될 전망이다. 궁극적으로 지역민의 삶의 질을 높이는 한편 자국의 외교력과 이익 증대라는 범국가적 측면에서 지대한 공헌을 할 것으로 기대를 모은다.

이러한 지방정부 공공외교의 필요성과 인식이 높아짐에 따라 정책의 효율적 수행이라는 측면에서 새로운 연구와 접근이 필요하다. 즉, 국가 혹은 지방정부만의 독자적 형태가 아닌, 중앙정부와 연계한 결합형 공공외교의 영역으로 시선을 옮길 필요가 있다. 왜냐하

〈참고 15-1〉 공공외교 용어의 유래

미국의 전직 외교관이자 미국 터프츠대학교(Tufts Universtiy) 플레처스쿨(The Flecher School of Law and Diplomacy) 학장이었던 에드먼드 걸리온(Edmond Guliion)은 1965년 플레처스쿨이 개설한 '에드워드 머로 센터(Edward R. Murrow Center for Public Diplomacy)' 개관식에서 공공외교 개념을 처음 언급한 것으로 알려져 있다. 전문 공보외교관 양성을 위해 설립한 센터의 브로슈어에는 다음과 같이 기재되어 있었다.

"공공외교는 외교 정책의 형성과 집행에 대한 대중의 태도에 영향을 받는다. 그것은 전통적 외교를 넘어 국제관계 차원을 포함한다."

출처: Public Diplomacy Alumni Association(http://pdaa.publicdiplomacy.org/)

면, 영국의 학자 브라이언 호킹Brian Hocking의 주장한 바와 같이 중앙
정부와 지방정부가 함께 공동의 목표를 가지고 정책을 수행할 때야
비로소 가장 효율적이고 바람직한 방향으로 나아갈 수 있기 때문이
다. 이에 본 연구에서는 2018 평창동계올림픽 사례를 중심으로 중앙
정부–지방정부 결합형 공공외교의 다면적 형태와 중요성을 논하고
자 한다.

II. 이론적 논의

1. 지방정부 공공외교의 개념과 인식

국제사회에서 국가 간의 관계 변화는 국민에게 직간접적인 긍정 또
는 부정적인 영향을 미친다. 국가는 국민을 보호하고 국민의 피해를
최소화해야 하며 결과에 대해서도 책임질 의무가 있다. 그럼에도 불
구하고 국가라는 단위에 필연적으로 내재한 경직성과 정치적 민감
성, 그리고 자국의 이익을 우선하는 입장이 서로 첨예하게 대립되는
한계가 존재한다(문현미 2018a, 53). 이처럼 국가 외교의 한계에 봉착
하자 이를 극복하려는 목소리 또한 높아졌다. 특히 비국가 행위자들
이 주요 행위자가 되는 공공외교가 부각되기 시작하였다.

　　이는 세계화와 정보통신의 발달 그리고 민주주의 확산에 기인
한 것으로, 다양한 비국가 행위자들이 외교정책의 수립과 실행에 동
참하는 토대가 되었다. 그 가운데 국제사회에서는 지방정부가 제 역
할과 위상을 강화할 수 있도록 지지 기반을 확고히 구축해야 한다는

목소리가 쏟아졌다. 더불어 지방의 경쟁력 강화와 국제적인 역할 확대 등 지방정부에 대한 관심과 논의가 본격화되었다. 즉 '지방정부 공공외교'는 한 국가의 지방정부에서 행하는 국제화의 절차이자 결과로 다루어졌다.

이와 같이 지방정부의 역할 및 위상이 강화되고 앞서 언급한 고유의 유용성이 결합하여 지방정부의 공공외교에 관심이 쏠리는 것은 일면 자연스러운 현상이다. 물론 지방정부가 국제정치 행위자로 부상한 기간은 그리 길지 않다. 그래서 지방정부가 행위주체로서 주도하는 '지방정부 공공외교'는 그 용어조차 생소할 만큼 역사가 짧다. '지방정부 공공외교'란 다양한 행위자들이 행하는 넓은 의미의 공공외교 중에서도 지방정부가 국제정치 행위자가 되는 경우를 말한다. 행위의 주체만 다를 뿐 외교적 메커니즘은 기존의 그것과 유사하다 (문현미 2018a, 53).

'지방정부 공공외교'는 연구자가 정의한 세부 대상과 범주에 따라 지방자치단체 공공외교, 지방정부 공공외교, 지방 공공외교, 지방외교, 도시외교 등의 용어로 혼용되기도 한다(김형수·노병렬 2016; 문현미 2019; 송기돈 2019; 조형진 2019; 서경실·신진 2020; 杨光辉 2013; 金东黎 2015; 孙莹 2015 외). 이때 가장 핵심적인 요소는 '외교주체'에 있다. 이러한 측면에서 살펴보면, 앞서 언급한 용어들은 지방자치를 실시하는 대상과 범주에 있어 최종적으로 '지방정부'로 귀결됨을 확인할 수 있다(문현미 2022, 69). 최근 제정된 경기도와 강원도의 관련 조례에서도 이를 확인할 수 있다. 지방정부 공공외교는 "지방정부(경기도 혹은 강원도)가 직접 또는 민간부문과 협력하여 문화, 지식, 정책 등을 통하여 도에 대한 외국 국민들의 이해와 신뢰를 증진시키는 외교활동"이라 정의하고 있다[경기도 공공외교 활동 지원에 관한 조례 (2021) 제2조, 강원도 공공외교 활성화 지원 조례(2022) 제2조].

이와 같은 지방정부 공공외교에 대한 국민들의 인식은 문현미 (2018b)[3]의 연구결과에서도 일부 밝혀진 바 있다. 경기도민 300명을 대상으로 공공외교 필요성의 정도를 점수로 평가한 결과, 10점 만점에 평균 7.9점을 준 것으로 나타났다. 공공외교 수행 시 주체를 다양화할 필요가 있는지에 대해서는 응답자의 95퍼센트가 '필요하다'는 긍정적 의견을 표하였다. 또한, 전반적으로 문화에 대한 관심과 공공외교에 대한 이해도가 높을수록 공공외교의 필요성을 높이 인식하는 것으로 나타났다.

반면, 지방정부(의회)와 같이 지방자치를 실현하는 주체는 타 비국가 행위자에 비해 상대적으로 선택 비율이 낮았다. 이로 미루어 볼 때, 국제사회에서 주요 비국가 행위자로서 지방정부에 대한 중요성이 제고되고 있다고는 하지만, 일반 대중들은 아직 지방정부(의회)를 공공외교에 필요한 주체로서 인식하는 정도가 낮은 것으로 분석된다. 따라서 지방정부(의회)가 독립된 외교주체로서 충분히 제 역할을 할 수 있음을 보여주는 노력, 특히 문화적 측면의 소프트파워를 활용하여 지방정부 차원의 공공외교 교육이나 홍보를 활성화할 필요가 있다.

---

3 이와 관련한 상세한 내용은 문현미(2018b), "인식조사를 통한 한국과 중국의 공공외교 비교 연구: 경기도민과 산둥성민을 중심으로,"『중소연구』42(3). pp.115-118를 참고하길 바란다.

구분	필요성
관심도_문화	0.524**
이해도	1.974***
응답자 수	300
결정계수 (R-squared)	0.416

10.00 — 7.90 공공외교 필요성

0.05 0.95 ■ 다양화 필요 ■ 다양화 불필요

***p⟨0.01, **p⟨0.05, *p⟨0.1

출처: 문현미(2018b), "인식조사를 통한 한국과 중국의 공공외교 비교 연구: 경기도민과 산둥성민을 중심으로." p.115, 117에 근거하여 재작성.

2. 지방정부 공공외교와 국가 공공외교의 관계

지방정부는 국가가 행하는 공공외교의 조직성과 민간외교의 융통성을 모두 갖추고 있다. 또한 상대적으로 집중된 자원, 계획적으로 조직된 활동의 전개, 정치적 민감성 감소, 가랑비 효과 등에서도 비교우위를 가진다(周鑫宇 외 2015, 69-73). 이를 바탕으로 지방정부는 기업과 사회, 또는 개인 단위의 공공외교 활동 조직과 플랫폼을 제공하는 한편, 사회에서 이루어지는 전략적 소통과 역량의 통합된 기능을 중앙정부와 공유한다. 이를 통해 하위 단위라 할 지방정부의 공공외교가 전체 국가의 공공외교로 발전하여 목적을 확대 실현하기도 한다.

다시 말해, 국가정책 기조 혹은 대외정책이 가지는 경직적 속성과 한계, 그리고 국가권력 체제가 갖는 위계적 특성 등에서 벗어나 국제사회 속에서 지방정부 자체가 지닌 정책적 유연성과 재량을 발휘할 수 있다. 또한 중앙정부는 국가의 이익 실현을 주목표로 하는 반면, 상대적으로 규모가 작은 지방정부에서는 공공외교의 중심적 주체인 일반 지역주민의 요구와 관심에 따라 공감대를 형성함으로써 고유의 정체성을 확립할 수 있다. 결과적으로는 이 또한 국가의 이익으로 연결되어, 중앙정부의 공공외교 발전에도 긍정적인 영향을 미칠 수 있다.

이미지 제고는 공공외교의 주된 수단 중 하나다. 예를 들어, 대부분의 외국인은 일부 지역 혹은 도시를 통해 그 국가 전체의 인상을 갖는다. 특정 지역에 대한 인식과 사소한 경험, 직관적 인상이 국가 전체의 이미지를 결정짓기도 한다. 이와 같이 지방정부의 이미지를 높이는 일은 국가의 이미지 제고로 연결된다. 궁극적으로 국가 공공외교에 기여하기 위해서는 지방정부가 책임감을 가지고 이에 임해야 한다(趙啓正 2011, 63-64).

하지만 주권국가와 외교권의 관계에서 살펴볼 때, 지방정부는 국가라는 테두리 안에서 국제정치상 일정 부분 제약을 받을 수밖에 없다. 이것은 부정할 수 없는 현실이다. 지방정부에서 이뤄지는 입안(立案)도 근본적으로 국가가 정한 상위법이나 정책의 지배를 받는다. 이 때문에 지방정부를 국가 행위자로 구분해야 한다는 반박이나 주장이 제기될 여지가 있다.

그럼에도 불구하고 상대적으로 자율성과 독립성이 보장된 지방정부의 정책은 국제사회에서 큰 강점을 갖는다. 이는 국가에 비해 보다 개방적이고 유연한 정책적 특성 때문이다. 또한 주요 비국가 행위자 중 하나인 일반 국민의 공공외교를 위해 국가보다 더 가까운 단위의 플랫폼으로 기능할 수 있다는 점도 장점으로 손꼽는다. 대외정책 결정에 있어 지방정부의 역할을 극대화할 수 있도록 국민의 지지와 신뢰를 받고 있다는 점 또한 보다 유리한 여건으로 작용한다.

즉, 중앙정부와 지방정부 간 결합형 공공외교의 당위성은 다음과

같이 정리할 수 있다. 브라이언 호킹이 다층외교론(Multilayered Diplomac
y[4])을 통해 주장한 바와 같이, 지방정부는 하나의 독립된 주체가 될
수는 없지만, 중앙정부를 비롯한 지방정부 등 다양한 행위자가 국내
또는 국제 등의 다양한 층위에서 동시에 외교활동을 전개할 때 그
정책 목표가 효과적으로 달성될 수 있다. 따라서 이제 지방정부는
중앙정부에 예속된 존재에서 벗어나 보다 적극적인 공조 체계를 갖
추어야 할 것이다. 그것이 바로 바람직한 중앙·지방 결합형 공공외
교이며, 이들이 추구하는 효율적인 정책 목표 달성을 위해 두 행위자
는 끊임없는 갈등과 조정 속에서도 흔들림 없는 협력이 필요하다.

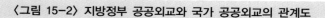

〈그림 15-2〉 지방정부 공공외교와 국가 공공외교의 관계도

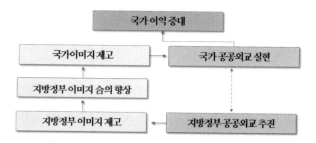

출처: 문현미(2019). p. 159.

---

4 호킹은 국제·국가·지방정부 등 여러 방면의 다층 간의 힘겨루기에서 새로운 외교 형
태가 탄생하게 됐는데 이것이 다층외교라고 설명했다. 그는 국제무역 담판 중에서 국
제·국가·지방정부의 상호작용을 예로 들어, 다층외교 중의 지방정부 참여 모델을 소
개하였다. 아울러 그는 외교라는 대상을 중앙정부와 지방정부가 행위자로 참여하는 국
외 대상의 국제외교와 국가와 지방정부 간에 이뤄지는 국내외교로 나누었다. 또한, 중
앙정부와 지방정부 간의 힘겨루기 관계는 일종의 중요한 외교적 형식으로, 성공적인 대
외정책을 위해서는 중앙정부와 지방정부의 협의 끝에 탄생되는 국내 외교가 반드시 뒷
받침되어야 한다고 인식했다. 그리고 성공한 국내 외교 또한 중앙정부와 지방정부가 국
제외교 무대에서 행하는 외교적 활동에 의존하고 있다고 설명했다(Hocking 1993, 30).

III. 중앙·지방 결합형 공공외교의 제도 및 현황

1. 한국 중앙정부 공공외교와 지방정부 공공외교의 제도적 기반

우리나라 외교는 1980년대까지 '정무·안보'의 단일축으로 구성되었고, 1990년대 들어서 '정무·안보'에 '경제·통상'이 더해지면서 양대축을 이루게 되었다. 이후 2000년에 들어 소프트파워의 핵심인 '문화'가 새로운 축으로 대두되면서 '문화외교'에 주안점을 두게 되었다.

　　당시 한국 외교부는 '문화외교'란 정부기관 혹은 정부기구로부터 위임받은 기관이 다른 나라의 정부와 국민을 대상으로 예술·지식·정보·언어 및 제도 등을 수단으로 하여 상호 이해를 증진함으로써, 자국의 국가 이미지 제고 등 연성 권력을 높이기 위한 제반 활동을 말한다고 규정하였다(외교통상부 2010, 9). 그러나 문화외교의 궁극적인 목표를 타국 및 국제 무대에서 '자국의 영향력을 증대하는 것'이라는 관점에서 봤을 때 문화외교는 공공외교와 일맥상통한다고 볼 수도 있다. 이러한 맥락에서 문화외교는 전통적 외교를 보완하거나 지원하는 개념이 아닌, 외교력을 구성하는 새로운 축이라고 할 수 있기 때문에 문화외교는 공공외교의 하위개념으로 보아야 한다(외교통상부 2010, 14). 이렇게 인식되어 오던 '공공외교'라는 용어는 2016년 「공공외교법」이 제정되면서 법률상 공식 용어로 사용되기 시작하였다.

　　우리나라 「헌법」 제60조는 "국회는 조약의 체결·비준에 대한 동의권을 가진다"고 명시하고 있다. 이는 통상적으로 공공외교의 권한을 국가가 지닌 것으로 해석되어 왔다. 그러나 21세기 신공공외교의 영역에서는 상대국 중앙정부와의 공식 교류나 협상뿐만 아니라 지방정부 및 공공기관, 민간조직 등 다양한 주체가 참여하는 분권형 외교의 개념이 요청되고 있다(신원득·문현미 2016, 8).

이 같은 흐름에 따라 주민참여형 공공외교의 취지에 부합하는 방향으로 관련 제도가 개선되고 있다. 대표적으로, 2016년 지방자치 단체 스스로 주도하여 지방외교를 시행할 수 있는 근거 법률로 「공공외교법」이 제정, 시행되었다. 이 법률은 국가가 직접 또는 지방자치단체 및 민간 부분과의 협력 하에 공공외교를 수행할 수 있도록 지방자치단체의 '외교사무'에 대한 법적 근거를 제공하고 있다(신원득·문현미 2016, 6). 특히, 공공외교의 기본법으로서 이 법이 제정되면서, 지방정부에서도 관련 정책 방향과 추진목표를 설정하고 시행계획을 수립하는 한편 민간부문과 협력체계를 구축하는 등 공공외교에 대한 공식적인 책무가 부여되고 있다는 점에서 더욱 고무적이다(신원득·문현미 2016, 11).

뿐만 아니라 2020년 12월, 30여 년 만에 전면 개정된 「지방자치법」에서는 지방자치단체의 국제교류를 '지방사무'로 분류하였다. 또한, 국가의 외교·통상 정책과 배치되지 않는 범위 내에서 외국의 지방자치단체, 민간기관, 국제기구와 협력을 추진할 수 있도록 규정하였다(지방자치법 제193조). 이로써 지방자치단체의 역할과 더불어 공공외교를 위한 추가적 법적 근거가 마련되었다.[5]

우리나라 공공외교는 2016년 8월 발효된 「공공외교법」을 따른다. 즉, 5년마다 관련 기본계획을 수립하고, 그 계획에 따라 부처 및

---

5 이와 관련한 상세한 내용은 김형수(2021), "지방외교 활성화를 위한 제도적 기반 조성 전략: 개정 지방자치법과 공공외교법의 적용을 중심으로," 『한국동북아논총』 26(3), pp.75-95를 참고하길 바란다.

지방자치단체에서는 매년 공공외교 종합시행계획을 수립할 것을 법으로 규정하고 있다(공공외교법 제6조, 제7조). 수행주체별로 살펴보면, 외교부는 중앙행정기관 및 지방자치단체와의 협의 하에 공공외교 5개년 기본계획 및 연간 종합시행계획을 매해 12월 말까지 수립해야 한다. 또한, 공공외교위원회(위원장: 외교부장관) 및 공공외교 실무위원회(위원장: 공공외교대사)를 개최하여 관련 정책 전반을 심의하여야 하며, 부처 간 유사중복 혹은 충돌되는 업무에 대해서도 이를 조정하여야 하고 부처별 추진 현황 또한 파악하여야 한다(공공외교법 제8조). 그 외 공공외교 종합정보시스템 마련 및 관련 실태조사, 성과평가를 위한 모델을 개발하는 등 공공외교법이 정한 이행조치 사항을 지켜야 한다. 그리고 재외공관에 있어서도 각 현지에 맞는 문화 및 정책공공외교를 시행하도록 정하였다(공공외교법 제2조, 제10조, 제11조). 한편, 지방자치단체는 5개년 기본계획 수립 시 외교부와 협의하여야 하며, 연간 시행계획을 외교부에 매해 11월 말까지 제출해야 한다. 또한 지방자치단체 차원의 공공외교 활동 및 수행 실적을 보고해야 하며(공공외교법 제7조), 수행과정에서 관련 활동을 위해 지방자치단체가 협력을 요청할 경우 국가가 이에 대해 지원할 수 있다(공공외교법 제9조).

「제1차 공공외교 기본계획(2017~2021)」은 공공외교를 구체적으로 실현하기 위해 마련한 우리나라 최초의 공공외교 기본계획이라 할 수 있다.[6] "국민과 함께, 세계와 소통하는 매력 한국"을 모토로

---

[6] 2019년 9월 공공외교위원회 서면심의를 통해 코로나 상황 등으로 인하여 「제1차 공공외교 기본계획」을 2022년 12월까지 1년 연장하기로 확정하였다(외교부 담당자 전화인터뷰, 2022.5). 이후 제2차 「공공외교 기본계획(2023-2027)」을 수립하였다.

하여, 4개 목표, 6개 전략부문, 15개의 추진전략, 50개의 중점 추진과제로 구성되어 있다(외교부 2017, 53-56). 이 계획에서는 각 내용에 따라 우리나라 공공외교를 3가지로 유형화하였고, 문화·지식·정책 등 3대 공공외교 콘텐츠별 정책 방향 및 추진목표를 명시하였다. 우리 국민의 공공외교 인식 제고 및 참여 강화, 공공외교 인프라 강화 관련 추진과제도 포함하였다. 특히 공공외교 인프라 강화 관련 추진과제에서는 중앙·지방 간 협업 및 조율 체계를 마련하는 등(외교부 2017, 11) 중앙·지방 결합형 공공외교를 위한 초석을 다졌다.

〈참고 15-2〉 한국 공공외교 종합시행계획의 수행주체

[공공외교법 제6조] ①외교부장관은 관계 중앙행정기관의 장 및 특별시장·광역시장·특별자치시장·도지사·특별자치도지사와 협의하여 공공외교 기본계획을 5년마다 수립하여야 한다.

[공공외교법 제7조] ①관계 중앙행정기관의 장 및 시·도지사는 기본계획에 따라 매년 공공외교 활동의 시행계획(이하"시행계획"이라 한다)을 수립·시행하고, 외교부장관에게 시행계획과 추진실적을 제출하여야 한다. ②외교부장관은 기본계획에 따라 제1항의 시행계획과 외교부 자체의 시행계획을 통합한 종합적인 시행계획(이하"종합시행계획"이라 한다)을 매년 수립·시행한다.

중앙행정기관(18개): 교육부, 과학기술정보통신부, 외교부, 통일부, 법무부, 국방부, 행정안전부, 문화체육관광부, 농림축산식품부, 보건복지부, 환경부, 고용노동부, 여성가족부, 국토교통부, 해양수산부, 중소벤처기업부, 국가보훈처, 법제처

지방자치단체(17개 광역자치단체): 서울특별시, 부산광역시, 대구광역시, 인천광역시, 광주광역시, 대전광역시, 울산광역시, 세종특별자치시, 경기도, 강원특별자치도, 충청북도, 충청남도, 전라북도, 전라남도, 경상북도, 경상남도, 제주특별자치도

출처: 〈2022년 공공외교 종합시행계획 개요〉 p.1~3

2. 중앙·지방 결합형 공공외교 형태

중앙정부와 지방정부 간 결합형 공공외교 형태는 크게 중앙·지방 간 다양한 국제화 사업을 지원하기 위한 협의체 운영, 지방자치단체의 해외교류 활동 및 국제행사의 성공적 유치를 위한 적극적 지원 등으로 이루어져 있다. 현재 수행되고 있는 중앙·지방 결합형 공공외교 형태를 구체적으로 살펴보면 다음과 같다.[7]

첫째, 외교부, 행안부, 지방자치단체가 주체로서 운영하는 중앙·지방 국제교류협의회를 들 수 있다. 동 협의회는 중앙행정기관과 지방자치단체 간의 정책적 협력체제를 강화하는 목적으로 행정안전부 주최 하에 분기별로 개최된다. 안건과 관련하여 중앙행정기관 및 각 시도별 국제교류담당관이 회의에 참석한다. 동 협의회에서는 공공외교 및 국제교류 관련 정보 공유, 지방자치단체의 애로사항 청취, 지방자치단체의 공공외교 수행력 강화 및 유관기관과의 협업 방안 논의, 중앙과 지방 사이의 유사·중복·충돌 업무의 조정 등을 다룬다.

둘째, 외교부와 지방자치단체를 주체로 하는 지방자치단체 국제업무담당관 회의의 활성화 및 지방자치단체 파견 국제관계대사의 활용을 들 수 있다. 지방자치단체 대상 공공외교 워크숍은 2016년 7월 공공외교 워크숍에서 건의되어 이듬해인 2017년부터 시행되었다. 지방자치단체의 국제교류 사업을 지원하고, 외교상 현안 및 정책 방향을 설명하는 한편, 외교부의 실무적 노하우know-how를 공유하고 있다.

셋째, 외교부와 지방자치단체를 주체로 한 재외공관 공공외교와

---

7 외교부, 「제1차 공공외교 기본계획(2017~2021)」 및 연도별 「공공외교 종합시행계획」 참조하여 작성하였다.

지방자치단체 국제교류 간의 연계를 들 수 있다. 지방자치단체가 국제교류 방향을 설정함에 있어 재외공관의 의견을 반영해 공공외교 효과를 보다 극대화할 수 있는 협력체계가 구축된다. 그리고 공관 발령 직원이 출국하기 전 파견될 도시와 자매결연을 체결한 지방자치단체의 담당관을 연결하여 협의회를 개최한다. 이를 통해 해당 지역의 이해도를 높일 수 있도록 지원해 준다.

넷째, 지방자치단체의 독자 브랜드를 해외에 홍보할 수 있도록 외교부가 지원하기도 한다. 2018 평창동계올림픽, 2024 세계지질과학총회 부산시 유치 등 지방자치단체가 주최하는 국제행사 유치에도 함께 협력하고, 창원에서 열려 온 K-pop 월드 페스티벌 등 지역별 비교우위·특색을 살린 축제와 문화·지식·정책 공공외교 행사와 접목시켜 한국 문화와 지역문화를 세계에 알리는 데 시너지를 높이기도 한다.

다섯째, 교육부 산하 전국 시도교육청 및 국내 지방자치단체의 주요 공공외교 추진체계 중 하나인 대한민국시도지사협의회의 활동 지원도 있다. 즉, 한국교육원과 국내 교육기관 및 재외공관 간에 협업체제가 형성되어 있다. 한편 대한민국시도지사협의회에서는 일본, 중국, 호주, 미국, 프랑스, 영국 총 6개국의 해외사무소와 재외공관을 연결하는 협업이 진행되고 있는데, 1999년부터는 'K2H^Korean hear to heart' 프로그램이 개시되면서 이를 통해 국내외 지방자치단체 간 교류 및 공무원 상호 파견도 활발히 진행되고 있다.

이렇듯 중앙정부와 지방정부 간 협업체계를 갖춘 결합형 공공외교는 지방자치단체의 국제화 역량을 강화하고 지원함으로써 지방외교의 활성화는 물론 국가외교 활동에도 시너지 창출을 도모하기 위한 것으로 풀이된다.

비 전

"국민과 함께, 세계와 소통하는 매력 한국"

목 표

| 풍부한 문화자산을 활용한 국격재고 및 국가이미지 강화 | 한국에 대한 올바른 인식과 이해 확산 | 우리 정책에 대한 우호적 전략 환경 조성 | 공공외교 주체의 역량강화와 상호협업체계 정착 |

추진전략

문화공공외교
- 선진문화국가로서의 매력 확산
- 풍부한 문화자산을 활용한 호감도 증진
- 쌍방향 문화 교류를 통한 소통 강화

지식공공외교
- 한국의 역사, 전통, 발전상 등에 대한 이해 제고
- 한국학 진흥 및 한국어 보급 확대

정책공공외교
- 주요국 대상 우리 정책에 대한 이해도 제고 및 지지확보
- 정책 공공외교 외연 확대

국민과 함께하는 공공외교
- 국민 참여형 공공외교 체계화
- 민관 협업을 통한 국민 공공외교 강화

공공외교 인프라
- 중앙부처-지자체-민간간 협업 및 조율 체계 확립
- 공공외교 국제 네트워크 강화
- 선순환적 공공외교 성과평가 체계 확립
- 정보공유와 소통을 위한 온라인 시스템 구축
- 공공외교 정책수립을 위한 기초조사 실시

출처: 외교부, 『2022년 공공외교 종합시행계획 개요』(서울: 외교부, 2022), p. 2.

물론 이 과정 속에서 일련의 문제점도 발생한다. 첫째, 중앙부처와 지방자치단체의 공공외교 활동이 항상 유기적인 관계에서 상호조율되지 못한 채 각자 수행되다 보니 유사·중복·편중, 누락의 문제가 발생할 수 있다. 둘째, 범정부 차원의 총괄적인 관리·조정체계가 부재하여 지방자치단체의 활동 현황 파악이 쉽지 않고 상호 간 업무가 중복되는 등 비효율성이 제기된다. 셋째, 무엇보다 공공외교에 대한 인식 부재로, 관련 업무를 수행하는 와중에도 사실상 자신이 하는 일이 공공외교임을 인지하는 못하는 경우가 발생한다. 이로 인해 해당 활동 및 사업을 우리의 외교적 목적에 맞게 적극 활용하지 못하여 국익상 손실을 초래하기도 한다.[8] 이러한 문제를 예방하고 해결하기 위해서는 중앙부처와 지방자치단체 등 공공외교 수행주체의 긴밀한 협력과 효과성 제고 등이 선결되어야 할 것이다.

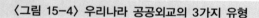

〈그림 15-4〉 우리나라 공공외교의 3가지 유형

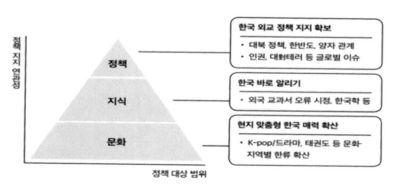

출처: 외교부(2022), 내부자료.

---

8 외교부(2022), 내부자료를 중심으로 재정리하였다.

IV. 중앙·지방 결합형 공공외교의 사례 분석

본 절에서는 2018 평창동계올림픽의 유치 과정에서부터 준비, 개최에 이르기까지 전 과정에서 나타난 인식, 유치과정 개요, 목표와 비전, 수행주체와 법·제도적 근거, 대상·자원·수단 그리고 성과와 한계를 중앙정부와 지방정부 간 결합형 공공외교라는 관점을 중심으로 분석하고자 한다.

1. 올림픽을 통한 '공공외교' 개념 인식

스포츠는 모든 사람이 접근하기 쉬운 주제이자 국경과 문화를 초월해 누구나 쉽게 공감대를 형성할 수 있다는 특징이 있다. 이에 기반하여 대중매체를 통한 퍼블리시티publicity 효과를 기대할 수 있다. 특히 올림픽이나 월드컵 등 국제적 스포츠 행사의 유치와 개최는 국제관계의 정치적 주요 변수로 작용하기도 한다. 동시에 국가 간 국제교류와 친선에 있어서도 중요한 원동력이 되고 있다. 나아가 국가 이미지 제고에도 많은 영향을 미친다.

이러한 배경에서 스포츠 외교는 공공외교의 주요 수단으로 사용되기도 한다. 대표적인 예로, 1988 서울올림픽과 2008 베이징올림픽, 2018 평창동계올림픽을 들 수 있다. 1988 서울올림픽은 당시 한국의 군사정권이라는 부정적 이미지를 탈피하는 수단으로 쓰였고, 2008 베이징올림픽은 중국 사회주의 체제의 우월성 및 G2 국가로의 성장을 전 세계에 알리는 수단으로 이용되었다. 이후 개최된 2018 평창동계올림픽은 한반도 평화의 시발점을 알리는 역할을 했다. 이러한 메가 이벤트는 중앙정부와 지방정부 간 결합형 공공외교를 보여주는 단적인 사례라 할 수 있다.

2. 유치과정의 개요

중앙정부와 지방정부 간 결합형 공공외교의 양상은 동 올림픽 유치과정에서부터 뚜렷이 나타났다. 이러한 대규모 국제행사는 중앙정부 또는 지방정부 등 어느 한 조직만의 노력으로 그 성공을 담보하기 어렵다. 본 올림픽에서도 유치 시점에서부터 폐막에 이르기까지 중앙정부와 지방정부 간의 유기적 협력체계 구축 및 지원은 절대적인 필수요건이었다.

먼저, 중앙정부와 강원도, 평창군은 2002년부터 이를 유치하기 위한 대대적인 움직임에 나섰다. 그러나 첫 번째 실패에 이어 2007년 유치 경쟁에서도 고배를 마셨다. 2009년에 이루어진 세 번째 도전에서는 지난 실패를 교훈 삼아 더욱 적극적인 대응에 나섰다(평창군 2018, 66-112). 특히 광역자치단체인 강원도는 대회 유치를 위한 총력 지원과 재도약을 천명하였다. KOC Korean Olympic Committee 및 중앙정부와도 긴밀히 협의하여 국제대회 승인 등 유치를 위한 필요 절차를 빈틈없이 진행하였고, 중앙정부 등 국가 차원의 적극적 지원을 이끌어 내며 힘을 모았다(평창군 2018, 115).

나아가 평창군은 단순한 메가 이벤트 차원이 아닌 후대의 유산으로 개념을 설계하였다. 즉 다음 세대에 물려줄 유산 legacy 으로서 이를 위한 지속 가능한 발전 전략을 수립하고자 하였다(평창군 2018, 135; 같은 글, 182). 뿐만 아니라, 평창동계올림픽이 가진 공고한 명분과 당위성, 강력한 정부 지원, 두 번의 도전 경험을 통해 축적한 '준비된 평창'의 면모 등을 IOC(International Olympic Committee)에 강력히 전달했다. 마침내 세 번째 도전 만에 뜨거운 경쟁을 뚫고 대회 유치에 성공했다(평창군 2018, 116-120).

3. 목표와 비전

1988 서울올림픽 이후 30년 만에 2018 평창동계올림픽이 치러졌다. '문화적 새지평, 환경적 새지평, 공간적 새지평, 경제적 새지평'이라는 모토 아래, "국가발전의 획기적 전기마련 및 지역발전의 지속가능한 유산 창출"을 기대하며 대회 유치에 성공하였다(평창군 2018, 134).

유치 이후 "문화올림픽, 환경올림픽, 평화올림픽, 경제올림픽, ICT 올림픽"이란 기치 아래 중앙정부와 지방정부, 즉 강원도와 평창군이 함께 결속하였다(평창군 2018, 134). 대회의 유치부터 준비, 진행기간에 이르기까지 중앙정부와 지방정부 간의 단단한 협력과 노력을 통해 성공적인 평창동계올림픽 개최를 이끌어낸 것이라 할 수 있다. 또한, 국제무대에서 상대적으로 인지도가 낮은 '평창'과 '강원도'를 알리는 계기가 되었으며, 동시에 '대한민국'의 위상 정립에 기여한 것으로 평가할 수 있다.

4. 수행주체(행위자)와 법·제도적 근거

메가이벤트의 개최는 개최도시인 기초자치단체뿐만 아니라, 광역자치단체 그리고, 중앙정부와 관련 유관기관의 협업이 수반되어야만

하며, 이들 수행주체들 각각의 역할은 성공적 개최를 위한 모멘텀을 가져온다.

동계올림픽 유치 후 강원도와 평창군은 많은 난관에 부딪혔다. 워낙 방대한 규모의 국제대회이다 보니, 지방정부만의 힘으로 해결할 수 없는 일들이 산재했다. 중앙정부는 물론 다른 지방자치단체를 비롯한 여러 조직과 단체의 적극적이고 유기적인 협력을 구했다. 개최도시로서 성공적인 대회 진행을 보장할 체계를 구축할 국제 수준의 물리적, 기술적 자원과 역량이 요구되었다. 이에 관해 다음과 같은 사업이 전개되었다.

우선, 2018 평창동계올림픽은 법적·제도적 지원을 받아 이 국가적 행사의 준비를 점검하고 지휘할 전담 조직의 설치가 절실했다. 2011년 7월 6일, 대회 주체자인 평창군은 성공적인 대회 준비를 위한 지원 특별법 제정에 노력했다. 실제로 2011년 11월 29일 「2018 평창 동계올림픽 대회 및 장애인 올림픽 지원 등에 관한 특별법안」이 통과되었다(평창군 2018, 151). 이로써 대회 운영예산과 수익사업을 포함한 국가 차원의 대회 지원체계를 구축할 토대가 마련되었다. 이 법률에 의거하여 평창군은 지방자치단체로서 종합적인 시책 수립·시행과 지원은 물론, 장애인에 대해서도 인권과 안전의 보장 및 충분한 편의를 위해 여러 조치를 취할 수 있었다.

평창군 자체적으로도 대회를 지원할 전담부서의 신설 또는 개편과 관련한 「평창군 행정기구설치조례」와 「시행규칙」을 개정하였다. 사실상 동계올림픽 관련 업무 전담부서로서, 2006년 스포츠사업단 신설 이후 2008년 문화체육과, 2012년 동계올림픽추진단, 2016년 올림픽추진단, 2018년 올림픽기념사업단으로 조정하는 등 단계적인 전담부서 개편을 진행했다(평창군 2018, 152-181).

한편 강원도에서는 2011년 12월 23일 「강원도 행정기구설치조례」를 개정하여 올림픽 추진본부를 조직하였다. 이를 거점 삼아 평창올림픽 지원 종합기획 및 조정 등 전반에 관한 사항을 담당토록 하였다. 더불어 중앙정부의 협력 및 지원기반을 강화하는 노력이 이어졌다. 이에 따라 운영, 홍보, 환경개선, 참여 촉진 등 다방면에서 그 성과가 나타났다[강원도 행정기구설치조례, 제12조의2(강원도 조례 제3515호)].

다음으로는 가장 중대한 이슈라 할 '안전한 대회' 개최를 위해 정부합동 안전점검 실시, 폭설대비 안전대책 수립, 재난안전통신망 구축 등이 추진되었다. 그야말로 총력을 다한 지원이었다. 특히 행안부, 국토부, 조직위원회, 강원도 등 20개 기관이 공동으로 「폭설안전대책 TF」를 구성하여 기관별 임무와 역할 분담을 명확히 했다. 이는 동 대회가 보여 준 중앙정부–지방정부–조직위원회 간 모범 협력 사례로 기록되기도 했다(행정안전부 2018, 78-87).

운영적인 측면에서도 정부, 국회, 조직위원회, 강원도 및 개최도시 간에 평창군 행정지원본부 및 운영본부를 통한 정보 공유와 협업 체계가 원활히 작동하였다. 이와 함께, 지역 현안을 적극적으로 검토·건의하여 해결하고, 올림픽을 통한 지역 발전과 대회의 성공을 위한 모든 준비를 철저히 했다.

대회가 진행되는 중에도 중앙정부와 지방정부 간의 협력, 즉 중앙·지방 결합형 공공외교 형태는 모범적으로 지속되었다. 행정안전부 주도 하에 '중앙·지방 실무회의'를 분기별로 실시하였다. 지방 4대 협의체 등 관계기관과의 연석회의 또한 수시로 개최하여 주요 사업별 진행 상황을 주기적으로 확인하였다(행정안전부 2018, 4-5). 이를 통해 관련 예산을 증액, 확보하는 등 효과적인 도움과 지원을 이끌어 냈다. 그리고 대회 기간 조직위원회, 강원도, 개최 도시인 평창군, 유관기관 간에 보다 신속한 협조체계를 이루기 위해 핫라인을 설치하였다.

5. 대상·자원·수단

공공외교에서 대상이 일반 대중이라는 것은 전통적으로 여겨온 외교와 차별화되는 주요 차이점이다. 일반적으로는 상대국 일반 대중의 마음을 사는 것을 공공외교라고 한다. 평창동계올림픽에서도 일반 대중을 향한 공공외교를 펼치기 위해 노력하는 모습을 보여왔다. 스포츠를 매개로 해외 운동선수, 해외 언론인, 해외 시민들을 대상으로 스포츠 공공외교를 성실히 수행했다.

중앙정부를 대표한 행정안전부에서는 대회를 전후하여 지방자치단체 및 지방공기업 홍보 시설물 설치, 지역축제 연계 홍보, 올림픽 교육·홍보 콘텐츠 확산 등 全 지방자치단체의 홍보 참여 및 지원을 적극 독려했다. 전국적인 올림픽 붐boom을 조성하기 위한 범국가적 전략이었다. 세부적으로 공중화장실과 간판을 개선하고, 숙박업소 및 음식점 서비스를 점검·관리하며 지원하였다. 교통·수송 대책과 숙박비용 안정화 대책을 추진하는 등 광범위한 요소에 걸쳐 손님맞이 환경을 개선하고 지원하였다. 결과적으로는 개최도시 전반의 이미지를 제고하여 내·외국인 관광객 유치에 최대의 노력을 기울였다. 또한, 지역주민과 소외계층을 고려한 정책도 병행하였다. 이들에게 올림픽 관람기회를 제공하고 교통약자들에게도 여러 편의를 지원하였다(행정안전부 2018, 27-40). 전국적으로 시도별 홍보관을 설치하는 한편 '시도의 날'을 운영하며 계속해서 올림픽 참여도를 높이는 데 심혈을 기울였다(행정안전부 2018, 60-68).

또한 미디어의 활용은 공공외교에서 빼놓을 수 없는 수단 중 하나이다. 특히 대회 진행 현황을 정확히 대외적으로 알리는 영문보도자료 작성과 외신기자를 대상으로 한 홍보자료 제공은 중요하면서도 어려운 작업이다. 평창동계올림픽에서는 대한민국시도지사협의회의 영문번역서비스를 제공하여 강원도미디어센터 비등록 외신기자를 대상으로 보도자료를 배포할 수 있도록 장치를 마련하였다. 이로써 평창을 국제사회에 잘 알릴 수 있었던 것은 물론, 내외신 기자단으로부터 높은 평가를 받았다(평창군 2018, 197-198).

개최지에 위치한 대관령안내센터에서는 한국관광공사와의 협약 아래 안내판의 내용을 다국어로 번역하여 제공하는 등 효과적인 관광정보 전달에 전력을 기울였다. 실제로 올림픽 경기가 열린 2~3개월간 약 4천여 명의 국내외 관광객들이 큰 도움을 받았다(평창군 2018, 301).

더불어 평창군은 문화체육관광부와 손을 잡고 '무장애 관광도시' 조성을 위한 '접근성 개선사업'을 전개하였다(평창군 2018, 324).[9] 특히 사회적 약자들과 함께하는 올림픽 축제를 만들기 위한 것이었다. 접근성 개선사업이란 음식점, 숙박업소, 관광시설 등 민간시설에서 방문객 및 장애인, 어르신, 유아(유모차) 등의 자동문, 경사로, 화장실 등을 개선해 편의성과 접근성을 돕는 것이다. 이 사업은 올림픽 개최지역(평창·강릉·정선) 주변의 음식, 숙박업소의 신청을 받아 진

---

9 문화체육관광부, "평창올림픽 개최도시 장애인 접근성 현장 점검," 『대한민국 정책브리핑』 2017년 5월 22일 https://www.korea.kr/news/policyNewsView.do?newsId=148835069&call_from=naver_news(검색일: 2023.1.5).

행되었다. 이에 참여한 음식, 숙박업소 외부에는 장애인 편의시설이 갖추어져 있음을 알리는 표지를 부착해 장애인들의 높은 호응과 이용률을 기록했다. 평창군 문화관광홈페이지에도 편의시설 설치 항목을 포함해 접근성 개선사업 참여업소를 게시하였다. 강원도 및 평창 동계패럴림픽대회 조직위원회와도 협조하여 관련 홈페이지 및 SNS 등을 통해 적극 홍보하였다. 일반 관람객뿐만 아니라 장애인 등 사회적 약자의 요구와 불편을 꼼꼼히 살피고 보완함으로써 올림픽을 축제로 이끄는 또 다른 성공의 축이 되었다(평창군 2018, 236).

무엇보다 주목할 만한 사례로, 동 올림픽에서 가동된 세계동계 스포츠육성프로젝트 '드림프로그램'을 들 수 있다(평창군 2018, 122). 이는 강원도와 평창군, 즉 광역자치단체와 기초자치단체 간의 결합형 산물이라 할 수 있다. 다시 말해, 정부 간 결합형 공공외교 형태가 중앙정부와 지방정부뿐만 아니라, 지방정부 자체에서도 다시 광역자치단체와 기초자치단체 차원에서 일어날 수 있음을 보여주었다. 본 프로젝트가 추구한 공동의 목표는 '동계스포츠를 통해 인류의 화합과 평화를 조성한다'는 것이었다. 이를 위해 특히 동계스포츠를 접하기 어려운 환경의 세계청소년에게 꿈과 기회를 심어주고자 추진되었다. 구체적인 실현 방안으로, 세계 각국의 청소년들과 강원도 및 평창군 청소년들을 연결하여 친밀한 유대관계를 형성할 수 있도록 도왔다. 국내 청소년들에게 올림픽 개최도시에 걸맞은 글로벌 마인드를 심어주고, 동계스포츠에 대한 이해를 높이는 것이 목적이었다(평창군 2018, 213-215).

이 프로그램은 강원도가 주최하고 (재)강원도국제스포츠위원회가 주관하였다. 동계스포츠가 활성화되지 않은 국가의 청소년을 초청해 겨울스포츠 체험은 물론 한국의 문화를 접할 수 있도록 기회를 제공하였다. 본 프로젝트는 2004년부터 시작해 2023년 1월 말 현재, 19회째 운영되고 있다. 현재까지 97개국의 청소년 총 2,528명이 참가했다.[10] 2023년 1월 5일부터 17일까지는 평창 일대에서 행사가 개최되었다. 이때에도 32개국 130명이 모였다.[11] 이러한 프로젝트는 거시적 관점에서 국가의 미래에도 매우 중요한 투자라 할 수 있다. 공공외교에서 있어 주요한 비국가 행위자 중 하나인 청소년들에게 국가와 세계를 보는 시야를 넓혀주어 장래 글로벌 리더로 성장할 수 있는 자질을 키워낸다. 이는 곧 국가의 이미지나 인식을 높이는 데에도 소중한 가치와 성과로 인정받을 만하다.

〈참고 15-3〉 무장애 여행

'무장애 여행'이란 베리어프리 관광(barrier-free tourism), 접근 가능한 관광(accessible tourism), 유니버셜 디자인관광(universal design tourism) 등이 혼재된 개념으로, 신체적 제약 때문에 관광활동을 자유롭게 하지 못하는 관광약자를 대상으로 한 여행을 말한다. 즉 장애인뿐만 아니라 노약자, 임산부, 어린이 등의 다양한 관광약자가 무장애 여행의 대상이 될 수 있다. 무장애 여행에서 장애인이 기준이 되는 이유는 장애인이 편하면 누구에게나 편하기 때문이다.

출처: 이보교, "편견과 차별 없는 '무장애 여행' 천국을 꿈꾼다." 『나라경제』, 2018년 8월호, https://eiec.kdi.re.kr/ publish/naraView.do?cidx=11689(검색일: 2022.12.5).

---

10 2018 평창동계올림픽 영향으로 2018년 드림프로그램을 12월에 개최함에 따라 2019년은 미개최하였으며, 2021년과 2022년은 코로나19 확산으로 인해 국내거주 유학생을 중심으로 프로그램을 운영하였다.
11 평창군 내부자료(2023.2.20).

6. 성과와 한계

「2018 평창동계올림픽 & 동계패럴림픽이 지역에 미친 영향에 대한 군민인식 조사」에 따르면, 평창 주민의 89.5퍼센트가 이를 '성공적인 대회'로 평가하였다(평창군 2018, 22). 또한 평창올림픽조직위원회 자료에 따르면, 약 619억 원의 흑자를 달성해 당초 목표한 경제올림픽 실현을 한 것으로 보여진다.[12]

평창동계올림픽을 국가적인 측면과 지방자치단체 측면으로 나누어 평가해보면, 다음과 같이 설명할 수 있다. 국가적 측면에서 볼 때, 평창동계올림픽은 대한민국 국격을 제고하고 국가브랜드의 이미지를 향상시킴으로써 새로운 국가발전의 전기를 마련해 주었다. 첨단 산업 발전을 촉진하고 세계시장을 주도하는 등 획기적인 전환점을 만드는 계기가 되었다. 그리고 다양한 일자리를 창출하는 등 국내경제 발전에도 기여하였다고 평가됐다. 무엇보다 국민들의 역동적 에너지를 다시 결집시키며 국민통합 및 자긍심을 높이는 데 큰 역할을 담당했다. 남북한 화해 협력 및 평화증진에 기여한 바는 이미 국제사회가 확인하였다(평창군 2018, 128).

한편 지방자치단체 측면에서는 사회간접자본SOC 확충에 따른 지역발전 도모와 지역균형 발전을 유인하였다. 또한 개최지역 이미지와 브랜드 제고, 지방의 국제화를 촉진시킨 계기가 되었다. 아시아 지역 동계스포츠의 확산 및 관광허브로 자리매김함으로써 '드림프로

---

12 김재형, "평창올림픽 619억원 흑자…"최소비용 경제올림픽 실현"," 『YTN』, 2018년 10월 9일, https://www.ytn.co.kr/_ln/0107_201810090928251022(검색일: 2022.12.5).

그램'을 통한 동계스포츠 확산에도 촉매제 역할을 하였다. 이처럼 평창동계올림픽 개최는 '공공외교'라는 큰 틀에서 보았을 때, 국가는 물론 지방정부에 기여한 바 또한 상당한 것으로 평가된다.

무엇보다 이 대회가 실현한 가장 핵심적인 가치로서 한반도 평화의 대전환 기틀을 마련한 점을 빼놓을 수 없다. 기존의 방식과 달리, 지방정부가 주체가 되어 올림픽을 이끌었다는 점, 중앙정부가 적극적인 지원과 협력으로 이를 뒷받침하여 성공을 이끌어냈다는 점 등은 공공외교사에 기록될 획기적인 '사건'이다. 특히 국가외교의 한계를 극복하여 스포츠 공공외교의 참다운 면모를 보여주었다. 그 가운데서도 북한 선수단의 참가와 남북 단일팀 구성, 남북 간 문화교류 등으로 평화올림픽을 실현하였고, 이는 곧 남북정상회담 및 북미정상회담으로까지 이어지면서 한반도 역사는 물론 국제정치사에도 길이 각인될 역사의 한 페이지가 되었다. 즉, 평창동계올림픽은 스포츠 공공외교의 성공적 모델이자, 각 수행주체의 강점을 살린 중앙정부와 지방정부 간 결합형 공공외교의 전형적인 사례라 할 수 있다.

하지만 그 이면에는 한계도 존재한다. 공식적으로는 3,000억 원에 달하는 예상 적자를 벗어나 흑자를 달성했다고 하지만, 개최 이후 유지·관리에 대해서는 고려되지 않았다는 비판의 목소리도 있으며, 이것은 여전히 중앙정부를 비롯한 지방정부 모두의 숙제로 남아 있다.[13] 또한 각 기관 간의 주요 현안 해결과 사업 추진과정에서 예산

---

13 이경호, "평창올림픽 흑자 자축과 짙은 그림자," 『스포츠동아』, 2018년 10월 9일, https://sports.donga.com/3/ all/20181009/92322217/1(검색일: 2022.12.5).
정명의, "[평창 그 후 1년] 올림픽은 끝났지만 유산 관리는 현재 진행형," 『news1』, 2019년 2월 9일, https:// www.news1.kr/articles/?3541588(검색일: 2022.12.5).

또는 물자, 혹은 입장차이로 인해 어려움도 발생했다. 이에 대해서도 행안부 내에 '시·도올림픽 지원반'을 설치하여 효율적이고 체계적인 사업을 지원하고 참여를 촉진시키고자 노력하였다.[14]

한편 평창과 강릉 일대에서 안전요원을 비롯해 외국인 등에게 발생했던 노로바이러스의 확산으로 인해 정부는 유관기관들과 협력 체계를 구축하여 최선을 다하겠다고 표명하였지만, 초동대응 미흡이라는 지적은 피할 수 없었다. 일련의 과정 속에서 공공외교의 대상자인 일부 외국 관광객들이 서울과 강원도를 오가는 대중교통을 이용하기 어려웠다는 불만의 목소리가 있었으며[15] 이는 모든 분야에서 중앙정부와 지방정부 간 유기적인 협력이 이뤄진 것만이 아니라는 것을 보여주는 사례이기도 하다.

V. 맺음말

공공외교는 하나의 단순하고 일체화된 목표가 아니라 복잡하고 다원화된 목적을 추구한다. 즉, 국가 이미지 제고와 소프트파워의 강화라

---

14 행정자치부, "평창동계올림픽 성공 17개 시·도 힘 모은다,"『대한민국 정책브리핑』, 2017년 6월 8일, https://www. korea.kr/news/policyNewsView.do?newsId=148837 516&call_from=naver_news (검색일: 2022.12.5).

15 황춘화, "열악한 환경·노로바이러스…안전하지 못한 평창올림픽 안전요원들,"『한겨레』, 2018년 2월 5일, https://www. hani.co.kr/arti/society/society_general/830873.ht ml (검색일: 2022.12.5); 노주환, "[평창]대회 운영 호평+흑자 올림픽, 흠잡을 데가 없다,"『스포츠조선』, 2020년 2월 26일, https://www.chosun.com/site/data/html_dir/2 018/02/26/2018022600881.html (검색일: 2022.12.5).

는 1차원적 목표를 넘어 이를 위한 단기 및 중장기 발전계획을 수립하고 완성해 나가는 데 더욱 무게를 둔다. 공공외교는 대상과의 관계를 형성하고 발전시키는 과정으로, 다른 국가·문화·사람들의 특성과 요구를 이해하는 것으로부터 출발한다. 그들의 생각을 이해하고 신뢰를 쌓으며, 공동의 이익과 지향점을 찾아가는 것이다. 이러한 측면에서 공공외교는 기존의 전통외교와 달리 개인 또는 집단 등 사람과의 관계와 이익 범위를 확장하는 활동이라 할 수 있다. 또한 공공외교는 한 나라의 이미지와 명성이 국가 단위에서는 직접적으로 상관없는 개별 거래 환경에까지 긍정 혹은 부정적인 영향을 미칠 수 있는 공공재라는 점을 전제하여야 한다(문현미 2018a, 27).

계속해서 강조되고 있는 공공외교의 핵심은 외국 국민들과의 대화와 교류에 있다. 이를 통해 자국 외교 정책의 지지 기반을 확고히 하여 상대국에 대한 외교적 관계와 이해를 효율적으로 증대하는 것이 주된 목표다. 구체적으로 정리하면 첫째, 상대국의 국민들에 대하여 자국의 가치관과 체제 및 여러 정책을 보다 정확히 이해시켜야 한다. 둘째, 자국 국민들에게 외국과의 상호 관계성과 상황을 명확히 알려야 한다. 셋째, 국경을 초월한 국가 간 문화 및 체제의 관계를 증진하고 향상시켜 개인 혹은 집단적 상호 이해의 폭을 넓혀야 한다. 넷째, 자국 정부가 외교정책을 결정할 때 다른 국가의 가치관이나 이익 우선순위를 충분히 이해하고 고려하여 이를 정책에 반영할 수 있도록 해야 한다(송영우 2014, 267-269).

이상의 목표를 달성하는 데 특히 '스포츠 공공외교'는 소프트파워의 등장과 함께 공공외교의 주요 수단으로 인식되고 있다. 스포츠 공공외교는 기본적인 외교적 기능을 수행할 뿐만 아니라, 스포츠 고

유의 특성을 통해 보다 자유롭고 친숙하게 시민사회와 소통할 수 있게 한다. 그 안에서 다양한 계층의 비국가 행위자들이 주체가 되어 각자의 역할과 기능을 수행한다. 이 모든 구조가 개별적이면서도 집단적이고, 단일하면서도 복합적인 형태를 이루며 유기적으로 작동한다. 그리고 모든 것이 상호협력 하에 시작되고 마무리된다. 이렇듯이 본 연구에서 보여 준 중앙정부와 지방정부 간 결합형 공공외교의 협력 거버넌스는 스포츠 공공외교뿐만 아니라, 범정부 차원에서 수행될 공공외교의 가치 있는 행태로서 자리매김할 것이다.

1 공공외교란 무엇이며, 왜 부각되기 시작하였는가?

2 오늘날 국제사회에서 지방정부의 위상은 어떠한가?

3 지방정부 공공외교란 무엇이며, 국가외교와는 어떠한 관계를 갖고 있는가?

4 중앙정부·지방정부 결합형 공공외교는 왜 필요한가?

5 중앙정부·지방정부 결합형 공공외교의 대표적인 사례로, 평창올림픽의 성공적인 개최를 들 수 있다. 이 외에도 어떤 사례들이 있을까?

6 학자 브라이언 호킹(Brian Hocking)이 다층외교론(Multilayered Diplomacy)을 통해 지방정부는 하나의 독립된 주체가 될 수는 없지만, 중앙정부를 비롯한 지방정부 등 다양한 행위자가 국내 또는 국제 등의 다양한 층위에서 동시에 외교활동을 전개할 때 그 정책 목표가 효과적으로 달성될 수 있다고 주장하였다. 이에 대해 어떻게 생각하는가?

7 중앙정부·지방정부 간 효율적인 정책 목표를 달성하기 위해서 각 행위자들은 어떠한 노력을 해야 할까?

추천 문헌

낸시 스노우, 필립 M.테일러 편, 최진우 감수(2013). 『21세기 공공외교 핸드북』. 고양: 인간사랑.

문현미(2018b). "인식조사를 통한 한국과 중국의 공공외교 비교 연구: 경기도민과 산둥성민을 중심으로." 『중소연구』 42(3). 83–128.

문현미(2019). "한국 지방정부 공공외교의 분석과 진단." 『GRI연구논총』 21(3). 151-182.

송기돈(2019). "외교의 외연적 개념 구도를 통한 공공외교와 지방(정부)외교의 특성 및 상관성 분석." 『한국자치행정학보』 33(2). 63-90.

조셉 나이 저, 홍수원 역(2004). 『소프트파워』 서울: 세종연구원.

Brian Hocking(1993). *Localizing foreign policy: non-central governments and multilayered diplomacy* New York: St. Martin's Press.

Jan Melissen eds.(2005). *The New Public Diplomacy: Soft Power in International Relations* New York: Palgrave Macmillan.

韓方明 主編(2012). 『城市外交』 北京: 新华学出版社.

赵启正(2011). 『公共外交与跨文化交流』 北京: 中国人民大学出版社.

赵启正(2012). 『中国公共外交研究报告』 北京: 时事出版社.

赵启正·雷蔚真主编(2015). 『中國公共外交發展報告』 北京: 社會科學文獻出版社.

참고 문헌

김형수(2021). "지방외교 활성화를 위한 제도적 기반 조성전략: 개정 지방자치법과 공공외교법의 적용을 중심으로." 『한국동북아논총』 26(3). 75-95.

김형수·노병렬(2016). "한국 지방자치단체의 공공외교 활성화 방안." 『세계지역연구논총』 34(2). 91-113.

문현미(2018a). 『한국과 중국의 지방정부 공공외교 비교연구』 한양대학교 박사학위논문.

_____(2022). "한중 수교 30년 회고와 전망: 지방공공외교를 중심으로." 『현대중국연구』 24(1). 63-104.

서경실·신진(2020). "지방정부 공공외교의 한계와 발전방안 연구." 『한국과 국제사회』 4(3). 115-136.

송영우(2014). 『외교 정책 그리고 외교』 서울: 교우사.

신원득 · 문현미(2016). "지방의회 공공외교의 한계 및 개선방안 탐색." 『입법과 정책』 8(2). 5-30.

외교부(2017). 『제1차 공공외교 기본계획(2017~2021)』. 서울: 외교부.

_____(2018). 『2018년도 공공외교 종합시행계획』. 서울: 외교부.

_____(2019). 『2019년도 공공외교 종합시행계획』. 서울: 외교부.

_____(2020). 『2020년도 공공외교 종합시행계획』. 서울: 외교부.

_____(2021). 『2021년도 공공외교 종합시행계획』. 서울: 외교부.

_____(2022). 『2022년도 공공외교 종합시행계획』. 서울: 외교부.

외교통상부(2010). 『문화외교 매뉴얼』. 서울: 외교통상부.

조형진(2019). "한국과 중국의 도시외교: 한중 FTA 지방협력 시범지구 선정에 따른 인천과 웨이하이의 사례." 『국제 · 지역연구』 28(2). 29-56.

평창군(2018). 『2018 평창동계올림픽&동계패럴림픽대회 종합백서』. 강원: 평창군.

행정안전부(2018). 『2018 평창동계올림픽대회 및 동계패럴림픽대회 지원 백서』. 세종: 행정안전부.

杨光辉(2013). "城市公共外交-以中国扬州为列." 『学理论』 25期. 29~31.

金东黎(2015). "云南省对东南亚的地方公共外交研究." 『云南农业大学学报(社会科学)』 第06期. 75~78.

孙莹(2015). "次国家政府的外交地位分析." 『现代经济:现代物业中旬刊』 第2期. 70~71.

周鑫宇 · 李锴华 · 程铭(2015). "地方政府与城市公共外交: 中国城市公共外交的概念、特征与路径." 赵启正·周鑫宇主编. 『中國公共外交發展報告』. 北京: 社會科學文獻出版社.

Mark McDowell((2008). "Public diplomacy at the crossroads: definitions and challenges." FLETCHER FORUM OF WORLD AFFAIRS 32(e)

YTN. "평창올림픽 619억원 흑자...최소비용 경제올림픽 실현." 2018년 10월 9일, https://www.ytn.co.kr/_ln/0107_201.810090928251022(검색일: 2022. 12.5).

스포츠조선. "[평창]대회 운영 호평+흑자 올림픽, 흠잡을 데가 없다." 2020년 2월 26일, https://www.chosun.com/site/data/html_dir/2018/02/26/20

18022600881.html(검색일: 2022.12.5).

문화체육관광부, "평창올림픽 개최도시 장애인 접근성 현장 점검."『대한민국 정책브리핑』. 2017년 5월 22일 https://www.korea.kr/news/policyNewsView.do?newsId=148835069&call_from=naver_news(검색일: 2023.1.5).

스포츠동아. "평창올림픽 흑자 자축과 짙은 그림자." 2018년 10월 9일, https://sports.donga.com/3/all/20181009/92322217/1(검색일: 2022.12.5).

나라경제 "편견과 차별 없는 '무장애 여행' 천국을 꿈꾼다." 2018년 8월호, https://eiec.kdi.re.kr/publish/naraView.do?cidx=11689(검색일: 2022.12.5).

News1. "[평창 그 후 1년] 올림픽은 끝났지만 유산 관리는 현재 진행형." 2019년 2월 9일. https://www.news1.kr/articles/?3541588(검색일: 2022.12.5).

행정자치부. "평창동계올림픽 성공 17개 사도 힘 모은다."『대한민국 정책브리핑』, 2017년 6월 8일. https://www.korea.kr/news/policyNewsView.do?newsId=148837516&call_from=naver_news(검색일: 2022.12.5).

한겨레, "열악한 환경·노로바이러스…안전하지 못한 평창올림픽 안전요원들." 2018년 2월 5일. https://www.hani.co.kr/arti/society/society_general/830873.html(검색일: 2022.12.5).

Nicholas J. Cull, ""Public diplomacy" before Gullion: the evolution of a phrase." Apr 18, 2006. https://uscpublicdiplomacy.org/blog/public-diplomacy-gullion-evolution-phrase(검색일: 2022.11.5).

Public Diplomacy Alumni Association. http://pdaa.publicdiplomacy.org/

강원도(2011). 『강원도 행정기구설치조례(2011.12.23. 일부개정)』.

강원도(2022). 『강원도 공공외교 활성화 지원 조례(2022.4.8. 제정)』.

경기도(2021). 『경기도 공공외교 활동 지원에 관한 조례(2021.11.2. 제정)』.

외교부(2016). 『공공외교법(2016.6.3. 제정)』.

행정안전부(2021). 『지방자치법(2021.1)』.

편저자 및 집필진 소개

송기돈 (전북대학교 정치외교학과 명예교수)

전북대학교 영어교육과를 졸업하고 동 대학원 정치학과에서 외교정책이론으로 석사학위를, 국제기구이론으로 박사학위를 취득했다. 이후 미국 워싱턴 D.C.의 Georgetown University 외교스쿨의 박사후연구원을 거쳐, 전북대 정치외교학과 교수와 사회과학연구소장, 호남국제정치학회장, 한국국제정치학회 부회장, 전북국제교류센터 자문위원장, 대한민국시도지사협의회 지방외교자문위원 등을 역임하고, 현재는 전북국제협력진흥원 자문위원과 전북특별자치도교육청 남북교육교류 자문위원 등으로 활동하고 있다. 주요 연구·교육 분야는 국제정치이론, 외교이론, 국제기구(유엔), 공공외교 등이다.

손현주 (전주대학교 창업경영금융학과 조교수)

미국 University of Houston을 거쳐 하와이대학 정치학과에서 미래학 전공으로 박사학위를 받았다. 이후 국민대, 전북대, 원광대 등에서 사회학 및 미래학 관련 강의를 하였다. 현재는 전주대학교 미래융합대학 창업경영금융학과에서 강의를 하고 있다. 미래학회(사) 부회장, 전라북도 공유경제활성화위원회 위원, 전주시 사회적경제활성화위원회 위원, 경상북도 미래비전 2045 자문단 위원 등을 맡고 있으며, 주로 한국의 대안미래와 인공지능혁명 시대에 실현 가능한 바람직한 사회의 미래를 연구하고 있다.

강정석 (전북대학교 심리학과 부교수)

고려대학교에서 심리학을 전공하고 소비자·광고심리학 석사학위를 취득한 후 박사과정을 수료했으며, 미국 University of Connecticut에서 박사학위(커뮤니케이션)를 취득했다. 광고회사인 DDB Korea 차장, SK텔레콤 부장 근무 경험이 있다. Journal of Brand Strategy, Japanese Psychological Research, Journal of Health Communication, 한국심리학회지: 소비자·광고, 감성과학, 광고학연구, 소비자학연구 등의 국내외 학술지에 브랜드, 광고 효과, 소비자 정보처리 등과 관련된 논문을 게재했다.

윤석준 (성공회대학교 사회융합학부 정치외교학전공 교수)

국제정치, 유럽정치, 개발협력 분야를 주로 연구하며 학생들을 가르치고 있다. 서강대학교에서 정치학·불문학·경제학을, 이탈리아 볼로냐대학교에서 기호학을, 스위스 제네바대학교에서 유럽학을 공부한 뒤, 프랑스 파리정치대학(시앙스포)에서 정치학 박사학위를 받았다. 현재 한국국제정치학회 유럽연구분과위원회 위원장 및 통합유럽연구회 연구이사로 활동 중이다. 주요 저서 및 논문으로는 『공공외교의 이해』(2020), "유럽 지역의 '기업과 인권' 규범 형성에 대한 연구: 중층성에 기반한 효율적 혼합(2022)", "EU-MENA의 지속가능한 녹색협력: 지중해연합(UfM)에서 인식 공동체의 역할(2021)" 등이 있다.

이상현 (전북대학교 스페인·중남미학과 교수)

미국 The University of Texas at Austin에서 Latin American Studies(정치 전공) 박사학위를 받았으며 현재 전북대학교 스페인·중남미학과 교수로 재직 중이다. "라틴아메리카 급진좌파의 부상과 정당체제", "보훈과 공공외교: 콜롬비아 사례를 중심으로", "라틴아메리카 리튬 자원 산업 정책 비교 연구", "스페인 민주화와 제도 그리고 카탈루냐 분리 독립 운동", "The Political Economy of Privatization of YPF in Argentina" 등 다수의 논문과 저서를 출판하였으며 현재 라틴아메리카 자원산업과 소유권 문제, 스페인어권 정치체제 등 라틴아메리카와 스페인 정치·경제 관련 연구를 수행하고 있다.

안상욱 (국립부경대학교 국제지역학부 교수)

프랑스 파리 3대학교에서 경제학 박사학위를 취득하였고, 현재 국립부경대학교 국제지역학부 교수로 재직 중이다. 관심분야는 EU 대외관계와 EU의 기후변화 대응이다. 주요 저서로는 『EU 미국 동아시아의 에너지정책』(2018, 한국학술정보), 『세계화의 진전과 도전』(2019, 한국학술정보)가 있고, 주요 논문으로는 "천연가스 공급망 안보: 폴란드와 독일 사례 비교"(『한독사회과학논총』 32권 4호, 2022), "EU의 핵심광물 공급망 안정성 확보 정책"(『유럽연구』 41권 1호, 2023) 등이 있다.

고주현 (연세대학교 동서문제연구원 연구교수)

연세대학교 동서문제연구원 연세–장모네 EU센터 연구교수이다. 한국외국어대학교를 졸업하고 영국 런던대학교(UCL)에서 공공정책학 석사를 이화여자대학교에서 유럽지역학 박사학위를 받았다. 주요 연구분야는 유럽통합과 남유럽정치이며 EU 규범권력에 관심을 가지고 연구를 수행하고 있다. 대표적인 최근 연구로는 『대외정책 행위자로서 유럽의회의 역할에 관한 고찰』, 『우크라이나 사태를 통해 본 대외적 행위자로서의 EU의 역할과 한계』, 『EU 규범권력과 대북한 관여정책』 등이 있다.

이민규 (서울연구원 연구위원)

중국 베이징대학교 외교학과에서 정치학 박사학위를 받았다. 마카오대학교 정치행정학과 박사후연구원과 재단법인 여시재 부연구위원을 거쳐 서울연구원 연구위원과 국민대학교 겸임교수로 재직 중이다. 미중 경쟁시대 한국 외교가 지향해야 할 방향을 모색하기 위해 미중관계, 한중관계, 중국의 대외정책은 물론, 도시외교와 외국인 관련 정책을 '대안'으로 연구하고 있다. 주요 연구 성과로는 "무너진 기대심리: 한국인의 반중 정서 요인 분석"(2023), "City Diplomacy in South Korea: Trends and Characteristics"(2023) 등 40여 편(권)의 논문과 저서가 있다.

이영호 (전 주예멘공화국대사)

성균관대학교 정치외교학과를 졸업하고 외무고시를 통해 외교부 재직 초기에 미국 터프츠대 플래처스쿨(외교법률대학원) 연수 후 태국, 남아공, 카자흐스탄, 영국, 홍콩 등에서 근무했다. 이후 북경총영사와 재외동포영사심의관을 거쳐 예멘전쟁 당시 주예멘대사로서 아덴만 청해부대 왕건함에 최초의 함상대사관을 재배치하여 내외국인을 철수시키는 성과를 이뤘다. 전문 연구분야는 동남아 통상과 영사문제이며, 현재 재한동포연합회 및 세계한인네트워크의 고문과 재외동포정책실무위원회 민간위원을 맡고 있다. 외교부 외교문서 공개 심사위원과 국립외교원 명예교수를 역임했으며, 전라북도국제교류센터장(2017~2022)으로서 지방정부 공공외교의 발전을 위해 헌신하였다.

한인택 (전 제주평화연구원장 · 제주포럼집행위원장)
서울대학교 경제학과와 동 대학원 외교학과를 졸업하고, 미국 UC Berkeley에서 정치학 박사학위를 취득. 제주평화연구원 연구위원, 연구실장, 제주포럼사무국장, 제주국제평화센터장을 역임하였다. 미국 UC Davis, University of Washington, 이화여자대학교 등에서 강의를 하였으며, 국제협력 증진에 있어서 민간전문가(Track 2) 외교의 역할, 특히 안보협력의 증진에 있어서 안보대화의 역할에 대해 관심을 갖고, 유럽과 동남아의 선례를 조사하고 동북아에 적용하는 방안에 대해 연구하고 있다.

문경연 (전북대학교 글로벌융합대학 학장, 국제인문사회학부 교수)
노르웨이 University of Oslo와 영국 Cranfield University에서 각각 국제개발협력 석사 및 박사학위를 받았으며, 현재 전북대학교 국제인문사회학부 교수로 재임 중이다. 한국수출입은행 북한개발연구센터 부연구위원(2014~2016), 고려대학교 국제대학원 연구교수(2013)를 역임하였다. 미국 저서로는 『공공외교 이론과 사례』(오름출판사, 2015년), Introduction to International Development Cooperation(고려대학교 출판부, 2021년), 『국제개발: 사회경제이론, 유산, 전략』(명인문화, 2021년) 등이 있다. 주요 연구분야는 국제개발협력, 원조추진체계, 식량원조 등이다.

신보람 (전북대학교 국제인문사회학부 조교수, KF 공공외교역량강화대학 전북대 단장)
중앙아시아 및 유라시아 근현대 문화사 연구자. 미국 시카고대학에서 국제학(International Studies)으로 학사를, 영국 케임브리지대학에서 러시아 지역학(Russian Studies)을 마쳤으며 동 대학에서 소비에트 시대 우즈베키스탄 민족정체성 및 문화정체성 관련 논문으로 슬라브학 박사학위를 취득했다(2015). 한양대 아태지역연구센터 HK연구교수, 경북대 사학과 BK교수를 지냈으며, 현재 전북대학교 국제인문사회학부 조교수로 재직하고 있다. 현재 냉전시대의 소비에트 연방의 문화·과학외교사를 연구 중이다.

하동현 (전북대학교 행정학과 교수, 공공갈등과 지역혁신연구소 소장)

고려대학교 행정학과 학사와 석사를 거쳐 일본 게이오대에서 정책학 박사학위를 취득하였다. 고려대 정부학연구소 연구교수와 한국지방행정연구원 부연구위원을 거쳐 현재 전북대학교 행정학과 부교수로 재직 중이다. 대통령 직속 국가균형발전위원회 위원과 행정안전부 지방자치단체 평가위원 등으로 활동 중이다. 관심 분야는 지방자치, 갈등관리, 정책형성 등이며, 주요 논문으로는 "광역단체장의 직무수행평가의 추세 및 영향요인"(2021), "'공론화 확산'에 대한 태도에 미치는 영향요인 분석: 전문가 집단을 대상으로"(2021) 등이 있다.

문현미 (한양대학교 현대한국연구소 연구위원)

한양대학교에서 국제학박사를 취득하고, 대통령소속 자치분권위원회 전문위원을 역임하였으며, 현재 한양대학교 현대한국연구소 연구위원으로 재직 중이다. 주요 관심 분야는 중국, 소프트파워, 공공외교, 지방정부, 자치분권 등이며, 최근 연구로는 "한국의 중앙-지방 결합형 공공외교에 관한 시론적 고찰: 2018 평창동계올림픽 사례를 중심으로"(2023), "지방자치단체 공공외교와 강원도"(2022), "한중수교 30년 회고와 전망: 지방공공외교를 중심으로"(2022), "역사적 제도주의 관점에서 본 중국 공공외교 연구"(2021), "자치분권시대, 한국 지방정부 국제교류협력의 문제점과 개선방안에 관한 연구"(2020), "한국 지방정부 공공외교에 관한 분석과 진단"(2019) 등이 있다

박지연 (전북대학교 국제인문사회학부 조교수)

이화여자대학교 학부를 거쳐 미국 University of York에서 정치학 석사학위를, 이화여자대학교에서 북한학 박사학위를 받았다. 이후 대외경제정책연구원 부연구위원, 한국수출입은행 연구위원을 거쳐 전북대학교 국제인문사회학부에 재직 중 미국 George Mason University 방문교수로 있다. 주요 연구 분야는 대북제재와 북한개발협력 등이 있다.